Volker Gerhardt
Die Funken des freien Geistes

Nietzsche Heute

De Gruyter

Volker Gerhardt

Die Funken des freien Geistes

Neuere Aufsätze zu
Nietzsches Philosophie der Zukunft

Herausgegeben von
Jan-Christoph Heilinger
und
Nikolaos Loukidelis

De Gruyter

ISBN 978-3-11-024662-9
e-ISBN 978-3-11-024663-6
ISSN 2191-5733

Library of Congress Cataloging-in-Publication Data

Gerhardt, Volker, 1944−
    Die Funken des freien Geistes : neuere Aufsätze zu Nietzsches
Philosophie der Zukunft / Volker Gerhardt ; herausgegeben von
Jan-Christoph Heilinger und Nikolaos Loukidelis.
    p. cm. − (Nietzsche heute)
    Includes bibliographical references and index.
    ISBN 978-3-11-024662-9 (hardcover : alk. paper)
    1. Nietzsche, Friedrich Wilhelm, 1844−1900.   I. Heilinger, Jan-
Christoph.   II. Loukidelis, Nikolaos.   III. Title.
    B3317.G426   2011
    193−dc22
                                                          2010052656

Bibliografische Information der Deutschen Nationalbibliothek

Die Deutsche Nationalbibliothek verzeichnet diese Publikation in der Deutschen
Nationalbibliografie; detaillierte bibliografische Daten sind im Internet
über http://dnb.d-nb.de abrufbar.

© 2011 Walter de Gruyter GmbH & Co. KG, Berlin/New York

Druck: Hubert & Co. GmbH & Co. KG, Göttingen
∞ Gedruckt auf säurefreiem Papier

Printed in Germany

www.degruyter.com

Vorwort der Herausgeber

Die neueren Arbeiten von Volker Gerhardt zu Friedrich Nietzsche, die in diesem Band versammelt sind, gehen von der Überzeugung aus, dass Nietzsche als Philosoph ernstzunehmen ist. Seine Schriften sind keineswegs allein als Werk eines begnadeten Literaten zu verstehen, und es ist auch zu wenig, sie wie ein seismographisches Protokoll des modernen Geistes zu lesen, aus dem sich entnehmen lässt, wie sich das Denken im 19. Jahrhundert verändert. Nietzsche ist ein Philosoph *sui generis*, ein Denker, der sich nur mit den Größten der philosophischen Tradition vergleichen lässt und dessen systematische Impulse weit in die Zukunft tragen. Diesen „Funken" des freien Geistes geht die vorliegende Textsammlung nach.

Friedrich Nietzsche wollte ein „Philosoph der Zukunft" sein. Sein Verlangen hat sich mehr als erfüllt: Über einhundertzwanzig Jahre nach seinem geistigen Zusammenbruch bietet sein Werk ein intellektuelles Potential von einer sich ständig erneuernden Präsenz. Gerade in den großen systematischen Fragen nach der Natur des Geistes, der Beschaffenheit der Welt, dem Wert der Wahrheit, der Wirksamkeit der Freiheit oder dem Selbstverständnis des Menschen, liegen die gegenwärtig besonders bedenkenswerten Einsichten Nietzsches. Dennoch ist eine kritische Grundhaltung angebracht, um die Anregungen Nietzsches sowohl heute als auch morgen fruchtbar machen zu können. Volker Gerhardts Aufsätze sparen daher bei allem Bemühen um eine wohlwollende Rekonstruktion von Nietzsches Einsichten nicht mit Kritik. Indem er Nietzsche wie einen Zeitgenossen liest und wertet, nimmt er dessen Anspruch, ein Philosoph der Zukunft zu sein, ernst.

Volker Gerhardts Verhältnis zu Nietzsche ist ambivalent. Mitte der 1970er Jahre hatte er den Entschluss gefasst, „Nietzsche zwar gründlich zu lesen, aber niemals über ihn zu schreiben", einen Entschluss, den er später – unter dem Einfluss Friedrich Kaulbachs – zum Glück revidiert hat.[1] Dennoch, die Ambivalenz bleibt. Im einführenden Abschnitt seiner „Pathos und Distanz" betitelten ersten Aufsatzsammlung zu Nietzsche schreibt er etwa: „Es versteht sich von selbst, daß wir heute Distanz zu Nietzsche gewonnen

---

1   Volker Gerhardt: Vom Willen zur Macht. Anthropologie und Metaphysik der Macht am exemplarischen Fall Friedrich Nietzsches. Berlin/New York 1996, VIIIf.

haben, und wir sollten, ganz gleich, ob wir ihn als literarische oder philosophische Größe werten, diese Distanz auch wahren."[2]

Diese Distanz wird im vorliegenden Band in immer wieder neuer Weise vermessen. Maßloses und Widersprüchliches in Nietzsches Werk werden nicht nur am Rande thematisiert, sondern rücken ins Zentrum der Aufmerksamkeit, werden ausführlich behandelt und kritisiert. Selbst als klassisch geltende Gedanken und Schriften Nietzsches werden mit besonderer Schärfe im Hinblick auf ihre Stimmigkeit und ihre systematische Relevanz befragt. Ein charakteristisches Beispiel bietet der Anfang des Aufsatzes „Das Denken eines Individuums. Erneutes Nachdenken über Nietzsches zweite *Unzeitgemäße Betrachtung*":

> Warum sollte uns eine 125 Jahre [mittlerweile sind es 135 Jahre, Anm. d. Hg.] alte Streitschrift gegen eine abgelebte Geschichtswissenschaft heute noch interessieren? Eine Schrift, die mit dem Titel des „Unzeitgemäßen" kokettiert, ohne wirklich unzeitgemäß zu sein, die keine wirkliche Alternative kenntlich macht, sondern nur ein rhetorisch zwar ziemlich aufgeblähtes, aber sachlich doch reichlich dürftiges Entweder-Oder bietet und die überdies noch mit schwer erträglichen Widersprüchen belastet ist?[3]

Gerhardt betont weiter, dass dies „keine rhetorische Frage" sei und nennt zur Untermauerung seiner Beteuerung, dass er diese Frage „wirklich ernst meint", fünf Punkte. Die ersten vier lassen sich unter die Kategorie *Identifizierung von Widersprüchen* subsumieren. Erstens: Während sich Nietzsche in der *Geburt der Tragödie* von der Wahrheit verabschiede, urteile er wenig später in der zweiten *Unzeitgemäßen Betrachtung* ganz anders und hebe an vielen Stellen ihre Bedeutung hervor. Zweitens: Obwohl Nietzsche den Egoismus in der zweiten *Unzeitgemäßen Betrachtung* scharf kritisiere, setze er ihn bei seinem Appell an die Jugend, die Gegenwart umzugestalten, voraus. Drittens: Trotz seines Ansatzes, nach dem der Instinkt als Urheber der Tat zu gelten habe, könne er nicht umhin einzugestehen, dass „keine zielgerichtete menschliche Selbstbewegung ohne das [...] *Licht einer Einsicht* gedacht werden kann". Und viertens: Widersprüchlich sei zudem der in der zweiten *Unzeitgemäßen Betrachtung* exponierte Begriff der Kultur. Er schließe sowohl eine Natürlichkeit à la Rousseau als auch die „unerbittliche[...] Härte *eines jeden einzelnen gegen sich selbst*" ein. Ohne Verstellung sei also „auch diese Kultur nicht zu haben – und soll doch von jeder Verstellung befreien". Berücksichtigt man nun auch den fünften kritischen

---

2   Volker Gerhardt: Pathos und Distanz. Studien zur Philosophie Friedrich Nietzsches. Stuttgart 1988, 8.
3   In diesem Band, 261.

Punkt – es handelt sich dabei um eine schonungslose Abrechnung mit Nietzsches Elitismus –, so zeigt sich deutlich, dass Gerhardt die zweite *Unzeitgemäße Betrachtung* insgesamt für philosophisch dürftig hält. Wenn alle Aufsätze dieses Bandes zu ähnlichen Resultaten gelängen, dann gäbe es keinen Unterschied zwischen ihrem Autor und manchen Interpreten des 20. Jahrhunderts, die über Nietzsche nur geschrieben haben, um die Absurdität seiner Behauptungen nachzuweisen.

Doch das Gegenteil ist der Fall. In der zweiten *Unzeitgemäßen Betrachtung* finde man, so sagt er, außer den genannten problematischen Aspekten eine wichtige *„philosophische Aussage"*, die wohl „von niemand anderem zuvor in dieser Klarheit gemacht worden ist". Gemeint ist der Gedanke, „die Geschichte ganz und gar auf die Leistung von *Individuen* zu setzen". Der Vorzug dieses Gedankens bestehe unter anderem darin, dass er, indem er die Bedeutung der *„Persönlichkeit"* (d. h. „elementare[r] *Lebendigkeit* und *Ausstrahlungskraft*, *Geistesgegenwart*, *Ernsthaftigkeit* und *Urteilsvermögen*[s]") hervorhebe, den „Gegensatz […] zwischen innen und außen" überwinde und somit für die *„Einheit* des gestalteten Lebens" stehe. Nietzsches Kritik an der Hypertrophie des historischen Bewusstseins und das damit eng zusammenhängende Lob der Tat lassen sich in diesem Zusammenhang, so Gerhardt, nur systematisch (und nicht etwa stilistisch oder propagandistisch) verstehen. Trotz aller Kritik lässt sich also aus der zweiten *Unzeitgemäßen Betrachtung* eine originäre philosophische Einsicht gewinnen, die Nietzsche in die Diskussion einbringt und die bis heute Leuchtkraft hat.

Darüber hinaus rekonstruiert Gerhardt in den Beiträgen des vorliegenden Bandes viele weitere philosophische Einsichten Nietzsches.[4] Ein Beispiel muss hier genügen. Im Aufsatz „Monadologie des Leibes. Leib, Selbst und Ich in Nietzsches Zarathustra",[5] der eigens für diesen Band verfasst wurde, macht Gerhardt Ernst mit Nietzsches Behauptung, dass der Mensch „Leib […] ganz und gar" ist, „und Nichts ausserdem".[6] Gerhardt führt, wie wir glauben, schlüssig vor, dass die Spielart des Naturalismus, die Nietzsche vertritt, nicht als „monistische[r] oder mechanistische[r] Reduktionismus" missverstanden werden soll. Vielmehr gehe Nietzsche vom

4 Seine Interpretation der systematischen Werke Kants hat Gerhardt als „narrative Rekonstruktion" bezeichnet (Volker Gerhardt: Immanuel Kant. Vernunft und Leben. Stuttgart 2002, 18.). Bei dem um Anschaulichkeit und historische Bezüge selten verlegenen Nietzsche fällt Gerhardts Rekonstruktion dahingegen eher systematisch aus.
5 In diesem Band, 1–49.
6 Za 1, Von den Verächtern des Leibes; KSA 4, 39.

lebendigen Körper aus, in (und mit) dem „Leben stets in abgegrenzten, abgestuften, selbsttätigen und damit gleichermaßen selbst- wie fremdbezogenen Formen gegeben" ist. Seine Auffassung ist also von den bekannten Schwierigkeiten nicht betroffen, auf die Kritiker des Naturalismus mit Recht aufmerksam machen, wenn sie darauf bestehen, dass ein kausalmechanisches Naturverständnis nicht in der Lage sei, „die Qualia des Erlebens [...], die Leistungen der Intelligenz [...] [oder] die Freiheit des Individuums angemessen zu erfassen". Sie erweist sich auch mit Blick auf Diskussionen im Rahmen der gegenwärtigen Philosophie des Geistes als produktiv.[7] Dabei ist bemerkenswert, dass die systematische Verteidigung eines von der lebendigen Natur ausgehenden Naturalismus sich vorzüglich auf Texte aus *Also sprach Zarathustra* stützen kann.

Doch auch hier wird die Distanz nicht preisgegeben: Wenn Gerhardt die ausschließliche Einbindung des Ich in leibliche Vollzüge kritisiert, dann vertritt er gegen Nietzsches Zarathustra die Auffassung, dass die Leistung des Ich nicht allein als eine Funktion des Leibes, sondern zugleich als ein Organ der Gemeinschaft verstanden werden muss, in der sich das Ich nur seinesgleichen mitteilen kann. Der Titel „Monadologie des Leibes" ist somit kritisch gemeint, weil nur die Seele, nur das Ich, ganz in sich selbst und zugleich bei Anderen sein kann. Erst im Licht dieser Deutung wird klar, wie treffend die von Nietzsche in der mittleren Periode seines Schaffens vertretene Position ist, die den Anderen – entweder als einzelne Person oder als Gemeinschaft – in die psychologische Analyse mit einbezieht.[8]

In vorliegenden Band werden die großen Themen der Philosophie Nietzsches aufbereitet und diskutiert: Perspektivismus, Immoralismus und Ästhetizismus, das Denken am Leitfaden des Leibes, das Wort vom Tod Gottes, die Lehre vom „Willen zur Macht", von der „ewigen Wiederkehr des Gleichen" und von den „neuen Tugenden". Dabei macht Volker Gerhardt deutlich, welche Anregungen ein auf die heute anstehende Zukunft gerichtetes Philosophieren dem Denken Nietzsches abgewinnen kann.

Die Herausgeber danken dem Akademie Verlag (Berlin), den Etudes Germaniques (Paris), dem Verlag Königshausen & Neumann (Würzburg), dem Verlag Philipp Reclam (Stuttgart) und dem Suhrkamp Verlag (Berlin)

---

7   Zu Nietzsches Philosophie des Leibes s. auch den Aufsatz „Die ‚grosse Vernunft' des Leibes. Ein Versuch über Zarathustras vierte Rede" (in diesem Band, 50–86); ferner „Leben bei Kant und Nietzsche" (in diesem Band, 87–105).
8   Vgl. dazu etwa MA 1, 57; KSA 2, 76.

für die freundliche Genehmigung des Wiederabdrucks der Texte in diesem Band. Der Ersterscheinungsort der Beiträge ist am Ende des Buches nachgewiesen. Unser herzlicher Dank für die tatkräftige Unterstützung bei der Bearbeitung der Texte gilt außerdem Nicole Fiebig, Isabel Kranz, Tobias Pulver und Sonja Thiel. Für die gute Zusammenarbeit mit dem Verlag de Gruyter (Berlin) danken wir Maria Erge, Gertrud Grünkorn und Christoph Schirmer ebenfalls herzlich.

Zürich und Berlin im Januar 2011
Jan-Christoph Heilinger und Nikolaos Loukidelis

Inhalt

XII Inhalt

Monadologie des Leibes

Leib, Selbst und Ich in Nietzsches Zarathustra

1. *Der Abstieg zum Aufstieg.* Nach zehn Jahren Einsamkeit in der Höhe seines Gebirges ruft Zarathustra das „überreiche[…] Gestirn" der Sonne an und gratuliert ihr, dass sie ihm, seiner Schlange und seinem Adler so verlässlich scheinen durfte.[1] Schon dadurch gibt er zu erkennen, wodurch, wenn überhaupt, ein Zweck in die Natur kommen kann: Was wäre die Sonne, wenn sie ihm nicht hätte scheinen können!

Zarathustras Großmut ist eine antiplatonische Provokation, die sich dadurch verschärft, dass der Sonne mit seinem Abstieg in die Täler die weitere Ehre zuteil wird, auch den in der Tiefe lebenden Menschen scheinen zu dürfen. So macht er es der Sonne möglich, Platons Höhle zu erleuchten. Damit ahnen wir, worauf die gewonnene Weisheit hinausläuft: Das bislang Höchste wird in den Dienst des bislang Niedrigsten gestellt. Die Umwertung der Werte kehrt auch die gewohnten kosmischen Relationen um. Aber der erleuchtete Mensch muss gleichwohl hinab in die Tiefe. Seine Mühen nehmen eher zu als ab.

An der Umwertung und der dadurch gestiegenen Bedeutung des Menschen liegt es wohl auch, dass die Sonne als erste erfährt, dass Zarathustra der in der Einsamkeit gesammelten Weisheit so „überdrüssig" ist, „wie die Biene, die des Honigs zu viel gesammelt hat".[2] Nun „bedarf" er „der Hände, die sich ausstrecken".[3] Er ist überzeugt, dass da viele sind, die es nach seiner Weisheit verlangt.

Bei seinem Abstieg in die „Tiefe"[4] der bewohnten Täler kommt Zarathustra an der „heilige[n] Hütte"[5] jenes Einsiedlers vorbei, dem er schon bei seinem Aufstieg zehn Jahre zuvor begegnet war. Der zum Greis gewordene „Heilige"[6] erkennt Zarathustra wieder und findet ihn verwandelt: „Da-

---

1   Za 1, Vorrede 1; KSA 4, 11.
2   Ebd.
3   Ebd.
4   Ebd.
5   Za 1, Vorrede 2; KSA 4, 12.
6   Ebd.; KSA 4, 13.

mals", so sagt er, „trugst du deine Asche zu Berge: willst du heute dein Feuer in die Thäler tragen? Fürchtest du nicht des Brandstifters Strafen?"[7]

Zarathustra antwortet darauf nicht. Doch aus der Tatsache, dass er sich durch den frommen Eremiten nicht aufhalten lässt und im Vorbeigehen lediglich ein Bekenntnis abgibt, das man zum Weisheitsgewinn seiner Zeit in der Einsamkeit rechnen muss, darf man schließen, dass ihn das Schicksal, als Brandstifter verfolgt zu werden, nicht schreckt. Das emphatische Bekenntnis gibt allerdings zu erkennen, dass er ein *starkes Motiv* für seinen Abstieg hat. Es lautet: „Ich liebe die Menschen",[8] und es passt zu dem Vorsatz, mit dem er sich aus seiner eigenen Einsiedelei verabschiedet hat: „Siehe! Dieser Becher will wieder leer werden, und Zarathustra will wieder Mensch werden."[9] Mensch wird man offenbar nur unter Menschen, wobei Zarathustra die besondere Absicht hegt, den Menschen ein „Geschenk" zu bringen.[10]

Dieses Geschenk, gesetzt, dass man es wirklich machen kann, ist das größte, das sich dem Menschen überhaupt offerieren lässt. Denn es bietet ein *eigenständiges Ziel* und schenkt ihnen die *Selbständigkeit.* Das wird zwar nicht gleich in dieser Begrifflichkeit gesagt. Aber man braucht Zarathustra nur ein paar Stationen zu folgen, um zu erkennen, dass er den Menschen die *Unabhängigkeit* bringen will, *aus eigenem Impuls ihre eigenen Zwecke* zu verfolgen.

Unter welchen Bedingungen das möglich sein soll, wird schon bei Zarathustras Abschied vom Einsiedler deutlich. Er hält sich nicht lange bei dessen frommen Gerede auf und versichert nur, dass er dem Heiligen weder etwas zu geben noch etwas zu nehmen habe. Das ist natürlich ganz im Sinn des Eremiten, der nichts geschenkt haben will und nichts zu geben hat. Und so nehmen sie lachend Abschied von einander. Im Weggehen aber sagt Zarathustra zu sich selbst:

> „Sollte es denn möglich sein! Dieser alte Heilige hat in seinem Walde noch Nichts davon gehört, dass Gott todt ist!"[11]

Der in der *Fröhlichen Wissenschaft* noch einem „tollen Menschen" in den Mund gelegte und dessen Wahnsinn schließlich zur Raserei steigernde Satz: „Gott ist todt!"[12] wird hier, gänzlich unspektakulär, als reife Frucht der in

---

7 Za 1, Vorrede 2; KSA 4, 12.
8 Ebd.; KSA 4, 13.
9 Za 1, Vorrede 1; KSA 4, 12.
10 Za 1, Vorrede 2; KSA 4, 13.
11 Ebd.; KSA 4, 14.
12 FW 125; KSA 3, 480 f.

Zarathustra gewachsenen Einsicht ausgesprochen. Wenn wir sie nicht selbst schon als das „Geschenk" bezeichnen wollen, das Zarathustra den von ihm geliebten Menschen bringt, dann haben wir sie zumindest als die Voraussetzung des Geschenks zu sehen, dass er den Menschen bringen will: Erst mit dem Tod Gottes kann der Mensch die Selbständigkeit erlangen, die ihm aus dem Überfluss der Weisheit Zarathustras zuteil wird. – Das jedenfalls ist Zarathustras Ansicht, die er mit seinem Autor teilt.

2. *Zarathustras Mission.* Zarathustra hat die Bemerkung des Einsiedlers, er habe seine „Asche" zu Berge getragen, um sie als „Feuer" wieder hinabzubringen, nicht vergessen.[13] Im Gegenteil: Er macht sie sich zu eigen: „[I]ch trug meine eigne Asche zu Berge, eine hellere Flamme erfand ich mir", sagt er bereits in seiner dritten Rede, die von den „Hinterweltlern" handelt.[14] Auch hier ist nicht nur eine antikosmologische Transsubstantiation, sondern überdies die Umkehrung eines Mythos unterstellt: Nicht genug, dass sich, allen physikalischen Gesetzmäßigkeiten zum Trotz, die *Asche* in *Feuer* verwandelt, sondern hier wird die Asche in die luftigste Höhe geschleppt, um als Feuervogel, dem Phönix gleich, wieder zu Tale zu fliegen.

Die Logik der Umkehr bestimmt Zarathustras Leben und sie bildet den Kern seiner Botschaft. Nachdem er mit seinem Versuch, sich auf dem Marktplatz einer noch nahe den Bergwäldern gelegenen Stadt einer Menge verständlich zu machen, gescheitert war, handelt seine erste an die „Brüder", „Schüler" oder „Jünger" gerichtete Rede von „drei Verwandlungen":

In der *ersten* macht sich der Mensch zum „Kameel", das sich fremden Ansprüchen unterwirft und dem von Anderen gebotenen *Sollen* folgt.[15] Die lange Übung des Gehorchens erlaubt dem Menschen am Ende, sich *selbst zu befehlen*, und so wandelt er sich *zweitens* zum „Löwen", der „ich will" zu sagen lernt.[16] Man braucht hier nichts weiter zu sagen: Die Differenz von Kamel und Löwe stellt außer Zweifel, dass ein radikaler Umschlag in Szene gesetzt werden soll. Er zielt auf den Wechsel von der *Außenleitung* durch fremdes Gebot auf die *Innenleitung* durch das eigene Ich. Nietzsche hat ihn in zahlreichen Aphorismen bereits vor *Also sprach Zarathustra* beschrieben,[17] danach jedoch im Unklaren gelassen, wie viel damit erreicht ist. Mit

---

13 Za 1, Vorrede 2; KSA 4, 12.
14 Za 1, Von den Hinterweltlern; KSA 4, 36.
15 Za 1, Von den drei Verwandlungen; KSA 4, 29 f.
16 Ebd.; KSA 4, 30 f.
17 Zuerst in MA 1, 39, 94; KSA 2, 62 ff., 91. Vgl. ferner MA 1, 95, 99; KSA 2, 91 f., 95 f. und JGB 32; KSA 5, 50 f.

Blick auf die *Genealogie der Moral* könnte man geneigt sein zu meinen, dass mit dem eigenständigen Wollen des seiner selbst bewussten *Ich* bereits das „s o u v e r a i n e I n d i v i d u u m " verwirklicht ist, dem in seiner „Freiheit" und „Ve r a n t w o r t l i c h k e i t " die Zukunft gehört.[18]

Doch nach Zarathustras Rede kann das eigentlich erst mit der *dritten* Verwandlung geschehen, nachdem aus dem „raubende[n] Löwen" ein in aller „Unschuld" spielendes Kind geworden ist.[19] Diesen Übergang habe ich stets als einen literarischen Missgriff empfunden.[20] Aber vielleicht soll gerade die *katachretische Verfehlung* die Zumutung anschaulich machen, die mit der Aufforderung zu der von Zarathustra verlangten Umkehr verbunden ist: Nach der Jahrtausende währenden *Einübung in das Leben*, nach der *Gewöhnung an das Gehorchen* und dem mühseligen *Erlernen des Befehlens*, das der *Anerkennung* durch die Anderen bedarf, soll der Mensch zur *Naivität eines spielerischen Neuanfangs* finden.

Wenn daraus keine gespielte Harmlosigkeit, keine einfältige Verkindschung oder ein Handeln unter *Drogen* werden soll, müssen wir uns ernsthaft fragen, was damit gemeint sein kann. Das soll in den nachfolgenden Überlegungen geschehen, und ich kann nicht vorhersehen, ob es zu einer überzeugenden Lösung kommt. Aber wir haben einen Ausgangspunkt in den zwei Sätzen, mit denen Zarathustra die Verwandlung zum Kind kommentiert:

> „Unschuld ist das Kind und Vergessen, ein Neubeginnen, ein Spiel, ein aus sich rollendes Rad, eine erste Bewegung, ein heiliges Ja-sagen.
> Ja, zum Spiele des Schaffens, meine Brüder, bedarf es eines heiligen Ja-sagens: s e i n e n Willen will nun der Geist, s e i n e Welt gewinnt sich der Weltverlorene."[21]

3. *Wille*, *Geist* und *Welt.* Wenn Philosophen vom „Neubeginnen", vom „Schaffen" und vom „Spielen" sprechen, kann man ziemlich sicher sein, dass

---

18 GM 2, 2; KSA 5, 293 f.
19 Za 1, Von den drei Verwandlungen; KSA 4, 31.
20 Wer das Befremden befremdlich findet und mit der nachfolgenden Erläuterung nicht zufrieden ist, verfolge den weiteren Verlauf des Textes, bei dem das Thema des Kindes erneut aufgenommen wird. – Zur Deutung der von mir herangezogenen Passagen im Zusammenhang des ersten Buches von *Also sprach Zarathustra* verweise ich anerkennend auf: Annemarie Pieper: „Ein Seil geknüpft zwischen Tier und Übermensch". Philosophische Erläuterungen zu Nietzsches erstem „Zarathustra". Stuttgart 1990 (aktualisierte Neuausgabe unter dem Titel: „Ein Seil, geknüpft zwischen Thier und Übermensch". Philosophische Erläuterungen zu Nietzsches *Also sprach Zarathustra* von 1883. Basel 2010).
21 Za 1, Von den drei Verwandlungen; KSA 4, 31.

es um ästhetische Fragen geht. So ist es bereits in Platons *Ion*; so kann man es verstärkt seit Kant und Schiller lesen. Nur Schopenhauer bleibt davon mit seiner Rede vom „Quietiv" der Kunst unberührt. Diese Wendung Schopenhauers sucht Nietzsche bekanntlich durch seine Formel vom „Stimulans der Kunst" ins Gegenteil zu kehren, was die Vermutung stärkt, dass mit dem „Kind" der *Künstler* gemeint sein könnte. Doch wenn das der entscheidende Gesichtspunkt wäre, könnten wir sicher sein, dass Nietzsche keine Scheu gehabt hätte, dies auch zu sagen. Deshalb darf man annehmen, dass die Verwandlung zum „Kind" nicht allein die Freisetzung der ästhetischen Produktivität anzeigen soll.

Für die ästhetische Deutung könnte der auffällige Verweis auf das *Heilige* sprechen. Darin liegt mit Sicherheit keine Reminiszenz an die Transzendenz. Das „Heilige" steht hier für die Autonomie einer sich selbst genügenden Bedeutung. Wir müssen es so verstehen wie in Hölderlins *Hälfte des Lebens*, wo die Schwäne ihre Hälse ins „heilig-nüchterne Wasser" tunken. Oder so wie bei Kant, der die kategorisch gebotene „Pflicht" von allen religiösen Konnotationen befreit, und dennoch mit Nachdruck von ihrem „heiligen Namen" sprechen kann.[22]

Das *Heilige* steht für den Ernst einer unbedingten, einer ganz in *sich selbst* begründeten Sphäre. Es ragt aus den Üblichkeiten und Abhängigkeiten des Alltäglichen heraus und trägt einen Anspruch eigenen Rechts, der es gleichermaßen für die außergewöhnliche *Tat*, für das schöpferische *Werk der Kunst* wie auch für das sich ins Ganze versenkende *Erleben des Göttlichen* qualifiziert. Damit ist wenig wahrscheinlich, dass sich das „heilige[...] Ja-Sagen"[23] des Kindes allein auf die Leistung des genialen Künstlers bezieht, so sehr er natürlich (nach romantischer Manier) Modell für das gestanden hat, was Nietzsche mit *Schaffen* meint.

Wollen wir den Sinn der Rückverwandlung des Menschen in das Kind verstehen, haben wir einer weiteren Spur zu folgen, die Nietzsche durch Sperrsatz verbreitet:

> „s e i n e n Willen will nun der Geist, s e i n e Welt gewinnt sich der Weltverlorene."[24]

---

22 Nietzsches Zarathustra spricht vom „Heiligthum des Lebens", in dem aber keine „dürren Kränze" aufzuhängen sind, um den Tod gnädig zu stimmen; diesem Göttlichen hat man durch ein tätiges, ein schaffendes Leben zu dienen (Za 1, Vom freien Tode; KSA 4, 94).
23 Za 1, Von den drei Verwandlungen; KSA 4, 31.
24 Za 1, Von den drei Verwandlungen; KSA 4, 31.

Es geht um *Wille, Geist* und *Welt,* und zwar nicht „an sich" oder „überhaupt", sondern um das *eigene* Wollen des Geistes, und es geht um Wiedergewinnung der verlorenen Welt, dadurch dass er, der Geist, sie, die Welt, *sich zu eigen* macht!

Damit springt Zarathustra unvermittelt aus der metaphorischen Sprache heraus und erläutert die Leistung des Kindes mit Begriffen, die sich jeder verbieten müsste, der kindgerecht sprechen und überdies die Metaphysik überwinden will. „Welt", „Geist" und „Wille" – wo kommen wir dahin? Führt die Rede vom *eigenen* Willen des Geistes und von *seiner* Welt nicht geradewegs in den Idealismus? Ich fürchte, die Antwort fällt eindeutig aus. Doch sie mag in diesem Kontext auf sich beruhen.

Wichtiger ist, dass die durch die allgemeinen Termini gelegte Spur tatsächlich erfolgversprechend ist, und uns helfen kann, zu verstehen, was mit dem „Kind" gemeint ist und welches „Geschenk" Zarathustra den Menschen macht. Dazu brauchen wir nur noch bis zur *vierten* Rede Zarathustras vorzugehen, in der sich die drei wesentlichen Elemente zu einer Antwort finden.

Allerdings wäre es gut, sich daran zu erinnern, dass Zarathustra in der *zweiten* Rede, bei allem Verständnis für das Schlafbedürfnis des Menschen, eine Lanze für das *bewusste Leben* zu brechen sucht. In dieser Absicht empfiehlt er die Quietismus verbreitenden „Lehrstühle[…] der Tugend"[25] zu meiden. Sie fördern nur den Schlaf der Gerechten, die ihren Namen zu Unrecht tragen. In der nächstfolgenden *dritten* Rede, die von den „Hinterweltlern"[26] handelt, braucht er noch nicht einmal eine Empfehlung zu geben. Denn wer möchte schon, gesetzt es könnte sie geben, in „Hinterwelten"[27] leben? Ein gelegentlicher Aufenthalt in Hinterzimmern mag ja noch angehen, aber „Hinterwelten" sind, wenn sie denn überhaupt bewohnbar sein sollten, keine gute Adresse.

Mit Blick auf die Daseinsweise des Kindes ist beides nicht ohne Bedeutung: Zarathustra kommt nicht etwa deshalb auf das Kind, weil es noch viel Schlaf benötigt und deshalb viel Zeit zum Träumen von anderen Welten hat: Der Mensch der Zukunft, den er den Menschen der Gegenwart zum Geschenk bringen will, hat ein waches Leben zu führen, das auf die *eine Welt* gerichtet ist, der er *leibhaftig* zugehört. Und dieses Leben, so wird uns in der *vierten* Rede *Von den Verächtern des Leibes* vorgeführt, hat ein *selbstbewusstes* Leben zu sein, in dem das „Selbst" und das „Ich" eine eminente

---

25 Za 1, Von den Lehrstühlen der Tugend; KSA 4, 32.
26 Za 1, Von den Hinterweltlern, KSA 4, 35.
27 Ebd.; KSA 4, 36.

Rolle spielen. Tatsächlich könnte man ohne sie weder vom *eigenen* Willen des Geistes noch davon sprechen, dass er sich *seine* Welt zu erringen oder zu erschaffen hat.

4. *Eine Philosophie des Leibes.* Über die philosophische Innovation der *vierten* Rede *Von den Verächtern des Leibes* gäbe es viel zu sagen.[28] Sie kann in ihrem philosophischen Rang mit Descartes' Analyse des *Cogito*, mit Kants *transzendentaler Deduktion* oder mit der *Anthropologie* in Hegels *Enzyklopädie* verglichen werden. Doch die Parallelen auch nur anzudeuten, wäre bereits zu viel. Der Kern von Nietzsches Botschaft tritt auch unabhängig von diesen Parallelen zu Tage. Er lässt sich in die These fassen, dass der Mensch endlich zu begreifen hat, dass er durch und durch ein *leibliches Wesen* ist – „und Nichts ausserdem".[29] Was immer der Mensch über sich ausmachen kann, ist ihm durch seinen *Leib* vermittelt. Es kann sich ihm nur unter den Bedingungen zeigen, die ihm in seiner *physiologischen Organisation* zur Verfügung stehen.

Wem diese These trivial erscheint, der schlage nach, was Philosophen derzeit über die Unzulänglichkeiten und Abwege des sogenannten „Naturalismus" verbreiten. Dazu gehört die herrschende Meinung, Naturalismus sei eine Form des monistischen oder mechanistischen Reduktionismus, dem es weder gelinge die *Qualia des Erlebens* noch die *Leistungen der Intelligenz* noch die *Freiheit des Individuums* angemessen zu erfassen.

Das muss nicht überraschen: Wenn man der Natur vor der Hand die Lebendigkeit abspricht, fällt der Beweis, dass sie nur tote Kausalmechanik sei, nicht schwer. Und wie soll sich ausgerechnet am Toten etwas Lebendiges regen? Wie soll es hier zu Schmerz und Lust, zu Farbempfindung, Einsicht oder zu spontanen Impulsen kommen?

Nietzsches Zarathustra ist dieser Debatte weit voraus, indem er von vornherein vom lebendigen Körper ausgeht, also von dem, was er mit dem guten alten Wort des *Leibes* zum Ausdruck bringt. Der *Leib* ist die Verfassung der Natur, in der *wir uns alle befinden*, die *jeder für sich selber ist* und in der er *jeden anderen vorfindet*. Ohne ihn ist er selber nichts; und ohne ihn trifft er auch niemanden an. Nur der Leib vermittelt einen Eindruck von sich und von der Welt. Allein durch und an ihm kann erfahren werden, was – im Unterschied zu ihm! – das *Tote*, das *bloß* Materiale, Mechanische oder Kausale ist.

---

28 Einiges dazu in: Die „grosse Vernunft" des Leibes. Ein Versuch über Zarathustras vierte Rede, in diesem Band, 50–86.
29 Za 1, Von den Verächtern des Leibes; KSA 4, 39.

Wer vom Leib ausgeht, braucht keine weitausgreifende Theoriekonstruktionen, um zu den *Qualia*, zur *Intelligenz* oder zur *Freiheit* zu gelangen. In und mit ihm ist Leben stets in abgegrenzten, abgestuften, selbsttätigen und damit gleichermaßen *selbst-* wie *fremdbezogenen* Formen gegeben. Hätte die Philosophie vor und nach Kant deutlicher gemacht, dass *Freiheit* stets etwas Lebendiges ist, das seinen Ursprung nirgendwo anders als im Leben haben kann, hätte Nietzsche sie nie in Abrede zu stellen brauchen. Der lebendige Geist ist eben das, was Nietzsche unter einem „freien Geist" versteht.

So verstanden ist der Leib das organisierende Zentrum seiner Welt. Je stärker er sich mit und gegen sie als ein von ihr Unterschiedenes konturiert, umso stärker setzt sich ihr der Leib *als er selbst* entgegen. Erst in dieser teils konkurrierenden, teils kooperierenden Opposition – und zwar nur in ihr! – entsteht das *Selbst* des Leibes, indem er, der Leib, sich in ihr, in dieser Opposition, begreift – und zwar *als er selbst!* Damit sind wir (noch ehe daraus ein *Subjekt* und ein es bezeichnendes *Substantiv* geworden ist), beim *zweiten* großen Themabegriff der *vierten* Rede: beim *Selbst*, genauer: beim *Leib selbst*. Die sprachliche Präzisierung zeigt bereits, dass es sich beim Selbst nicht um etwas Zweites neben dem an erster Stelle stehenden Leib, sondern lediglich um eine Bezeichnung für eine Form der Beziehung des Leibes auf sich selber handelt.

5. *Der Leib ist kein Ding an sich.* Es ist wichtig zu sehen, dass das Selbst seinen sprachlichen Auftritt in einer *attributiven* Stellung hat. Man erkennt dann sofort, dass es weder eine von außen hinzutretende *Substanz* noch ein sich innerlich ausbildendes *Organ* sein kann. Das Selbst ist vielmehr der *Ausdruck der Referenz des Leibes auf sich selbst* – und zwar aus der Wahrnehmung dieses Leibes durch einen *anderen Leib!* Die hier gemeinte Selbst-Bezüglichkeit besteht niemals nur aus der internen Beziehung von Teilen auf- und untereinander, sondern immer auch in einer *Relation zu anderem* seiner selbst, die den sich auf sich selbst beziehenden Leib *als Ganzes* erfassen.

Dieses Erfassen eines Anderen als eines Ganzen erfolgt selbst auf dem Weg einer Selbstreferenz auf das eigene Ganze und zwar so, dass sich beide gemeinsam in einem Ganzen erfahren, das zumindest nach Art einer *Situation* beschrieben werden kann, die beim Menschen stets ihren *Ort* und ihre *Zeit* in der *Welt* haben muss, in der sich beide einander mit ihrem Selbst wahrnehmenden Leiber befinden. Der Binnenbezug ist die Kehrseite des Außenbezugs, der selbst Ausdruck seiner inneren Selbsttätigkeit ist. Die Relation nach außen ist nur einem Wesen möglich, das sich auf sich selbst bezieht. In nichts tritt die organische Einheit interner Selbstreferenz so stark hervor, wie in ihrer Abgrenzung von *allem Anderen*, das *nicht* zu ihr gehört. *Das Selbst ist stets das Andere des Anderen seiner selbst – in einer ihnen gemeinsamen Welt.*

Auch hier ist auf die Wortwahl zu achten: Der sich organisierende Leib erfährt sich sowohl in der konkurrierenden wie in der kooperativen Opposition zu dem, wovon er sich als *dieser Leib* abzugrenzen hat, als *die* Einheit, die er *selber* ist. Man weiß nicht so recht, ob es eine aus Stilgründen gewählte altertümliche Sprachform oder nur ein unbeholfener Ausdruck ist, wenn Zarathustra, um die unaufhebbare Verbindung zwischen Leib und Seele zum Ausdruck zu bringen, davon spricht, „Seele" sei „nur ein Wort für ein Etwas am Leibe".[30]

Das ist nicht falsch, aber missverständlich. Man könnte die Wendung so verstehen, als seien Seele oder Selbst ein Etwas, das sich „am" Leibe findet wie die Nase oder ein Ohr. Man müsste ein Karikaturist sein, um das Selbst nach Art einer Nase vorzustellen. Aber „am" Leibe muss ja nicht heißen, dass es sich um eine *äußere* Zutat handelt. Auch Herz und Hirn sind ein „Etwas am Leibe", auch wenn sie sich innen befinden.

Die Wortwahl Zarathustras legt daher nahe, das Selbst als *inneres Organ* zu begreifen, das selbst eine leibliche Verfassung hat. Doch mit diesem Organ dürfte es nicht anders gehen als mit der alten, nach Art eines Lüftchens vorgestellten Seele: Sie wird sich nirgends finden lassen, selbst bei einer Vivisektion des Körpers nicht.

Mit Sicherheit hat Zarathustra es so auch nicht gemeint. Dem Sinn seiner Rede kommen wir näher, wenn wir auf die attributive und adverbiale Stellung von „selbst" achten, noch bevor er es substantiviert: *selbst* meint das *Ganze* des Leibes in seiner Abgrenzung von anderem seiner selbst. Darin tritt es umso deutlicher hervor, je stärker die Aktivität erscheint, mit der sich der Leib behauptet. „Er ist mein Vater", singt Figaro erleichtert, „er sagt es ja selbst". Da die Mutter daneben steht und die Erklärung bestätigt, hat die Selbstaussage des Mannes, der plötzlich der Vater sein will, tatsächlich eine gewisse Plausibilität.

6. *Die funktionale Differenz von Leib und Selbst.* Die Beweiskraft für die Verwendung von „selbst" liegt in der Anwesenheit des Leibes. Seine *Gegenwart* ist erforderlich, wenn der Selbstbezug Bedeutung haben soll. Aber Zarathustra geht weiter. Er substantiviert das Selbst und macht es zur

---

30   Za 1, Von den Verächtern des Leibes; KSA 4, 39.

wahrnehmenden, kontrollierenden und *steuernden,* ja, mehr noch: zur *befehlenden Instanz des Leibes:*

> „Immer horcht das Selbst und sucht: es vergleicht, bezwingt, erobert, zerstört. Es herrscht und ist auch des Ich's Beherrscher."[31]

Doch diese Beschreibung genügt Zarathustra nicht. Indem er einen imaginären Anderen als seinen „Bruder" anspricht, lässt er das Selbst im Leib *Wohnung* nehmen, um es dann auch noch mit dieser Wohnung identisch zu erklären:

> „Hinter deinen Gedanken und Gefühlen, mein Bruder, steht ein mächtiger Gebieter, ein unbekannter Weiser – der heisst Selbst. In deinem Leibe wohnt er, dein Leib ist er."[32]

Die Massierung der sich ausschließenden Metaphorik darf als Indiz für die begrifflichen Schwierigkeiten gelten: Auch wenn es für einen Vermieter noch so vorteilhaft wäre, nicht nur für ein *Etwas am Haus,* sondern auch für das *Haus selber* Miete einzustreichen, weil beides irgendwie im Haus „wohnt" (und dann noch der Mietzins für tatsächlich bewohnte Wohnung hinzukommt), könnten wir ihm die damit erzielte *Verdreifachung* der Miete nicht zugestehen.

Bei Zarathustra kann man großzügiger sein. Denn was er sagen will, ist doch, dass der Leib und sein Selbst zwar eine *Einheit* sind, im Lebensvollzug des Leibes aber dennoch unterschieden werden können, sofern der Leib im Verhältnis zu sich und zu anderem seiner selbst *über sich selbst* verfügt: Das Selbst ist *das* am Leibe, was es ihm ermöglicht, mit sich selbst in einer ihn als Ganzen lenkenden Weise umzugehen.

Wenn wir es so verstehen, entfällt auch der Widerspruch, der in der Kumulation der Metaphern unvermeidlich schien: Das substantivierte Selbst meint kein dingliches Etwas „am" oder „im" Leib, sondern es bezeichnet nicht mehr und nicht weniger als die Fähigkeit des Leibes, sich selbst zu verhalten.

Diese Fähigkeit gehört dem Körper derart zu, dass man dichterisch von einer Wohnung sprechen kann; sie ist eine beschreibbare Eigenschaft lebendiger Wesen, die man von ihren anderen Eigenschaften wohl unterscheiden kann; also darf der Dichter sagen, sie sei ein „Etwas am Leibe"; zugleich aber ist sie auf eminente Weise mit dem Leib identisch, weil sie sich vorzüglich darin zeigt, dass sich der Leib *als Ganzer* verhält und eben darin *als er selbst* in Erscheinung tritt.

---

31 Ebd.; KSA 4, 40.
32 Ebd.

Wenn man dieser Fähigkeit aus Gründen besserer Anschaulichkeit eine körper- oder leibanaloge Stellung geben möchte, könnte man ihr die Position einer „Instanz" zuschreiben. Da aber dann vermutlich gleich wieder die Suche nach deren *Organ* oder *Ort* losgeht, sollte man es dabei belassen, dem *Selbst* den Status einer *Funktion* zuzusprechen, die sich stets nur im Vollzug ihrer Leistung, nämlich in ihrer *Disposition über den Leib als Ganzen* zeigt.[33]

7. *Die Funktion des Ich.* Bei der Disposition des Leibes durch sich selbst gibt es einen weiteren *funktionalen, instanziellen*, vielleicht auch, wie ich vermute, *institutionellen*[34] Helfer: Das ist das *Ich*. Über das Ich, auf das wir stolz sind, wenn wir uns einer Leistung rühmen, und dessen wir uns schämen, wenn wir versagt haben, spricht Zarathustra, der es zur Selbstbezeichnung unablässig gebraucht, nicht sonderlich freundlich. In der Rede an das Du eines nicht näher genannten „Bruder[s][35]" spricht das Ich Zarathustras:

> „Dein Selbst lacht über dein Ich und seine stolzen Sprünge. ‚Was sind mir diese Sprünge und Flüge des Gedankens? sagt es sich. Ein Umweg zu meinem Zwecke. Ich bin das Gängelband des Ich's und der Einbläser seiner Begriffe.'"[36]

Das Gängelband, an das der Leib sich selber legt, ist die Kette, an der das Selbst seine Gedanken vorführt. Dem Ton merkt man das Herrschaftsgefälle und den Zeitdruck an, unter denen hier Regie geführt werden muss:

> „Das Selbst sagt zum Ich: ‚hier fühle Schmerz!' Und da leidet es und denkt nach, wie es nicht mehr leide – und dazu eben s o l l es denken.
> Das Selbst sagt zum Ich: ‚hier fühle Lust!' Da freut es sich und denkt nach, wie es noch oft sich freue – und dazu eben s o l l es denken."[37]

Die Schilderung lässt keinen Zweifel daran, dass hier ein Abhängigkeitsverhältnis besteht: Der Leib sieht sich in seiner unvermeidlichen Opposition und Kooperation mit anderen Leibern genötigt eine differenzierende

---

33 In der *Genealogie der Moral* spricht Nietzsche vom „Sinn einer Funktion", um damit das „A n z e i c h e n" einer sich vollziehenden Herrschaft zu kennzeichnen (GM 2, 12; KSA 5, 314). In eben diesem Sinn ist das Selbst das – aus der Position von Anderen – wahrzunehmende Anzeichen einer gelingenden Selbstverfügung des Leibes. Es hat *prozessuale, organische* und *soziale* Komponenten.

34 An anderer Stelle habe ich die These ausgeführt, der zufolge sich Person und Institution parallel und in wechselseitiger Förderung entwickelt haben. Vgl. etwa *Selbstbestimmung* (Stuttgart 1999), *Individualität* (München 2000) und *Partizipation* (München 2007).

35 Za 1, Von den Verächtern des Leibes; KSA 4, 40.

36 Ebd.

37 Za 1, Von den Verächtern des Leibes; KSA 4, 40.

Selbststeuerung zu etablieren, die gleichermaßen auf Anerkennung *und* Abgrenzung beruht, auf „Achten und Verachten", wie Zarathustra fern der heute üblichen *political correctness* sagt.[38] In dieser Leistung hat das *Selbst schöpferisch* zu werden. Unter seiner Leitung wird der Leib zum kreativen sozialen Akteur, so dass der „schaffende Leib" sich schließlich auch den ich-sagenden „Geist als eine Hand seines Willens" erschaffen kann.[39]

Sprachlich klingt das (wie leider Vieles im *Zarathustra*) nach Kunst-gewerbe; bei der Verwendung des Willensbegriffs steht Schopenhauer Pate, dessen metaphysischer Willensbegriff nicht den modernen Standards ent-spricht. Aber das Bestimmungsverhältnis ist prägnant erfasst und dürfte mit der Evolution der menschlichen Kultur sowie mit der sich darin vollzie-henden sozialen, mimetischen, technischen, symbolischen und schließlich auch politischen Entfaltung der menschlichen Intelligenz gut zusammen stimmen. Doch die Frage, auf die meine ganze Überlegung zuläuft und die uns letztlich darüber aufklären soll, worin eigentlich Zarathustras befrei-ende Botschaft besteht, ist doch:

Ob wir uns in diesem am *Gängelband eines Gängelbandes laufenden Ich* so wiedererkennen, dass wir uns selbst (wie Nietzsche es wünscht) als die „Schüler", „Brüder" und „Jünger" Zarathustras angesprochen fühlen und *von uns aus*, das heißt in der vollendeten, weil von jeder Rücksicht auf Göttliches befreiten *Eigenständigkeit* zum „aus sich rollende[n] Rad"[40] und wie ein unschuldiges Kind zu Mitspielern im „Spiele des Schaffens"[41] wer-den können? Oder mit anderem Akzent gefragt: Wie passt die Botschaft von der großen Befreiung, die wir schon aus der Verheißung von der „Gene-sung" oder der „grossen Gesundheit" kennen, zur Naivität des Spiels und zur vorbewussten Automatik leiblicher Vollzüge?

Und mit wieder anderer Betonung nachgehakt: Was hat das aus Zara-thustra zum Ich seiner Schüler sprechende Ich, was hat das Ich Nietzsches mit dem Ich seiner Leser zu tun, wenn alle diese Ichs doch nur unter den Diktat ihrer durch ihr Selbst gesteuerten Leiber stehen? Was geht es denn die Leiber an, ob ihre am Gängelband ihres Gängelbandes mitlaufenden Ichs an Gott glauben oder nicht?

8. *Eine Philosophie der Vernunft.* Das aus der Sicht der philosophischen Tradition vermutlich auffälligste Moment in der Beschreibung des mit dem

---

38   Ebd.
39   Ebd.
40   Za 1, Von den drei Verwandlungen; KSA 4, 31.
41   Ebd.

Leib identischen und dennoch über ihn verfügenden Selbst ist dessen Nähe zur *Vernunft.* „Nähe" ist ein viel zu schwacher Ausdruck. Denn unmittelbar nach der Behauptung, der zufolge das Selbst nicht nur im Leib *wohnt,* sondern der Leib *ist,* heißt es:

> „Es ist mehr Vernunft in deinem Leibe, als in deiner besten Weisheit."[42]

Tatsächlich haben wir Ursache anzunehmen, dass hier mehr gegeben ist, als bloße Nähe. Vielleicht gibt es sogar ein Verhältnis von Grund und Folge, denn der *Leib* verfügt nach Zarathustra über eine „große Vernunft", die nirgends anders als im *Selbst* zum Ausdruck kommen kann. Und sogar dem *Ich* wird noch eine „kleine Vernunft" zugestanden!

Nehmen wir die Auszeichnung des *Leibes* ernst, erkennen wir das *Selbst* als die ihn im Beziehungsgeflecht äußerer und innerer Kräfte aufmerksam steuernde Funktion und lesen wir, dass selbst noch die Darstellung dieses Selbst vor Anderen seiner selbst im *Ich* als „vernünftig" bezeichnet wird, bleibt eigentlich gar nichts mehr übrig, was „nicht vernünftig" oder gar „unvernünftig" genannt werden könnte. Und somit muss Nietzsche, zumindest in der Form, in der er Zarathustra für sich sprechen lässt, als einer der großen Vernunftphilosophen der Moderne angesehen werden.

Das klingt nur deshalb überraschend, weil wir uns angewöhnt haben, die graduelle Abwertung des Ich zur „kleinen Vernunft" als Kränkung zu lesen und wie eine Negation zu deuten. Doch davon kann keine Rede sein. Gewiss: Nietzsche distanziert sich von einer Auffassung, die alles Vernünftige an das Ich eines Trägers bindet. Er möchte sich vom neuzeitlichen Cartesianismus, und natürlich auch von Kants Vernunftkritik absetzen: Descartes braucht das Ich als existierende Größe, um dem Erkennen einen Ort in der Realität zu geben. Kant hingegen exponiert die Tatsache, dass wir als Menschen von der Vernunft immer nur *als Menschen* Gebrauch machen können und warnt vor dem Dogmatismus, der mit der durch ein unkritisches Ich geprüften Berufung auf die Vernunft der Gefühle, der gegebenen Natur oder des geglaubten Gottes droht.

Würde Nietzsche ihm darin widersprechen wollen? Ich glaube es nicht – und könnte es allein daran plausibel machen, dass sich sowohl Zarathustra wie auch Nietzsche in allem, was sie vortragen, nicht nur auf *ihre* – auf die durch *ihr Ich* verbürgte – Einsicht und Ansicht berufen, sondern dafür auch ohne Selbstwiderspruch argumentieren.[43]

---

42   Za 1, Von den Verächtern des Leibes; KSA 4, 40.
43   Zarathustras Selbstbezüglichkeit ist die tragende Bedingung seiner Erfahrung vor, während und nach seiner Einsamkeit. Er bezieht sich unablässig auf sich selbst und

Nehmen wir andere Denker vor Nietzsche wie Spinoza, Leibniz oder Hegel hinzu, entfällt auch jeder Grund, über die *graduelle Abstufung der Vernunft des Ich* gekränkt zu sein. Alle unterstellen eine Vernunft des Ganzen, dem sich die Vernunft des Menschen bestenfalls annähern kann. Sie bleibt „klein" im Verhältnis zu dem, was als Vernunft des Alls, der Natur oder auch der Gesellschaft angenommen werden kann. Alle Vertragskonstruktionen des neuzeitlichen Denkens gehen von der defizitären Leistung des individuellen Denkens aus, dass durch Beratung, Vereinbarung und die dadurch geschaffenen Verbindlichkeiten kompensiert werden soll.

Das Problem kann also nicht darin bestehen, dass unser Ich *nicht* als die „große Vernunft" bezeichnet wird! Es kann auch nicht darin gesehen werden, dass nunmehr der *Leib* diesen Titel erhält. Zwar kann man, wenn es auf methodologische Pünktlichkeit ankommen soll, kenntlich machen, dass uns erst die „kleine Vernunft" des Ich erlaubt, im übertragenen Sinn von der „großen Vernunft des Leibes" zu sprechen. Aber das sind schulische Feinheiten, die nicht vergessen lassen dürfen, dass die „kleine Vernunft" des Ich ganz und gar auf den *Vorleistungen des Leibes* beruht, die sowohl in ihrer *internen Stimmigkeit* wie auch in ihrer *externen Einfügung* in die gegebenen natürlichen und sozialen Zusammenhänge derart umfassend sind, dass es schon wie eine Anmaßung der kleinen Vernunft des Ich erscheint, die überlegene Organisation im Zusammenspiel von Leib und Welt mit dem gleichen Begriff zu belegen, den sie für ihre begrifflichen Leistungen in Anspruch nimmt. Das aber verstärkt nur die Überzeugung, in Zarathustras Leib, Selbst *und* Ich umfassender Rede von der „großen Vernunft des Leibes" einen Anspruch auf eine *Philosophie der Vernunft* zu sehen.

Umso stärker wird die Frage, worin das „Feuer" brennt, was die „hellere Flamme" ist, die Zarathustra in die Täler bringt? Worin liegt die mit dem

---

spricht wohl mehrere hundert Mal von sich als Ich. Der Autor Friedrich Nietzsche macht in seinem Werk als Philosoph einen exzessiven Gebrauch von dem auf ihn selbst referierenden Personalpronomen. Man geht gewiss nicht zu weit, darin eine nicht nur stilistische Besonderheit Nietzsches zu sehen, die anzeigt, wie groß der *existenzielle* Anspruch seines Denkens ist. Aber auch als Mensch, der sich unter dem Titel *Ecce homo* selbst für *exemplarisch* erklärt und dabei als Ich von sich, von seiner Herkunft, seiner Weisheit, seiner Klugheit und von seinen „guten Büchern" spricht, macht einen obsessiven Gebrauch von sich als Ich – als Philosoph, als Autobiograph und als sich verzweifelt mitteilender Mensch – bis in die letzten Wahnsinnszettel hinein. Nicht auszudenken, wie das, was danach mit ihm durch die Veränderungen seines Leibes geschieht, in der Metaphorik des Gängelbandes beschrieben werden müsste. Dann wäre den Neurophysiologen Recht zu geben, die der Auffassung sind, dass nicht Personen, sondern deren Gehirne – oder besser: deren Gehirnareale denken.

Tod Gottes möglich gewordene *Eigenständigkeit des Menschen*, die es ihm erlaubt zu einer Produktivität zu finden, die der Tatsache gerecht wird, dass er sich seine Welt allererst zu schaffen hat?

9. *Das entmündigte Ich.* Seine fünfte Rede *Von den Freuden- und Leiden-schaften* beginnt Zarathustra mit folgendem Satz:

> „Mein Bruder, wenn du eine Tugend hast, und es deine Tugend ist, so hast du sie mit Niemandem gemeinsam."[44]

Die Intimität zwischen der singulären Tugend und dem Einzelnen, der ihr entsprechend zu leben sucht, ist derart *individuell*, dass man dem, was den Einzelnen auszeichnet, noch nicht einmal einen Begriff gegeben sollte, der aus ihr etwas Allgemeines macht. Zarathustra nennt den Begriff hier „Namen",[45] was die Warnung vor einer generalisierenden Bezeichnung nur noch verstärkt. Es ist wichtig zu sehen, dass „Name" nicht nur ein bestimmtes Ich bezeichnet. Auch die Tugend hat ihren Namen, der Tapferkeit, Gerechtigkeit oder Redlichkeit heißen mag. Und indem sie so bezeichnet wird, scheint sie jedem verständlich zu sein.

Mit der Verständlichkeit der Rede von der Tugend stellt sich auch die Vertrautheit ein, die „Vertraulichkeit", wie Zarathustra sagt.[46] Das ist eine treffende Zuspitzung, weil sie das durch Adorno verbreitete Missverständnis korrigieren kann, die Begriffe begünstigten allein durch ihre Allgemeinheit die Entfremdung von den konkreten Dingen. Tatsächlich aber bringen sie uns die Dinge innerlich so nahe, dass wir sogar denkend mit ihnen umgehen und, selbst in größerer räumlicher und zeitlicher Entfernung, vertraulich über sie sprechen können – zu uns selbst und zu unseresgleichen.

Wenn Zarathustra vor dem namentlich-begrifflichen Umgang mit unserer Tugend warnt, dann möchte er sagen, dass wir uns ihrer, gerade wenn wir glauben, ihr entsprochen zu haben, nie wirklich sicher sein können. Diese Warnung kennen wir schon von Sokrates. Kant hat sie verstärkt und deutlich gemacht, dass wir nie wirklich wissen, ob die Pflicht tatsächlich unsere Triebfeder war oder ist. Aus eben dieser Einsicht zieht Wittgenstein, offenkundig unter Nietzsches Einfluss, die Konsequenz, über ethische Fragen ganz zu schweigen.[47]

---

44   Za 1, Von den Freuden- und Leidenschaften; KSA 4, 42.
45   Ebd.
46   Ebd.
47   Siehe dazu Martin Gessmann: Wittgenstein als Moralist. Eine medienphiloso-phische Relektüre. Bielefeld 2009.

Doch so weit geht Zarathustra nicht! Er bleibt bei der allgemeinen Begrifflichkeit, denn er lässt keinen Zweifel daran, dass es ihm um die (in ihrer Abstraktheit höchst vertraulich angesprochene) „Tugend"[48] zu tun ist. Außerdem macht sich das Individuum schon dadurch gemein, dass es sich selbst durch die in ihrer Abstraktheit gar nicht zu überbietenden Personal- und Possesivpronomina benennt:

> „Deine Tugend sei zu hoch für die Vertraulichkeit der Namen: und musst du von ihr reden, so schäme dich nicht, von ihr zu stammeln.
> So sprich und stammle: ‚Das ist m e i n Gutes, das liebe ich, so gefällt es mir ganz, so allein will ich das Gute.'"[49]

Kann man so von einem Ich sprechen, das nur Befehlsempfänger ist? Dem seine Begriffe eingeblasen werden müssen? Gewiss, man *kann* so reden, aber „ich", „mich", „mein", „mir" tragen dann nicht die Bedeutung, die sie in der Auszeichnung *ihrer* Tugend haben! Ein vom Selbst des Leibes *entmündigtes Ich* kann schlechterdings nicht der Träger von Tugenden sein, die dem Ich derart inwendig eingeschrieben sind, dass sich ihre Zuschreibung als „Gerechtigkeit" oder „Redlichkeit" verbietet.

10. *Das Ich des freien Geistes teilt sich mit.* Die Konzeption der individuellen Tugenden, die den Menschen endlich eigenständig und zukunftsoffen machen sollen, verlangt nach einem Ich, das *aus sich heraus* Bedeutung hat und aus eigener Einsicht handeln kann. Wäre dies anders, was läge daran, dass Zarathustra *seine* Weisheit zu *seinen* Schülern bringt, die daraus *ihre* Lehren ziehen sollen – und zwar jeder für *sich selbst?* Sogar dort, wo Zarathustra sich seiner Leiblichkeit überlässt, wie etwa im Lachen, das den „Geist der Schwere" tötet,[50] ist das Ich als Organ der individuellen Erfahrung unverzichtbar:

> „Ich habe gehen gelernt; seitdem lasse ich mich laufen. Ich habe fliegen gelernt: seitdem will ich nicht erst gestossen sein, um von der Stelle zu kommen. Jetzt bin ich leicht, jetzt fliege ich, jetzt sehe ich mich unter mir, jetzt tanzt ein Gott durch mich."[51]

Man braucht nur noch hinzuzufügen, dass Zarathustra das Ich nicht exklusiv auf sich beschränkt! Wovon er selber spricht, davon soll auch von jedem anderen Ich gesprochen werden können, das ihn versteht. Seine Botschaft

---

48 Za 1, Von den Freuden- und Leidenschaften; KSA 4, 42.
49 Ebd.
50 Za 1, Vom Lesen und Schreiben; KSA 4, 49.
51 Ebd.; KSA 4, 49 f.

kann nur bei jenen wirken, die in eben der von ihm vorgelebten Weise „ich" sagen und „ich" tun können. Wohlgemerkt: Es ist das *Ich*, das sich *mit seiner Einsicht* einbringt – unbeschadet der Erkenntnis, dass im Ich immer auch der Leib mit seinem Selbst zum Ausdruck kommen muss. Am deutlichsten wird das in Zarathustras Aufforderung an seine Schüler, sich mit ihrer jeweils individuell gewonnenen Einsicht über den Lehrer hinweg zu setzen:

> „Man vergilt einem Lehrer schlecht, wenn man immer nur der Schüler bleibt. Und warum wollt ihr nicht an meinem Kranze rupfen?
> Ihr verehrt mich; aber wie, wenn eure Verehrung eines Tages umfällt? Hütet euch, dass euch nicht eine Bildsäule erschlage!
> [...]
> Nun heisse ich euch, mich verlieren und euch finden [...]."[52]

Lehren und Lernen sind an das Ich gebunden, das sich im eigenständigen Handeln erweist und stets mit etwas verbunden ist, das es empfindet, fühlt, meint, glaubt oder weiß. Die Schüler folgen dem Lehrer nur, „weil sie sich selber folgen wollen".[53] Darauf will Zarathustra hinaus. Doch einem Ich, das am „Gängelband" des sich selbst steuernden Leibes läuft, wäre alles dies grundsätzlich verwehrt. Zarathustra sagt es ja selbst:

> „Bist du ein Sclave? So kannst du nicht Freund sein. Bist du ein Tyrann? So kannst du nicht Freunde haben."[54]

In einer Zwangslage bleibt einem die Weisheit versperrt, die nur ein „freier Geist" gewinnen kann. Es bedarf einer freien, eigenständigen Individualität, die sich selbst nur im Verkehr mit freien und eigenständigen Individuen entfalten kann. Das schließt Phasen des Rückzugs und der Einsamkeit nicht aus. Doch die haben ihre Zeit. Das Leben des Einsiedlers, dem Zarathustra beim Aufstieg und Abstieg begegnet, taugt nicht für die Erkenntnis, die er den Menschen zu bringen hat. Und sie kann nur von denen aufgenommen werden, die sich als Einzelne ihrer selbst bewusst werden und weiterhin tätig sind. Deshalb spricht Zarathustra zu seiner kleinen Schar von Jüngeren, die das Leben noch vor sich haben.

Die „Jünger" spricht er stets als Einzelne, wenn leider auch nie mit Namen, an, und die von seinem Ich getragene Rede ist auf etwas bezogen, das er empfindet, fühlt, glaubt oder weiß. Genauer: Sein Ich ist in jedem Fall mit einem Sachverhalt verknüpft, der ihm in der *Form einer Mitteilung* gegenwärtig ist. Indem es sich *als Ich* weiß, ist ihm zugleich *etwas* bewusst,

---

52 Za 1, Von der schenkenden Tugend 3; KSA 4, 101.
53 Za 1, Vorrede 9; KSA 4, 25.
54 Za 1, Vom Freunde; KSA 4, 72.

das sich mindestens ihm selbst als Empfindung, Gefühl, Meinung, Glaube, Einsicht oder Erinnerung mitteilt, aber in der Rede *als Mitteilung seines Ich* an das Ich eines Anderen angelegt ist.

11. *Die soziale Instanz des Ich.* Ist Nietzsches Konzeption des Ich in der Lage, seine eigene epochengeschichtliche Erwartung zu erfüllen? Ist das „aus sich rollende Rad" des in der Naivität des Kindes schöpferisch werdenden Menschen die wegweisende Metapher zur Beschreibung der hier von jedem Einzelnen geforderten Aufgabe? Kommt damit eine Leistung zum Ausdruck, die mit größter Wachsamkeit gegenüber der Welt, sich selbst und (wie der Ausschluss des Sklaven und des Tyrannen zeigt) gegenüber seinesgleichen verbunden ist?

In Zarathustras Lehre, so scheint es, klafft ein Widerspruch, den er selbst durch seine Behauptung von der Abhängigkeit des Ich aufreißt. Er verschärft ihn durch die Beschränkung des Ich auf den Funktionskreis des Leibes. Und er zeigt keinen Ausweg auf, wenn es bei der Metapher des – gleichsam automatisch – „aus sich rollenden Rades" bleibt. Es entgeht ihm, dass im Ich bereits die Brücke zum Anderen seiner selbst und eben damit auch zur Welt gebaut ist. Zwar ist Zarathustra nahe an einer möglichen Lösung – etwa wenn er die Freunde, Brüder und Jünger sucht, die seine Botschaft verstehen sollen. Auch wenn er „Ich und Mich" ständig „im Gespräche" sein lässt, damit der Gedanke nicht in der Tiefe versinke,[55] scheint er die tragende Kraft einer lebendigen sozialen Beziehung zu ahnen. Aber es fehlt ihm eine Vorstellung von der Selbstüberschreitung des Leibes bereits im Ich, das selbst dann schon, wenn es mit seinem Leib auf diesen Leib verweist und ein „Hier bin ich!" hinzufügt, nicht mehr bloß „im" oder „am" Leib ist.

Denn bereits die Selbstanzeige des Leibes durch sein Ich kann nur von einer gedachten Position aus erfolgen, die im sozialen Außenraum des Leibes liegen muss: Wenn sich ein Ich unter Hinweis auf seinen Körper als die Person ausweist, die gemeint sein soll, steht es immer auch außerhalb seiner selbst. Wenn einer vortritt und „Ich bin Zarathustra" sagt, dann geschieht das in dem Bewusstsein der Gegenwart von Anderen, die den Vorgang deshalb verstehen, weil sie grundsätzlich auch vortreten und unter Verweis auf ihre körperliche Präsenz ihren Namen nennen könnten. Von „ich" zu sprechen hat nur Sinn, wenn das sich so benennende Individuum die Reihe möglicher Positionen anderer „ich"-sagender Individuen durchläuft und sich *vor ihnen* als unverwechselbar ausweist. Dieser mehr oder weniger

---

55   Za 1, Vom Freunde; KSA 4, 71.

geschlossene *soziale Horizont* gehört zum Ich nicht weniger als der Leib, aus dem es stammt.

Zarathustra macht keine Anstalten, das Ich in dieser doppelten Referenz zu begreifen. Für ihn ist das Ich ein Instrument des Leibes, dem es vorbehaltlos zu dienen hat. Da alles Soziale aus Lebewesen besteht, könnte das vollkommen ausreichend sein, sofern der gesellschaftliche Zusammenhang ausschließlich durch die Logik des jeweils für sich agierenden Leibes zustande käme. Eine lediglich auf Instinkten beruhende Interaktion könnte man sich so erklären.[56] Aber ein Ich, das sich gegenüber dem Selbst durch sein Bewusstsein auszeichnet, ist vom sozialen Umfeld, in welchem es überhaupt erst Bedeutung erlangt, nicht zu trennen. Alles, was es denkt, sagt, meint oder veranlasst, hat seinen Sinn nur durch den Bezug auf etwas, das *als anderes vor Anderen nach Art eines Sachverhalts* benannt werden kann. Die Wirkungssphäre des Instinkts, an dessen Bedeutung niemand zweifeln sollte, ist damit überschritten.

Ich ist demnach die Instanz des Leibes, von der aus *er sich selbst* wie aus der Position eines Anderen seiner selbst so benennen kann, als befinde er sich außerhalb seiner selbst – und dies so, dass er als Teil einer ihn umfassenden Einheit erscheint. Dieses soziale Umfeld aber besteht aus den Ichs der anderen Leiber, die in ihrer sich selbst steuernden Eigenständigkeit über die jedem Einzelnen zukommende Instanz seines Ich gerade in Anerkennung ihrer gesellschaftlichen Beziehung in Verbindung treten.

Das geschieht durch das, was wir „Mitteilung" nennen, und das wir, um die Besonderheit schon im Wort zu nennen, mit Bindestrich schreiben könnten. Das Ich ist stets mit einem Inhalt verbunden, in dem es etwas und zugleich sich selbst mitteilt. „Mit-teilung" ist das, worin ein Ich *sich seinesgleichen* dadurch verständlich macht, dass es auf einen *mit dem Ich verknüpften Sachverhalt* verweist, von dem es erwartet, dass er seinesgleichen über deren Ich *in gleicher Weise* zugänglich ist wie dem Ich, das *sich* mitteilt. Die Individuen machen *sich gleich* vor etwas, das ihnen dadurch als etwas vor ihnen ebenfalls *Gleiches* (etwa als Gegenstand, Tatsache oder Sachverhalt) erscheint, und dem sie *als sie selbst in* und *mit* ihrem Ich zugehören. Eben darin gleichen sie den Sachverhalten, die sie empfinden, fühlen, erinnern, glauben oder wissen.

Wenn es einen Sinn ergibt, vom Selbst oder Ich „am" oder „im" Leib zu reden, dann hat man einen guten Grund, die Beschreibung zu ergänzen:

---

56 Dass auch dies vermutlich nicht ohne eine Referenz auf soziale Körper gelingt, die sich mit ihrer Logik gegen das Individuum behaupten, braucht hier nicht erörtert zu werden.

Denn das Ich ist ebenso „im" mitgeteilten Sachverhalt wie es „im" Körper des Sprechenden ist! Selbst in der denkbar größten Sachlichkeit spricht der Sprecher von sich selbst und setzt darauf, dass seine Mitteilung auch bei Anderen zu eben der Verbindung von Ich und Sachverhalt führt, die es ihm möglich gemacht hat, überhaupt davon zu reden. Und wenn das Ich seinen sachhaltigen Gedanken für sich behält, holt es die soziale Dimension in sich hinein und spricht lautlos zu sich selbst. Im denkenden Menschen sind „Ich" und „Mich" tatsächlich, wie Zarathustra treffend sagt, dauernd im Gespräche.

Die Einbindung des Ich in das ihm selbst Bewusste ist aber nur die eine Seite: So sehr das Ich zum Leib gehört, den es – im vollen Sinn des Wortes – *vorstellt*, so unzweifelhaft ist es zugleich *Teil einer Gemeinschaft* von ichsagenden anderen Leibern, die unter dem Anspruch eines sie organisierenden Sinns zusammengefunden haben und immer neu zusammenfinden. Diese Sinndimension des Leibes, die er sich selbst im Ich eröffnet und der er sich damit auch selbst unterstellt, ist, wie wir noch sehen werden, in Zarathustras Reden vorausgesetzt. Aber in seiner Analyse der hierarchischen Beziehung von Leib, Selbst und Ich findet sie keine Berücksichtigung. Tatsächlich aber ist es so, dass auch nach Zarathustra das Ich als der „Beherrscher" des Leibes auftreten kann. In der Rede *Vom freien Tode* wird daraus eine praktische Konsequenz gezogen, in der das Ich eine den Leib dominierende Rolle spielt:

> „Meinen Tod lobe ich euch, den freien Tod, der mir kommt, weil i c h es will. Und wann werde ich wollen? – Wer ein Ziel hat und einen Erben, der will den Tod zur rechten Zeit für Ziel und Erben."[57]

12. *Ich als Organ des Sinns.* Nietzsche ist einer anderen Darstellung der Leistung des Ich am nächsten, wenn er in der *Genealogie der Moral* das „s o u v e r a i n e I n d i v i d u u m" an die Vorleistung des Versprechens bindet, das einem Menschen aufgrund seiner anerkannten Berechenbarkeit abgenommen wird.[58] Nicht nur die Souveränität, sondern ausdrücklich auch die „Macht" und die „Freiheit" des Individuums sind hier an die *wechselseitige Achtung* in sozialen Prozessen gebunden.[59] Sie setzt Verlässlichkeit im Handeln, Vertrauen in den Tätigen und eine Festigkeit gegenüber Gefährdungen voraus, die man von einem Kind schwerlich verlangen kann.

---

57   Za 1, Vom freien Tode; KSA 4, 94.
58   GM 2, 2; KSA 4, 293.
59   Ebd.; KSA 4, 294.

Und aus naiver „Unschuld" können sie erst recht nicht stammen, so richtig es
natürlich ist, dass jedes Von-vorn-Anfangen eines Individuums und jedes
Verlangen nach einer eigenen Leistung ein gar nicht anders als „kindlich" zu
nennendes Vertrauen in die eigenen Kräfte benötigt. Der Handelnde kann
nicht nur stets „gewissenlos" erscheinen;[60] mit Blick auf die unüberschau-
bare Reihe sowohl von Ursachen wie auch von Folgen kann er selbst in den
Taten, in denen er sich vollkommen sicher ist, als ahnungslos gelten.

Doch wie dem auch sei: Soll das von der Übermacht Gottes und von der
Herrschaft einer Selbstverzicht und Gehorsam fordernden gesellschaftlichen Macht befreite „Schaffen" und „Schenken" möglich werden, brauchen
wir ein selbstbewusst „ich" nicht nur *sagendes*, sondern „ich" auch *tuendes*
Individuum! Es darf das Verlangen seines Leibes zwar nicht übersehen; wo
immer es kann, sollte es ihn als die Bedingung seiner Möglichkeiten beachten, schätzen und genießen. Aber es darf ihm dennoch nicht sklavisch
unterworfen sein.

Die Freiheit gegenüber dem Trieb hat das Ich tatsächlich, obgleich sie
ihm von Nietzsche weder in der Rede von den *Verächtern des Leibes* noch
anderswo ausdrücklich zugestanden wird. Faktisch kommt sie jedem
Menschen zu, wenn er sich für oder gegen etwas entscheidet, sich gegen
unmittelbare Regungen wendet, einem Ideal oder einer Eingebung folgt
oder eine Sache auch gegen Widerstände zu Ende führt. Indem Nietzsche
solche Akte selbstverständlich unterstellt, optiert er für die Freiheit des
Einzelnen. Aber er stellt sie, sobald von ihr die Rede ist, gleich wieder unter
Vorbehalt.

Das hat damit zu tun, dass die Rede von Freiheit traditionell mit der
Annahme einer metaphysischen Seelensubstanz verbunden ist, die den
Gesetzen der Kausalität nicht unterworfen ist und somit einen Ursprung in
der „Hinterwelt" benötigt. Diese Annahme ist alles andere als zwingend,
was allein die politische Tradition der Freiheit belegt, einer Freiheit, die
dadurch gegeben ist, dass man nicht dem direkt verfügenden Willen eines
Anderen unterworfen sein will. Aber darauf lässt Nietzsche sich nicht ein; er
ist primär an einem metaphysischen Status der Freiheit interessiert, zu
dessen moderner Fassung durch Montaigne, Spinoza, Kant und Hegel er
keinen Zugang hat. Und so leugnet er die Freiheit ohne ausreichendes
Wissen und wider besseres Tun. Hinzu kommt, dass er den Träger der
Freiheit, das Ich allein dem Leib zurechnet, ohne zu sehen, dass es zugleich
der auf Mitteilung beruhenden sozialen Sphäre des Empfindens, Fühlens,
Meinens, Glaubens und Wissens zugehört. Wenn man aber dem Ich eine

---

60   UB 2, 1; KSA 1, 254.

Funktion in dem auf Gegenseitigkeit gegründeten semantischen Raum verweigert, büßt auch die Freiheit ihre Bedeutung ein.

In dem verständlichen Bemühen, sich von der philosophischen Tradition des Cartesianismus abzusetzen, wird Nietzsche nicht müde, die leibliche Bindung des Ich zu exponieren. Das ist sein Verdienst und darf nicht kleingeredet werden. Er hat auch Recht, wenn er seinen Lesern vor Augen führt, wie wenig sie von den leiblichen Vollzügen, an die sie gebunden sind, wissen. „[A]uf dem Rücken eines Tigers in Träumen hängend"[61] ist ein treffendes und selbst durch die moderne Medizin nicht gegenstandslos gewordenes Lebensbild des Menschen.

Gleichwohl kann sich jeder Einzelne ganz sicher sein, dass er nicht *allein* zu den „Träumenden" gehört. So ahnungslos und unwissend er im Ganzen auch sein mag: Er ist in dieser Lage nicht vollkommen isoliert. Sie erlaubt ihm, sich in der Relation zu seinesgleichen eindeutig als „Ich" gegenüber dem „Du" der Anderen zu bestimmen. Darüber hinaus vermag er sich mit seinesgleichen eindeutig zu verständigen.

In dieser Verständigung mit den Anderen gelingt es (selbst wenn man sich schlecht versteht), ein Etwas als *etwas Bestimmtes* auszuzeichnen. Das heißt: Das Ich kann in Übereinstimmung mit dem „Wir", als das sich die Gemeinschaft der ich-sagenden Individuen versteht, ein Etwas als *das* benennen, was auch die Anderen als eben *das* erkennen, was sie darunter verstehen. Um das so sagen zu können, haben wir es nicht nötig, die gelingende Verständigung über *dieselben* Dinge durch realistische Annahmen zu fundieren. Auch Idealisten leben in dem Bewusstsein einer gemeinsamen Welt, in der viele Individuen *ihr Gemeinsames* finden und in der sie *eindeutige Unterschiede* machen können.

Doch ganz gleich von welchen metaphysischen Voraussetzungen man ausgeht: „Ich" und „Du" sind niemals bloß durch die Gegebenheit des Leibes, sondern immer auch durch die Relationen bestimmt, die verschiedene Leiber dadurch zu einander haben, dass sie sich wechselseitig mit „Ich" und „Du", mit „Wir" und „Ihr" adressieren. Das aber gelingt ihnen nur, sofern sie sich in der wechselseitigen Anrede über *etwas* verständigen, das sie als den Inhalt ihrer Mitteilung begreifen. Damit bewegen sie sich in allem, was sie mit Gesten oder Worten bezeichnen in einem Dreieck aus „Ich", „Du" und „Welt", die als das Insgesamt der mitteilbaren Dinge angesehen werden kann. Erst in diesem Dreieck gewinnt das „Ich" sein spezifisches Gewicht. Nur in seiner gleichermaßen sachlich gehaltvollen und sozial vermittelten Stellung ist es mehr als das Selbst des Leibes! Und nur in dieser

---

61   WL 1; KSA 1, 877.

Welt *und* Gesellschaft, Kosmos *und* Sozialität verknüpfenden Position hat
das Ich seine eigene Kompetenz gegenüber dem Leib und seinem Selbst.

Verstehen wir nun den *Sinn* als das, worin Ich und Welt unter den
Konditionen einer möglichen Verständigung mit Anderen sachhaltig verbunden sind, haben wir die Leistung ermittelt, in der sich das Ich von Leib
und Selbst unterscheidet, ohne von ihnen unabhängig zu sein: Dann ist das
seiner selbst bewusste Ich das *Organ für den Sinn*, der benötigt wird, wenn
ein Individuum sich in Ausrichtung auf einsichtige begriffliche Beziehungen, erkannte Weltverhältnisse und ihm wichtige soziale Erwartungen im
Einverständnis mit sich selbst verhalten will. Dann benötigen Leib und
Selbst das seiner selbst bewusste Ich, das in der Lage ist, sie unter Konditionen eines sachlich gehaltvollen, auch für Andere bedeutsamen und durch
neue Erfahrungen korrigierbaren Sinn anzuleiten.

Mit anderen Worten: Erst das Ich macht es möglich, den Leib durch Sinn
zu steuern. Eben diese Leistung erwartet Zarathustra, wenn er aus seiner
Höhe herabsteigt und seine Weisheit mit den Menschen teilen will, um
weitreichende Wirkungen der von ihm verbreiteten Einsichten zu erzielen.

13. *Instrument des Leibes – und nichts außerdem.* Die Steuerung des Leibes
durch das *Sinn* vermittelnde *Ich* setzt keine Ablösung des Ich von seinem
Leib voraus. Das Ich verbleibt unter den Konditionen des Leibes, von denen
es einige wenige sogar in Erfahrung und in seinen Überlegungen zur Geltung
bringen kann. Aber es hat bereits in seiner Stellung gegenüber Leib und
Selbst eine zwar von beiden begründete und getragene, ihnen aber nicht in
jedem Akt verpflichtete Aufgabe. Was Zarathustra in der Sache fordert, ist
der Ausbau dieser eigenen Stellung des Ichs, so dass es *seine* „Weisheit" darin
findet, den Anspruch einer alles Leben organisierenden Leiblichkeit mit
den Anforderungen der vom Ich erlebten und erkannten Welt zu verknüpfen, um *darin* die Souveränität zu gewinnen, die es nur im Verhältnis zu
seinesgleichen – also *als Ich* im Verhältnis *zum Ich der Anderen* – erlangen
kann.

Sogar die Einheit, an der sich das Ich in seinem Verhältnis zu seinesgleichen zu orientieren hat – und die nicht mehr bloß die Einheit des einzelnen Leibes sein kann – wird von Zarathustra wieder und wieder genannt.
Es ist die „Erde", deren „Sinn" einzig ein Ich zu begreifen, zu benennen und
ernst zu nehmen vermag. Aber wie das durch seine eigene *physis* entmündigte Ich diese von ihm mit der Umwertung der Werte geforderte Aufgabe
erfüllen kann, wird nicht gesagt. Zarathustra beschreibt ein Ich, das den mit
seinen neuen Einsichten gewachsenen Ansprüchen nicht gewachsen ist. In

seinen Reden bleibt das Ich ein abhängiges Instrument des Leibes – und nichts außerdem.

In Wahrheit aber ist dieses Instrument ein in relativer Eigenständigkeit tätiges *Organ*. Es bringt eben das in das Selbstverhältnis des Leibes ein, was es im Verkehr mit sich und seinesgleichen an sachhaltigen Einsichten gewinnt. Damit wird das Ich zur *Instanz der Einsichten*, die es im Umgang mit seinesgleichen und in der Wahrnehmung der mit ihnen erschlossenen und erschaffenen Welt gewinnt. Das Ich ist, wie gesagt, das Organ für den „Sinn", den es nach Zarathustra aufzunehmen und in Lebensvollzüge umzusetzen hat, in denen es zur Einheit seines Leibes mit den Einsichten seines Ich finden kann. Wo immer dies gelingt, kann der „Sinn der Erde"[62] oder der „Sinn aller Dinge"[63] mit dem „Sinn des Lebens" zusammen stimmen, den jedes selbstbewusste Individuum in seinem Dasein sucht.[64]

Denken wir an das weite Bedeutungsfeld des Sinnbegriffs, dann wird offenkundig, wie eng er mit den spezifischen Leistungen des Leibes verbunden ist. Es ist die *Empfindlichkeit des Leibes* überhaupt, die wir als den elementaren Produzenten von *Sinn* ansehen müssen. Alles, was auf ihn einwirkt und für seine Gesamtbefindlichkeit von Bedeutung ist, wird in Sinn transponiert, der von den *Sinnesorganen* in verschiedene Empfindungsdimensionen entfaltet wird. *Affekt* und *Motiv* setzen ihn in die Eigenbewegung des ganzen Körpers um, der damit seinen ihn im Ganzen steuernden *Richtungssinn* verfolgt. *Stimmungen* und *Gefühle* versetzen den Leib in Zustände, die von innen her als sinnvoll erlebt und von außen als Ausdruck von Sinn erfahren werden können.

Beim menschlichen Wesen haben wir noch den *Verstand*, der Sinn und Bedeutung gegenständlicher Vorgänge erfassen und in Begriffen technisch und sprachlich zur Geltung bringen kann. Damit wird der *Vernunft* der unstoffliche Stoff für das Sinnverstehen der Vernunft geboten, der es ihr ermöglicht vom „Sinn des Daseins", „Sinn des Lebens" oder vom „Sinn der Erde" zu sprechen.

Spätestens in der durch Gefühl, Verstand und Vernunft eröffneten Sinndimension erscheint das Ich als das organisierende Zentrum sowohl des rezeptiv ermittelten wie des aktiv geäußerten Sinns. Wer es in dieser Rolle nicht anerkennt, bestreitet nicht nur die Empfänglichkeit für den Sinn einer Rede; er kann vor allem nicht mehr sagen, worin denn der Sinn für das *eigene Tun* bestehen soll. Ohne die organisierende Gegenwart des Ich kann

---

62 Za 1, Vorrede 3; KSA 4, 14. Ferner Za 1, Von der schenkenden Tugend 2; KSA 4, 99.
63 Za 1, Von tausend und einem Ziele; KSA 4, 74.
64 Vgl. UB 2, 1; KSA 1, 255. Ebd., 9; KSA 1, 319. FW 357; KSA 3, 600.

schlechterdings nicht vom *Willen eines Schaffenden* gesprochen werden. Damit wird es schon unmöglich, praktisches Handeln und ästhetische Leistung zu fordern. Und wer sie dennoch irgendwie vollbringt, weiß nicht, was er tut. Nüchtern gesprochen: Mit der Eigenständigkeit eines zwischen dem Selbst des Leibes und dem Selbst der Anderen vermittelnden Ich entfällt die Semantik einer Rede über das eigene Tun.

Wenn Nietzsche in seinem ersten Aphorismen-Buch von der Selbstbestimmung des Einzelnen spricht, in der jeder dazu fähige Mensch einen Maßstab „als Collectiv-Individuum" anlegt,[65] ist die soziale Dimension des Ich gegenwärtig. Das Ich eines umsichtig tätigen Individuums hat den Charakter einer Institution. Das aber ist nicht bloß äußerlich auf eine größere Zahl von Individuen berechnet, sondern seine soziale Verfasstheit reicht bis ins Innere des Menschen hinein. Nietzsches geniale Einsicht, in der Moral behandele sich der Mensch „nicht als individuum, sondern als dividuum",[66] bringt eben dies zum Ausdruck: In einer moralischen Krise hat jeder Einzelne mit einer Vielfalt innerer Stimmen fertig zu werden. Er besteht aus Vielen, die (so ist die Unterstellung) erst mit der getroffenen Entscheidung wieder zu einem werden. Das ist dann wieder das selbstbewusst ich-sagende und ich-tuende Individuum, und es kann an der Vorgeschichte seiner im moralischen Entschluss wiedergewonnenen Einheit erkennen, dass es im Kern nicht leiblich, sondern gesellschaftlich ist.

14. *Die leere Mitte der Tat.* Wir können somit Zarathustra den Vorwurf nicht ersparen, dass er das Ich von seinem originären sozialen Umfeld *isoliert,* wenn er es allein an den Leib und das über ihn verfügende Selbst zu binden sucht. Er macht aus der *personalen Einheit* des Ich eine *physiologisch-biologische Größe,* obgleich sein Autor hätte wissen können, dass es wesentlich eine *soziale Bezugsgröße* ist. Das Individuum gewinnt seine souveräne Kraft aus den im Umgang mit seinesgleichen erwachsenden Verbindlichkeiten. Von daher hat es sein eigenes Gewicht – auch gegenüber dem Selbst des Leibes, das seinerseits in die gattungsgeschichtliche Gemeinschaft der Leiber eingebunden ist. Gleichwohl kann es kein Ich ohne das *Selbst des Leibes* geben, und es gibt auch kein Ich ohne *seinen Leib.* Das aber ändert nichts daran, dass ein Ich sein personales Gewicht nur in der auf *erkannte Sachverhalte, treffend beurteilte Lagen* und *verlässliche Absprachen* gegründeten *Tugend* gewinnen kann.

---

65 MA 1, 94; KSA 2, 91.
66 MA 1, 57; KSA 2, 76.

Was wir mit Nietzsches Zarathustra ohne Verlegenheit „Tugend"
nennen können, heißt bei den Griechen bekanntlich *aretē*. Die nicht an die
deutsche Sprache gebundenen Aristoteles-Interpreten übersetzen *aretē* seit
mehr als zwanzig Jahren mit *competence* und *excellence*. Beides erwirbt man
nur im kooperativen Zusammenhang, in dem sich ein *Ich* auf das Zusammenspiel mit *anderen Ichs* verlassen kann. Also muss auch im Werden
einsamer menschlicher Größe ein sozialer Konnex vorausgesetzt werden,
der, jedenfalls nach den von Nietzsche gesetzten Voraussetzungen, nicht
allein aus Exemplaren der menschlichen Spezies bestehen kann.

Für gesellschaftliche Vorgänge besaß Nietzsche bekanntlich eine äußerst
geschärfte Aufmerksamkeit. Er verfolgte das Entstehen der Soziologie als
Wissenschaft und nahm ökonomische, evolutionsbiologische und kultur-
theoretische Erkenntnisse auf. Sie suchte er als zeitkritischer Schriftsteller,
Psychologe und Kulturtherapeut produktiv zu machen. Dabei strebte er
eine Rolle als gesellschaftlicher Mahner und Erzieher an und wollte wohl so
etwas wie ein öffentliches Bewusstsein, wenn nicht der Menschen, dann
wenigstens der Deutschen und der Europäer sein. Als Autor von *Also sprach
Zarathustra* greift er am weitesten auf die Menschheit als Ganze aus. Umso
gravierender ist es, dass er hier in der Analyse der Beziehungen zwischen
Leib, Selbst und Ich die unabdingbaren sozialen Faktoren außer Acht lässt.
Er verkennt die soziomorphe Verfassung des menschlichen Bewusstseins
und verfehlt die soziale Realität des Ich. Zarathustra spricht unablässig von
sich als Ich, doch in seinen Reden nimmt er dem Ich die Stellung, die es
benötigt, um mit seinem Sinn empfänglich für den Sinn von anderem und
Anderen zu sein.

So wird das Ich zu einem bloßen „Etwas am Leibe", das jeder offenbar
nur für sich selbst besitzt. Dass zum Ich aber wesentlich die Referenz auf ein
Du und ein Ihr gehört, die unter vielen Bedingungen auch als Wir erfahren
werden können, sieht man Nietzsches Analyse nicht an. Kein Wort davon,
dass jedes Ich ursprünglich auf andere Ichs referiert, und kein Hinweis
darauf, dass sich der Leib bereits in der Selbstadressierung als Ich selbst
überwindet.

Bekanntlich ist „Selbstüberwindung" ein grundlegender Terminus in
Nietzsches Denken. Mit ihm wird die praktisch-ästhetische Produktivität
des Menschen beschworen: Zarathustra überwindet sich selbst – in der
ersten wie in der zweiten Einsamkeit, aus der er zu den „glückseligen Inseln"
gelangt. Das seine ganze Wanderschaft beflügelnde Programm einer
„Umwertung der Werte" beruht und zielt im Einzelnen wie im Ganzen auf
„Selbstüberwindung". In der Lehre von der „ewigen Wiederkunft des
Gleichen" überwindet der Mensch sich mitsamt der ganzen Last seiner

Geschichtlichkeit. Die im Spätwerk wieder aufgenommene Dialektik der Kunstgottheiten von Dionysos und Apoll entwirft eine serielle Konsequenz fortgesetzter Selbstüberwindungen.

Angesichts der Bedeutung des Topos der Selbstüberwindung kann man es schon als tragisch bezeichnen, wenn es Nietzsche entgeht, dass jedes Ich als solches bereits die Errungenschaft einer Selbstüberwindung ist, ohne die keine weitere (und erst recht keine „höhere") Lebensleistung zu haben ist. „Ich" zu sagen, ist der erste Akt der Selbstüberwindung des Leibes zu einer neuen Gemeinschaft in einer mit eigenem Sinn erfahrenen Welt. Das zu verkennen, verfehlt nicht nur die soziale und die semantische Funktion des Ich, sondern es verstellt die Realität des eigenen Ich.

Das ist ein hartes Wort und scheint sowohl dem in der Einsamkeit gewachsenen Mitteilungsbedürfnis Zarathustras wie auch Nietzsches unablässiger Mitteilsamkeit zu widersprechen. Wer schreibt und überdies noch dafür bezahlt, dass seine Bücher veröffentlicht werden, der möchte gelesen und nach Möglichkeit so verstanden werden, wie er das Geschriebene meint. Zwar weiß ein Autor von den Missverständnissen seiner Leser. Aber wenn er ihnen zuruft: „Verwechselt mich vor Allem nicht!",[67] dann möchte er als dieser bestimmte Autor wahrgenommen und in dem, was er in der Sache schreibt, nicht missverstanden werden. Das „Ich" in diesem Anspruch ist unüberhörbar, und es kann zugleich als offensichtlich gelten, wie sehr es mit den in den Büchern dargelegten Einsichten verbunden ist. Denn was läge am Ich Nietzsches, wenn es nichts mitzuteilen hätte? Käme es nicht auf das an, was er uns zu sagen hat, hätte er sich damit begnügen können, sich möglichst vielen Menschen leibhaftig zu zeigen oder eine Photographie von sich in Umlauf bringen zu lassen.

Mit dem Ich jedoch, das er, wie jeder andere auch, zu sich selber sagen kann, rechnet sich Nietzsche, er mag noch so außergewöhnlich sein, zur Gemeinschaft der Menschen. Es ist, so paradox es klingt, das Ich, das den Menschen semantisch sozialisiert. Umso erstaunlicher ist es, dass Nietzsche die gesellschaftliche und leibliche Organisation in sich verbindende Instanz des Ich im Körper des einzelnen Wesens isoliert. Die Mitte der Tat verbleibt im *Leib*, obgleich sie nach Zarathustra doch im *Werk* zu sein hat.

15. *Das Tier, das Ich sagen kann.* Es genügt Nietzsche nicht, einfach nur als dieser eine Friedrich Wilhelm Nietzsche bemerkt zu werden. Sein autobiographischer Aufschrei erschöpft sich nicht darin, „hier bin ich" zu rufen, sondern er wiederholt das über Jahrhunderte für den Sohn Gottes reser-

---

67   EH Vorwort 1; KSA 6, 257)

vierte *ecce homo* und wendet es auf sich selber an. Wenn Gott, wie Nietzsche glaubt, tot ist, hat das den Charakter einer blasphemischen Provokation verloren und bedeutet nur eine maßlose Selbstauszeichnung des Autobiographen.

Wem die Maßlosigkeit dieses Ich den Atem verschlägt, kann sich durch Abschattung des religionsgeschichtlichen Hintergrunds besänftigen: Denn der Sache nach steht da nur, dass sich Nietzsche *als Mensch* versteht. Nachdem er seinen Zarathustra so nachdrücklich vom Übermenschen hat reden lassen, ist das nicht ohne Bedeutung. Mit dem Titel *Ecce homo* macht sich Nietzsche mit den Menschen gemein. Im Zeichen des seinem Text allererst Sinn gebenden Ich versteht er sich als Teil jener Gattung von Lebewesen, für die er so unermüdlich wie einfallsreich immer neue Selbstbezeichnungen gefunden hat.

Aus der langen Liste der Namen genügt es, an das *lachende* und *weinende Thier*, an das *kranke, angenehme, tapfere, erfindungsreiche Thier*, an das *sich verstellende*, das *missrathene*, das *interessanteste*, das *zurückgestellte, verehrende* oder *misstrauische* oder an das *nicht festgestellte Thier* zu erinnern. Mit der letzten Formel hat er nicht unwesentlich zum Aufschwung der philosophischen Anthropologie beigetragen, die zu den großen Leistungen der deutschen Philosophie des 20. Jahrhunderts gehört. Das ist durch die Namen von Scheler, Plessner, Gehlen und Blumenberg verbürgt. Nicht weniger erheblich ist Zarathustras Rede vom „Thier, das rothe Backen hat"[68] – das trotz allem hoffnungsvolle Zeichen dafür, dass es sich schämen kann.

Angesichts der langen Liste sinnfälliger Selbstklassifikationen des Menschen muss es auffallen, dass eine nach Zarathustras vierter Rede auf der Zunge liegende Formel fehlt. Anders als die Wendungen, die anderen Tieren Verstellung, Tapferkeit, Krankheit, Erfindungsfähigkeit oder das Lachen absprechen, könnte sie als unstrittig gelten. Denn sie lässt sich nicht nur im empirischen Vergleich der Sprachen als zutreffend erweisen; sie gewinnt auch in jenen Experimenten an Gewicht, in denen man Tieren die entsprechenden Ausdrücke antrainiert. Gemeint ist die Formel vom *Tier, das Ich sagen kann*. Selbst in den Sprachen, in denen kein separates Personalpronomen Verwendung findet, ist die Funktionsstelle der Selbstverweisung semantisch ausgefüllt.[69]

---

68   Za 2, Von den Mitleidigen; KSA 4, 113.
69   Siehe dazu: Yongphil Kim, Die Sittlichkeit der Sprache. Zur Sprachphilosophie
     Friedrich Nietzsches, Phil. Diss. Humboldt-Universität zu Berlin, Berlin 2010.

Für das Selbst- und Weltverständnis des Menschen ist es essentiell, in Abgrenzung zu Anderen seiner selbst auf sich selbst verweisen zu können. Davon kann, soweit wir wissen, bei anderen Tieren keine Rede sein. Und obgleich Nietzsche dem menschlichen Ich vielfach Beachtung schenkt, geht er m.W. nirgendwo so weit, aus der Tatsache seiner Ich-Bezogenheit ein singuläres Merkmal des Menschen zu machen.

Dafür kann man Verständnis aufbringen. Denn mit der Einräumung einer dem Leib nicht vollständig unterstellten Leistung des Ich, erst Recht mit dem Gebrauch der Formel vom Menschen als *Tier, das Ich sagen kann*, geriete Nietzsche in die Nähe von Descartes und Kant, von denen er sich durch den Leibbezug abzugrenzen sucht. Doch das Pathos der Distanz kann auch zu falscher Ferne führen. Denn wenn wir Zarathustras Rede *Von den Verächtern des Leibes* ernst nehmen, ist die Selbstbeschreibung des Menschen als ich-sagendes Tier sachlich fundiert. Und hätte Nietzsche sich in seiner Analyse bemüht, nicht nur den *Konnex* von Leib, Selbst und Ich herauszustellen, sondern auch deren *Differenz*, wäre ihm vermutlich aufgefallen, wie gehaltvoll die so trivial erscheinende Fähigkeit, „Ich" zu sich zu sagen, für die Selbstcharakterisierung des Menschen tatsächlich ist.

Die Rede vom *Ich-sagenden Tier* verweist klarer als die überlieferten Formeln vom *zoon logon echon*, vom *animal rationale* und *animal laborans*, und auch prägnanter als die nach Nietzsche in Umlauf gekommenen Wendungen vom *animal symbolicum, homo ludens, homo faber, homo pictor* oder *homo publicus* auf eine Gemeinsamkeit, die *gleichermaßen leibhaftig, sachlich* und *gesellschaftlich* dimensioniert ist. Denn das Ich, das jeder, der sich mitteilt, im Bewusstsein seines *leibhaftigen* Daseins für sich in Anspruch nimmt, ist im Akt der Mitteilung nicht nur notwendig an einen *Sachverhalt*, sondern mit gleicher Notwendigkeit an den *sozialen Zusammenhang* geknüpft. Aus ihm geht jedes menschliche Individuum hervor, und er liegt jedem möglichen Selbst- und Weltbezug des Menschen zugrunde. Denn im Ich hat die konstitutive Sozialität des Menschen Eingang in den Kern seines Selbstverständnisses gefunden.

Etwas Weiteres kommt hinzu: In dem extrem erscheinenden Selbstbezug des Ich, der immer wieder Anlass gibt, den Egoismus, Narzissmus, gar den Solipsismus des Menschen zu kritisieren, liegt der Ausgangspunkt für die keine Grenzen akzeptierende *Sachlichkeit* des Menschen, die es ihm mit Hilfe seiner technischen und wissenschaftlichen Leistungen ermöglicht, die Gestalt der Erde stärker zu verändern, als dies irgendein anderes Lebewesen vor ihm je vermochte. Überdies wusste niemand besser als Nietzsche, dass auch ein schwacher Wille, dass auch Mitleid und Opferbereitschaft Ausdruck eines selbstbewussten Ich sein können.

Entscheidend aber ist ein Drittes: Das soziale Tier, von dem Nietzsche so eindringlich zu sprechen vermag, wenn er von der Kultur, der Kunst oder vom Leiden des Menschen an sich selber spricht, ist an der Systemstelle des Ich offenbar von allen gesellschaftlichen Verbindlichkeiten freigestellt. Nach seiner Darstellung in Zarathustras vierter Rede hätte das Ich eigentlich als *asozial* zu gelten. Es wird, wie gezeigt, auf die Rolle eines abhängigen Steuermanns beschränkt, der seine Direktiven allein vom Selbst des Leibes her bezieht. Doch dazu wäre es gar nicht nötig. Wäre das Ich tatsächlich auf die interne Umsetzung der Imperative des Leibes beschränkt, hätte es nichts zu tun, was nicht schon durch das Selbst getan werden könnte. Das Ich, wie Zarathustra es schildert, wäre überflüssig – und genauso wird es in der Verkündigung seines philosophischen Programms – *Wille zur Macht, Umwertung der Werte, neue Tugenden* und *ewige Wiederkehr des Gleichen* – von Nietzsche behandelt.

Aber so kann es nicht sein. Den Leib selbst versteht Nietzsche höchst treffend als einen „Gesellschaftsbau vieler Seelen".[70] Also sind die *Seelen*, die man mit dem *Selbst* gleichsetzen kann und die beim Menschen die Fähigkeit „ich" zu sagen entwickeln, in der Lage, Verbindungen über sich hinaus herzustellen und aufrecht zu erhalten. Wie soll das gelingen, wenn sie nicht mehr als „etwas am Leibe" sind, das ihm als Instrument zu dienen hat? Wie kann es ihnen in dieser abhängigen Stellung möglich sein, den Leib gegenüber anderen Leibern zu vertreten – und, dies vor allem, die anderen Leiber gegenüber dem eigenen Leib? Daran schließt sich die Frage an, wie es bei einer Bindung allein an einen Leib überhaupt zur Aufspaltung des Ich in verschiedene Rollen kommen kann?

Antworten auf diese Fragen finden sich nur, wenn man das Ich als eine Instanz des Leibes begreift, die es ihm erlaubt, sich im Kontext sozialer Kräfte zu bewegen. Dazu muss es sich selbst als eine *soziale Größe* erfahren können, die sich in Kooperation mit und in Opposition zu anderen ich-sagenden Individuen konturiert und sich dabei auf die ihnen allen zugänglichen Sachverhalte bezieht. Dazu hat sich das Ich in seiner leiblichen Verfassung als *gesellschaftliche Kraft* zu begreifen, die nur wirksam werden kann, wenn sie sich in der von allen begriffenen Natur bewegt. Das Ich, so hätte Zarathustra sagen müssen, ist ein leibhaftiger Spiegel der Welt, in den zu blicken hat, wer etwas von der Welt *wissen* will und der in ihm sowohl *seinesgleichen* wie auch *sich selbst* erkennt. Wann immer es um Wissen und Handeln geht, ist es das Ich, das die Welt vermittelt, dies aber nur kann, weil es sich nur in ihr erkennt. Das Ich, so könnte man auch sagen, ist weder bloß

---

70   JGB 19; KSA 5, 33.

leiblich noch rein subjektiv, denn in ihm öffnet sich das Individuum für alles, was ihm mit seinesgleichen gemeinsam ist. Es ist dies eine Gemeinsamkeit, die erst mit dieser Öffnung ihren Sinn erhält und die man daher als *genuin öffentlich* begreifen kann.[71]

16. *Einsam denkt das Ich.* Nietzsches Versäumnis ist nicht auf *Also sprach Zarathustra* beschränkt. So sehr er in seiner frühen Sprachphilosophie auf die Faktoren der Verständigung und des gemeinsamen Handelns eingeht, so unwichtig werden sie ihm, wenn er sich der Analyse des Ich zuwendet. In den späten achtziger Jahren geschieht das in der prominenten Auseinandersetzung mit dem „Ich denke", das mit der Philosophie Descartes und Kants verknüpft ist, von Nietzsche aber auf nicht näher genannte zeitgenössische „Logiker" bezogen wird.[72] Hier spürt er scharfsinnig die sich einschleichenden Substantialisierungen auf, die aus dem Ich einen dinglich verstandenen Träger oder gar eine „Ursache" des Denkens machen. Im Anschluss an Lichtenbergs witzige Bemerkung, strenggenommen müsse vom „Es denkt" die Rede sein, zeigt Nietzsche, wie allgemein (und wie wenig individuell) die Quelle des Denkens verstanden werden kann, wenn man sie nach Art einer metaphysischen Bedingung begreift.

Das macht verständlich, warum er in der Beschreibung durch ein „Es denkt" keine angemessene Lösung erkennen kann. Denn auch mit dem „Es" kann so etwas wie eine Substanz gemeint sein. Deshalb läuft Nietzsches Kritik an beiden Formeln auf den Schluss hinaus, dass man ihnen keinen Glauben schenken darf. Man müsste folglich so konsequent sein, *weder* von „ich denke" *noch* von „es denkt" zu sprechen.

Aber was ist, wenn *ich* nun trotzdem *denke?* Darf auch dann keine Rede von mir sein? Ist mit Ich und Es in jedem Fall ein Substantialismus unterstellt? Im Gegenteil, so muss man erwidern. Es ist nicht zwingend, das Subjekt des Denkens nach Art eines Gegenstandes oder eines substanziellen Trägers zu verstehen. Es wäre auch falsch, das Ich mit einem, wie man heute sagt, Gehirnareal gleichzusetzen. Selbst wenn die zentralnervösen Leistungen, die es einem Organismus möglich machen, „Ich" zu sagen (oder zu „thun"), zweifelsfrei in einer Hirnregion lokalisiert werden könnten, wäre weder das Areal noch das, was darin geschieht, das gesuchte Ich.

---

71   Siehe dazu Volker Gerhardt: Öffentlichkeit. Die politische Form des Geistes (i. Ersch., München 2011).

72   Siehe JGB 17; KSA 5, 30 f. Dazu Nikolaos Loukidelis: E s denkt. Ein Kommentar zum Aphorismus 17 aus *Jenseits von Gut und Böse* (i.Ersch., Würzburg 2011).

„Ich denke" sagen wir in einer durchaus sinnvollen und in den meisten
Fällen auch höchst prägnanten Weise, wenn damit zum Ausdruck gebracht
werden soll, dass *ich* es bin, der sich Gedanken macht. Es kann auch gemeint
sein, dass ich noch keine Entscheidung getroffen habe, sondern erst einmal
denke. Jedes sich auf sich selbst beziehende Ich ist in hinreichend klarer
Weise von dem Ich anderer Individuen unterschieden. Und auch das
Denken ist zureichend deutlich von einem Zustand abgegrenzt, in dem gar
nicht gedacht, sondern geschlafen, gelacht oder gegessen wird. Diese in
doppelter Hinsicht klarstellende Pointe des „Ich denke" wird von Nietzsche
nicht ausreichend bedacht.

In genauerer Analyse lässt sich zeigen, worin Nietzsches philosophisches Versäumnis besteht:[73] Er sieht im „Ich denke" eine Zustandsbe-
schreibung des Ich, das darin sich selbst als „Ursache" jener Wirkung begreift, die im Denken liegt. Seine Analyse beschränkt sich auf die
monadologisch isolierte Leib-Seele-Einheit, die das Ich umfasst und die das
Denken in sich trägt. Das ist die Sicht des Individualpsychologen, der nur auf
das achtet, was er am einzelnen Menschen als einer psycho-physischen
Einheit zu erfassen sucht. Wird diese psychologische Sicht generalisiert,
bleibt nur der zwingend erscheinende philosophische Schluss auf eine Be-
fehlsstruktur, in der Selbst und Ich dem Leib gehorchen. Nach dieser Auffassung muss jede Verselbständigung des in die Leibhierarchie eingelasse-
nen Ich wie ein Rückfall in die Substanzmetaphysik erscheinen. Doch das ist
nicht zwingend, denn wir müssen das Ich nicht als bloßen Exponenten des
Leibes begreifen, sondern können in ihm auch das Relais erkennen, in dem
ein Leib für seinesgleichen derart durchlässig wird, dass darin die Welt
hervortritt, in der sie sich bewegen.

Bei Nietzsche verbleibt das denkende Ich in der Höhle seines vom Selbst
beherrschten Leibes. Damit ist nicht gesagt, dass er faktisch nur im Interesse
seines Leibes denkt und schreibt. Wir unterstellen ihm auch nicht, er habe
seinen Zarathustra so angelegt, dass er bei seinen wiederholten Versuchen,
die Menschen zu belehren, gänzlich bei sich selbst geblieben sei. Zarathustra
will die Menschen erreichen und er teilt sich ihnen in zahlreichen Reden mit.
So wirkt auch Nietzsche in seinen Schriften. Kein anderer Denker des 19.
Jahrhunderts hat so viel Aufmerksamkeit außerhalb der Philosophie auf sich
gezogen. Er denkt wie wenig andere über die Epochengrenzen hinaus, und

---

73 Das wird des Näheren auseinandergesetzt in Volker Gerhardt: Philosophieren im
     Widerspruch zur Philosophie. Nietzsches Verhältnis zur Tradition des Denkens, in:
     Neymeyr, Barbara/Schmidt, Jochen/Sommer, Andreas Urs (Hgg.): Die Aktualität
     Nietzsches. Freiburger Ringvorlesung (i.Ersch., Berlin 2011).

er hat schon früh in den Kulturen die Einheiten ausgemacht, in deren Bann das Wirken selbst der einsamen Denker steht. Es kann kein Zweifel sein, dass Nietzsche Phänomene des allgemeinen Bewusstseins kennt, unter deren Einfluss Kunst und Religion, Wissenschaft und Politik möglich werden.

Welchen Ort diese Phänomene jedoch im Bewusstsein der Individuen haben, vermag er nicht zu sagen. Denn nach seiner Analyse kommt das ich-sagende Selbstbewusstsein für die vermittelnden Leistungen nicht in Frage, weil es allein dem Leib verantwortlich ist. Nietzsche schließt das Ich im Selbst des Leibes ein und schreibt ihm so eine monadologische Stellung zu. Doch damit nicht genug: Mit der vollkommenen Leibreferenz des Ich muss auch der Leib zur Monade werden. Zwar öffnet sich der Leib in seinen Sinnesorganen für die umgebende Welt, auf die er durch seinen Stoffwechsel und die durch ihn veranlassten Bewegung faktisch Einfluss nimmt. Aber als sich selbst durch sein Ich bestimmender Leib kann er für niemanden anderen verständlich sein. Was ihm für seine Selbststeuerung wichtig ist, bleibt auf sein ihm unterworfenes Selbst und das nur ihm dienstbare Ich beschränkt.

Die Monade des Leibes mag zwar Fenster haben, durch die manches von draußen aufgenommen werden kann. Aber es dringt nichts heraus, was für seinesgleichen Bedeutung haben könnte. Wie vollendet die Isolation schließlich ist, wird daran deutlich, dass die monadologische Konzeption des Ich dem Leib nicht zu wissen und zu sagen erlaubt, wer eigentlich „seinesgleichen" ist.

Wohlgemerkt: Ich spreche über die *Theorie* von Leib, Selbst und Ich, die Nietzsche seinen Zarathustra vortragen lässt. In der ihm zugeschriebenen Lebensgeschichte findet der Weise, trotz aller Missverständnisse, durchaus seinesgleichen. Seine Jünger hören ihn und suchen ihm zu folgen. Insofern geht das Ich, das Zarathustra ständig im Munde führt, auch über ihn hinaus. Er teilt sich anderen mit. Das aber wäre gar nicht möglich, wenn er nur *sein* Ich *seines* Selbst und *seines* Leibes hätte – und wenn es bei jedem seiner Hörer nicht anders wäre. Dann wäre jedes denkbare und jedes denkende Ich in die absolute Singularität des eigenen Leibes eingewebt, dächte jedes Ich nur für sich. Tatsächlich aber denkt es mit jedem Gedanken eben das, was auch andere denken können. Indem es Nietzsche bei der inklusiven Situation belässt, vertritt er faktisch einen Monadologismus des Ich, der den Leib in eine ihn zerrüttende Isolierung führen müsste, gehörte es nicht zur Dialektik seiner körperlichen Konstitution, sich gerade durch seinen Rückzug hinter die eigene Haut für seine Umwelt zuöffnen.

17. *Das Ich als Funktion der Mitteilung.* Hätte Nietzsche sich die Mühe gemacht, bei seiner Kritik des „Ich denke" dessen transzendentale Positionsbestimmung durch Kant heranzuziehen, hätte er entdecken können, dass in der *Kritik der reinen Vernunft* das Ich nicht als Substanz, sondern als *Funktion* beschrieben wird. Es ist eine Funktion im Prozess des sich zwischen den Individuen vollziehenden Erkennens. Sie gewinnt ihren Gehalt in der stets mitgedachten Abgrenzung von Anderen und von anderem. Das „Ich denke" antwortet implizit auf die Frage „Was denkst *du?*" und muss im Zusammenhang der prozeduralen Übereinstimmung im *„Wir* denken" sowie im Blick auf die *logische Einheit* eines jeden Denkens verstanden werden.

Für Kant ist das „Ich denke" die *jedem* Individuum vorbehaltene Systemstelle eines Denkens, das prinzipiell alle Denkenden im Bezug auf die gedachte Sache verbindet. Das Ich wird dabei weder als eine in sich gegründete *Substanz* jenseits des Leibes noch als *Attribut* des Leibes begriffen. Es ist vielmehr Ausdruck der *Referenz* auf eines von vielen Individuen, das im potenziellen *Bezug* zu allen Anderen tätig ist. Mit dem Ich wird das Denken, das stets auf Sachverhalte, die grundsätzlich von allen denkenden Individuen gedacht werden können, auf nur *ein* (nämlich auf das „ich" sagende) Individuum bezogen. Es ist das *jeweilige* Ich, das im „Ich denke" eine *aktuelle* Leistung zum Ausdruck bringt, die ihre Pointe, im Kontrast zur Situativität ihrer Äußerung, aber gerade in ihrer Allgemeinheit hat: Nur was *jeder jetzt für sich* erfassen kann, hat den Status der *Universalität.*

So gesehen bezeichnet das Ich eine Funktion in der auf Verständigung über die Welt gerichteten wechselseitigen Mitteilung zwischen den Wesen, die daran teilnehmen können. Es ist, so kann man verschärfend sagen, eine *Funktion der Mitteilung.* In einer Briefstelle, die Nietzsche noch nicht kennen konnte, spricht Kant davon, dass in der transzendentalen Leistung des „Ich denke" die Dinge „communicabel" gemacht werden.[74] Eine andere Passage hätte Nietzsche kennen können, zumal sie für die in der von ihm gelesenen *Kritik der Urteilskraft* systematisch leitend ist; einen Niederschlag in seinem Denken findet sie leider nicht:

> „Allein wie viel und mit welcher Richtigkeit würden wir wohl d e n k e n , wenn wir nicht gleichsam in Gemeinschaft mit anderen, denen wir unsere [...] Gedanken m i t t h e i l e n , dächten! Also kann man wohl sagen, dass diejenige äußere Gewalt, welche die Freiheit, seine Gedanken öffentlich m i t z u t -

---

74 Brief an Sigismund Beck vom 1. Juli 1794; AA 11, 515.

h e i l e n , den Menschen entreißt, ihnen auch die Freiheit zu d e n k e n nehme […].“[75]

Was Nietzsche hingegen sehr genau kannte, ist die Passage, in der Platon die Möglichkeit der Erkenntnis der ich-sagenden Seele erklärt: Eine Seele erkennt sich nur, wenn sie auf die Tätigkeit einer anderen Seele gerichtet ist. Im großen *Alkibiades*, einem platonischen Dialog, den Nietzsche mit guten Gründen für echt hielt und den er in seiner Baseler Platon-Vorlesung behandelt,[76] erläutert Sokrates, wie sich ein Auge im Auge eines Gegenübers spiegelt – und sich darin erkennt. Damit soll anschaulich werden, dass die (Selbst-) Erkenntnis der Seele nur in Relation zur Seele eines Anderen möglich ist.

Hätte Nietzsche diese Einsicht auf die Analyse des „Ich denke“ übertragen, hätte er seinen unfreiwilligen Monadologismus des Ich schon im Ansatz überwinden und bereits damit eine wesentliche Voraussetzung für das Verständnis eines Aktes schaffen können, der ihm im Blick auf die Umwertung der Werte der wichtigste ist, nämlich die „Selbstüberwindung“. „Selbstüberwindung“ ist der Schlüsselakt, auf den die Botschaft Zarathustras hinausläuft. Wenn es gelingt, ihn zu verstehen, gelingt es abschließend vielleicht auch, die noch offene Frage, warum das *Kind* am Anfang der Entwicklung des verheißenen Neuen steht, zu klären.

Kann das Kind das Subjekt der Selbstüberwindung sein? Oder ist es nur der Adressat des Appells zur Selbstüberwindung? In Kenntnis der in Zarathustras Reden ausgedrückten Erwartungen muss die Antwort in beiden Fällen in einem klaren Nein bestehen. Die Botschaft Zarathustras kann nur der verstehen, der „aus Ehrfurcht vor Ziel und Erben“ seiner Aufgabe noch nicht einmal sein Leben in die Länge zieht.[77] Das ist ein ganz anderer Ernst als der, mit dem das Kind sich dem Spiel hingibt. Zur Selbstüberwindung gehört somit ein geschärftes Bewusstsein von sich selbst, das ohne Ich nicht zu haben ist. Das in Rechnung gestellt, lässt sich vielleicht ermessen, was Zarathustra eigentlich den Menschen bringt. Damit kommen wir am Ende auch auf die Eingangsfrage zurück, welches *Feuer* der Weise nach den Jahrzehnten der Einsamkeit vom Berg herab in die Täler trägt.

18. *Selbstüberwindung ohne Ich?* In Zarathustras Rede *Von der Selbstüberwindung* werden Vorgänge der Selbstüberwindung genannt, für die es

---

75 Kant: Was heißt: Sich im Denken orientieren?; AA 8, 144.

76 „Einführung in das Studium der platonischen Dialoge“, KGW II, 4, 5–188. Der Abschnitt über „Alcibiades II“ findet sich auf Seite 145.

77 Za 1, Vom freien Tode; KSA 4, 94.

nicht erheblich ist, ob das sich überwindende Ich verloren geht oder nicht. Denken wir etwa an die Produktion von Werken, die sich von der leibhaftigen Präsenz ihres Schöpfers ablösen: Sie tun ihre technische, praktische oder ästhetische Wirkung ganz aus sich heraus. Für Nietzsche steht bekanntlich das „Schaffen" des Künstlers im Vordergrund. Da er nicht erst unter dem Titel einer „Physiologie der Kunst" einen denkbar weiten Begriff vom Künstler fasst, muss ihn das Verschwinden des Ich im geschaffenen Werk auch gar nicht kümmern. Und wenn er den Leib als großen Künstler konzipiert, schreibt er der Natur selbst eine ästhetische Leistung zu. Auf das Ich kommt es hier noch nicht einmal im Schaffen selber an. Also kann es für Nietzsche nicht so erheblich sein, ob sich im Geschaffenen das Ich findet oder nicht. Die Produktion des Neuen in Natur, Kunst und Technik[78] ist somit durch den Verlust des Ich nicht wesentlich beeinträchtigt.

Das gilt insbesondere für die Schaffung neuer Individuen durch Zeugung und Geburt. Schon Platon sah hier den Ursprung aller Produktivität, die der Mensch durch Erziehung, Bildung und tugendhaftes Handeln im Bewusstsein des Wahren, Schönen und Guten zu vollenden hat.[79] Es ist wichtig, die Parallele zu ziehen, um zu erkennen, wie lange sich die alteuropäische Philosophie in jenem Kontext bewegt, in dem das *Kind* zum Hoffnungsträger der Steigerung und Besserung des Daseins werden kann. Hier steht Nietzsche in einer großen, aber eben viel zu selten ausdrücklich fortgeführten Tradition. Es ist sein philosophisches Verdienst, die auch im Ursprung der christlichen Botschaft ausgezeichnete Stellung des Kindes mit so großem Nachdruck exponiert zu haben. Dazu gehört seine Aufmerksamkeit für die Schwangerschaft, die keine „Krankheit", sondern eine „Krise" ist, in der etwas einzigartig Neues entsteht.

Es geschieht völlig zu Recht, wenn in dem Buch, das den Begriff der „Genealogie" im Titel führt und in dem es u. a. um Vererbung geht, die Schwangerschaft besondere Beachtung erfährt. Im Inneren eines Leibes wächst ein neuer Leib heran, der mit der Geburt in die physiologische Selbständigkeit entlassen wird. Von da an, so könnten wir im Zusammenhang mit unserem Thema sagen, steht der neu geborene Leib über sein Selbst *und* sein Ich mit den anderen Leibern in Verbindung, deren physische Herkunft und deren natürliches Schicksal er teilt.

Aber Zarathustra lässt nicht die Kindlein zu sich kommen, um sie auch zu Kindern in seinem (durch Selbst und Ich bestimmten) Geiste zu machen.

---

78 Ich erwähne die Technik, weil sie sachlich hinzugehört, von Nietzsche aber wenig Beachtung erfährt.

79 *Symposion* 210a ff.

Er spricht zu seinen längst zur Eigenständigkeit des Denkens, Urteilens und Handelns gelangten Hörern. Die *Selbstüberwindung*, von deren Notwendigkeit er sie überzeugen möchte, fordert bei ihnen (nicht anders als bei ihm selbst) die bewusste Anleitung durch das in ihnen tätige Ich. Dieses Ich erweist sich im Vorgang der Selbstüberwindung als derart zwingend, dass es von Zarathustra offenbar selbst dort gedacht werden muss, wo es nach der üblichen Meinung gar nicht ist:

> „Und diess Geheimniss redete das Leben selber zu mir. […] Siehe, sprach es, ich bin das, was s i c h i m m e r s e l b e r ü b e r w i n d e n m u s s ‘“[80]

Freilich, mehr als ein Indiz kann diese Rede nicht sein. Das hier sprechende Ich des Lebens kann bestenfalls im poetischen Zusammenhang überzeugen. Nur hier dürfte es dem Leben vergönnt sein, selbst das Wort zu ergreifen und in der Folge auch von *seinem* „Kampf" und *seinem* „Willen" zu sprechen.[81] Ein Indiz ist es gleichwohl. Denn nachdem Zarathustra seine Wiedergabe der Rede des Lebens darin zusammengefasst hat, es müsse sich „[a]us sich selber […] immer wieder überwinden" , macht er aus der Botschaft die Wahrheit der „Weisesten", die nicht länger verborgen bleiben dürfe.[82] Weil „verschwiegene Wahrheiten giftig werden", müssen sie nun verkündet werden.[83] Und da eben dies durch seine Rede geschieht, kann er (auf das Verständnis seiner Jünger rechnend) bereits von „unseren Wahrheiten" sprechen![84] An ihnen, so sagt er abschließend mit Furcht erregendem Omnipotenzanspruch, „mag doch Alles zerbrechen […]!"[85]

Mit der Sicherheit der Wahrheit des Lebens im Rücken können die Weisesten gelassen ertragen, dass alles (!) zugrunde geht. Denn diese Wahrheit ist nun die *ihre* geworden. Und in ihrem Zeichen, also im Bewusstsein der nunmehr durchschauten Logik der Selbstüberwindung allen Lebens, können sie, wie Zarathustra es verheißt, Neues errichten. „Manches Haus giebt es noch zu bauen!"[86]

Es ist gar nicht nötig zu fragen, wie das ohne das Bewusstsein der neuen Wahrheit und damit ohne die Präsenz von „Ich" und „Wir" möglich sein soll. Denn Zarathustra geht in den nachfolgenden Reden fraglos davon aus, dass *er* mit *seinem* Ich und *seine* Schüler jeweils mit *ihrem* Ich am Aufbau des

---

80 Za 2, Von der Selbst-Ueberwindung; KSA 4, 148.
81 Ebd.
82 Za 2, Von der Selbst-Ueberwindung; KSA 4, 149.
83 Ebd.
84 Ebd.
85 Ebd.
86 Ebd.

Neuen beteiligt sind. Denn vor jeder einzelnen Einsicht, vor jeder neuen Tugend, in der sich die von Zarathustra angesprochenen Individuen zu stärken haben, steht der Imperativ:

> „Wagt es doch erst, euch selber zu glauben – euch und euren Eingeweiden! Wer sich selber nicht glaubt, lügt immer."[87]

Hier wird nicht nur an die Erkennenden appelliert, von denen jeder allein im Medium seines Selbst- und Ich-Bewusstseins an sich selber glauben kann. Hier wird nicht nur zwischen dem Selbst und seinen (!) „Eingeweiden" unterschieden, was nur von einem Ich verstanden werden kann. Zu beachten ist vor allem die unterstellte Verbindung von Selbstbewusstsein und Wahrheit, die im unerhörten Nachsatz über eine Generalbedingung der Lüge zum Ausdruck kommt. Sie brauchen wir nur umzukehren, um zu erkennen, dass in der neu gewonnenen Wahrheit über das Leben eine maßgebliche Aufforderung an das Selbstbewusstsein eines jeden erkenntnisfähigen Individuums liegt!

Im Zeichen dieser Einsicht werden im dritten Buch des *Zarathustra* die *neuen Tugenden* gefordert, von denen der Weise – durchaus in Konsequenz ihrer bereits beschriebenen Unaussprechlichkeit[88] – in einer Rede *sich selbst* „zu [...] [sich] selber" (!) spricht: „so erzähle ich mir mich selbst".[89] Und wenn er wenig später als „Genesender" zur Mitteilung seiner tiefsten Einsicht, die er zwar den Tieren verdankt, die aber erst *in ihm* zu ihrem Selbstbewusstsein gelangt, erkennen wir, dass sie die geheimste, die tiefste, allem anderen erst Bedeutung verleihende Einsicht ist, die Nietzsche noch in *Ecce homo* ganz und gar auf das Ich des erkennenden und in seinem Namen handelnden Individuums gründet.

Also spricht das Ich Zarathustras, nachdem seine Tiere ihn mit „du" angesprochen und als den „Lehrer der ewigen Wiederkunft" ausgezeichnet haben:[90]

> „Aber der Knoten der Ursachen kehrt wieder, in den *ich* verschlungen bin, – der wird *mich* wieder schaffen! *Ich selber* gehöre zu den Ursachen der ewigen Wiederkunft.
> *Ich* komme wieder, mit dieser Sonne, mit dieser Erde, mit diesem Adler, mit dieser Schlange [...]:
> – *ich* komme ewig wieder zu diesem gleichen und selbigen Leben, im Grössten

---

87 Za 2, Von der unbefleckten Erkenntniss; KSA 4, 158.
88 Siehe dazu, was oben in Punkt 9 über die Intimität im Verhältnis zur eigenen Tugend gesagt worden ist.
89 Za 3, Von alten und neuen Tafeln 1; KSA 4, 246.
90 Za 3, Der Genesende 2; KSA 4, 275.

und auch im Kleinsten, dass *ich* wieder aller Dinge ewige Wiederkunft lehre, – – dass *ich* wieder das Wort spreche vom grossen Erden- und Menschen-Mittage, dass *ich* wieder den Menschen den Übermenschen künde."[91]

Mehr, so denke ich, muss man nicht in Erinnerung bringen, um kenntlich zu machen, dass die Selbstüberwindung, die Zarathustra im Übergang zu einer neuen Epoche des Lebens für möglich und für nötig hält, nichts dringlicher braucht, als das Ich einsichtig tätiger Individuen, die darin den existenziellen Anspruch auf ihr eigenes Leben erfüllt sehen möchten. Dieser Anspruch ist es, der im Übergang vom *Kamel* zum *Löwen* leitend ist und der schwerlich im *Kind* verloren gehen kann:

> „Oh meine Seele, ich nahm von dir alles Gehorchen, Kniebeugen und Herr-Sagen; ich gab dir selber den Namen ‚Wende der Noth' und ‚Schicksal'.
> Oh meine Seele, ich gab dir neue Namen und bunte Spielwerke, ich hiess dich ‚Schicksal' und ‚Umfang der Umfänge' und ‚Nabelschnur der Zeit' [...].
> Oh meine Seele, es giebt nun nirgends eine Seele, die liebender wäre und umfangender und umfänglicher! O wäre Zukunft und Vergangenes näher beisammen als bei dir?"[92]

Am Ende dieses ich- und seelentrunkenen Sehnsuchtslieds kehrt das Ich, das sich an sein sich selbst überwindendes größeres Ich verschenkt, mit verteilten Rollen zu sich selbst zurück. Ein größerer Triumph des sich selbst überwindenden Ich-Bewusstseins ist schwerlich denkbar:

> „Oh meine Seele, nun gab ich dir Alles und auch mein Letztes, und alle meine Hände sind an dich leer geworden: – d a s s i c h d i c h s i n g e n h i e s s, siehe, das war mein Letztes!
> Dass ich dich singen hiess, sprich nun, sprich: w e r von uns hat jetzt – zu danken? – Besser aber noch: singe mir, singe, oh meine Seele! Und mich lass danken."[93]

19. *Die Macht des Ich als „grosser Löser".* Die Verschränkung des nach Selbstüberwindung verlangenden Ich mit dem Ich, dem sie gelingt, macht deutlich, wie unverzichtbar der *egologische*, gleichermaßen *existenzielle* wie *personale* Selbstbezug in der Botschaft Zarathustras ist. Wie immer die Umstände, Gründe, Wege und Ziele der Befreiung aus den Zwängen abgelebter Werte auch sind: Die „grosse Loslösung"[94] erfolgt unter dem Anspruch eines die tradierten Lasten abwerfenden Ich, und sie hat ihr Ziel in

---

91   Ebd.; KSA 4, 276. Hervorhebungen vom Verfasser.
92   Za 3, Von der grossen Sehnsucht; KSA 4, 279.
93   Ebd.; KSA 4, 280 f.
94   MA 1, Vorrede 3; KSA 2, 16

einer viele Namen tragenden Unabhängigkeit unter einem azurnen Himmel, der „alle Meere" überwölbt, so dass sie, nach dem Sturm der Erneuerung, unter ihm zur Ruhe kommen und stille werden.[95]

Nietzsche beschreibt diesen Vorgang so, als sei daran eine höhere Macht, ein „Herr[…]" und „Namenlose[r]" beteiligt, der nach der Fahrt auf dem glatt und glänzend gewordenen Meer die Ankömmlinge mit seinem „diamantene[n] Winzermesser" erwartet, gleichsam um die letzten Einschlüsse von Unselbständigkeit und Furcht herauszuschneiden und ihnen neue fruchtbare Triebe einzupflanzen.[96] Hier werden biblische Motive bemüht, die auf sich beruhen mögen. Dass hier auch günstige Umstände und manches Entgegenkommen im Spiel sein müssen, wird niemand in Abrede stellen wollen.

Zwar irritiert es, dass daran gleich zu Beginn wieder ein Herr beteiligt sein soll; für ihn gibt es bei den frei gewordenen Individuen eigentlich keine Verwendung mehr. Doch man kann ihn als Grenzwächter des Realismus, der Nietzsche wichtig ist, verstehen. Denn Zarathustra soll nicht als Heiland missverstanden werden; seine Visionen verheißen kein Utopia, kein schmerzfreies Glück. Das Paradies steht für ihn im „Schatten der Schwerter". Auch in der Stunde des Überreichtums darf nicht vergessen werden, dass alles Dasein aus Kampf und Gegensatz besteht. Schönheit, um nur ein Beispiel zu nennen, ist die *Gnade*, die der „abgeschirrte[…] Wille[…]" gewährt, wenn die Macht sich dazu herablässt „in's Sichtbare" hinabzusteigen.[97]

Doch darauf kommt es hier nicht an. Wichtig ist, dass in der großen Ansprache der Seele an sich selbst der „Winzer" als „dein grosser Löser" bezeichnet wird.[98] Wen immer Zarathustra an dieser vom Glanz eines neuen Mittags überblendeten Stelle damit auch meint: Auf nichts passt die Rede vom „großen Löser" so gut wie auf das *Ich*, das dieses ferne und doch schon so gegenwärtig erscheinende Glück des vollkommenen Augenblicks eingeleitet hat und das nun auch in der Lage sein muss, sich ihm zu überlassen. Die antizipierte Entsprechung von Lied und Dank macht bewusst, dass dem Ich auch über den Akt der Selbstüberwindung hinaus die Rolle des *Bedeutung gebenden Begleiters* abverlangt wird. Es hat vorher wie nachher anwesend zu sein und muss sowohl im Prozess des Werdens wie auch im Akt des möglichen Umschlags das *Bewusstsein der Gegenwärtigkeit* sichern, die Nietzsche an der Schwelle zu einem neuen Zeitalter so wichtig ist.

---

95 Za 3, Von der grossen Sehnsucht; KSA 4, 280.
96 Ebd.
97 Za 2, Von den Erhabenen; KSA 4, 152.
98 Za 3, Von der grossen Sehnsucht; KSA 4, 280.

Schließlich sollten wir nicht vergessen, dass der Geist es ist, der „in's Leben schneidet".[99] Davon können wir nur wissen, sofern das Ich das Messer führt. Sobald ein Anderer schneidet, bringt er physische Gewalt zur Anwendung, die wir nur einem Arzt zugestehen, der mit der Einwilligung des Kranken zu Werke geht. Im Selbstverhältnis aber tritt das Einschneidende einer Beschränkung in der Form seiner Einsicht hervor, der sich ein Mensch aus eigenem Antrieb unterwirft. Und eben diese Macht der eigenen Einsicht wird als *Geist* erfahren. Der Geist ist das Allgemeine, das im *Ich* zum Ausdruck kommt.

Also ist es das *Ich*, welches das „Winzermesser"[100] führt und als der „große Löser" zu gelten hat. Wäre es dabei nur der Befehlsempfänger des Leibes, wäre schon nicht zu verstehen, warum überhaupt geschnitten werden muss. Nur als Exponent einer Macht, die über den Leib zu verfügen sucht, kann das Ich so wirken, wie Zarathustra es vor, während und nach der Selbstüberwindung verlangt.

20. *Das Ich als leibhaftiger Repräsentant der Kultur.* Eine Theorie für das Ich, das zum Leib gehört und ihm dennoch nicht unterworfen ist, hat Nietzsche nicht. Darin liegt deshalb ein Versäumnis, weil man aus manchen seiner Bemerkungen (wie etwa zum „Ich denke") den Schluss ziehen könnte, es bedürfe einer solchen Theorie schon deshalb nicht, weil sie nur auf den metaphysischen Abweg einer Substanzontologie führen könne. Dass darin ein Missverständnis der Funktion des Ich zum Vorschein kommt (dem leider auch Zarathustra erliegt, wenn er das Ich in die exklusive Dienstbarkeit des Leibes stellt), sollte deutlich geworden sein. Zarathustra übergeht die innere Verschränkung des Ich mit der Welt der Dinge und Vorgänge, auf die es sich in Hinwendung zu seinesgleichen, zum Ich der Anderen, notwendig bezieht.

Zu Zarathustras Gunsten kann man feststellen, dass er nicht den Versuch macht, das theoretisch unterschätzte Ich praktisch auszugrenzen. Im Gegenteil: In seinen Reden wird ein so exzessiver Gebrauch von „ich", „mich", „mir", „wir" und „uns" gemacht, dass es gar keinen stärkeren Beweis für die Unverzichtbarkeit des Ich geben kann. Neben Platons großen Dialogen, Montaignes *Essais* und Rousseaus *Émile* dürfte es nur wenige andere große philosophische Werke geben, in denen sich die Macht des Ich so anschaulich und so eindringlich präsentiert wie in *Also sprach Zarathustra*.

---

99 Za 2, Von den berühmten Weisen; KSA 4, 134.
100 Za 3, Von der grossen Sehnsucht; KSA 4, 280.

Dabei ist nicht unerheblich, dass die Macht des Ich durch die sprachliche Form der Rede zur Geltung kommt. Aber nicht weniger wichtig ist, dass Nietzsche, trotz seiner kritischen Reserve gegenüber einer metaphysischen Freistellung des Ich unter dem Anspruch der „Autonomie", keinerlei Anstalten macht, die Rolle des Ich zu überspielen. Das Ich war schon da, als sich Zarathustra in die Einsamkeit zurückzog; dort bleibt es ihm näher, als ihm Adler und Schlange je kommen können, und da lässt es auch die Einsicht reifen, mit der es ihn wieder zu den Menschen zieht. Das Ich gibt seinen Gedanken Halt in der Welt, es verschafft seinen Reden Bedeutung vor seinen Hörern und verleiht ihnen die Gegenwart, die nur in der Gleichzeitigkeit von Ich und Ereignis erfahren werden kann. Schließlich hängt selbst noch der Anspruch auf eine große „Wende" am Ich. Denn sie kann nur gedacht werden, solange das Ich diesseits und jenseits von ihr anwesend ist und im Akt der Umwertung gegenwärtig bleibt.

Ein Weiteres kommt hinzu, dass auch die theoretische Sicht auf das Ich hätte ändern können: Nietzsche weiß von der Korrespondenz von Ich und Du und verleiht ihr im Erleben Zarathustras beredten Ausdruck. Das gilt nicht nur für die enge Korrespondenz zwischen „Ich und Mich", die ständig „im Gespräche" sind.[101] Es trifft nicht bloß auf die psychologischen Beobachtungen über das *Spiel der Masken* zu. Es beschränkt sich weder auf den *Tausch der Täuschungen* im intersubjektiven Verkehr noch auf das *Prinzip des Gleichgewichts*, das im politischen und sozialen Komplex wechselseitigen Handelns für die Stabilität gesellschaftlicher Formationen sorgen kann.[102] Wegweisend ist vielmehr die noch unentdeckte Erzeugung des Anderen im erwartungsvollen Umgang mit ihm. So scheint Zarathustra das Leben selbst beleben zu wollen, wenn er es mit einem Du anspricht, das als Ich antworten soll:

---

101 Siehe dazu: Za 1, Vom Freunde; KSA 4, 71.
102 Diese Teile gehören in Nietzsches transzendentale Psychologie, die er virtuos (und philosophisch immer wieder unterschätzt) in den Aphorismenbüchern der siebziger und der frühen achtziger Jahre entfaltet. Daran haben wir oben erinnert. Die Analysen werden in den Notizen der späten achtziger Jahre fortgeführt. Im Wechselspiel der Eitelkeiten, in der Dialektik der Schwächen und Stärken, im Ineinander von Individualität und der Dividualität scheint jedes Einzelne nur aus dem zu bestehen, was es von Anderen aufnehmen und zurückblenden kann. Die Monade der Seele ist zum verspiegelten Glashaus geworden, in und an dem alles zur bloßen Beziehung geworden ist. Nur das Leben selbst scheint davon unberührt zu sein. Das Leben ist bei Nietzsche in die Stellung eines Dinges an sich gerückt. Davon sind auch noch Zarathustras Reden über Leib und Leben bestimmt, obgleich offenkundig ist, dass hier eine Vielfalt von Leibern wirksam ist und dass Leben aus einer Pluralität der Willen zur Macht besteht.

„In dein Auge schaute ich jüngst, oh Leben: Gold sah ich in deinem Nacht-Auge blinken, – mein Herz stand still von dieser Wollust […].[103]

Die Dialektik der Ansprache kennen wir – wenn nicht aus der Praxis des Animismus, dann aus dem kindlichen Umgang mit den Dingen. In ihm wird selbst über größte Unterschiede hinweg das Bewusstsein von etwas Gemeinsamem erzeugt, in dem sich der Sprecher und das Angesprochene verbunden scheinen. Mit der Projektion von Ich und Du wird eine Sphäre evoziert, in der man sich gestärkt und geschützt fühlen kann.

In eben dieser Erwartung sucht Zarathustra eine tiefere, ihn ganz und gar durchdringende Einheit mit dem Leben. Nur ist schwer vorstellbar, welche Grenze damit gezogen sein soll und wovor die Verbindung mit dem Leben überhaupt schützen kann. Ein zum Ich erhobenes Leben muss alles Lebendige umfassen und lässt somit keinen Raum für ein anderes lebendes Ich.

Ein Ich aber will Zarathustra, trotz aller Sehnsucht nach der Vereinigung mit dem Leben, bleiben. Er wirbt mit allen Mitteln eines Tänzers um die Gunst des Lebens. Er möchte es zu *seinem* Tanz verführen. In verzückter Bewegung und mit einer den ganzen Leib erfassenden Empfänglichkeit (mit „Zehen, [die] horch[…]en“!)[104] preist der Tanzende sich dem Leben als bloßes Leben an und will, wenn man so sagen darf, als reiner Leib genommen werden.

Doch das Leben erkennt die Egomanie in Zarathustras Werben und weist es zurück:

„Du liebst mich lange nicht so sehr wie du redest; ich weiss, du denkst daran, dass du mich bald verlassen willst.“[105]

Dem Leben, das hier spricht, bleibt nicht verborgen, dass Zarathustra ein sich selbstbewusst abgrenzendes Wesen bleiben will. Es vergisst nicht, was Zarathustra in seiner Lebenslust zu überspielen sucht, nämlich dass im Leib des Menschen ein anderer Gebieter wohnt, der zwar ohne den Leib gar nichts vermag, der ihn aber dennoch lenken und ihm eine Richtung geben kann, die nicht durch instinktive Impulse bestimmt ist. Dieser Gebieter ist das Ich.

Das Leben, so scheint es, kennt das Ich der Menschen besser als Zarathustra es in seiner Rede *Von den Verächtern des Leibes* eingesteht. Vielleicht, weil es zu spüren bekommt, dass jedes Ich über das Leben verfügen

---

103 Za 3, Das andere Tanzlied 1; KSA 4, 282.
104 Za 3, Das andere Tanzlied 1; KSA 4, 282.
105 Za 3, Das andere Tanzlied 2; KSA 4, 285.

will; vielleicht, weil ihm nicht entgeht, dass ein Ich töten und leben lassen, ja, sich dazu versteigen kann, das Leben zu verneinen.

Mit der Verneinung ist die Option auf die Bejahung des Lebens eröffnet. Und die muss keineswegs immer, wie Zarathustra suggeriert, auf das Leben als Ganzes bezogen sein. Das Ich kann die im Leben ohnehin wirksamen Präferenzen verstärken oder schwächen. Und dabei kann es die Einheiten zur Geltung bringen, in denen es sich in seiner Beziehung zu seinesgleichen selbst versteht.

Damit sind wir bei der genuinen Wirkungsmacht des Ich, die mit dem Begriff der Idee oder dem des „asketischen Ideals" nur unzureichend bezeichnet ist: Jedes Ich ist ursprünglich auf die Gemeinschaft mit anderen ich-sagenden Wesen bezogen, mit denen es sich in der Verständigung über Sachverhalte verbunden weiß. Was immer es in diesem Zusammenhang erkennt, kann es in der Steuerung des Lebens zur Geltung bringen. Es versteht sich von selbst, dass es dabei Formen des Lebens den Vorzug gibt, die bereits unter Mitwirkung der ich-sagenden Individuen entstanden sind. Gemeinschaften, Gesellschaften und Kulturen, aber auch Kunst und Wissenschaft, Ethos und Politik sind Formen des Lebens. Sie kommen zu den vorhandenen Gegensätzen des Lebens hinzu und machen das Spiel der Kräfte reicher und vielfältiger. Und was immer man über sie sagen kann: eines trifft gewiss nicht zu, nämlich dass sie dem Leben als solchem entgegenstehen. Dass ganze Kulturen das Leben verneinen, ist schwer vorstellbar: Wenn sie gegen das von ihnen vorgefundene oder ihnen aufgenötigte Dasein opponieren, dann dürfte damit die Erwartung eines besseren oder eben: anderen Lebens verbunden sein. Was immer geschieht: Es soll dem Leben zugute kommen, das von einem *Ich* empfunden, gefühlt, erkannt und bewertet werden soll.

Also darf man schließen, dass es die kulturellen Energien sind, welche die Stellung des Ich im Widerspiel der leiblichen Kräfte stärken. Wenn aber das Ich als der Repräsentant der kulturellen Leistungen des Menschen verstanden werden muss,[106] dann kommen mit ihm die kollektiven Erfahrungen der gesellschaftlichen Evolution des Menschen zur Geltung. Im Ich, so paradox die Dialektik zwischen sozialer Erbschaft und individuellen Empfindlichkeiten auch erscheint, artikulieren sich die geschichtlich gebildeten Potenzen des menschlichen Daseins. Unter dem Anspruch eigener Einsicht müssen sie sich zur individuellen Lebensführung verbinden lassen. Dass ein Mensch für sein *persönliches* Wollen *allgemeine* Gründe namhaft

---

106 Was, um es noch einmal zu betonen, der Psychologe Nietzsche weiß, seinen Zarathustra aber nicht sagen lässt.

machen kann: darin liegt die Stärke des Ich. Wenn Zarathustra glaubt, darin eine Schwäche des Ich erkennen zu müssen,[107] zeigt sich darin einmal mehr, dass er die Herkunft des Ich aus der Verständigung der Menschen über eine Welt, über die sie zu verfügen suchen, nicht kennt.

Gleichwohl kann die sozio-kulturelle Herkunft des Ich ihm zum Verhängnis werden. Wenn das Ich nicht weiß, was es dem Leib zumuten kann und was es ihm schuldet, oder wenn es nicht die Größe hat, sich mitsamt seiner historischen Erblast von ihm tragen zu lassen, kommt es zu den Ressentiments, als deren Entdecker Nietzsche gelten kann. In der jüdisch-christlichen Kultur, in ihrer wissenschaftlichen Überformung und in der Selbstverkleinerung des europäischen Menschen sieht er die Gefahr einer wachsenden Überforderung des Leibes. Um ihr zu begegnen, verlangt er die entschiedene Abkehr vom Glauben an Gott, von einer dualistischen Aufteilung der Welt und der damit einher gehenden Leibfeindlichkeit. Man könnte ihm Recht geben, wenn er nicht den Fehler machte, die Eigenständigkeit des Ich für den Niedergang verantwortlich zu machen. Er hätte sich leicht selbst korrigieren können, wenn er nur darauf geachtet hätte, wie sehr nicht nur sein Zarathustra, sondern auch er selbst, auf die freie Rede ihres auf die Erkenntnis angewiesenen Ich angewiesen sind.

21. *Funken des freien Geistes.* Zarathustras Analyse des Zusammenspiels von Leib, Selbst und Ich ist, wie gezeigt, nicht überzeugend. Sie enttäuscht, weil die Individualität des kritischen Ausgangspunkts, dem sich sein Rückzug in die Einsamkeit einschließlich aller dort gewonnenen Einsichten verdankt, in der Vision der Umwertung preisgegeben ist. Das Ich, das Zarathustras Einzigartigkeit vor allen anderen ich-sagenden Individuen – und dies in allen seinen Reden – zum Ausdruck bringt, wird zum Appendix des Leibes erklärt und damit systematisch entwertet. Wenn das Ziel der Verwandlungen des Geistes in der Naivität des Kindes liegen soll, ist alles aufgegeben, was zur Selbst-Überwindung des Geistes nötig ist. Wie soll sich denn der endlich zur Eigenständigkeit seines Denkens und Handelns gelangende Mensch zur Verantwortlichkeit des souveränen Individuums steigern, wenn die Unschuld seines Tuns ihn von jeder Rücksicht auf den „Sinn der Erde" freisetzt?[108] Wenn er nicht über ein verlässliches Wissen von

---

107 Dazu siehe: Za 1, Vom bleichen Verbrecher; KSA 4, 46.

108 Es sei nur daran erinnert, wie Nietzsche nicht nur in GM 2, 2; KSA 5, 293 f., sondern auch in dem ebenfalls nach dem Zarathustra geschriebenen Aphorismus 347 der *Fröhlichen Wissenschaft* die Befreiung vom Glauben beschreibt: Dann nämlich wäre „eine Lust und Kraft der Selbstbestimmung, eine F r e i h e i t des Willens

sich, von seinesgleichen und der Welt verfügt, geht nicht nur die kritische Funktion des Geistes verloren. Die Welt der Zukunft, auf die uns Nietzsche doch wohl einstellen will, wird zur Idylle, in der Technik, Wissenschaft und Kultur den von der Umwertung unberührten „letzten Menschen" überlassen werden.

Zarathustra jedenfalls gelingt es auch in den parodistischen Passagen des vierten Buches nicht, zum Paradigma der von ihm propagierten Unschuld zu werden. So leidet das ganze Werk an einem inneren Widerspruch, der es auf Dauer verhindern wird, dass *Also sprach Zarathustra*, diese ungeheure Verdichtung von Nietzsches Botschaft, im Sinne dieser Botschaft wirksam werden kann. Weil sie das selbstbewusste Individuum nicht erfasst, das Zarathustras Einsicht praktisch umsetzen könnte, kann sie selbst keine politisch-gesellschaftlichen Folgen zeitigen.

Das zum Menschen gehörende soziale Moment verfehlt Zarathustra bereits im Ich. Er stilisiert jeden, auf den es ihm ankommt, zum separierten Einzelnen. Seine Schüler bleiben in einer Isolation befangen, die mit Blick auf die kommenden Aufgaben nur verhängnisvoll genannt werden kann. Überhaupt wird die Verbindung zwischen Individuum und Gesellschaft so behandelt, als sei sie rein äußerlich – und als solche jederzeit verzichtbar. Die Menschen der Zukunft scheinen sich jederzeit für Jahrzehnte aus der Gemeinschaft entfernen zu können, ohne dass sie jemand vermisst. Damit entfallen alle Maßgaben für ein gemeinsames politisches Handeln. Wenn Nietzsche in Konsequenz der Lehre Zarathustras schreibt: „W i r A l l e s i n d k e i n M a t e r i a l m e h r f ü r e i n e G e s e l l s c h a f t", und den kritischen Akzent nicht auf dem Begriff des „Materials", sondern auf die mögliche Einheit gesellschaftlicher Leistungen setzt,[109] ist er wohl am weitesten von dem entfernt, was die Achtung vor dem „Sinn der Erde" sowohl vom Einzelnen wie auch von allen fordert, nämlich Solidarität mit seinesgleichen. Nicht zu sehen, warum der Einzelne dergleichen allein schon für sich selber braucht, gehört zum schwersten Theoriedefizit des Buches.

Unter diesen Voraussetzungen reichen Zarathustras Einsichten nicht an die Aufgaben heran, die eine Philosophie der Zukunft vom Menschen zu fordern hat. *Also sprach Zarathustra* ist ein großes Exempel philosophischer

---

denkbar" (FW 347; KSA 3, 583). Ein Individuum mit diesen Möglichkeiten nennt Nietzsche einen freien Geist: „Ein solcher Geist wäre der f r e i e G e i s t par excellence." (FW 347; KSA 3, 583) Dass dieser Geist sogar noch an Abgründen tanzt, kann nur von Bedeutung sein, wenn es im Bewusstsein der damit verbundenen Gefahr geschieht. Die aber muss er als sich wissendes Ich aushalten können.
109 FW 356; KSA 3, 597.

Literatur, in dem sich tiefe und erhebende Einsichten in die *Conditio humana* finden. Stellt man seine monumentale stilistische Einheit in Rechnung, kann es vielleicht doch als Nietzsches größte Leistung gelten. Aber mit Blick auf die Epochenwende, die Nietzsche damit einleiten will, hat es nicht den Rang, den sein Verfasser ihm zuschreibt. Mit der wiedergeborenen Kunstfigur des Zarathustra hebt keine neue Zeitrechnung an.[110]

Umso wichtiger ist die Feststellung, dass es nach Kants transzendentaler Analytik und Hegels dialektischer Anthropologie nichts gibt, was sich mit Nietzsches entlarvender Psychologie des Leibes vergleichen ließe. In seinem *Zarathustra* findet sich davon nur ein kleiner Teil, der unter dem verwegenen Anspruch, einen neuen, die bisherigen Religionen ersetzenden Mythos zu schaffen, eine höchst bedenkliche Engführung erkennen lässt.

Davon muss hier nicht die Rede sein.[111] Nietzsches Maßlosigkeiten lassen sich mit Hilfe seiner eigenen Psychologie verstehen und seine Irrtümer verlieren im Abstand der Jahre an Bedeutung. Auch der sich immer wieder einstellende Ärger über die Missachtung seiner großen Vorgänger, namentlich Platons, Kants und Hegels, nimmt ab, je öfter er ausgesprochen ist. Was bleibt, sind sein buchstäblich in allem wirkender Anspruch auf Erkenntnis, die unabsehbare Fülle der im rücksichtslosen Verlangen nach Wahrheit gewonnenen Einsichten und die Tatsache, dass er sich ihnen geopfert hat. Ich wüsste kein anderes Philosophenleben zu nennen, von dem man, wenn von dergleichen die Rede ist, so wenig Einschränkungen machen muss wie bei Nietzsche. Sogar sein Sensationalismus, die Neigung also, vom eigenen extrem irritierbaren Zustand auf die Befindlichkeit der Epoche, ja, der Menschheit zu schließen, steht im Dienst der Erkenntnis. Er ist der existenzielle Denker *par excellence*.

Dieses Urteil ist nicht an die Schlüssigkeit eines Buches oder Wahrheit einzelner Aussagen gebunden. Wir können Vieles anders sehen als Nietzsche, und ihn trotzdem für die Artistik seiner Entlarvungen, die Virtuosität seiner Sprache, die Brillanz seiner Kritik, die Synästhesien seines Scharfsinns, die Poetik seiner Unerbittlichkeit sowie für die Konsequenz des Gedachten in der Anwendung auf sich selbst bewundern. Wer wäre (den Sokrates im *Phaidon* ausgenommen) selbst in der Verzweiflung heiterer

---

110 Um nicht nur dies deutlich zu machen, sondern um gerade dabei zu erkennen zu geben, dass es sich dennoch lohnt, das Buch genau zu lesen, kommt Zarathustra auf den voranstehenden Seiten öfter und länger zu Wort, als es in einem Aufsatz üblich ist.

111 Siehe dazu vom Verfasser: Nachwort zu Friedrich Nietzsche, Also sprach Zarathustra. München 2010.

geblieben als er? Selbst in der erschütternden Selbstanzeige des *Ecce homo* wirkt noch das Pathos der Distanz.

Dass er kein System bauen wollte, ändert nichts daran, dass seine Schlüsse zumeist von zwingender Logik sind. Und da er sich so gut wie allen Fragen der Philosophie mit der ursprünglichen Kraft des Selbstdenkers zugewandt hat und zu originellen Einsichten gelangt ist, kann er, wie er es wollte, als „großes Individuum" und als ein Klassiker des philosophischen Denkens gelten.

Wenn wir, wie in der Rekonstruktion des Zusammenhangs von Leib, Selbst und Ich, auf Lücken stoßen, wenn wir beklagen, dass Zarathustra in seinem Leib- und Selbstbezug die Präsenz der Anderen im Ich übersieht und damit vieles außer Acht lässt, was zur sozialen und kulturellen Realität des Menschen gehört, ändert das nichts daran, dass wir Nietzsche die nachhaltigsten Anregungen verdanken. Auch wenn man die Beschwerde hinzufügt, dass er die Verantwortlichkeit für das durch den Menschen Geschaffene überspielt, dass er die Fähigkeiten der Menge, die alltäglichen Mühen der Vielen und den kulturellen Rang der Technik gerade auch in ihren personalen und institutionellen Leistungen unterschätzt, kann er als einer der Großen des philosophischen Denkens gelten.

Dieses Urteil bleibt trotz seiner Versuche, der Moral, der Menschheit, der Mitmenschlichkeit und dem Glauben an Gott den Abschied zu geben. Denn was immer er zu diesen Themen sagt, ist nicht nur wohl erwogen, sondern auch tief empfunden. Nichts gegen Schelling, Kierkegaard, Marx oder Feuerbach: Aber was Nietzsche über die Bedeutung Gottes für das Welt- und Selbstverhältnis des Menschen sagen kann, wird in seiner Lebenszeit von niemandem übertroffen. Auch im 20. Jahrhundert hat ihn darin keiner überboten. Und wenn uns einmal mehr sein Urteil über die „Schwachen", die „Schlechtweggekommenen", die „Missrathenen", die mit dem „schlechten Atem" oder die „Vielen" zum Ärgernis wird, oder wenn wir uns fragen, wie es möglich ist, so leichtfertig über den Krieg, das Kriegsvolk und die Herrschaft der Wenigen zu sprechen, dann halte ich dagegen, dass Nietzsche auch diese Äußerungen tut, weil er, wie er es seinem Zarathustra in den Mund legt, die Menschen liebt. Er kritisiert die Humanität (so wie er es auch im Fall der Aufklärung tut) in der Absicht, sie zu retten. Er verwirft das allgemeine Reden über das Mitleid auch, weil es ihm so nahe ist, dass es ihn ohnehin jeder Zeit anfallen kann.

Nehmen wir die Metaphern von „Feuer" und „Asche" auf, die Nietzsche im Zusammenhang seiner Liebeserklärung an den Menschen gebraucht, um die Mission Zarathustras zu umschreiben, und übertragen wir sie auf ihn selbst: Als freier Geist hat Nietzsche vieles zu Asche verbrannt. Die Funken seines Feuers haben keinen Flächenbrand erzeugt; niemand braucht mehr zu befürchten, er könne als Brandstifter verurteilt werden. Aber die Funken seines Geistes können das Denken Einzelner auch hundertfünfundzwanzig Jahre nach Zarathustra in Flammen versetzen, und sie fliegen mit Sicherheit weit über sie hinweg. Das, so meine ich, kann man so von keinem anderen Denker des 19. Jahrhunderts sagen.

Die „grosse Vernunft" des Leibes

Ein Versuch über Zarathustras vierte Rede

In Zarathustras vierter Rede, die unter dem Titel *Von den Verächtern des Leibes* steht, findet sich ein Ausdruck, der eines der großen und tiefen Rätsel des Daseins mit unüberbietbarer Prägnanz anschaulich macht. Es ist die Formel von der *„grossen Vernunft" des Leibes.*[1]

Diese Wendung hat nicht die gleiche Popularität wie der *Wille zur Macht*, die *ewige Wiederkunft des Gleichen,* die *Umwertung der Werte* oder die trotzige Tröstung des *amor fati.* Dafür aber steht sie im unausgewiesenen Zentrum der *Experimentalphilosophie* und trägt alle Hoffnungen, die mit den bekannten Formeln verbunden sind. Nur wenn sich zeigen lässt, dass – und vor allem: *wie* – der Leib als eine „grosse Vernunft" verstanden werden kann, ist dem Verdacht zu begegnen, Nietzsches programmatische Wendungen hätten nur eine affektive Botschaft.

Gelingt es aber nicht, der Formel von der „grossen Vernunft" des Leibes einen tragfähigen Sinn abzugewinnen, fehlte Nietzsches Denken die Verbindlichkeit. Zwar bliebe uns der brillante Bilderbogen scharfsinniger Reflexionen, wir hätten nach wie vor die Unruhe seiner Kulturkritik oder den beachtlichen Ertrag seiner entlarvenden Psychologie. Natürlich hätten wir weiterhin das ästhetische Vergnügen an den Expositionen einer nichts Menschliches auslassenden Intellektualität. Unberührt von allen philosophischen Deutungen bliebe schließlich auch die individuelle Wirksamkeit dieser hinter vielen Masken aufschreienden Existenz.

Dann jedoch gäbe es kein Argument gegen den Vorwurf, die programmatischen Aussagen Nietzsches seien letztlich nur „subjektiv". Hinter den großen Formeln stehe der für das Jahrhundert typische romantische Voluntarismus: die kategorische Hoffnung auf eine befreiende Dezision, die durch nichts anderes ausgewiesen ist als durch den gesteigerten Überdruss eines Maßlosen, der weder in der Liebe noch im Beruf, weder im Alltag noch in der Wissenschaft, noch in der Kunst seine Bestimmung findet und daher sein exaltiertes Leiden zur öffentlichen Größe steigert. Auch dies hätte symptomatische Bedeutung: Nietzsche wäre auf eine schreckliche Weise zeitgemäß.

---

1   Za 1, Von den Verächtern des Leibes; KSA 4, 39. Hervorhebung v. Verf.

Doch der Preis einer solchen Deutung wäre hoch: Es gäbe keine plausiblen Gründe, geschweige denn einen Beweis für seine großen experimentalphilosophischen Formeln; die Diagnose des Nihilismus hätte nur für Pastorensöhne Bedeutung, und seine Moralkritik bliebe ohne jeden Anspruch auf Konsequenz. Der mit unerhörten Erwartungen geschriebene *Zarathustra* wäre nichts als ein Stück Literatur von zweifelhafter Qualität. Mit Sicherheit hätte es in der Reihe großer philosophischer Werke nichts zu suchen.

Es ist also nicht unerheblich, wie sich die Formel von der „grossen Vernunft" des Leibes verstehen lässt. Wir unternehmen daher den *Versuch einer philosophischen Interpretation*. Dabei gehen wir im *ersten* Abschnitt vom scheinbar selbstverständlichen Sinn dieser Formel aus. Doch dieser Sinn scheint nicht zum praktischen Verhältnis von Vernunft und Leib zu passen, einem Verhältnis, wie es uns keineswegs bloß in der Tradition des Vernunftdenkens, sondern auch in unseren alltäglichen Erwartungen begegnet. Dieses auf die Dominanz der Vernunft gegründete Verhältnis wird im *zweiten* Abschnitt geschildert. Damit haben wir eine für Nietzsches Programmformeln kennzeichnende paradoxe Ausgangslage, die verständlich macht, dass die „grosse Vernunft" des Leibes zugleich provozieren *und* sedieren kann. Sie hat einen gleichermaßen *polemischen* wie *systematisch fundierenden* Sinn. Darauf ist der *dritte* Abschnitt bezogen.

Mit diesem Ergebnis gehen wir im *vierten, fünften* und *sechsten* Teil an die Lektüre von Zarathustras Rede. Dabei wird zunächst nach den „Verächtern des Leibes" gefragt, von deren Lebenswiderspruch bereits die dritte Rede handelt (4). Danach wenden wir uns der Themafrage zu und deuten die kurze Passage, in der Zarathustra von der „grossen Vernunft" des Leibes spricht (5). Im Anschluss daran ist der problematische Zusammenhang zwischen „Leib" und „Ich"[2] zu erörtern (6). Erst hier treten die Schwierigkeiten hervor, in klarer Begrifflichkeit von der „grossen Vernunft" des Leibes und der „kleine[n] Vernunft"[3] des Bewusstseins zu sprechen. Wollte man Nietzsches Formel wörtlich nehmen, könnte man ihren Sinn nur durch eine *ästhetische Deutung* retten.

Doch Zarathustra spricht nicht nur von „Leib" und „Ich", sondern auch vom „Selbst".[4] Das klingt so selbstverständlich wie rätselhaft. Tatsächlich kann ohne Selbstbezug weder vom „Leib" noch vom „Ich" die Rede sein. Die Selbstorganisation des Leibes und die Selbstreflexion des Ich machen,

---

2 Za 1, Von den Verächtern des Leibes; KSA 4, 39.
3 Ebd.
4 Ebd.; KSA 4, 39 f.

wo immer sie zu sprachlichem Ausdruck kommen sollen, die gedankliche Figur einer *Selbstreferenz* unumgänglich. Aber ist das mehr als eine sprachliche Hilfskonstruktion? Hätte Nietzsche mit dem „Selbst" nicht ebenso verfahren müssen wie mit der *Substanz* oder mit *Gott?* Beide sollen doch nur grammatische Illusionen sein, die darüber hinaus ohne jede Bedeutung sind.[5] Beim „Selbst" des Leibes scheint das jedoch ganz anders zu sein. Es wird behandelt, als habe es die gleiche ontologische Dignität wie der Leib. Tatsächlich erweist es sich als der durch und durch reale Vermittler zwischen Leib und Ich. Dabei zeigt sich, dass es letztlich nur das *Selbst* ist, was Körper und Seele, Leib und Ich zusammenhält. Diese Einsicht erlaubt uns am Ende, der Formel von der „grossen Vernunft" des Leibes eine *systematische Einsicht* abzugewinnen, die einmal mehr beweist, wie viel wir gerade auch in der Perspektive strengen Philosophierens von Nietzsche lernen können. Dieser Darstellung ist der *siebte* Abschnitt gewidmet.

Die Lektüre erfolgt, um es noch einmal zu betonen, in *systematischer* Absicht. Wollte man auch die *historischen* Bezüge dieser Passage hinzunehmen, hätte man nicht nur die alte Tradition des *Platonismus,* sondern auch die junge des *Kritizismus* heranzuziehen, man müsste die von Fichte erstmals direkt auf das Leben bezogene Selbstauslegung des *Selbstbewusstseins* ebenso beachten wie die durch Schopenhauer aktualisierte Theorie des *Willens.* Schließlich hätte man direkt auf die sokratische Position der *Selbsterkenntnis* zurückzugehen, die sich im 19. Jahrhundert nach Art einer *empirischen Wissenschaft* zu etablieren sucht und dafür den alten Namen der *Psychologie* in Anspruch nimmt.

Von alledem kann abschließend nicht die Rede sein. Am Ende lässt sich nur versichern, dass die hier entwickelte Deutung eine *Konzeption der Vernunft* ermöglicht, die mit den *Leistungen des Leibes* kompatibel ist. Manches spricht sogar dafür, dass Nietzsche selbst über eine solche Konzeption verfügt. Das mag Argwohn erregen. Nietzsches Diskreditierung des systematischen Denkens ist hinlänglich bekannt. Es sieht daher so aus, als gäbe es vernünftige Gründe dafür, dass Nietzsche gar keinen Vernunftbegriff haben dürfte. Doch aus seinen Texten geht zweifelsfrei hervor, dass er als Kritiker und freier Geist eine solche Konzeption in Anspruch nimmt.

---

5   Vgl. die Aussagen: „Ich fürchte, wir werden Gott nicht los, weil wir noch an die Grammatik glauben" (GD, Die „Vernunft" in der Philosophie 5; KSA 6, 78). „Substanz" ist (wie auch die „Freiheit") „ein ursprünglicher Irrthum alles Organischen". Sie gehört zu den „Grundirrthümern des Menschen" (MA 1, 18; KSA 2, 40).

Erst sie erlaubt, auch den Reden Zarathustras einen nachvollziehbaren Sinn zu unterstellen.

1. Die Vernunft als Organ des Leibes

Auf den ersten Blick scheint die Formel von der „grossen Vernunft" des Leibes etwas *Selbstverständliches* und ganz und gar *Natürliches* zum Ausdruck zu bringen. Denn alle menschliche Leistung ist immer auch Ausdruck oder Ertrag des *menschlichen Leibes.* Da wir die *Vernunft,* wenn überhaupt, nur als *Leistung des Menschen* kennen, ist auch sie mit dem menschlichen Leib verbunden. Also sind Leib und Vernunft einander nicht fremd. Ja, mehr noch: Wenn es wirklich der *Leib* ist, der die *Vernunft* in sich trägt, genügt es nicht, einfach nur eine Verbindung zwischen Leib und Vernunft – irgendeine Form der Kompatibilität – zu unterstellen. Vielmehr muss man annehmen, dass die Vernunft bereits zum *Bauplan des menschlichen Leibes* gehört. Sie muss, wenn sie sich als leibhaftiges Vermögen in und mit ihm entwickelt, irgendwie schon in ihm angelegt sein.

Das aber heißt: Der Leib muss die Vernunft bereits in irgendeiner Form umfassen. Er zielt in seiner *Organisation* auf eben die *Leistungen,* die wir von der Vernunft kennen und erwarten. Also muss er nicht nur die Vernunft in sich enthalten, sondern auch noch das, wozu sie dient. Denn mit einem leiblichen *Organ* ist immer auch schon dessen *Funktion* angelegt. Es geht demnach nicht allein um das Ohr oder um das Auge, sondern mit ihnen um Hören und Sehen. Bei der *Vernunft* ist die Lage nur insofern etwas schwieriger, als wir lediglich die *Funktionen* kennen, von denen wir allererst auf das, was sich in ihnen äußert, zu schließen haben. Und das ist dann die Vernunft als *Organ.*

Doch die Einzelheiten der Erschließung eines Organs aus seinen Funktionen müssen hier nicht interessieren. Es genügt die Feststellung, dass auch die Leistungen der Vernunft zu den *Funktionen des Leibes* gehören, die ihrerseits in der *Organisation des Leibes* angelegt sein müssen, wenn sie nicht von außen implantiert sein sollen. Das aber ist offensichtlich nicht der Fall, so sehr es auch des Stoffwechsels und des Umgangs mit Dingen und anderen Menschen bedarf, damit die Vernunft sich entwickeln kann. Selbst wenn alle einzelnen Leistungen der Vernunft in Auseinandersetzung mit der Welt gelernt werden sollten, müsste deren Anlage *leiblich* vorgegeben sein. Schon *dass* vernünftiges Schließen überhaupt *gelernt* werden kann, spricht für eine *Disposition* ihres Vollzugs in der Organisation des menschlichen Leibes, der damit eine unheimliche Überlegenheit zu erkennen gibt. Denn was immer auch passiert, er kann sich stets nur nach den in ihm angelegten Möglichkeiten entwickeln. Also bleibt das Fazit: *Die Vernunft ist eine prinzipiell vorgegebene Disposition des Leibes.*

Dass die Vernunft ein (aus ihren Leistungen erschlossenes) *Organ* sein soll, klingt befremdlich, wenn wir primär an Organe wie Lunge, Leber und Galle denken. Doch die Fremdheit schwindet rasch, wenn wir zu den Organen auch die *Hand,* die *Stimme* oder – ganz allgemein – die *Sinne* rechnen. Tatsächlich wird die Vernunft in der Regel als eben der „Sinn" angesehen, der uns das *Verstehen* möglich macht.

Was aber könnte die Vernunft hervorbringen, das nicht selbst *vernünftig* wäre? Da wir auf diese Frage keine Antwort wissen und *von* der Vernunft nur *auf* die Vernunft (als deren „Ursache") schließen können, müssen wir die Vernunft als *Grund* der Vernunft gelten lassen. Und eben dieses Eingeständnis liegt in Zarathustras Formel von der „grossen Vernunft" des Leibes: Da die Vernunft sich immer nur in der *Trägerschaft eines Leibes* findet, muss auch dieser Träger, der Leib, als *vernünftig* gelten. Und da er in dieser Trägerschaft *früher* und allemal *umfänglicher* ist als seine ausdrücklich „vernünftig" genannte *Leistung,* kann er tatsächlich als „größer" angesehen werden.

Im Vergleich zu ihm ist die Vernunft, mit der wir etwas bewusst und ausdrücklich als sinnvoll verstehen, tatsächlich gar nicht anders als „klein[…]"[6] zu nennen. Ihre Kompetenz beschränkt sich nur auf das, was ihr bewusst ist. Deshalb ist es nur konsequent, wenn Zarathustra den menschlichen „Geist" als eine „kleine Vernunft" anspricht.[7] Diese „kleine Vernunft" gilt ihm als das „Werkzeug" des Leibes und damit als „Werk- und Spielzeug" der „grossen Vernunft".[8] Darüber wird noch zu sprechen sein.

2. Der Leib als Instrument der Vernunft

Soweit das, was auf den ersten Blick als *selbstverständlich* und *natürlich* erscheint. Doch wir wissen sehr wohl, dass es so selbstverständlich nicht ist – ganz abgesehen von den Fragen, die sich ohnehin einstellen, wenn ausgerechnet an der Vernunft etwas „natürlich" sein soll. Erinnern wir uns an die Tradition des Vernunftbegriffs – oder achten wir nur darauf, wie sich uns die Vernunft im eigenen Gebrauch darstellt –, dann scheint zunächst nichts, aber

---

6   Za 1, Von den Verächtern des Leibes; KSA 4, 39.
7   Ebd.
8   Ebd.

auch gar nichts für ihre Einbindung in die organischen Funktionen des Leibes zu sprechen. Im Gegenteil: Man kann die Formel von der „grossen Vernunft" des Leibes unschwer als eine gezielte Provokation sowohl des philosophischen wie auch des alltäglichen Vernunftbegriffs begreifen. Denn wenn der Leib in seinen Vollzügen immer schon vernünftig wäre, brauchten wir ihm uns nur einfach zu überlassen und hätten unsere „kleine" Vernunft gar nicht mehr nötig.

Tatsächlich aber ist es so, dass der Leib uns keineswegs für alle Lebenslagen sicher instruiert. Offenkundig ist auch, dass wir seinen augenblicklichen Inspirationen nicht automatisch folgen können. Und weil dies so ist, können wir uns auf die angeblich „größere" Vernunft des Leibes nicht verlassen. Wir sind vielmehr existentiell auf die „kleine Vernunft" unserer ausdrücklichen Überlegung angewiesen. Denn nur mit deren Hilfe sind wir in der Lage, etwas bewusst zu *erkennen,* genau zu *unterscheiden,* exakt zu *bezeichnen,* konsequent zu *erschließen,* nachvollziehbar *vorzustellen* und mit verständlichen Gründen zu *entscheiden.*[9]

Insofern erscheint die Vernunft als eine Fähigkeit, die weit über das hinausgeht, was der Leib zu leisten vermag. Sie scheint die Möglichkeiten des Leibes *prinzipiell zu* überschreiten. Es geht also nicht um eine bloße Erweiterung seiner Fähigkeiten, um keine – noch so unwahrscheinliche – Ausdehnung im Radius seiner Aktion. Sie vollzieht vielmehr einen Schritt in eine, wenn man so sagen darf, *andere Dimension.* Und die scheint *grundsätzlich nicht* mehr *leiblich zu* sein!

Das zeigt sich vor allem daran, dass die Aktivität der Vernunft *gegen* den Leib gerichtet sein kann. Wenn zum Beispiel der Leib bei der Arbeit ermüdet, ist unter Umständen die vernünftige Einsicht nötig, damit die erforderlichen Kräfte zur Erledigung der Sache mobilisiert werden. Wenn ein Schmerz uns zögern lässt, die Reinigung der Wunde fortzusetzen, muss die Vernunft uns anraten, den Schmerz zu ertragen. Wenn Lust oder Angst uns geneigt machen, ein Versprechen zu brechen, hat die Vernunft uns zu sagen, dass wir unser Wort zu halten haben.

Damit soll nicht gesagt sein, dass wir der Vernunft in allen diesen Fällen folgen. Doch es genügt, dass sie sich *gelegentlich* durchsetzt. In jedem dieser Fälle, in denen sie obsiegt – und seien sie auch noch so selten –, entwirft sie die Ziele für den „ganzen" Leib. Ja, selbst wenn sie uns nur ernstlich *rät,* schwingt die Unterstellung mit, dass es möglich wäre, ihr zu folgen. Schon dabei wirkt sie umfänglicher als der Leib, weil sie ein Verhalten empfiehlt, das den *Leib*

9   Vgl. dazu meine Studie: Selbstbestimmung. Das Prinzip der Individualität. Stuttgart 1999, 314 ff.

als Ganzen betrifft. Und gesetzt, wir überwinden die Müdigkeit, die immer auch eine Ermüdung des Leibes anzeigt (auch wenn sie – selbst in der größten körperlichen Erschlaffung – als bewusste Erschöpfung und insofern als ein geistiges Phänomen erfahren wird), dann nötigt die Vernunft den „ganzen" Leib, die fällige Arbeit auszuführen.

Gesetzt, wir widerstehen der Angst oder der Lust und halten unser Versprechen, dann folgt auch in diesem Fall der Körper „ganz". Dann – so die gleichermaßen klassische wie alltägliche Ausdrucksweise – „herrscht" die Vernunft, dann „regiert" der *Zweck,* dann gibt der *Sinn,* den sie als vernünftig rechtfertigen kann, die *Ziele* für den *Leib als Ganzen* vor. „Zweck", „Ziel" oder „Sinn" aber sind – auch wenn ihre Reichweite noch so bescheiden ist und in der Sache als unvernünftig erscheinen mag – *Begriffe der Vernunft.*

So gesehen ist es die *Vernunft,* die gegenüber dem Leib als „größer" erscheint. Sie kann ausdrücklich Macht über ihn haben, sie kann mit ihren eigenen Mitteln über ihn verfügen, während umgekehrt der Leib nur ihre eigene Schwäche zu nutzen scheint, um seinen Einfluss auszuüben. Zwar haben wir seine – die Vernunft organisch tragende – Ursächlichkeit in Rechnung zu stellen. Doch dabei wirkt er gleichsam nur im Rücken der Vernunft. Er legt das Fundament, setzt Bedingungen und Grenzen, macht möglicherweise auch interne Vorgaben für das, was die Vernunft *sinnvoll, schlüssig* oder *befriedigend* findet. Aber schon dort, wo der Leib sich in *Leidenschaften, Gefühlen* oder *Stimmungen* äußert, da bewegt er sich in der *Sinndimension der Vernunft;* da gibt es bereits *Intuition* und *Konsequenz,* da sind *Einsichten* und *Schlussfolgerungen* im Spiel, an denen immer schon die Vernunft beteiligt ist.

In der *Sphäre des Sinns,* also dort, wo wir etwas einsehen und verstehen, *herrscht* die Vernunft. Da erscheint sie nicht etwa als das „Werkzeug" des Leibes, sondern umgekehrt: *Die Vernunft disponiert über den Leib.* Sie trifft Vorsorge für seinen Schutz und Unterhalt, sie führt ihm, keineswegs bloß wider besseres Wissen, Gifte zu, setzt ihn äußeren Gefahren aus und kann im Grenzfall sogar sein Ende, den Tod, herbeiführen, der stets ihr eigenes Ende ist. Von diesen möglichen Leistungen her gesehen, *dominiert die Vernunft über den Leib,* sosehr er auch die Bedingungen für ihren Auftritt setzt. Er mag sie stützen, tragen und erhalten: Sobald sie tätig ist, macht sie ihn dienstbar. Unter ihrem disponierenden Anspruch wird der Leib zum *Instrument der Vernunft.*

Das ist die in allen *praktischen* und *theoretischen* Vollzügen unterstellte Auffassung vom Verhältnis von Leib und Vernunft. Im Unterschied von der *selbstverständlichen* oder *natürlichen* können wir hier von der *begrifflichen*

Beziehung sprechen. Das praktische Fundament der *begrifflichen* Auffassung bringt es aber mit sich, die Vernunft als *prinzipiell überlegen* anzusehen und den Leib nicht bloß als Mittel zu ihren Zwecken, sondern gelegentlich sogar als Hindernis derselben aufzufassen. Dabei kann die Vernunft als derart bedeutsam erfahren werden, dass man sich, gleichsam „vor" ihr, des Leibes *schämt*. Denn seine Schwerkraft scheint sie überhaupt erst auf den Boden bloßer Tatsächlichkeit zu ziehen. Der Leib lenkt sie mit seinen Lüsten und Ängsten ab und zwingt sie in das Joch seiner Gewohnheiten.

Gesetzt, man versteht das Verhältnis von Leib und Vernunft in dieser durch Alltag und Überlieferung vorgegebenen Weise, dann begreift man augenblicklich, wie es zur *Verachtung des Leibes* kommen kann: Denn der Leib kann in dieser Zuordnung nicht anders denn als *Gegenspieler der Vernunft* erscheinen. In dieser Rolle aber steht er ihren Zielen entgegen, stört, lenkt ab und macht die großen Vorhaben letztlich ganz unmöglich. In dieser Gegenposition zur Vernunft ist der Leib der stets „nach unten" ziehende Opponent zur stets „nach oben" strebenden Vernunft. Folglich kann man aus der Position des angeblich „höher" stehenden Vermögens der Vernunft nur mit Verachtung auf die „abwärts" drängende Kraft des Leibes sehen. Das Niedrige erscheint so niederträchtig, dass man sich seiner nur mit Verachtung erwehren kann.

3. Die Paradoxie ästhetischer Begriffe

Es kann kein Zweifel sein, dass Zarathustra seinen Hörern die zweite Variante des Vernunftbegriffs als herrschende Meinung unterstellt. Sie passt zum alltäglichen Verständnis der Vernunft, und sie ist es auch, die man mit der Tradition sowohl des „Platonismus" wie auch des Kantischen „Kritizismus" in Verbindung bringt. Um diese alte philosophische Tradition zu unterlaufen, bietet Nietzsche den uralten persischen Weisen auf. Er weiß ja längst, dass die Vorsokratiker bereits sokratisch dachten. Die in der *Geburt der Tragödie* noch ursächlich dem Sokrates angelastete Logifizierung der Welt hat schon bei Thales und Anaximander begonnen und wurde bereits von Parmenides perfektioniert.[10]

---

10 Das wurde Nietzsche klar, als er die in der *Geburt der Tragödie* aufgestellte Behauptung in einer separaten Schrift, in *Die Philosophie im tragischen Zeitalter der Griechen*, zu beweisen suchte. Doch seine Darstellung lief unter der Hand auf die Demonstration des Gegenteils hinaus. Es zeigte sich, dass Sokrates in Anaximander, Parmenides und Anaxagoras Vorläufer hat, die ihm in ihrem „theoreti-

Deshalb muss Nietzsche auf einen älteren Weisen zurückgreifen, um einen Gewährsmann für die gesuchte Alternative zum Platonismus zu finden. Innerhalb der alteuropäischen Tradition scheint es keinen Gegenentwurf zu ihr zu geben. Diese Kleinigkeit hat Heidegger übersehen, als er glaubte, er könne mit Nietzsche Platon bereits von Heraklit her überspielen. Mit *Also sprach Zarathustra* hat Nietzsche jedoch *für Alle und Keinen* offenkundig gemacht, dass er keinen in Europa ansetzenden Weg benennen kann, auf dem man von der Metaphysik loskommen könnte.

Allerdings scheint er zu glauben, dass die Hörer der Reden Zarathustras nur die *praktische* Variante des Verhältnisses von Leib und Vernunft kennen. Deshalb unterstellt er, sie seien von der Überlegenheit der Vernunft so sehr überzeugt, dass sie, wenn sie deren Ansprüchen nicht genügen können, zur *Leibverachtung* gezwungen sind. Denn nach dieser Überzeugung trifft den alles beschwerenden Leib die alleinige Schuld, wenn die Vernunft ihre Ziele verfehlt.

Dass diese Konstruktion der Leibverachtung historisch nicht unproblematisch ist, bedarf keiner eingehenden Erörterung. Schon Kants prominenter Vergleich der Vernunft mit der Taube, die sich in der Illusion wiegt, im luftleeren Raum besser fliegen zu können, lässt erkennen, dass im europäischen Kontext auch anders über das Verhältnis von Vernunft und körperlichem Substrat gedacht worden ist.[11] Nietzsche hat gewiss auch nicht vergessen, wie eng Platon (keineswegs bloß im *Symposion)* das Verhältnis zwischen der Produktivität des Leibes und der Seele denkt. Doch das gehört zu den historischen Filiationen, von denen hier nicht die Rede sein kann.

Wichtiger ist die Paradoxie in der begrifflichen Konstruktion der „grossen Vernunft" des Leibes, die offenkundig ist, wenn wir aus der unter 2. geschilderten Position die unter 1. skizzierte Auffassung zu denken versuchen. Denn eben dies mutet uns Nietzsches Formel zu.

Diese Zumutung entspringt aber keiner Willkür, sondern sie liegt in der Natur der Sache: Auch wenn die Vernunft, wie in 1. geschildert, durch und durch *Organ des Leibes* wäre, könnten wir diese ihre Stellung nur mit Hilfe der *Vernunft* erschließen. In dieser Erschließung ihrer Stellung zum Leib aber hat sie bereits, wie in 2. dargetan, ihre leitende Funktion, in der eben sie (die Vernunft) alles andere führt. Sie führt damit auch den Leib. Folglich dominiert die Vernunft selbst noch in der These, in der sie ihre organische

---

schen Optimis[mus]" und der „Superfötation" des Logischen (GT 15 und 13; KSA 1, 100 und 90) um nichts nachstehen. Nietzsche ließ den Text unvollendet liegen und veröffentlichte ihn nicht.

11   Immanuel Kant, KrV, B 8 f.; AA III, 32.

Abhängigkeit behauptet. Sie ist die Instanz, vor der sich jede mögliche Aussage zu rechtfertigen hat.

Damit haben wir eine vollendete Paradoxie, der sich schlechterdings nicht entkommen lässt. Denn wir können die Position einer Dominanz der Vernunft gar nicht verlassen, selbst wenn wir uns vollständig auf die Dominanz des Leibes einlassen wollten. Wir benötigen, um die erste Position überhaupt als sinnvoll erscheinen zu lassen, nicht nur ein Verständnis von Vernunft, sondern auch ein Bewusstsein von ihrem konsequenten Einsatz. Schließlich kann es zu der Behauptung, die Vernunft sei ein Organ des Leibes, nur durch vernünftige Schlüsse kommen.

Also wird die „kleine Vernunft" in jedem Fall gebraucht, um überhaupt eine sinnvolle Rede von der „grossen Vernunft" möglich zu machen. Doch schon in diesem Gebrauch erweist sich die „kleine Vernunft" als so dominant, dass sie zumindest die Aufmerksamkeit des ganzen Menschen leitet. Aufmerksamkeit bezieht aber mindestens auch die Sinne mit ein. Also herrscht die „kleine Vernunft" sogar noch in der These vom Leib als der „grossen Vernunft" über den Leib. Die „grosse Vernunft" mag noch so groß genannt werden: Sie steht bereits bei der Bestimmung ihrer möglichen Größe unter der Regie der „kleinen Vernunft".[12]

Diese paradoxe Lage muss dennoch die Formel von der „grossen Vernunft" des Leibes nicht sinnlos machen. Es gibt zahlreiche Beispiele für paradoxe Wendungen, die den Kontext menschlicher Erfahrung systematisch erschließen. Ja, in einem für Nietzsche ausnehmend wichtigen Erfahrungsbereich scheint die Theorie sogar zu paradoxen Formulierungen genötigt zu sein, wenn sie überhaupt zu einer angemessenen Beschreibung gegebener Eindrücke gelangen will. Und da sich Nietzsche diesem Bereich besonders nahe wähnt, kann man gar nicht umhin, hier eine Verbindung zu sehen.

Gemeint ist der Erfahrungszusammenhang der Kunst: Die *philosophische Ästhetik* hat sich ihrem Gegenstand von Anfang an nur in *scheinbar widersprüchlichen Wendungen* zu nähern vermocht.

Das ließe sich bereits an Platon zeigen, der mehrfach eine alte Einsicht wiederholt, die schon bei den frühen Griechen in Umlauf war: „Das Schöne ist schwer" (chalepa ta kala).[13] Platon führt sie auf Solon zurück, den Gründer des alten Athen und einen der „sieben Weisen" des Altertums. Wie Solon seine Einsicht verstand, wissen wir nicht; sie könnte ein Stoßseufzer,

---

12 Um es formal zu sagen: Position 1 schließt Position 2 aus, setzt sie gleichwohl aber voraus, obgleich diese von sich aus mit 1 unvereinbar ist.

13 Hippias I 304e; vgl. Politeia 435c, 497d, Kratylos 384a-b.

aber auch eine Warnung gewesen sein. Doch wie dem auch immer sei: Für
Platon ist es eine *paradoxale Wendung*. Denn er weiß von der erhebenden
Schwerelosigkeit im Genuss des Schönen; er umspielt sie in seinen Definitionen,[14] ironisiert die Selbsttäuschungen des kunstbesessenen genialischen Menschen[15] und führt in der mythischen Schilderung des *Phaidros* vor
Augen, wie sehr die Anschauung des Schönen an die Bändigung gegen-
sätzlicher menschlicher Kräfte gebunden ist. Der Aufstieg zum Schönen
fordert die größte Anstrengung überhaupt. Doch auf dem Scheitelpunkt der
mit aller Macht der Selbstbeherrschung erzwungenen Fahrt ins Licht bietet
sich das Schöne der erkennenden Seele gleichsam von selbst.[16]

Darauf spielt Nietzsche an, wenn er Zarathustra das Erleben des
Schönen schildern lässt:

> „Mit lässigen Muskeln stehn und mit abgeschirrtem Willen: das ist das
> Schwerste euch Allen, ihr Erhabenen!
> Wenn die Macht gnädig wird und herabkommt in's Sichtbare: Schönheit heisse
> ich solches Herabkommen."[17]

Platon ist für Nietzsche gewiss in allem die wichtigste Quelle. Doch mit Blick
auf die paradoxe Umschreibung ästhetischer Erfahrung dürfte ein anderer
Autor nicht weniger wichtig sein. Es ist Kant, der seine Ästhetik in Verbindung mit einer *Theorie des Lebens* vorträgt. Der zweite Teil der *Kritik der
Urteilskraft* enthält bekanntlich eine Theorie des Organischen; aber schon
der erste Teil des Buches, in dem das „Erleben" des Schönen und des Erhabenen beschrieben und mit den Leistungen der Vernunft verknüpft wird,
ist in eine *Philosophie des Lebens* eingebunden. Kant deutet die Kunst als
Ausdruck des Lebens, der sich freilich nur „verstehen" lässt – also nur für die
Vernunft Bedeutung hat.

Tatsächlich gründet Kant seine Ästhetik auf das *sich begeisternde Leben*. Der *Geist*, der im *Genie* ebenso wirkt wie im bloß rezeptiven Urteil, ist,
ästhetisch gesehen, „das belebende Prinzip im Gemüthe". Er bedient sich
der „Einbildungskraft", die unsere Gemütskräfte „zweckmäßig in
Schwung" setzt und wie ein „Spiel" wirkt, „welches sich von selbst erhält":

---

14 Am deutlichsten in den ersten beiden Definitionen, die er Hippias geben lässt: „[...]
    ein schönes Mädchen ist schön" (Hippias I 287e); „Dieses Schöne, wonach du fragst
    [gemeint ist Sokrates; V. G.], ist nichts anderes als das Gold" (ebd., 289e).
15 „Denn ein leichtes Wesen ist ein Dichter und geflügelt und heilig, und nicht eher
    vermögend zu dichten, bis er begeistert worden ist und bewußtlos und die Vernunft
    nicht mehr in ihm wohnt" (Ion 534b).
16 Phaidros 246a–256e.
17 Za 2, Von den Erhabenen; KSA 4, 152.

So geht der ästhetische Eindruck stets mit einer „Belebung" der Erkenntniskräfte einher. Das aber bedeutet, dass alle Lebenskräfte des Menschen „in Schwung" kommen müssen.[18]

Diese „Belebung", so muss man Kants Sprachgebrauch verstehen, kann aus der Perspektive des belebten Wesens nur als *etwas Geistiges* erfahren werden. Denn es ist ja etwas „Inneres", das nicht einfach nur erwärmt, den Puls beschleunigt oder eine Gänsehaut erzeugt. Hier wird vielmehr der *ganze* Mensch erfasst. Die Kräfte seines „Gemüts" sind schon deshalb vorrangig einbezogen, weil nur sie die „Belebung" als eine *Stimmung* erfahren und zum Ausdruck bringen können. Gleichwohl ließe sich die „Belebung" ohne den *Leib* nicht denken. Auch die „Begeisterung" ist etwas, das sich nur an *etwas Leiblichem* zeigen kann.

Dabei wird der Leib keineswegs nur deshalb als körperliches Substrat benötigt, um den Geist in einer irgendwie erkennbaren Weise hervortreten zu lassen. Vielmehr verstehen wir „Belebung" und „Begeisterung" als konsequenten *Ausdruck* des Leibes und damit als etwas, das die physiologische Verfassung eines lebendigen Wesens gleichsam schlüssig hervortreten lässt: Die *Stimmung*, die nur der *Geist* erfassen kann, ist eine *Gestimmtheit des Leibes*. Dabei versteht es sich für Kant von selbst, dass hier nur die Lebenskräfte des Individuums gemeint sind, des „Subjekts", das durch „Mitteilung" auf andere Individuen wirken möchte.

Man sieht, wie nahe Kant bereits in seiner Ästhetik der „Vernunft" des Leibes ist. Die Nähe würde noch deutlicher hervortreten, wenn wir seine Theorie der „Organisation" des Lebendigen hinzunehmen würden. Denn dann ließe sich die Vernunft selbst als „Organisation" eines selbstbewussten Individuums deuten. Hätte Nietzsche tatsächlich die Dissertation über Kants Theorie des Lebens geschrieben,[19] ließe sich über die „grosse Vernunft" des Leibes gewiss nicht ohne genaueren Bezug zu Kants integraler Theorie von Kunst und Leben sprechen. So aber können wir es bei dem Hinweis auf die *paradoxen Grundbegriffe* seiner Ästhetik belassen.

Kant spricht von vier „Momenten" des Schönen. Dabei war ihm natürlich die Herkunft des Wortes von lateinisch *movere* (bewegen) und

---

18 Kant, KdU, § 49, AA V, 313 f. Zum Verhältnis von Kunst und Leben bei Kant siehe
    Volker Gerhardt: Kunst und Leben. In: Karl-Heinz Schwabe/Martina Thom
    (Hgg.): Naturzweckmäßigkeit und ästhetische Kultur. Studien zu Kants „Kritik der
    Urteilskraft". Sankt Augustin 1993, 77–94.
19 Nietzsche plante noch 1868 eine Dissertation zur Teleologie bei Kant. Seine Untersuchung sollte sich – neben vielem anderen – auch auf den zweiten Teil der *Kritik
    der Urteilskraft* beziehen. Die Skizzen zum Vorhaben finden sich unter dem Titel
    Zur Teleologie in BAW 3, 371–394.

momen, -inis (Bewegung) bewusst. In der *Kritik der reinen Vernunft* hatte er es zur näheren Kennzeichnung der Ursachen von Empfindungen verwendet.[20] In der *Kritik der Urteilskraft* bezeichnen die Momente die Ursachen für die gleichermaßen sinnlichen wie geistigen Veränderungen, die sich unter dem Eindruck des Schönen im subjektiven Bewusstsein vollziehen. Und da gibt es der Reihe nach das *Wohlgefallen ohne alles Interesse,* die *Allgemeinheit ohne Begriff,* die *Zweckmäßigkeit ohne Zweck* und schließlich die *subjektive Notwendigkeit.*[21]

Aus der Sicht des Verstandes enthalten alle diese Wendungen einen offenkundigen *Widerspruch.* Und dennoch sind sie nicht sinnlos, weil sie – aus der Perspektive einer den ganzen Menschen erfassenden Vernunft – eine Veränderung aus den an ihr beteiligten *gegensätzlichen Kräften* zum Ausdruck bringen. Ein Widerstreit kommt zu einem die Antagonisten einbeziehenden *Ausgleich.* Aus dem *Ernst* des Gegensatzes zwischen sinnlichem Reiz und geistigem Anspruch wird ein *Spiel,* das für ein dynamisches Gleichgewicht sorgt. Die Bewegung, die Spannung bleibt erhalten und bringt gleichwohl eine in sich bewegte *Einheit* hervor. Das Individuum schließlich erlebt den sich ohne bewusste Anstrengung einstellenden Ausgleich seiner besten Kräfte als Erweiterung seiner Möglichkeiten. Sein Leben wächst in seinem zwanglos angeschauten Widerspruch.

In alledem werden die physiologischen, sensiblen und intelligiblen Kräfte des Individuums aktiviert. Sie führen aber nicht in einen inneren Konflikt, sondern im Gegenteil zu einer *Steigerung der individuellen Dispositionen* im Bewusstsein ihrer *Stimmigkeit.* So wird der Gegensatz zum Medium der Harmonie. Was in streng begrifflicher oder in praktischer Einstellung als *Opposition* erfahren wird, tritt in ästhetischer Einstellung als *komplementär* hervor. Ja, mehr noch: Die durch die Organisation des Lebens allererst entstandenen oppositionellen Kräfte erweisen sich im organisierten Zusammenspiel als in jeder Hinsicht „günstig": In dem sich steigernden Wettstreit der individuellen physischen, sensiblen und intelligiblen Potenzen öffnet sich der Einzelne für Erfahrungen, die ihm gleichsam von außen entgegenzukommen scheinen. Das Schöne entspringt einer „Gunst" der Natur, für die man disponiert sein muss.

---

20 „Alle Veränderung ist also nur durch eine continuirliche Handlung der Causalität möglich, welche, so fern sie gleichförmig ist, ein Moment heißt. Aus diesen Momenten besteht nicht die Veränderung, sondern wird dadurch erzeugt als ihre Wirkung" (Kant, KrV, B 254; AA III, 179).

21 Vgl. die Formulierungen in der *Kritik der Urteilskraft,* §§ 5, 9, 17, 22.

Alles das, was Nietzsche im Schlussabschnitt der zweiten *Unzeitge-mässen Betrachtung* mit Blick auf die *Kultur* als „eine neue und verbesserte Physis" zu hoffen wagt, findet sich in der *ästhetischen Erfahrung* vorge-zeichnet. Und wenn er es nicht direkt von Kant übernommen haben sollte, dann kannte er es von Schiller, dem Dichter seiner Jugendjahre, den er noch in der *Geburt der Tragödie* häufiger nennt als Goethe oder Wagner. In seinem Kulturbegriff sucht Nietzsche die „Einhelligkeit zwischen Leben, Denken, Scheinen und Wollen"; der Unterschied zwischen „Innen und Aussen" soll aufgehoben sein; es soll keine „Verstellung", keine „Con-vention" mehr geben; kein „Schmuck versteckt das Geschmückte"; die „Wahrhaftigkeit" ist das durchgängige Moment der „s i t t l i c h e n Natur" wie auch der „w a h r e n Bildung"[22].

Nirgendwo ist Nietzsche seiner Formel von der „grossen Vernunft" des Leibes näher als hier. Man wäre nicht überrascht, wenn er von der *Kultur* als der *großen Vernunft der Natur* gesprochen hätte. Doch die im *Zarathustra* gefundene Formel verschärft die ältere Position durch *Individualisierung:* Die bereits in der zweiten *Unzeitgemässen* ganz und gar auf das *Individuum* ausgerichtete Konzeption der Kultur wird radikalisiert. Nun ist es nicht mehr die „Bildung", die nach Art einer *gesellschaftlichen Vernunft* das In-dividuum formt, sondern es ist *der Leib des einzelnen Menschen* selbst, also die schlechterdings alles Lebendige tragende *leibliche Organisation* des Individuums, die als „grosse Vernunft" figuriert.

Vor diesem Hintergrund ließe sich auch der exponierte Widerspruch zwischen der *natürlichen* und der *begrifflichen* Auffassung der „grossen Vernunft" des Leibes vermitteln. Sollte es möglich sein, Zarathustras For-mel eine *ästhetische Bedeutung* abzugewinnen, wäre der Widerspruch zwi-schen der *Vernunft* als einem *Organ des Leibes* und dem *Leib* als dem *In-strument der Vernunft* zwar nicht ausgeräumt, aber er wäre produktiv gemacht. Die „grosse Vernunft" des Leibes brächte, so wie Nietzsche es in der geplanten Dissertation behauptet hat,[23] eine ästhetische Erfahrung zum Ausdruck, die sich dann einstellen kann, wenn wir uns spielerisch auf den Leib so einlassen, als sei er schon das Ganze unserer selbst.

---

22 Vgl. UB 2, 10; KSA 1, 334.
23 „Die Teleologie ist wie der Optimismus ein aesthetisches Produkt" (BAW 3, 375).

4. Die Verachtung des Leibes

Zarathustras vierte Rede steht unter dem Titel *Von den Verächtern des Leibes.* Es wird nicht gesagt, wer diese Verächter sind, und es wird lediglich angedeutet, worin ihre Verachtung besteht. Gleichwohl glauben wir sofort zu wissen, wer diese Verächter sind: Es sind jene weltflüchtigen Asketen, die „Hinterweltler[...]", auf die sich die vorausgehende Rede bezieht,[24] diese weltflüchtigen „Prediger[...] des Todes",[25] die müde geworden sind und nun „mit Einem Sprunge zum Letzten"[26] wollen. Die Leibverächter, so heißt es, wollen „umlernen und umlehren".[27] Demnach sind es Menschen, die sich selbst zu etwas zu erziehen suchen und es zugleich andere lehren wollen. Wenn diese ihre Lehre (was man wohl unterstellen darf) die Leibverachtung ist, dann bedeutet „umlernen", dass sie ursprünglich in der Achtung des Leibes leben, nun aber von ihr loskommen wollen.

Das klingt trivial, ist aber von einiger Bedeutung für den systematischen Gehalt von Nietzsches Kritik: Jeder Mensch lebt ursprünglich in einem anerkennenden Verhältnis zu seinem Leib; er achtet ihn und nicht nur ihn, sondern *in ihm* auch *sich selbst.* Da Zarathustra für die Einsicht in dieses ursprüngliche Leibverhältnis predigt, redet er von den Leibverächtern im Tempus der Vergangenheit:

> „Kranke und Absterbende waren es, die verachteten Leib und Erde und erfanden das Himmlische und die erlösenden Blutstropfen".[28]

Aber schon bei der Vorstellung der Verächter des Leibes kommt es Zarathustra darauf an, die Inkonsequenz der Ausflucht ins Jenseits des Himmels kenntlich zu machen:

> „Ihrem Elende wollten sie entlaufen, und die Sterne waren ihnen zu weit. Da seufzten sie: ,Oh dass es doch himmlische Wege gäbe, sich in ein andres Sein und Glück zu schleichen!' – da erfanden sie sich ihre Schliche und blutigen Tränklein!
> Ihrem Leibe und dieser Erde nun entrückt wähnten sie sich, diese Undankbaren. Doch wem dankten sie ihrer Entrückung Krampf und Wonne? Ihrem Leibe und dieser Erde."[29]

---

24 Za 1, Von den Hinterweltlern; KSA 4, 35 ff.
25 Ebd.; KSA 4, 38.
26 Ebd.; KSA 4, 36.
27 Za 1, Von den Verächtern des Leibes; KSA 4, 39.
28 Za 1, Von den Hinterweltlern; KSA 4, 37.
29 Ebd.

Die Verächter des Leibes bleiben in dessen Bann. Selbst in der Flucht vor ihm müssen sie sich seiner bedienen. Sogar im „himmliche[n] Nichts"[30] sind sie ihrem Leib und der ihn tragenden Erde verbunden. Gleichwohl verstehen sie den „Sinn der Erde"[31] nicht. Denn der erschließt sich nur dem „gesunde[n] Leib": Nur die „redlichere und reinere Stimme" des „gesunde[n] Leib[es]" kann vom „Sinn der Erde" reden.[32]

Soviel wissen wir bereits über die „Verächter des Leibes" und von dem, was ihnen unmöglich ist. Dadurch verstehen wir auch die einleitende Empfehlung Zarathustras an die „Verächter des Leibes", „ihrem eignen Leibe Lebewohl [zu] sagen – und also stumm [zu] werden".[33] Denn ihr Leib ist krank; sie können daher nur „aus der Haut fahren" wollen,[34] können also nur in einem Missverhältnis zu dem stehen, was „redlicher […] und reiner"[35] aus ihnen sprechen sollte. Die Achtung vor ihrem Leib bleibt ihnen durch die fehlende Gesundheit verwehrt.

Es ist dies, wie man sofort sieht, keine unproblematische Bedingung für eine Erkenntnis: Nur wer *gesund* ist, kann den „Predigern des Todes"[36] entkommen; er kann die „Hinterwelten" auf sich beruhen lassen und den „Sinn der Erde" leibhaftig aus sich selber sprechen lassen.

Im zweiten Absatz erkennt Zarathustra diese Bedingung an und spricht vom *Kind,* das wir einfach als gesund voraussetzen und das in aller „Unschuld" ausspricht, was es denkt. Welche Bedeutung Zarathustra der Naivität des Kindes beimisst, wissen wir bereits aus seiner ersten Rede: Da ist das Kind, nach *Kamel* und *Löwe,* die dritte Gestalt des Geistes. Es ist das in ursprünglicher Selbstverständlichkeit „aus sich rollende […] Rad" und steht für jenes kreative „Vergessen", das ein „Neubeginnen" ermöglicht. In seinem nicht von Zweifeln belasteten, kindlichen „Ja" zum Leben findet der Geist erneut „zum Spiele des Schaffens" und gewinnt für sich selbst die unter der Last des *Sollens* und der angestrengten Einseitigkeit des *Wollens* verlorene Welt zurück[37].

Man beachte, daß Zarathustra schon in dieser ersten Rede ein *Zusammenspiel von Leib und Geist* unterstellt: Ein Kind ist zunächst nicht mehr als ein *junger Leib*. In ihm hat sich – und zwar nur durch das Zusam-

---

30 Za 1, Von den Hinterweltlern; KSA 4, 36.
31 Ebd.; KSA 4, 38.
32 Ebd.
33 Za 1, Von den Verächtern des Leibes; KSA 4, 39.
34 Za 1, Von den Hinterweltlern; KSA 4, 38.
35 Ebd.
36 Ebd.
37 Za 1, Von den drei Verwandlungen; KSA 4, 31.

menspiel zweier *älterer Leiber* (denen der Eltern) – das ganz aus den Be-
dingungen der Erde hervorgehende Leben *verjüngt*. Und auf eben diese
Verjüngung gründet sich die Hoffnung bei der dritten Verwandlung des
Geistes. Im jungen Leib scheint er neu geboren, frei von den Lasten und
Verkrampfungen seiner alt gewordenen Gestalt und somit unbekümmert
genug, um einfach neu zu beginnen, wie jedes Kind leibhaftig neu beginnt.

Um diese Hoffnung zu haben – und wer hätte sie nicht? –, muss man ein
tiefes Vertrauen in die *Regenerationskraft des Lebens* haben. Und da das
Leben immer nur als *Leib* – als *einzelner Organismus* – gegeben ist, ist
tatsächlich alles auf die Zukunft bauende Vertrauen in den Leib investiert.
Wo immer man auf eine – wie auch immer verstandene – „vernünftige"
Entwicklung setzt, ist das Vertrauen in den Leib vorausgesetzt. Man kann
gar nicht anders, als sich den „Geist" und die mit ihm verbundene „Ver-
nunft" als *lebendig zu* denken: wird doch in ihnen selbst immer wieder ein
Anfang gemacht, suchen sie doch stets, etwas zu *schaffen* und damit zu einem
Ende zu kommen.

So zeigt sich bereits in den auf Geist und Vernunft gerichteten Erwartungen eine Orientierung an dem sich in immer neuen Individuen erneuernden *Leben*. Wenn sich Geist und Vernunft gar nicht anders als *lebendig*
denken lassen, das Lebendige aber nur *leiblich* hervortritt, dann sind beide
nicht nur äußerlich (gleichsam „zufällig") mit dem Leib verknüpft, sondern
sie gehören ihm *ursprünglich*, d. h. bereits in ihrer elementaren intelligiblen
Leistung zu. Die *Probleme erschließende* und *Probleme lösende* Kraft des
Geistes, seine *Einsichten ermöglichende* und *Zusammenhänge erkennende*
Leistung, seine alle Erklärungen tragende Macht, etwas *gegenwärtig* zu
halten, schließlich seine in allem erwartete Fähigkeit, durch *Erkenntnis* zu
einer *Konsequenz zu* gelangen –: alles dies hängt am *Paradigma des Leibes*.
Gäbe er nicht die *geschlossene Form* vor, die seine *Organisation* unablässig
praktiziert, wäre er nicht selbst in allem *Initial, Prozess* und *Finitum,* gäbe er
nicht zwischen *Bedürfnis* und *Befriedigung* das gesamte Spektrum *ein-
sichtiger Zustände* vor –: wir hätten noch nicht einmal eine Ahnung von dem,
was Geist und Vernunft leisten könnten.

Wenn wir all dies bedenken, so hebt sich die Verachtung des Leibes von
selber auf. Sie ist Ausdruck eines fundamentalen *Selbstwiderspruchs der
menschlichen Existenz* – kein Widerspruch zwischen Geist und Leib, der sich
unter anderen Bedingungen schlichten ließe. Vielmehr ist es ein Widerspruch, in dem sich der Geist selbst verfängt, weil er sich gar nicht von den
leiblichen Bedingungen seiner Funktionen trennen lässt. – Das kann der
Leser bereits wissen, noch ehe er zu Zarathustras vierter Rede von den
„Verächtern des Leibes" gelangt.

5. Der Sinn des Leibes

Nachdem Zarathustra den Verächtern des Leibes den einzigen Rat gegeben hat, dem sie noch mit hinlänglicher Konsequenz folgen können, nämlich „stumm" zu werden, zitiert er die Redewendung eines Kindes, wohl wissend, dass sie immer noch die der meisten Erwachsenen ist: „‚Leib bin ich und Seele' – so redet das Kind. Und warum sollte man nicht wie die Kinder reden?"[38]

Die Unterscheidung zwischen Leib und Seele, die uns bekanntlich noch in den philosophischen Debatten der Gegenwart begegnet,[39] soll also Ausdruck eines naiven Bewusstseins sein. „Kinder" reden auf diese Weise, und man wird als Erwachsener nur dann noch so sprechen dürfen, wenn man wie ein Künstler über sich selber redet, wenn man sich also nicht im strikten Sinn erkennen, wohl aber sich selbst ermuntern und ermutigen will. Als „Erwachte[r]", als „Wissende[r]" hat man anders über sich zu sprechen: „Leib bin ich ganz und gar, und Nichts ausserdem; und Seele ist nur ein Wort für ein Etwas am Leibe".[40]

In der erwachten Helle des gereiften Bewusstseins, in der Perspektive des Wissens also lässt sich der Unterschied zwischen Leib und Seele offenbar nicht mehr halten. Es ist nicht unwichtig zu sehen, dass sich Nietzsche hier selbst auf den *Standpunkt des Wissens* stellt. Die folgenden Aussagen werden von eben dem Bewusstsein gemacht, dessen Begrenztheit er aufweisen will. Der geschärfte Verstand also erkennt, dass es nur noch den Leib gibt – „und Nichts ausserdem".

Der Leib ist somit eine *Totalität,* neben der es nichts gibt, das einen vergleichbaren Status hat. Wenn das kindliche Gemüt außer dem Leib noch ein ihm ontologisch vergleichbares Zweites, eben die *Seele,* zu entdecken glaubt, dann fällt es einem Missverständnis zum Opfer: Es deutet ein *Attribut* des Leibes als selbständige *Substanz.* Tatsächlich aber soll „Seele" nur

---

38 Za 1, Von den Verächtern des Leibes; KSA 4, 39.
39 Siehe dazu die einen guten Überblick verschaffenden Darstellungen von Heiner Hastedt: Das Leib-Seele-Problem. Zwischen Naturwissenschaft des Geistes und kultureller Eindimensionalität. Frankfurt a. M. 1988. Zum Leib-Seele-Problem bei Nietzsche verweise ich auf Friedrich Kaulbach: Nietzsches Idee einer Experimentalphilosophie. Köln/Wien 1980; Claus-Artur Scheier: Nietzsches Labyrinth. Das ursprüngliche Denken und die Seele. Freiburg/München 1985; Graham Parkes: Composing the Soul. Reaches of Nietzsche's Psychology. Chicago/London 1994, vor allem 171–212.
40 Za 1, Von den Verächtern des Leibes; KSA 4, 39.

ein „Wort" für ein „Etwas am Leibe" sein. Was ein solches „Etwas"[41] sein könnte, sagt Zarathustra beiläufig in einer späteren Rede: Es ist der „Muth", mit dem der Mensch, „das muthigste Thier", sein Leben bewältigt.[42] So wie Platon im *Laches* am Beispiel der Tapferkeit (andreia) aufzeigt, dass es mehr als bloß die körperlichen Vollzüge eines Kriegers gibt, so beruft sich auch Nietzsche auf eine spezifische Verhaltensweise des Menschen, um dieses ominöse „Etwas am Leibe" zu exemplifizieren.

Im ersten Moment klingt die Redeweise befremdlich. Unter „Etwas am Leibe" würde man zunächst ein Kleidungsstück, einen Ring, eine Uhr oder eine Prothese verstehen. Gewiss kann auch etwas gemeint sein, was selbst zum Leib gehört, wie etwa ein Buckel, ein Geschwür oder die Behaarung. Ist damit aber der „Muth" vergleichbar? Tatsächlich brauchen wir uns nur zu erinnern, dass auch eine bestimmte Art zu gehen, zu lachen oder zu sprechen als etwas bezeichnet wird, das jemand „am Leibe" hat, und schon ist Zarathustras Redeweise verständlich. Gerade das charakteristische Verhalten eines Menschen, sein *habitus,* kann, ja, muss als etwas angesehen werden, das er „am Leibe" hat.[43]

Die Verfassung eines lebendigen Wesens kann sich nirgendwo anders zeigen als „an" seinem Leib. Selbst wenn wir den Mut nur an einem einzigen offenen Wort, vielleicht auch nur am Blitzen der Augen erkennen, selbst wenn das Verhalten – in einem Lächeln oder in einer geistvollen Bemerkung – als durch und durch „spirituell" erscheint, bleibt es doch ein „Etwas am Leibe". Aber ist es deshalb auch schon „Nichts ausserdem"? Das ist die große Frage, die Zarathustra durch eine Art Machtspruch zu beantworten sucht. Aber der Aufwand, den er dabei betreibt, lässt ahnen, dass dieses „Nichts ausserdem" überaus bedeutungsgeladen ist. Denn offenkundig hat die Vernunft, die selbst auch nichts anderes sein kann als ein „Etwas am Leibe", vorzüglich mit diesem „Nichts" zu tun – nicht zuletzt deshalb, weil sie mit dem „Wort", das sie für die Seele gibt, auch die Bedeutung trägt, die dem Wort zukommt.

---

41 Za 1, Von den Verächtern des Leibes; KSA 4, 39.

42 Za 3, Vom Gesicht und Räthsel 1; KSA 4, 198 f.

43 Von *habeo* (= ich habe) hergeleitet, bezeichnet *habitus* zunächst die *Haltung* und *Stellung* des Körpers, dann sein *Aussehen* und seine *Gestalt,* dann seine *Tracht* und sein *Gewand,* um dann auch metaphorisch auf sein *Verhalten,* seine *Lage,* seinen *Gesamtzustand* und seine *Gesinnung* übertragen zu werden. *Habitus* ist somit eben dieses „Etwas am Leibe". – Zarathustras Wendung kommt übrigens der Beschreibung des Aristoteles nahe: sōma men gar ouk esti, sōmatos de ti ([Die Seele] ist kein Körper, aber etwas am Körper; De anima II, 414a20 f.).

Doch ehe Zarathustra auf diese ausdrücklich Bedeutung verleihende Vernunft, die „kleine Vernunft", zu sprechen kommt, führt er die „grosse" ein. Und das geschieht auf denkbar einfache Weise: Er setzt sie *in eins* mit dem Leib. *Der Leib ist die grosse Vernunft:* „Der Leib ist eine grosse Vernunft, eine Vielheit mit Einem Sinne, ein Krieg und ein Frieden, eine Heerde und ein Hirt."[44] Wollte man historisch vorgehen, müsste man zunächst auf Platon verweisen, der sowohl das *Viele* wie auch das *Eine,* der sowohl die Sicherung des Zusammenhangs von *Krieg* und *Frieden* wie auch die Beziehung zwischen *Hirt* und *Herde* als Bedingungen des vernunftgeleiteten Daseins herausgestellt hat[45]. Es kann kein Zweifel sein, dass Nietzsche auf diesen Kontext anspielt, zumal ihm, wie kaum einem anderen Leser Platons, der starke Leibbezug dieses Denkers gegenwärtig ist. Auch der greifbare Bezug zum zweiten Buch von *De anima* müsste Beachtung finden[46]. Angesichts der von Nietzsche gesuchten Nähe zwischen der Figur des Zarathustra und dem „Hebräer Jesus" wird man bei „Heerde und Hirt" überdies an die Propheten des Alten und an die Evangelisten des Neuen Testaments zu denken haben. – Doch von alledem sehen wir hier ab, um uns ganz auf den sachlichen Sinn der Gleichsetzung von Leib und Vernunft zu konzentrieren.

Da gibt es zunächst die einfache Feststellung, dass nicht von *der* „grossen Vernunft" die Rede ist, sondern nur von *einer* – unter möglichen anderen. Die Mehrzahl einer „grossen Vernunft" wird damit nicht ausgeschlossen. Im Gegenteil: Es wird nahegelegt, dass der Vielzahl der Leiber auch eine *Pluralität der Vernunft* entspricht. Denn wenn es *nichts außer dem Leib* gibt, der Leib aber stets nur *einer unter vielen* ist, muss auch seine Vernunft *eine unter vielen* sein.

Die sich sogleich einstellende Frage ist allerdings, was „Vernunft" dann überhaupt noch heißen kann? Denn die Vernunft kann – zumindest in ihrem *Gebrauch,* also in dem, worin sie sich „am Leibe" zeigt – immer nur *eine* sein. Wäre es anders, gäbe es eine echte Vielheit (also nicht nur verschiedene *Träger* der Vernunft, sondern tatsächlich unterschiedliche *Funktionen* und *Instanzen*), könnte schon im einzelnen Fall nicht mehr von Vernunft gesprochen werden. Denn es ist nur sinnvoll, von der Vernunft des einen (Menschen) zu sprechen, wenn er eben *die* Vernunft hat, über die auch andere verfügen. – Eine Klärung kann sich nur ergeben, wenn wir genauer zusehen, worin Vernunft eigentlich besteht.

---

44   Za 1, Von den Verächtern des Leibes; KSA 4, 39.
45   Vgl. z. B. Platon: Politikos 267b–d.
46   Aristoteles: De anima II, 412b10 ff.

Nach der Aussage Zarathustras schafft Vernunft *Einheit*, wo *Vielheit* ist, genauer: Sie gibt der Vielheit einen *Sinn*. Was dies in der strikten Beziehung zum Leib bedeuten könnte, erschließt sich am ehesten im Rekurs auf die vektorielle Konnotation von „Sinn": Der „Uhrzeigersinn" zeigt an, in welche *Richtung* sich etwas bewegt. Also kann bereits die *gezielte Bewegung* des Körpers jenen „Sinn" anzeigen, in dem eine „Vielheit" sich auf einen Punkt konzentriert. Man braucht nur an die unendliche Vielfalt von Bewegungsimpulsen zu denken, die für einen einzigen bestimmten Schritt in eine Richtung vonnöten sind, um augenblicklich zu verstehen, was „eine Vielheit mit Einem Sinn" im leiblichen Vollzug bedeutet.

Man sieht dann auch gleich die mögliche Verbindung zum überlieferten Verständnis von Vernunft: Gesetzt, ein lebendiger Körper wäre unfähig, seinem Richtungssinn zu folgen; gesetzt, er würde schon beim ersten Bewegungsimpuls zerfallen, oder er würde nur torkeln, trudeln oder fuchteln (natürlich ohne von seiner Natur her drauf angelegt zu sein):[47] Dann wäre der Leib bereits *als Leib* unmöglich, denn er hätte nichts, worauf er sich richten könnte; er könnte keine Nahrung und keinen Schutz suchen, könnte nicht angreifen und nicht fliehen. Seine Existenz wäre ohne den „Sinn", der in seinen natürlichen Vollzügen liegt, und damit wäre sie auch schon gescheitert. Ein Leib, der die *Vielheit*, die er *ist*, nicht zur *Einheit seiner Vollzüge* bringen kann, wäre ganz und gar unmöglich.

Damit sind wir dem klassischen Verständnis der Vernunft bereits ganz nahe: Der Richtungssinn des Leibes ist der Aktionssinn des lebendigen Wesens, in dem es überhaupt erst zu seiner prozessualen Einheit findet. Wenn aber der Leib ein „o r g a n i s i r t e s und sich selbst o r g a n i s i r e n d e s" Etwas[48] ist, dann ist er zunächst nichts anderes als eine *sich selbst herstellende Einheit*. In allen seinen Vollzügen muss er demnach immer auch *auf sich selbst* gerichtet sein. Das ist das Minimum von „Sinn", das er in jedem Akt zu vollziehen hat. Also haben wir ein aus einer Vielfalt bestehendes Ganzes, das seine Einheit in der Stimmigkeit seiner inneren und äußeren Bewegungen findet.

Die „Vernunft" des Leibes liegt somit in der Schlüssigkeit seiner Vollzüge. Der Leib, so können wir im Anschluss an eine bekannte Definition der Vernunft sagen, *ist* das an sich selbst hervortretende „Vermögen […] zu

---

47   Auch der taumelnde Flug des Schmetterlings hat einen Richtungssinn, der seine artspezifische „Eindeutigkeit" hat.
48   Kant, KdU, § 65; AA V, 374.

schließen".[49] Dieser „Schluß" kann, je nach Perspektive, als „mittelbar" oder „unmittelbar" angesehen werden. „Mittelbar" ist er insofern, als er immer über die Vielfalt der beteiligten Organe „vermittelt" ist; „unmittelbar" insofern, als der Leib in der „Konsequenz", die er in jedem Akt seines Daseins „zieht", immer nur sich selbst einbringt. Diese *formale* Verknüpfung von Leib und Vernunft wird von den *materialen* Erwartungen gestützt, die stets im Spiel sind, wenn von der Vernunft die Rede ist: Die Vernunft, so wird in alltäglichen wie in philosophischen Zusammenhängen erwartet, soll etwas erbringen, was mit irgendeinem Gut oder Wert in Übereinstimmung steht. Dieser Wert kann so gedacht werden, dass ihn ein *Gott* garantieren könnte. Das ist gewiss die älteste Option des Denkens, die Nietzsche für historisch überwunden hielt. Der Wert kann auch so begriffen werden, dass er mit einer *natürlichen Ordnung* koinzidiert oder schlechthin mit dem *Ganzen des Daseins* verbunden ist. In diesem Sinn haben Kant und Hegel Vernunft und Wirklichkeit zu verknüpfen gesucht.

Nietzsche aber traut diesem über den *Begriff* vermittelten Schema der Verbindung von Rationalität und Realität nicht mehr. Er vermutet zu Recht, daß auch hier die Annahme eines Gottes wirksam bleibt. Also bedarf es einer anderen, *sinnlich gegenwärtigen Realität,* mit der die Vernunft zur Deckung kommen kann, damit sie auch dem materialen Anspruch auf Vernünftigkeit genügen kann.

Diese Realität ist der *Leib.* Er ist die ganz und gar *gegenwärtige Wirksamkeit,* die sich in ihrem (Aktivitäts- und Richtungs-) Sinn erfüllt. Systematisch gesehen füllt die Gleichsetzung von Vernunft und Leib die Lücke, die durch den „Tod Gottes" gerissen ist. Denn die Berufung auf eine kosmisch gegebene oder historisch gewordene Ordnung ist nach dem deklarierten Tod Gottes diskreditiert. Der vergleichende Blick auf die überlieferte Funktion Gottes macht auch verständlich, warum von der *großen* Vernunft des Leibes die Rede ist. Die Größe ist hier keineswegs bloß komparativ von der „kleinen" Vernunft abgesetzt. Sondern es bleibt noch etwas von dem alten metaphysischen Anspruch der Vernunft in Erinnerung, die sich nicht nur *formal* ein Ganzes erschließen kann, sondern auch *material* für das göttlich-natürlich-geschichtliche Ganze einsteht. Nun ist der Leib der Statthalter dieses Ganzen; folglich ist er die „grosse Vernunft".

Das klingt vermessen, ist aber dennoch keine Usurpation. Denn der Leib, so abhängig er in allem auch von den natürlich-geschichtlichen Bedingungen ist, aus denen er hervorgeht und auf die er in jedem Akt seiner

---

49 Kant, KrV, B 355; AA III, 237: Mit Blick auf ihren formalen, d. h. ihren logischen Gebrauch wird die Vernunft als das „Vermögen mittelbar zu schließen" bezeichnet.

Organisation notwendig bezogen bleibt, setzt tatsächlich nicht nur den *Anfang* und das *Ende* des von ihm vollzogenen Sinns *allein aus sich*; er bestimmt durch die Eigenart seiner Organisation auch den *Rhythmus* und den *Takt* der von ihm vollzogenen Aktivität. Was *Reiz* und was *Reaktion*, was *Bedürfnis* und was *Befriedigung* ist, das liegt in seiner organischen Verfassung begründet; was jeweils als ein „Ganzes" oder als ein „Teil" begriffen werden kann, ist auf ihn und seine Konstitution bezogen. Deshalb ist es tatsächlich der Leib, der die Ordnung vorgibt, in der sich der Sinn eines Daseins vollzieht.

Man braucht nicht zu befürchten, dass sich der Leib auf diese Weise wie ein idealistisches Bewusstsein von den umgebenden Bedingungen isoliert. Denn der Leib bleibt in allem auf die Gesetzlichkeit des Materials bezogen, aus dem er besteht und mit dem er seinen Stoffwechsel betreibt; er ist nahtlos in den Wirkungszusammenhang der Natur eingebunden, in dem er sich erhält. Überdies lässt sich sowohl seine physiologische Konstitution wie auch die Rhythmik seiner Organisation auf die elementare Gesetzlichkeit seiner Umgebung beziehen: Der Wechsel von Tag und Nacht, von Sommer und Winter, das Nahrungsangebot, die Größe der Population, die Zahl und Eigenart der Feinde oder – nicht zuletzt – das Element, in dem er lebt, sind durch die *Erde* bestimmt – und damit durch den Ort, den er auf ihr einnimmt.

Der einheitliche Sinn, in dem sich die Vielheit der leiblichen Organisation realisiert und den wir als die „grosse Vernunft" des Leibes zu begreifen haben, ist somit in den *Wirkungskonnex der Erde* eingelassen. Zwar bewegt sich jeder Leib nach seinem eigenen Gesetz; er hat damit auch seine eigene Vernunft. Doch sein Gesetz konnte nur unter den mundanen Konditionen entstehen, die sein irdisches Umfeld bestimmen. Also ist der *Sinn des Leibes* ursprünglich auf die *Erde* bezogen, die ihn hat wachsen lassen. Deshalb spricht Zarathustra auch vom „Sinn der Erde"[50].

Nach dieser Erläuterung dürfte klar sein, dass im „Sinn der Erde" keine Alternative zur „grossen Vernunft" des Leibes liegt. Der „Sinn des Leibes" kann vielmehr nur unter den Wirkungsbedingungen der Erde entstehen; er kann sich nur in Kongruenz zu ihm behaupten; schließlich kann vom „Sinn der Erde" sinnvoll nur gesprochen werden, wo es einen Sinn des Leibes gibt. Denn Sinn im strikten Sinn gibt es nur „am Leib", der Erde kann nur insofern ein Sinn zugesprochen werden, als da etwas ist, was dem Sinn leiblicher Wesen korrespondiert. Folglich weist der Sinn der Erde auf die Vernunft des Leibes zurück.

---

50   Za 1, Von den Hinterweltlern; KSA 4, 38.

6. Der Leib und sein Ich

Die durch nichts anderes sinnvoll einzuschränkende Umfänglichkeit der „grossen Vernunft" des Leibes macht von vornherein klar, dass alles, was sich sonst am Leib zeigt, „klein" erscheinen muss: Es ist entweder partikulares Organ der Gesamtorganisation des Leibes oder ein auf dem Aktivitätssinn beruhender Effekt. Ganz gleich, ob es sich um die physische Kraft oder den Mut, um den harmonischen Fluss der Bewegungen oder die intellektuelle Präsenz handelt: alles ist „ein Etwas am Leibe". Für den *Geist,* der gewohnheitsmäßig als das *Totum* einer wie auch immer begriffenen Einheit verstanden wird, kann diese Einsicht eine *Kränkung* bedeuten. Darauf scheint es Nietzsche anzulegen: Wenn er den Geist lediglich als „Werkzeug", ja, sogar bloß als „Spielzeug" bezeichnet, dann muss das den sich notwendig als geistiges Wesen verstehenden Menschen verletzen. Denn wer sich in seinem Tun auf eigene *Gründe* stützt, der stellt seine *Einsicht* an den Anfang und setzt seinen Leib wie ein *Mittel* zu deren Zwecken ein. Diese für das denkende Wesen notwendige Rangfolge kehrt Zarathustra um:

> „Werkzeug deines Leibes ist auch deine kleine Vernunft, mein Bruder, die du ‚Geist' nennst, ein kleines Werk- und Spielzeug deiner grossen Vernunft."[51]

Es gehört zu den Raffinessen der Reden Zarathustras, dass sie plötzlich zur direkten Anrede eines Anderen übergehen. So geschieht es an dieser Stelle, und es fällt nicht schwer, darin einen Sinn zu entdecken. Denn an eben dieser Stelle geht die Darstellung sachlich zum *individuellen Bewusstsein* über, das in der Lage ist, „Ich" zu sagen. Das Ich aber hat seinen Sinn nur in der Abgrenzung vom Du. Um die Bedeutung von „Ich" erläutern zu können, benötigt man ohnehin den Bezug zum Du. Das Du ist in der direkten Anrede gleichsam von selbst gegeben. Also hat man in der eigenen Sprache schon die Anschauung für eben das, was man theoretisch sagen will.

Aber auch der Geist, von dem nunmehr die Rede ist, kann sich nur in der Beziehung zu einem anderen Ich entfalten. Durch die Anrede eines anderen Menschen als „Bruder" ist nicht nur eine leiblich gegründete Gemeinsamkeit akzentuiert, sondern zugleich ein *unmittelbares Verständnis*. Bei einem solchen Verstehen denken wir zwar – vor allem unter Brüdern – an ein verbindendes *Gefühl*; aber wenn die Verständigung *verlässlich* sein soll, wenn sie durch *genaue Bezeichnung* eines Sachverhalts gesichert sein soll, bedarf sie des *Begriffs*. Hier also ist der Geist im engeren Sinn, nämlich als Verstand, unerlässlich; hier ist er aber auch erstmals *vonnöten*. Es käme zu

---

51 Za 1, Von den Verächtern des Leibes; KSA 4, 39.

der verlangten *Verständigung über ein und dasselbe* nicht, wenn es keine Begriffe gäbe. Also ist es die *Differenz zwischen Ich und Du*, die den Geist als Medium der Begrifflichkeit erforderlich macht.

Und eben der Geist, der auf diese Weise nötig wird, ist die „kleine Vernunft". Sie wird als „Werkzeug" des Leibes bezeichnet; sie soll demnach nur eine dienende, eine *instrumentelle* Funktion erfüllen. Aber da uns der Leib die Zwecke seines Tuns nicht eindeutig verrät, wissen wir auch nicht genau, wozu seine Mittel dienen. Deshalb hat das „Werkzeug" als „Spielzeug" zu gelten. Es ist zu etwas da, das ohne es nicht weitergeht und in sich irgendwie sinnvoll erscheint. Als „Werk- und Spielzeug" gehorcht es den Regeln des Spiels, an dessen Erhaltung es mitwirkt. Im Zusammenhang des Spiels ist es von offenkundigem Wert; es erweist sich als nützlich, ohne dass man einen über den Kreislauf des Spiels hinausreichenden Zweck benennen könnte. Es kann als *zweckmäßig* gelten, auch wenn der Zweck nicht exakt benannt werden kann. Die „Zweckmäßigkeit ohne Zweck" deutet sich an. Im Geist als „Spielzeug" des Leibes haben wir einen direkten Hinweis auf eine *ästhetische Relation.*

Doch ehe man dem nachgeht, hat man sich klarzumachen, dass der Geist in jedem Fall auf das Ich angewiesen ist: Für die *Verstandeserkenntnis* weiß man dies spätestens seit Descartes' *cogito*; dem folgt Kants Diktum vom „ich denke", das jedes Denken begleiten können muss. Aber auch für die *Vernunfteinsicht* ist das Ich unerlässlich. Hier ist es schon im *Bedürfnis nach Zusammenhang und Vollständigkeit* präsent; es hat sowohl das *Schlußfolgern* wie auch das *Verstehen* zu organisieren und kann am Ende aus der erhellenden *Einsicht* auch deshalb nicht weggedacht werden, weil es die *Befriedigung* anzuzeigen hat, die sich mit der Vernunfterkenntnis einzustellen hat. In Aufnahme der Kantischen Wendung ließe sich sagen, alle Leistungen der Vernunft müssen von einem „ich verstehe" begleitet sein.

Folglich ist das Ich in jenem „Sinn", den der Geist „erkennt", gegenwärtig. Es wird in beiden grundlegenden Leistungen des Geistes beansprucht. Und da es immer anwesend sein muss, wenn überhaupt etwas erkannt werden kann, hat es auch seinen Stolz. Die am weitesten ausgreifenden Leistungen des Menschen, zugleich diejenigen, mit deren Hilfe er über sich selbst verfügt, sind ohne das Ich nicht möglich.

Das wird von Zarathustra offenkundig anerkannt, wenn er den „Geist" auf sein „Ich" „stolz" sein lässt. Doch die Ernüchterung folgt auf dem Fuße. Denn der Stolz kann nicht als Indiz für die Eigenständigkeit des Geistes gelten. Im Gegenteil: In ihm kommt wohl eher nur die Selbsttäuschung des Geistes zum Ausdruck. Dem Selbstbewusstsein zum Trotz verdeckt die empfundene Eigenständigkeit des Geistes seine Abhängigkeit vom Leib.

Entscheidend ist nun aber, dass Nietzsche das Ich nicht in die direkte Verfügung des Leibes stellt, sondern die „grosse Vernunft" des Leibes dazwischen tritt. *Sie* ist es, die handelt, nicht jedoch der Leib, der vielmehr immer erst seiner „grossen Vernunft" bedarf, um überhaupt in einem einheitlichen Sinn tätig zu werden: „,Ich' sagst du und bist stolz auf diess Wort. Aber das Grössere ist, woran du nicht glauben willst, – dein Leib und seine grosse Vernunft: die sagt nicht Ich, aber thut Ich"[52].

Hier sieht man deutlich, dass Nietzsches Formel keinen Reduktionismus impliziert.[53] Er hätte ja durchaus behaupten können, dass der Leib „Ich" sagt. Sind es nicht sämtlich *körperliche* Werkzeuge, die jene Laute produzieren, die als Sprache verständlich werden? Sind es nicht Lippen, Zunge, Kehlkopf und Stimmbänder, die im Verein mit den anderen Organen dafür sorgen, dass ein Mensch spricht? Gewiss. Doch die physische Betätigung der Stimmorgane ergibt noch keinen *Sinn,* also nichts, das sich *verstehen* ließe.

Der (verstehbare) Sinn benötigt ein spezifisches Organ. Und das ist für Nietzsche – wie für Platon, Kant oder Hegel – die *Vernunft.* Zwar nennt er sie die „grosse Vernunft" des Leibes. Aber er setzt sie nicht, wie man zunächst glauben könnte, mit dem Leib identisch. Die zitierte Stelle belegt vielmehr, dass es ihm darauf ankommt, eben *nicht* den Leib, sondern *dessen Vernunft* als den Autor des Ich auszuzeichnen. Es ist keineswegs so, dass der Leib die referentielle Bedeutung oder den intelligiblen Sinn gleichsam *lokal* hervorbringt. Verstand und Vernunft sind Leistungen, die in irgendeiner Form das *Ganze des Leibes zum* Ausdruck bringen. Sie sind kein „Etwas am Leibe" wie ein Erröten oder ein Laut. Zwar sind sie mit leibhaftigen Äußerungen verbunden, aber ihre Eigenart liegt in dem „Sinn", den sie bedeuten. Und diesen Sinn inauguriert der Leib nach Art einer *Handlung.* In der stets *ein Ganzes* zur Geltung bringenden Handlung kommt auch der Leib *als Ganzer* zur Wirksamkeit.

Eine weitere Differenzierung liegt darin, dass die Leibvernunft nicht als der „Sprecher", sondern als der „Täter" des Ich fungiert. Sie „sagt nicht Ich,

---

52 Za 1, Von den Verächtern des Leibes; KSA 4, 39.

53 Das Verdienst, den nicht-reduktionistischen Charakter der Beziehung zwischen „Leib" und „Ich" herausgearbeitet zu haben, kommt Annemarie Pieper zu. Auch wenn ich ihr in der weiter unten anstehenden Deutung der Stellung des „Selbst" nicht folge und obgleich mir ihr Bild vom „Leib" als „Kreis" und vom „Ich" als (den Kreis schlagender) „Zirkel" nicht einleuchtet, finden sich bei ihr wichtige Aufschlüsse über die Relation von „Leib" und „Ich" in Zarathustras vierter Rede (Annemarie Pieper: „Ein Seil geknüpft zwischen Tier und Übermensch". Philosophische Erläuterungen zu Nietzsches erstem „Zarathustra". Stuttgart 1990, 149 ff.).

aber thut Ich". Auch damit ist eine direkte physische oder physiologische Beziehung abgewehrt. Die Zuständigkeit im Tun reicht tiefer und zugleich weiter als beim gesprochenen Wort. Alles Sprechen kann als Handeln begriffen werden; damit ist aber nicht schon alles Handeln wörtliche Rede. Darin liegt eine offenkundige Relativierung der fundierenden Stellung der Sprache, die Nietzsche schon in der übernächsten Rede *Vom bleichen Verbrecher* ausdrücklich macht: Hier ist die *Tat* das eigentliche Geschehen, das sich sowohl vom nachgeordneten *Bild* wie auch vom mitlaufenden *Gedanken* unterscheiden lässt.[54] Das eigentliche Geschehen, das, was an anderer Stelle als die eigentlich schöpferische Potenz herausgestellt wird,[55] ist nicht das Wort, sondern die Tat. Und die wird hier nicht etwa dem Ich, sondern dem Leib, genauer: der Vernunft des Leibes überantwortet.

Wenn also die „grosse Vernunft" des Leibes es gar nicht nötig hat, Ich zu „sagen", weil sie Ich „thut", dann ist damit ihre schöpferische Leistung betont. Wenig später wird vom „schaffende[n] Selbst" die Rede sein[56]. Es schafft „sich [!] Achten und Verachten", „Lust und Weh", „Werth und Willen" und in alledem auch den „Geist". Ja, „am liebsten" will es – „über sich hinaus" schaffen –, „das ist seine ganze Inbrunst".[57]

Damit dürfte außer Zweifel stehen, dass der Leib nach Analogie des *Künstlers* gedacht wird. Er wird als der *schöpferische Grund* angesehen, aus dem alle Energie des Anfangs, alle plastische Kraft der Gestaltung und letztlich auch alle Empfänglichkeit für Lust und Schmerz entspringt. Er ist die *kreative Instanz schlechthin*, aus der alles, was überhaupt Sinn und Bedeutung haben kann, entspringt.

Die *Analogie mit dem Künstler* klärt aber auch die von Nietzsche nicht näher erläuterte Unterscheidung zwischen dem *Leib* und seiner *Vernunft*. Kant bezeichnet in seiner Ästhetik den Künstler als „Natur". Aber die Naturkraft, die sich in seiner letztlich nicht durch bewusste Regeln ge-

---

54 Dort heißt es: „Das Rad des Grundes rollt nicht zwischen ihnen" (Za 1, Vom bleichen Verbrecher; KSA 4, 46). Das heißt: Gedanke und Bild sind weder durch Ursachen noch nach notwendigen Gründen mit der Tat verknüpft. Das eigentliche Geschehen, eben die Tat, wird von Gedanke, Wort und Bild umspielt, ohne fest mit ihnen verknüpft zu sein. Wie der Zusammenhang zu denken ist, zeigen die folgenden Überlegungen zur Funktion des Selbst, das u. a. auch zwischen Leib und Ich vermittelt.

55 Das „Schaffen[…]" des Kindes (Za 1, Von den drei Verwandlungen; KSA 4, 31) ist ein Tun. Auch hier gibt es ein „Rad". Das aber steht nicht still, sondern es ist in tätiger, aus sich selbst (also spontan) erfolgender Bewegung.

56 Za 1, Von den Verächtern des Leibes; KSA 4, 40.

57 Ebd.

steuerten Produktivität äußert, wird nachdrücklich von den physischen und physiologischen Kräften dieser Natur unterschieden. Die Natur äußert sich hier im „Genie", also in einer der nach Regeln vorgehenden Vernunft offenkundig vorgelagerten Form von *Geist*. Und wenn wir sehen, dass es der *Genius des Künstlers* ist, der als der eigentliche Produzent jener Einheit des Kunstwerks zu gelten hat, dann liegt auch die Analogie mit der Vernunft auf der Hand: Die Totalität, die der schöpferische Genius gleichsam als „aus sich rollendes Rad" hervorbringt, entspricht der Einheit, die sich die bewusst verfahrende Vernunft mit ihren Regeln – aber ganz aus ihrem eigenen Bedürfnis – erschließt. Die Vieldeutigkeit des Kunstwerks, dessen ästhetische Idee nach Kant viel zu denken gibt, ist unerschöpflich. Trotz seiner geschlossenen Gestalt enthält sie ein *Unendliches an Sinn,* der den um Stringenz und Konsequenz bemühten Vernunftbegriff, obgleich auch er auf eine *Ganzheit* zielt, nicht nur in seiner unabgeschlossenen Prozessualität, sondern auch in seiner gleichermaßen sensiblen wie intellektuellen Fülle übersteigt.

Damit kommen wir zu dem Ergebnis, dass die Formel von der „grossen Vernunft" des Leibes in Parallele zum *ästhetischen Begriff des Genius* steht. Es ist ein auf die *Kunst* bezogener Zusammenhang, in dem der Begriff der „grossen Vernunft" des Leibes seine Tradition hat und in dem wir auch die Paradoxie des Begriffs verstehen. Der Leib wird nach Analogie eines „großen Künstlers" verstanden. An die „Größe" seines Werkes haben wir zu denken, wenn wir das Attribut der „grossen Vernunft" des Leibes begreifen wollen. Es ist eine Größe, die immer auch ihren Urheber überschreitet, die weiter und umfänglicher ist als er und die daher auch nicht einfach auf ihn, seine Herkunft, seine Ausbildung, seine Technik reduziert werden kann. Zugleich hat das große Werk des großen Künstlers eine Einheit, die jedes plane begriffliche Verständnis überschreitet: So geschlossen und vollendet es auch wirken mag, so enthält es doch eine unendliche *Vielfalt* an Bedeutungen, die schon seine *Einheit paradox* erscheinen lässt.

Die „grosse Vernunft" des Leibes ist somit ein *ästhetischer Begriff.* Er ist weit mehr als eine bloße *Metapher* für die wunderbare Stringenz und Prägnanz leiblicher Vollzüge. Wer bescheiden ist, kann es natürlich bei einer solchen Deutung belassen. Doch im ästhetischen Begriff wird die Differenz zwischen Produzent und Produkt mitgedacht. Die regelhafte, in sich schlüssige Tätigkeit des Leibes wird unterscheidbar von den durch sie hervorgebrachten Gestalten. Damit haben wir eine echte Analogie zu den spezifischen Leistungen der Vernunft, die sich in Schlüssen und Einsichten vollzieht und insofern mit der inneren Konsequenz eines Kunstwerks verglichen werden kann.

Beide, die Vernunft wie auch die Kunst, haben ihren Ursprung wie auch ihr Ziel in den Sinnen, ohne sich auf sie reduzieren zu lassen. Und so hat der paradoxale ästhetische Begriff der „grossen Vernunft" des Leibes nicht nur das Verdienst, die *Nähe* von Leib und Intellekt zu illustrieren, sondern zugleich ihre in der Produktion zur Gestalt werdende *Differenz*. Leib und Vernunft werden von Nietzsche nicht gleichgesetzt. Vernunft ist vielmehr das, was sich – wie das Schöne in der Kunst – nur in den Äußerungen des Leibes zeigt. Es ist somit nur für einen *Betrachter* da.

Das aber heißt: Die Leibvernunft kommt lediglich in einer Welt pluraler Perspektiven zur Geltung. Sie tritt als individueller *Ausdruck* eines Leibes nur für leibhaftige Individuen hervor, denen dies *Eindruck* macht. Es muss eine *Sphäre der Wahrnehmung* geben, in der ein Ausdruck einem Eindruck korrespondiert. Die notwendig individuelle Vernunft des Leibes kann sich nur in einem interindividuellen Raum entfalten. Auch hier trägt die Analogie zur Kunst, die als Kunst nur individuell – und dennoch nur in einem prinzipiell für seinesgleichen zugänglichen Raum – zur Wirkung gelangen kann. Nicht zufällig sucht Kant in seiner Ästhetik dem *sensus communis* eine neue Pointe zu geben.[58] Entsprechend ist auch die „grosse Vernunft" des Leibes an einen Sinn gebunden, der gleichermaßen leiblich *und* gemeinschaftlich ist.

7. Ein „unbekannter Weiser" zwischen Leib und Ich

Mit dem Aufweis der nach Analogie der Kunst gedachten Eigenständigkeit der Leibvernunft könnten wir die Untersuchung über die „grosse Vernunft" des Leibes beschließen. Denn alles das, was in der Rede Zarathustras noch folgt, sind zum einen Illustrationen zum „Werk- und Spielzeug"-Charakter des Bewusstseins und zum anderen Diagnosen und Prognosen für die „Verächter des Leibes". Die nämlich haben den künstlerischen Impuls, „über sich hinaus zu schaffen", verloren.[59] Folglich fehlt ihnen das Selbstvertrauen in die Vernunft ihres Leibes. Nun sind sie krampfhaft bemüht, von ihrer versiegten Produktivität durch Verachtung des Leibes abzulenken. Was sie an sich selbst nicht mehr achten können, strafen sie mit Verachtung. Ihr Zorn auf „Leben" und „Erde", ihr „Neid" gegenüber jedem schöpferischen Umgang mit dem Dasein[60] hat keine Zukunft. In den Worten Za-

---

58   Kant, KdU, § 40; AA V, 293 ff.
59   Za 1, Von den Verächtern des Leibes; KSA 4, 40 f.
60   Za 1, Von den Verächtern des Leibes; KSA 4, 41.

rathustras heißt dies: „Ihr seid mir keine Brücken zum Übermenschen!“[61] –
ein deutlicher Hinweis darauf, dass auch dieser fragwürdige Begriff bestenfalls ästhetisch gerechtfertigt werden kann.

Doch Zarathustra verwendet in seiner Rede neben „Leib“ und „Ich“
noch ein weiteres, ansonsten vollkommen unscheinbares Wort und gibt ihm
eine derart exponierte Stellung, dass es einfach nicht übersehen werden
kann. Es ist das Pronomen „selbst“, das aber durchweg in seiner substantivierten Fassung vorkommt und zur Bezeichnung von etwas dient, das offenkundig eigenständig zwischen „Leib“ und „Ich“ rangiert:

> „Werk- und Spielzeuge sind Sinn und Geist: hinter ihnen liegt noch das Selbst.
> Das Selbst sucht auch mit den Augen der Sinne, es horcht auch mit den Ohren
> des Geistes.
> Immer horcht das Selbst und sucht: es vergleicht, bezwingt, erobert, zerstört.
> Es herrscht und ist auch des Ich's Beherrscher“[62].

Das ist eine verwirrende Rede: Nach allem, was zuvor gesagt worden ist,
hätte man annehmen müssen, dass „hinter“ Sinn und Geist nur noch der
Leib zu finden ist. Der „schafft“ sich, wie wir gehört haben, seine „grosse
Vernunft“, als deren „Werk- und Spielzeug“ das „Ich“ der „kleinen Vernunft“ bezeichnet worden ist. Nun aber kommt „hinter“ dem Ich eben das
zum Vorschein, was im üblichen Sprachgebrauch als das Pronomen für das
Ich Verwendung findet. Das „Selbst“ ist in alltäglicher Rede ein Ausdruck
für Personen, die „ich“ sagen können. *Ich*-Bewusstsein ist *Selbst*-Bewusst-
sein. Erst in übertragener Bedeutung lässt sich das Pronomen auf Einheiten
übertragen, die nach Analogie mit dem Selbstbewusstsein „von sich aus“ –
und insofern „von selbst“ – tätig werden. So gesehen geschieht dann alles,
was nicht offenkundig von außen verursacht wird, „von selbst“.

Doch das ist offensichtlich eine Umschreibung für die unterstellte Ursprünglichkeit der angenommenen Ganzheit einer von außen begriffenen
Einheit – und nicht mehr. Das indiziert die Spontaneität einer Totalität – und
verkürzt damit lediglich eine Rede, die viel zu lang werden müsste, sollte der
Vorgang in seiner faktischen Komplexität geschildert werden. So sagen wir,
dass sich die verpuppte Larve plötzlich „von selbst“ bewegt und ein
Schmetterling zum Vorschein kommt. Das „von selbst“ zeigt an, dass hier
keine unmittelbare äußere Einwirkung ursächlich ist, auch wenn wir natürlich wissen, dass an der im Kokon ablaufenden Metamorphose zahlreiche
äußere Faktoren beteiligt sind. Das „Von selbst“-Aufreißen der Hülle lässt
sich mühelos als Folge der von innen her wirksamen Beißtätigkeit des

---

61 Ebd.
62 Ebd.; KSA 4, 39 f.

ausgebildeten Schmetterlings erklären. Es wäre absurd, dem beobachteten Vorgang ein „Selbst" zu unterstellen, das nach Art eines realen Subjekts gedacht werden müsste.

Allerdings gibt es *zwei Grenzfälle,* in denen wir das Pronomen verwenden, ohne den dadurch zugeschriebenen Vorgang ausführlicher schildern zu können. Der *erste* ist mit dem Ich gegeben. Auch wenn wir noch so viel über den dem Ich zugeschriebenen Vorgang sagen könnten: Das Ich bleibt unersetzlich, und mit dem *Ich* auch das *Selbst,* das sprachlich dessen Stelle vertritt. Wann immer eine Person bei vollem Bewusstsein etwas von sich aus tut, kommt sie um das „Ich" nicht herum.[63]

Der *zweite* Grenzfall ist der *Leib,* allgemeiner: der Organismus überhaupt. Die Spontaneität der in ihm aus endogener Wirksamkeit ablaufenden Prozesse können wir bis heute nur als Selbstherstellung *(Autopoiese)* und als Selbsttätigkeit *(Selbstorganisation)* begreifen.[64] Daran ändert nichts, dass alle beteiligten Stoffe ursächlich von außen stammen und der Organismus in allen seinen Prozessen auf homöostatischen Austausch mit seiner Umgebung angewiesen ist. Die für ihn wesentlichen, d. h.: die für ihn als lebendiges Wesen spezifischen Vorgänge stammen aus ihm *selbst.* Was er ist, ist er *durch* und *in* seiner Selbsttätigkeit. Wer einen organischen Vorgang zu beschreiben sucht, der kommt ohne die Referenz auf das Ganze des Organismus, der sich „von selbst" bewegt, nicht aus.

Gewiss ist es kein Zufall, dass ausgerechnet im Übergang jener beiden Aktivitätsfelder, in denen das Pronomen semantisch tatsächlich unvermeidlich ist, also zwischen Ich und *Leib,* das *Selbst* auch bei Zarathustra zum Vorschein kommt. Selbst wenn man sachlich mit diesem Auftritt nichts anzufangen wüsste, könnte man ihn als Indiz für die von Nietzsche immer wieder exponierte menschliche Konfiguration aller Erkenntnis werten. Alles verweist auf den Menschen – auf ihn *selbst* zurück: „W i r   e r k e n n e n immer nur u n s   s e l b e r".[65] Das aber ist vor allem dort der Fall, wo uns ein

---

63   Um möglichen Einwänden zuvorzukommen, sei betont, dass die Argumentation hier nur für die unverstellte Rede im indogermanischen Sprachbereich gelten muss. Wir bestreiten nicht, dass es einem Kabarettisten gelingen kann, für die Zeit seiner Vorführung ständig von sich zu sprechen, ohne „ich" zu sagen. Im Übrigen beziehen wir uns hier selbstverständlich nur auf die Sprache, in der Nietzsche seinen Zarathustra Reden halten lässt.

64   Günter Küppers: Selbstorganisation: Selektion durch Schließung. In: ders. (Hg.): Chaos und Ordnung. Formen der Selbstorganisation in Natur und Gesellschaft. Stuttgart 1996, 122–148.

65   N 1880, 6[419]; KSA 9, 305. Vgl.: „Der Mensch verhüllt uns die Dinge" (N 1880, 6[432]; KSA 9, 309). Die Welt, so heißt es in einer Nachlassnotiz aus der Entste-

Vorgang besonders nahe ist und wir seine Ursprünglichkeit nur nach der an uns selbst erfahrenen Spontaneität begreifen können. Und eben darin liegt die epistemische Sonderstellung des Leibes, aus dem wir nun einmal nicht heraus können: Seinen ihn *ganzheitlich*, d. h. ihn *ursprünglich als Einheit* zum Ausdruck bringenden Vollzug können wir nur nach Analogie unserer Selbsterfahrung erfassen. Das aber heißt: Wir verstehen ihn nach Analogie *unserer selbst:* „Wir haben den Begriff der Einheit", so heißt es im späten Nachlass, „entlehnt von unserem ‚Ich'begriff, – unserem ältesten Glaubensartikel".[66]

Dieser Zusammenhang aber kann nicht ausreichen, um den Auftritt des substantivierten Selbst zwischen Ich und Leib zu erklären. Nichts deutet darauf hin, dass Zarathustra eine epistemologische Einsicht illustrieren will. Er scheint vielmehr eine Aussage über den *realen Wirkungszusammenhang* zwischen Leib und Ich machen zu wollen.

Es hilft auch wenig, das hier plötzlich wie ein eigenständiger Akteur auftretende Selbst mit anderen Vokabeln zu belegen und es so mit dem Anschein einer Erkenntnis zu verbinden. Natürlich gibt es Ähnlichkeiten mit Schopenhauers „Willen", die wiederum veranlassen könnten, das von Nietzsche hier gemeinte Selbst als „Wille zur Macht" zu verstehen.[67] Das passt zur Herrschafts- und Befehlsfunktion des „Selbst", aber weniger dazu, dass es „horcht" und „lacht" und „schafft". Noch in seiner ersten Rede hat Zarathustra dem Willen die Fähigkeit zur schöpferischen Produktivität entschieden abgesprochen.[68] Und „Wille zur Macht" soll nach Nietzsche in *jeder* Wirksamkeit gelegen sein. Deshalb wird man zwar nicht bestreiten können, dass auch das Selbst, wenn es denn überhaupt als tätig gedacht werden kann, als Wille zur Macht wirksam ist. Aber es hat darin gewiss nicht sein Spezifikum.

Natürlich ist nicht von der Hand zu weisen, dass dieses Selbst auch jene Instanz bezeichnen könnte, die Sigmund Freud zum „Unbewußten" erklärte.[69] Doch was ist damit für den von Zarathustra angesprochenen

---

hungszeit des *Zarathustra,* ist ein „I n v e n t a r i u m   d e r   m e n s c h l i c h e n   E r - f a h r u n g e n" (N 1883/84, 24[17]; KSA 10, 656). Dazu ausführlich meine Studie: Vom Willen zur Macht. Anthropologie und Metaphysik der Macht am exemplarischen Fall Friedrich Nietzsches, Berlin/New York 1996, 330 ff.

66   N 1888, 14[79]; KSA 13, 258.
67   Beide Thesen finden sich bei Pieper: „Ein Seil", 154 ff.
68   Za 1, Von den drei Verwandlungen; KSA 4, 31.
69   Zu dieser naheliegenden Deutung, die natürlich mehr über die mögliche Herkunft von Freuds Begriff als über die von Nietzsche intendierte Bedeutung sagt, vgl. Reinhard Gasser: Nietzsche und Freud. Berlin/New York 1997, 107 ff.

„Bruder" gesagt, der Freud noch gar nicht kennt? Ehe man den Begriff durch geistesgeschichtliche Parallelen erläutert, muss man aus dem Zusammenhang der Rede zu verstehen suchen, wie er gemeint sein könnte. Achten wir also noch ein letztes Mal auf den Text: „Hinter deinen Gedanken und Gefühlen, mein Bruder, steht ein mächtiger Gebieter, ein unbekannter Weiser – der heisst Selbst. In deinem Leibe wohnt er, dein Leib ist er."[70] Das Selbst also ist ein „Gebieter" und ein „Weiser". Dazu passt, dass es „Zwecke" hat, dass es das Ich am „Gängelband" hält, ihm Begriffe „einbläst", ihm „sagt", dass es Schmerz oder Lust fühlen soll.[71] Am Ende ist es auch das Selbst, das sich „Achten und Verachten", „Lust und Weh" zu schaffen vermag. So ist es nicht nur Ausdruck der produktiven Funktion des Leibes, sondern auch seiner reduzierten Lebendigkeit. Schließlich ist es das Selbst, das „sterben" will und „sich vom Leben ab[kehrt]".[72]

Auch dann hat ihm das Ich zu folgen, so dass Zarathustra den Verächtern des Leibes sagen kann, ihre Leibverachtung sei nur der Ausdruck ihres lebensmüden Selbst, das einem geschwächten Leib korrespondiert. Sie verachten das, dem sie folgen, und offenbaren so ihren tiefsten Lebenswiderspruch. In ihn geraten sie hinein, weil sie nicht wissen, wie sie – über ihr Selbst – mit ihrem Leib vermittelt sind.

Was also ist das *Selbst*? Was ist diese aus dem Leib kaum herausgehobene und gleichwohl dessen Produktivität, aber auch dessen Verfall eigenständig umsetzende Instanz? Wie lässt sich dieses Selbst fassen, das *nicht mehr bloß Leib* ist und offenkundig *mehr als bloß Bewusstsein,* auf das es in bestimmter Hinsicht gleichwohl angewiesen zu sein scheint?

Offenkundig ist die Nähe zur Sphäre des Leibes; „schaffendes Selbst" und „schaffender Leib" arbeiten Hand in Hand. Eine Differenz oder gar ein Gegensatz zwischen beiden scheint nicht denkbar. Das Selbst wirkt eher wie ein *Ausdruck* des Leibes, eine Form, die er sich im Umgang mit sich selbst und mit seinesgleichen zu geben vermag. So vermittelt das Selbst eine (möglicherweise partikulare) Veränderung am Leibe zu einem Gefühl, das zur *Expression des ganzen Leibes* wird:

> „Das Selbst sagt zum Ich: ‚hier fühle Schmerz!' Und da leidet es und denkt nach, wie es nicht mehr leide – und dazu eben s o l l es denken.
> Das Selbst sagt zum Ich: ‚hier fühle Lust!' Da freut es sich und denkt nach, wie es noch oft sich freue – und dazu eben s o l l es denken."[73]

---

70   Za 1, Von den Verächtern des Leibes; KSA 4, 40.
71   Ebd.
72   Ebd.
73   Ebd.

Das Gefühl und das Denken aber sind Sache des *Ich.* Ihm gegenüber wirkt das *Selbst* wie ein Verstärker in Angelegenheiten, die den Leib in bestimmten Lagen betreffen und die durch Änderung oder Sicherung der Befindlichkeit beeinflusst werden können. Dabei fällt auf, wie stark das Selbst *begrifflich aufgeladen* ist, ohne freilich selbst über Begriffe zu verfügen: Es hat die Weisheit eines Weisen, zeigt die Voraussicht eines Erziehers („Gängelband"), hat die Absichten eines Sprechers, hat Zwecke wie ein Befehlshaber und ist als „schaffendes Selbst" vom Leib als Künstler kaum unterscheidbar.

In alledem steht das Selbst auf der *Schwelle des Bewusstseins,* die es „selbst" freilich nicht überschreiten kann. Zur bewussten Aussage wie zur schlüssigen Reflexion bedarf es jenes „Werk- und Spielzeugs" der „kleinen Vernunft". Ihr kann, ja, ihr muss das Selbst Anstöße geben und Vorgaben machen, ohne aber „selbst" zur begrifflichen Verfügung in der Lage zu sein. Die Gefühle und Begriffe des Ich beziehen sich offenbar auf Umstände, in denen sich der Leib als Ganzer befindet und in denen über ihn als Ganzen disponiert werden muss. Und das Selbst zeigt – vom Leib her – solche Lagen an. Es figuriert die das Ganze eines Leibes betreffende Impulsivität, um sie für eine die Gesamtlage des Leibes betreffende Disposition zugänglich zu machen.

Damit haben wir eine Antwort auf die Eigenart des Selbst zwischen Leib und Ich: Das Selbst ist der *als Einheit verstehbare Ausdruck des Leibes.* Es ist die wirksame Konfiguration des ganzen Leibes, so dass er sich *als Einheit präsentieren* kann. Im Selbst schafft sich der Leib eine *Form,* die überhaupt erst *Verständnis* für ihn als ganzen Leib ermöglicht. In dieser Form ist ein Leib nicht einfach nur *Wirkung,* sondern er übersetzt sich in eine *Bedeutung,* die er für sich und seinesgleichen haben kann. Diese Bedeutung konzentriert eine Befindlichkeit des Organismus so, dass er als Ganzer in seinem „Sinn" wahrgenommen, angesprochen und gleichsam von einem Punkt aus gesteuert werden kann. Kurz: *Das Selbst transponiert den Leib in einen möglichen Sinn.* Es repräsentiert die Richtung, in die der Leib sich bewegt. In ihm hat er seine Einheit, die etwas *bedeuten* kann und somit für ein begriffliches Verständnis zugänglich ist, ohne freilich selbst schon begrifflich verfasst zu sein. Im Selbst ist der Leib auf *Mitteilungen* über seine Lage und seine Verfassung eingestellt, sofern er für eine ihn *ganz* betreffende Steuerung disponiert ist. Die ihn ausdrücklich betreffende Lenkung hat dann im Namen des Ich zu geschehen.

In diesem Sinn steht das Selbst für die „Weisheit". Es ist der Vernunft des Leibes zum Verwechseln ähnlich. Dort, wo Zarathustra davon spricht, dass sich der „schaffende Leib […] den Geist als eine Hand seines Willens"[74] schafft, deutet sich wenigstens an, wie der Leib in seinem Selbst über sich als Ganzen hinauszugehen versucht. In der Verbindung mit der „grossen Vernunft" können wir auch die gleichermaßen integrative wie repräsentative Leistung des Selbst erkennen. Denn es macht ihn fähig zu symbolischen Leistungen, in denen er selbst als Träger fungiert, die aber nur etwas ausdrücken können, was den Körper *selbst* – also in einer wie auch immer gefassten *perspektivischen Einheit* – betrifft. Der Leib findet zu einem verständlichen Ausdruck nur über die ihn repräsentierende Instanz des Selbst. Es ist der Leib, der spricht, nicht, wie wir oben hervorgehoben haben, die Lippen oder die Stimmbänder; sondern der Autor des gesprochenen Wortes ist der ganze Mensch, also – er *selbst*. Das Selbst ist der *Urheber des Sinns* und insofern auf das Engste mit der „grossen Vernunft" verbunden.

Zarathustra kommt es nun vor allem darauf an, dass zwischen dem *Selbst* als dem Urheber von Sinn und dem *Ich* unterschieden wird. Dafür können wir nun sogar einen Grund angeben: Während das Selbst nur die Bedingungen von Bedeutung überhaupt zur Verfügung stellt, ist das Ich bereits *begrifflich artikuliert*. Das Ich ist mit artikulierbaren Gefühlen und mit bestimmten Gedanken verbunden. Es ist fest mit dem Verstehen und dem Denken assoziiert. Also steht es in konkreten Bezügen des Sprachgebrauchs, es ist – wie wir nun genauer verstehen – „Werk- und Spielzeug" des Selbst.

Das Ich disponiert also immer schon in einer bestimmten Hinsicht über den Leib; es hat eine durch seine Begrifflichkeit von vornherein eingeschränkte Verfügungsintention. Auch wenn es den ganzen Leib in seine Wirkungsabsicht aufnimmt (etwa indem es ihm eine Medizin verordnet), bleibt es auf die Perspektive des Begriffs beschränkt. Die „kleine Vernunft" „sagt […] Ich", weil sie in bestimmte Mitteilungsbezüge eingebunden ist.[75] Der Leib dagegen „thut Ich",[76] indem er das die Mitteilung überhaupt erst ermöglichende Selbst hervorbringt.

Leider erfahren wir von Zarathustra viel zu wenig über die Leistungen des *Ich*. Ihm ist es vor allem um eine Kritik der Überschätzung des Ich-Bewusstseins zu tun. Deshalb lässt er sich auf eine Darstellung der Aufgaben des Ich gar nicht erst ein. Offenkundig ist allerdings, dass auf die „kleine

---

74 Za 1, Von den Verächtern des Leibes; KSA 4, 40.
75 Ebd.; KSA 4, 39.
76 Ebd.

Vernunft" des Ich, also auf die bewussten Leistungen der Begriffe und Urteile nicht verzichtet werden kann. Denn alles das, was das Selbst dem Ich an Aufgaben stellt, das soll es auch erledigen. Durch diese Aufgaben steht es mittelbar im Dienst des Leibes. Dabei hat es den Anschein, als könne es dem Leib tatsächlich wirksam dienen, indem es fühlt und denkt. Denn damit macht es Befindlichkeiten des ganzen Leibes nicht nur ausdrücklich, sondern es führt sie unter Umständen auch einer Behandlung, einer Praxis zu, die dem Leib als Ganzem zugute kommen können. Das Ich „soll" denken, um Zusammenhänge zu erschließen und zu benennen, in denen der Leib sich entfalten und entwickeln kann. Das Ich ist dabei ganz und gar Teil des Selbst. Es ist die Instanz der Ausdrücklichkeit und der bewussten Konsequenz.

Sobald es aber seine Einbindung in den Leib überspielt, kehrt es sich vom Leben ab. Ein Ich, das seinen leiblichen Auftrag leugnet und sich zur Instanz *sui generis* erhebt, kann nur mit erstarrten Begriffen operieren. Es erkennt, wie schon der junge Nietzsche gesagt hat, „alles falsch".[77] Will sich der Mensch vor diesem Irrtum bewahren, muss er sich die in ihm wirksamen Impulse des Selbst, in denen der Leib sich einen *Ausdruck* ermöglicht, der *einheitlich Eindruck* machen kann, eingestehen. Auch wenn das Ich gar nicht anders kann als selbstbewusst aufzutreten, hat es sich seiner Stellung als „Werk- und Spielzeug" des Leibes zu vergewissern.

Das wird von den Verächtern des Leibes nicht beachtet. Deshalb warnt Zarathustra vor der Überheblichkeit ihres Selbstbewusstseins, das sich von den Bedingungen seiner Produktivität abschneidet und daher zum Leben unfähig ist. Deshalb wäre es auch viel zu wenig, wenn Nietzsche lediglich zeigen wollte, dass die Verächter in Widerspruch mit ihren eigenen Annahmen über sich und ihren Körper stehen. Er möchte mehr. Er will den Verächtern des Leibes vor allem deutlich machen, dass *sie sich selbst* nicht richtig verstehen, wenn sie den Zusammenhang zwischen Leib und Geist nicht respektieren. Die Verleugnung des Leibes muss notwendig in eine *Selbstverleugnung* umschlagen. Auch darin zeigt sich der Zusammenhang zwischen Leib und Ich, zwischen denen das Selbst vermittelt.

Am Ende lässt sich nur versichern, dass die im letzten Abschnitt skizzierte Deutung des Selbst sich gut zu anderen Aussagen Nietzsches fügt. Sowohl die große Metapher vom „Vernunft-Räderwerk" der Selbsterhaltung in *Menschliches, Allzumenschliches*[78] wie auch die späte Konzeption der Vernunft als „Nothlage", gleichsam als ultima ratio,[79] passen zu dieser

---

77　CV 1; KSA 1, 760.
78　MA 2, WS 33; KSA 2, 565.
79　GD, Das Problem des Sokrates 10; KSA 6, 72.

Interpretation; erst recht jene Passagen des Spätwerks, in denen Nietzsche die „Semiotik" des leiblichen Geschehens zu fassen sucht und alles als Geschehen ein „Mitteilen" ist. – Da Zarathustra dazu schweigt, muss davon auch hier nicht mehr die Rede sein.

Leben bei Kant und Nietzsche

1. *Leben ohne Disziplin.* Wenn von „Lebensphilosophie" die Rede ist, stellt sich in der Regel der Name Nietzsches schon von selber ein. Dass Friedrich Nietzsche zu den Begründern dieser Disziplin gehört, ist ein fester lexikalischer Topos. Meist wird er auch gleich zu den führenden Vertretern dieses Fachgebiets gerechnet.

Wer mit Nietzsches Werk auch nur oberflächlich vertraut ist, wird das Kuriose dieser Zurechnung sogleich erkennen. Denn es gibt an keiner Stelle seines Werks auch nur im Ansatz einen Traktat, den man einer Fachphilosophie des Lebens zurechnen könnte. Schon die Rede von einem Begründer ist bedenklich, denn der müsste der neuen Disziplin immerhin einen Grund oder wenigstens eine Richtung gegeben haben. Doch von beidem kann bei Nietzsche keine Rede sein.

Sofern er überhaupt die Beschäftigung mit Disziplinen anregt, könnten wir die entlarvende Psychologie, die ideologiekritische Soziologie, die Ökonomie der Kräfte, die Physik der Mächte oder die physiologische Ästhetik nennen. Und wer selbst in Disziplinen denkt, kann aus der Akzentuierung der Musik, der Mythen, der Metaphern, der fundierenden Rolle der Sprache, der Grammatik oder des Leibes natürlich gute Gründe ziehen, sich entsprechenden Spezialwissenschaften zu widmen. Nietzsche hätte dagegen gewiss keine Einwände gehabt, selbst wenn er hätte ahnen können, wie beflissen man ihm, nach Jahren der Nicht-Beachtung, endlich folgt.

Beim Begriff des Lebens ließe sich Ähnliches vermuten, zumal er – stärker noch als die Begriffe der Geschichte, der Kunst und der Kultur – sein ganzes Werk durchzieht und nicht selten die Funktion eines nicht mehr zu unterschreitenden Grundes hat. Erst als Nietzsche darauf verzichtet, sich weiterhin auf Schopenhauers „Willen zum Leben" zu beziehen und statt dessen den „Willen zur Macht" favorisiert, glaubt er eine nicht mehr zu unterbietende Realbedingung gefunden zu haben, die auch das Leben trägt.

Doch so problematisch es wäre, im „Willen zur Macht" die Grundlegung einer Philosophie der Macht zu sehen, so kurzschlüssig wäre es, aus der basierenden Stellung des Lebens einen Auftrag zum Aufbau einer Lebensphilosophie abzuleiten. Denn wer wollte Nietzsche unterstellen, ihm läge daran, die überlieferte Seinslehre der Ontologie oder die ein wenig jüngere Erscheinungslehre der Phänomenologie durch eine vermutlich

nicht weniger allgemeine existenzielle Biologie abzulösen? Wenn ich
Nietzsche richtig verstehe, ist es ihm in der Kritik an den alten metaphysischen Disziplinen nicht um deren Kompensation durch neue, gleichsam
konkretere oder gar korrektere Wissenschaften zu tun.

Deshalb stelle ich einleitend fest, dass man Nietzsche nicht als einen
Lebensphilosophen im disziplinären Sinn bezeichnen kann und auch nicht
unterstellen darf, es sei ihm überhaupt um die Begründung eines neuen
Fachs gegangen. Damit ist freilich nicht bestritten, dass der Begriff des
Lebens in allen Phasen seines Werkes eine tragende Rolle spielt, auf die sich
alles, was überhaupt zum Thema werden kann, bezieht. Diese Klarstellung
ist auch deshalb geboten, weil es den Begriff der Lebensphilosophie schon
seit dem Ausgang des 18. Jahrhunderts gibt und nichts darauf hinweist, dass
Nietzsche daran interessiert gewesen ist, sich in diese junge Tradition zu
stellen.

2. *Eine Parallele zu Kant.* Auch im Denken Immanuel Kants steht das Leben
im Zentrum der Aufmerksamkeit. Anders als Nietzsche ist er durchaus an
der disziplinären Entwicklung der Philosophie interessiert. Er hat die
Physische Geographie, einen Vorläufer der Ökologie, und die Anthropologie (keineswegs nur „in pragmatischer Hinsicht") auf den akademischen
Weg gebracht, war an der Etablierung der Transzendentalphilosophie interessiert und wollte der Metaphysik eine neue, eine kritische Grundlage
geben. Tatsächlich entwickelt er im zweiten Teil der *Kritik der Urteilskraft*
einen vollkommen neuen Begriff des Lebens, der in eine nicht weniger in-
novative Theorie der Kultur übergeht. Aber es wäre einfach kurios, wenn
man ihn als Lebens- oder als Kulturphilosophen bezeichnen würde. Ein
großer Philosoph gibt mehr zu denken, als die Schule mit ihren Einteilungen
fassen kann. – Das sage ich nicht nur mit Blick auf Kant, sondern auch auf
Nietzsche.

Die Verengung, die in der Bezeichnung als Lebensphilosoph allemal
liegt, wird bei Kant besonders deutlich, weil der Terminus gleichzeitig mit
dem der Vernunftkritik in Umlauf kommt. In den achtziger Jahren des 18.
Jahrhunderts tritt die Popularphilosophie der Aufklärung unter dem neuen
Titel der Lebensphilosophie in Erscheinung und dokumentiert so nicht nur
ihre Anteilnahme an der sprunghaft ansteigenden naturwissenschaftlichen
Aufmerksamkeit für die Phänomene des Lebens. Die Namen von Harvey,
Buffon, Linné und La Mettrie müssen genügen, um die Reichweite und die
Gegensätze dieser neuen Interessen anzudeuten. Hinzu kommt der Indi-
vidualisierungsschub, der in der Folge des epistemischen Skeptizismus und
des ästhetisch eingefärbten Sensualismus unabwendbar ist und der mit

Rousseau auch die Lebensführung des empfindsamen Einzelnen zum literarischen Thema macht.

Unter dem neuen Titel sind somit Motive der *theoretischen* und der *praktischen Philosophie* vereint. Erst nachdem wir erkennen, wie sehr Kant mit seinen Fragen: „Was kann *ich* wissen?" „Was soll *ich* tun?" „Was darf *ich* hoffen?" den durch Sokrates vorgegebenen individualitätstheoretischen Ansatz des Philosophierens methodologisch vertieft, können wir erkennen, wie nahe die Kritische Philosophie dem lebensphilosophischen Zeitgeist ist.

Um so weniger können wir sie auf das existenzielle Drehmoment des Lebens verengen, selbst wenn wir uns einzugestehen hätten, dass wir dem Leben alles, was immer empfunden, erkannt und erreicht werden kann, verdanken. Zwar sieht es auf den ersten Blick so aus, als sei das Leben ein aussichtsreicher Kandidat für einen metaphysischen Begriff des Ganzen, denn es versorgt uns bereits in seinem Vollzug (mindestens mit der Spontaneität seiner Entstehung und mit der ihr korrespondierenden Wendung in den Tod) stets auch mit dichotomisch angelegten Alternativen zu ihm.

Aber gerade die innere Logizität des Lebens, das Entweder-Oder nicht nur in seiner Struktur, sondern im Verhältnis zu seinen externen Prämissen, lässt uns erkennen, dass es auf notwendigen Bedingungen beruht, die ihm selbst nicht zugehören. Deshalb wäre es metaphysisch verkürzt, wenn wir das Leben bereits als das Ganze ansehen wollten. Die materialen Konditionen wie auch die sensiblen Implikate des Lebens reichen über es hinaus, noch ehe wir seine Grenzen denken können.

3. *Von Kant zu Nietzsche.* Die doppelte Vorbemerkung soll kenntlich machen, dass sich die Perspektive auf den Begriff des Lebens bei Nietzsche und Kant nicht der Zufälligkeit eines Tagungsthemas und auch nicht dem vorgegebenen Rhythmus der Gedenkjahre verdankt. Bei beiden, bei Kant wie bei Nietzsche, hat der Begriff eine exponierte Funktion. Beide reagieren auf eine dynamische wissenschaftliche Entwicklung, und bei beiden steht er, wie sich noch zeigen wird, in einer engen Beziehung zu den Leistungen der Vernunft.

Man geht überdies nicht zu weit, wenn man betont, dass Kant und Nietzsche durchaus noch zur selben geistesgeschichtlichen Konstellation gehören. Bei beiden finden wir ein emphatisches Bekenntnis zur Aufklärung, für beide steht die Tugend der Wahrhaftigkeit an erster Stelle, beide denken unter dem Primat nicht nur des Praktischen, sondern auch unter dem der praktischen Vernunft.

Wie eng der Zusammenhang ist, zeigt sich nirgendwo deutlicher als am Begriff des Lebens: Kant bringt ihn in eine eminente philosophische Position, in der er von Schiller und Fichte, Schelling und Hegel treffsicher erkannt wird. Goethe lobt an Kant nichts so sehr wie seine Theorie des Organischen, die ihrerseits Schopenhauer die Mittel an die Hand gibt, seine individualitätstheoretisch auslaufende Willensmetaphysik zu entwickeln. Sie macht Nietzsche vermutlich als erste auf die philosophische Reichweite des Lebensproblems aufmerksam. Jedenfalls gibt es einen direkten Zusammenhang zwischen seiner Schopenhauer-Lektüre in Leipzig und dem Plan über Kants Teleologie zu promovieren. Er gibt den Plan nur auf, weil er die Promotion bekanntlich als Professor nicht mehr nötig hat. Die erhaltenen Notizen belegen aber, wie nahe ihm der Problemgehalt der geplanten Dissertation in der Sache ging. Es wäre somit durchaus möglich, ein wirkungsgeschichtliches Kontinuum zu postulieren, das jenen entgegen käme, die Nietzsche derzeit ohnehin als einen Neukantianer zu lesen suchen. Wer sich unter den amerikanischen Nietzsche-Exegeten nicht zu den Dekonstruktivisten rechnet, wird automatisch zu den *neokantians* gezählt.

Mit Blick auf Kant liegt darin gewiss ein Körnchen Wahrheit, im Vergleich mit den Neukantianern des 19. Jahrhunderts aber ebenso gewiss eine extreme Verkürzung. Zwar bezieht Nietzsche beachtliche Kenntnisse von Liebmann und Lange, und niemand wird Windelband, Cohen oder Natorp ihren geistigen Rang streitig machen wollen. Aber erst mit Simmel und Cassirer wird der Neukantianismus von jener intellektuellen Unruhe erfasst, die ihn für Neues prädestiniert. Diese Unruhe geht von Nietzsche aus, den insbesondere Cassirer so befremdlich findet, dass er Zeit seines Lebens nicht wirklich eingestanden hat, wie viel er ihm verdankt.[1]

Wenn wir also den Zusammenhang zwischen Kant und Nietzsche betonen, dann dürfen wir den Aufbruch der Romantik[2] nicht vergessen. An

---

1   Dazu Christian Möckel: Das Urphänomen des Lebens. Ernst Cassirers Lebensbegriff. Hamburg 2005.

2   Die historische Innovation der Romantik ist, dass sie erstmals die Bedeutung des Wissens in Frage stellt und grundsätzliche Zweifel an der Zuständigkeit der Vernunft in Umlauf bringt. Sie kehrt Motive der mystischen Versenkung nach außen und nimmt die Welt nach innen, ins „Gemüt". Die „Subjektivität" wird zur ersten und letzten Instanz des Daseins. Die damit verbundene Provokation des gesunden Menschenverstandes, der Wissenschaft und der klassischen Philosophie wird nur noch durch den proklamierten Primat der Kunst überboten. Der Protest gegen den Primat der Technik in der sich erstmals abzeichnenden Industrialisierung des Lebens ist nicht zu übersehen. Was aber kann er ausrichten, wenn sich auch die Technik nur als eine Kunst verstehen lässt? – Friedrich Nietzsche ist ein Kind der Romantik. Ihr verdankt er, wie schon Karl Marx und Richard Wagner, seinen revolutionären Impuls; sie macht es ihm möglich, sich ungeniert als Genie zu produzieren; sie erlöst ihn von den Verbindlichkeiten der Rationalität; sie eröffnet ihm den Glauben an

ihm ist von Bedeutung, dass er das Leben erstmals auf die Gegenseite der Vernunft zu bringen versucht.

Dies wird zwar selten ausdrücklich gemacht, weil ein erklärter Gegensatz zwischen Vernunft und Leben die Stellung beider gefährden würde, aber es gibt nunmehr die Tendenz, die Vitalität zum Gegenpol der Rationalität zu machen. Der Nietzsche-Leser möchte zwar sofort Einspruch erheben. Ein Autor, der die Gesundheit preist und auch der Krankheit nicht eben wenig verdankt, der die Kunst aus antagonistischen, sich aber wechselseitig benötigenden Lebenskräften herleitet, ja; die Kunst selbst als Retterin des Lebens ansieht, ein Autor, der jahrelang im „Willen zum Leben" die Grundkraft allen Daseins zu erkennen glaubt und diese Überzeugung nur aufgibt, weil er eine umfassendere Formel gefunden zu haben glaubt, und der schließlich die „große Vernunft des Leibes" zur Kraft- und Ordnungsmacht des lebendigen Daseins zu machen sucht – ein solcher Autor kann schwerlich für eine Position verantwortlich gemacht werden, die das Leben als „irrational" ansieht.

Das würde man gerne glauben. Aber das Gegenteil ist in den Jahrzehnten nach Nietzsche zur herrschenden Meinung geworden. Deshalb verfolgt mein Vergleich zwischen Kant und Nietzsche die systematische Absicht, der bis heute nachwirkende These von der Irrationalität des Lebens zu widersprechen.

4. *Die Vernunft als Organ des Lebens.* Beim Übergang vom 20. ins 21. Jahrhundert war viel von einem naturwissenschaftlichen Paradigmenwechsel die Rede. Die Physik, so hieß es, habe ihre Funktion als Leitwissenschaft an die Biologie abgegeben. Wie angebracht eine solche Wende ist, mag man daran ermessen, dass sie philosophisch schon im Übergang vom 18. ins 19. Jahrhundert erfolgte. Kant hatte sie bereits mit seiner ersten Schrift über die *Wahre Schätzung der lebendigen Kräfte* von 1747 im Blick.

Tatsächlich hat Kant sein Leben lang an der Überwindung der rein mechanischen Naturauffassung gearbeitet. Newton, den er als Forscher von

die Vollendung im Fragmentarischen, so dass er sich als Dichter *und* Denker, als Musiker *und* Lyriker, als Sophist *und* Mythologe *in einem* stilisieren kann. – Doch so groß die Nähe auch ist: In seinen Leistungen ist Nietzsche über die Romantiker der ersten und zweiten Generation weit hinaus. Er schätzt die strenge Schule der Philologie, nimmt sich die Größen der Aufklärung zum Vorbild, verteidigt die Wissenschaft, sucht Anschluss an die neuesten naturwissenschaftlichen Erkenntnisse und hält den Schwärmern die Mechanik der Macht entgegen, die durchgängig alles bestimmt, ganz gleich ob es als Natur oder Gesellschaft, als Geschichte oder Geist verstanden wird.

einsamer Größe verehrte, genügte ihm nie. Er wollte die Bedingungen der physikalischen Welterkenntnis aufdecken, um an ihnen die Reichweite und Grenzen der menschlichen Leistungsfähigkeit offen zu legen. Dabei ging er vom Menschen als einem lebendigen, von äußeren und inneren Konditionen abhängigen, in Gegensätzen stehenden, Gegensätze vermehrenden, sie verschärfenden und erstmals begreifenden Wesen aus. Denn Erkennen ist die Fähigkeit, auf bewusst gewordene Gegensätze zu reagieren; es ist eine im Medium der Mitteilung gewonnene Einsicht in eine Differenz. Tiere können fliehen und zwischen verschiedenen Partnern wählen, aber von sich aus „nein" zu sagen, vermögen sie nicht.

Im Ja und im Nein des Menschen tritt die naturgeschichtliche und kategoriale Sonderstellung der Erkenntnis hervor. In und mit ihren Begriffen erhebt sie sich derart über die Natur, dass sie über sie zu verfügen scheint. Ihr operativer Abstand zu den erkannten Gegenständen ist so zwingend, dass die Vernunft als das Andere der Natur erscheint. Und dennoch gehören beide notwendig zusammen. Die Vernunft kann nicht umhin, sich als Produkt und Instrument des Lebens zu begreifen. Mit ihren „Bedürfnissen" und „Interessen" versteht sie sich sogar als „Organ", das nicht nur „Zwecke" entwirft, nicht nur selber „Zwecke" hat, sondern selbst Zweck *ist*.

5. *Organisation des Organisierten.* An den Zwecken der Vernunft wird alles, was immer sie erkennt oder versteht, gemessen. Es ist lebendig oder tot, dynamisch oder mechanisch, harmonisch oder gestört, in Funktion oder außer Betrieb. Auch die „Welt", die sich die Vernunft als die ihr zugehörige Einheit des Ganzen denkt und zu der sie selber gehört, muss insofern als lebendig angesehen werden können, als sie den Zwecken der in ihr lebenden Wesen Raum gibt. Ihr werden Qualitäten wie Einheit, Ganzheit und Ordnung zugeschrieben, die ihr nur in Korrespondenz zu den Qualitäten der in ihr lebenden Individuen zukommen können.

Allerdings ist, wie Kant in seiner logischen und rhetorischen Demonstration der „Antinomie" der reinen Vernunft vor Augen führt, mit Blick auf die Welt als Ganze die exakte Erkenntnis des Menschen am Ende. Er kann auf das Ganze der Welt nur „schließen", und die Vernunft, die ihm die Schlüsse erlaubt, kann sich jenseits der gegenständlichen Erkenntnis auch stets das Gegenteil von Ordnung, Ganzheit und Einheit denken. Wir können nicht ausschließen, dass jenseits der erfahrenen Welt – im unvorstellbar Kleinen, wie im unendlich Großen – die Welt nichts anderes als Chaos ist und dass in ihr der pure Zufall herrscht.

Doch gegen diese theoretisch unwiderlegliche Spekulation der Vernunft sträubt sich der in unserer Lebenspraxis immer schon wirksame, auf

Lebensführung angelegte „Primat der praktischen Vernunft". Er ist mit einem „Interesse" der Vernunft verknüpft, das die gewohnte und benötigte Ordnung des lebendigen Daseins auch in der Ordnung des Ganzen finden will.[3] Die praktische Vernunft macht uns klar, dass wir nicht auf den Zufall leben können. Im „Chaos" können wir uns nur zurechtfinden, wenn es nicht wirklich besteht. Denn um handeln zu können, brauchen wir den geregelten Zusammenhang äußerer und innerer Ordnung, ja, Handeln ist selbst ein Organisieren des bereits Organisierten – wobei wir offen lassen können, ob wir die Geschichte oder die Gesellschaft, die Ökonomie oder den Eros als vorab organisierende Instanz ansehen wollten. Das Leben liegt allem zugrunde.

Die Formel von der Organisation des bereits Organisierten zeigt an, wie das bloße Handeln den Leistungen der Vernunft entgegen kommt: Das Handeln bringt, allein dadurch, dass es mit etwas beginnt, etwas Neues in die Welt, das sich von anderem deutlich unterscheidet – obgleich es gänzlich im Rahmen dessen verbleibt, was ohnehin geschieht. Die Handlung konturiert sich als bloße Konfiguration zu dem sie treibenden Motiv. Darin ist sie ein Modell der Vernunft, die auch nicht mehr bieten kann als eine Organisation des Organisierten aus dem sie treibenden „Bedürfnis" – und das heißt: zu dem sie leitenden Zweck.

6. *Die Welt kann kein Zufall sein.* Die Organisation des Organisierten wird durch Erfolge angezeigt. Die treten dadurch auf, dass eine innere Absicht mit einem äußeren Effekt zusammenfällt. Der Zusammenhang zwischen Innen und Außen muss bereits bei der ersten Entwicklung des Lebens erfüllt sein; denn anders könnten sich Innen und Außen gar nicht trennen, um in der Trennung nach einer neuen, vom Organismus selbst gesetzten Regel verbunden zu sein.

Mit der Ausrichtung auf den Erfolg – den Kant noch wörtlich als das versteht, was mit dem Auftritt einer Ursache als Wirkung „erfolgt" – sind die Lebensprozesse notwendig auf etwas bezogen, was ihnen vorausliegt. Man mag daher noch so oft von einem „teleologischen" Verständnis der Natur Abschied nehmen wollen: Die implizite Orientierung auf den im Prozess des Lebens antizipierten *Effekt* wird man nicht los.

Das beginnt derzeit sogar die Evolutionstheorie einzusehen, wenn sie sich mit Blick auf die überraschende Parallelität der Formen in gänzlich

---

3   Dazu Axel Hutter: Das Interesse der Vernunft. Kants ursprüngliche Einsicht und
     ihre Entfaltung in den transzendentalphilosophischen Hauptwerken. Hamburg
     2003.

unverbundenen Entwicklungssträngen nach einheitlichen Formprinzipien fragt. Ihr geht es freilich nur um den empirischen Konnex der Lebewesen, der ohnehin an feste Regeln gebunden ist. Kant hingegen fragt, ob der Mensch mit seinen Sinnerwartungen, von denen er sich als handelndes Wesen gar nicht distanzieren kann, überhaupt in einer Welt zu leben vermag, die im Ganzen sinnlos ist.

Für Kant hat diese Einsicht, das kann man nicht oft genug betonen, vor allem eine praktische Bedeutung. Die Welt als Umwelt muss so eingerichtet sein, dass sich in ihr nach unseren eigenen Gründen leben lässt. Nur in einer solchen Welt kann der Mensch eine Geschichte haben, nur unter ihren Konditionen kann er Staaten gründen; nur sie erlaubt es ihm, sich – inmitten der Natur – eine Natur ganz eigener Art zuzulegen, für die Kant den Begriff der „Kultur" verwendet. Es ist daher nur konsequent, wenn er seine Theorie der Kultur als Teil seiner Theorie des Lebens entwickelt.

Doch die praktischen Konsequenzen sind nicht ohne Übereinstimmung mit der theoretischen Sicht auf die Welt zu haben. Der „Primat der Praxis" findet auch einen Niederschlag in den Rahmenbedingungen der Welterkenntnis, etwa in der Unterscheidung zwischen Erscheinung und Ding an sich oder in der alles fundierenden Prämisse der Selbsterkenntnis.

7. *Lebenswelt.* Wer sich darüber wundert, dass ich die Unterscheidung zwischen „Welt" und „Umwelt" betone, obgleich Kant diesen Unterschied selbst gar nicht macht, dem sei gesagt, dass ich mit „Welt" und „Umwelt" eine andere Unterscheidung aufnehme, die philosophisch unverzichtbar ist, für die Kant aber eine höchst unglückliche Bezeichnung gewählt hat. Wäre sie nicht gewesen, hätte Fichte gewiss weniger Grund gehabt, seinen folgenreichen Einspruch gegen die Transzendentalphilosophie zu erheben. Vielleicht hätten dann auch Schelling und Hegel mit ihrer Kritik an Kant anders ansetzen müssen; und *Schopenhauer* wäre vielleicht nicht auf die Idee gekommen, allen Erscheinungen einen metaphysischen Willen zu unterlegen: Ich meine die Unterscheidung zwischen „Ding an sich" und „Erscheinung".

Hätte Kant bereits über den Begriff der „Lebenswelt" verfügt, hätte sein kritisches Philosophieren viel weniger Anstoß erregt. Denn es wäre offenkundig gewesen, dass die Lebenswelt des Menschen ihre Bedingungen auch in jenem Lebewesen haben muss, das in ihr seine Umwelt hat. Mit dem Begriff der Lebenswelt wäre schon für die ersten Leser Kants offenkundig gewesen, was ich heute zu sagen versuche: Dass der Vernunftbegriff der „Welt" ursprünglich auf das Leben bezogen ist.

8. *Die Wendung zum Leben.* Zur Einsicht in die Verbindung zwischen Leben und Vernunft, damit auch zwischen physiologischer Organisation und Geist kann man auf die Annahme einer prästabilierten Harmonie verzichten. Es genügt zu sehen, wie sich die Natur im vielfältigen Gegensatz ihrer individuierten Kräfte entfaltet und entwickelt. Unablässig werden Einheiten gebildet und wieder zerstört. Nach den strengen Gesetzen der Natur treten einzelne Kräfte in unendlich vielen Formen gegeneinander auf, so dass in jedem Einzelfall zahlreiche Optionen entstehen. Und die werden von den Individuen – in strikter Naturgesetzlichkeit – zur eigenen Entfaltung ihrer Möglichkeiten genutzt. Auf diese Weise organisiert sich das ungebundene, das „freie" Leben mit Hilfe der Gesetze der Natur. Den schönsten Ausdruck findet dieser dynamische Zusammenhang zwischen lebendiger Organisation und Freiheit in Kants beiläufiger Definition des „Geistes" als das „belebende Princip im Gemüthe"[4].

In seiner dritten Kritik, der 1790 erschienenen *Kritik der Urteilskraft*, hat Kant eine ingeniöse Theorie des Lebens entworfen. Mit ihr hoffte er, den lange gesuchten Übergang von der mechanischen zur dynamischen Naturtheorie zu finden. Demnach beurteilen wir alles Lebendige als einen Fall von individueller Selbstorganisation im Prozess einer sich in und durch die Individuen vermehrenden Gattung. Jeden Organismus betrachten wir so, „als ob" er im strukturellen Aufbau wie auch im Gang seiner prozessualen Entwicklung eigenen (und damit „freien") Zwecken folgte.[5] Die lebendigen

---

4   Immanuel Kant: KdU, §49; AA 5, 313.
5   Die Konstruktion des „Als ob", mit deren Hilfe Kant die Reichweite des teleologischen Urteils einschränkt, referiere ich, ohne damit den Anspruch zu verbinden, dass auf diesem Weg ein definitiver Erkenntnisfortschritt in der Beschreibung des Lebendigen erreicht werden kann. Zwar besteht ein methodologischer Unterschied zwischen einem Urteil über einen *mechanischen* Zusammenhang der Natur auf der einen und über einen *Lebensvorgang* auf der anderen Seite. Die Mechanik, als Bewegungsfolge äußerer Kräfte, die im Prinzip von außen zu steuern sind, ist aus einer äußeren Beobachterperspektive zugänglich. Sie verlangt zwar eine beachtliche Abstraktion, kann aber unabhängig von der Selbsterkenntnis vollzogen werden. Man muss nur *außen* stehen und hinsehen oder hinhören, um den mechanischen Vorgang in allen Einzelheiten so beschreiben zu können, wie ihn jeder andere auch beschreiben kann. Im Prinzip ist das Auge einer Kamera ausreichend, um den Vorgang vollständig zu erfassen.
      Das genügt bei der Beschreibung von etwas Lebendigem nicht. Zu einer adäquaten, die Lebendigkeit des Lebendigen berücksichtigenden Deskription ist eine projektive Binnenperspektive nötig, die einen Bewegungsvollzug aus dem internen Impuls antizipiert. Das Urteil über Lebendiges unterstellt Impulse, die man mit keinem Auge sehen kann, die man aber aus dem eigenen Lebensvollzug immer schon kennt. Diese Binnenperspektive bezeichnet Kant als „subjektiv". Man

Zwecke kommen unserer eigenen Vernunft in der Selbstbewegung organischer Wesen entgegen. In ihnen zeigt sich die innere Einheit der Natur, für deren Erkenntnis wir nicht mehr benötigen als das Selbstbewusstsein unserer eigenen Freiheit. Diese Freiheit erfahren wir in der Selbstbewegung aus eigener Kraft, in der wir selbstbestimmten Zwecken folgen, so dass wir darin selber Mittel unserer eigenen Zwecke sind. Im Bewusstsein unserer eigenen Freiheit organisieren wir uns selbst. Damit stehen wir schon unmittelbar vor dem Begriff des Lebens:

> „Ein organisirtes Wesen ist also nicht bloß Maschine: denn die hat lediglich b e w e g e n d e Kraft; sondern es besitzt in sich b i l d e n d e Kraft und zwar eine solche, die es den Materien mittheilt, welche sie nicht haben (sie organisirt): also eine sich fortpflanzende bildende Kraft, welche durch das Bewegungsvermögen allein (den Mechanism) nicht erklärt werden kann."[6]

Alles ist hier wechselseitig Ursache und Wirkung, weswegen Kant darauf bestehen kann, dass die Biologie, so weit es irgend geht, nach mechanischen Erklärungen zu suchen hat.

Aber die wechselseitige Beziehung von Ursache und Wirkung ist nur das eine. Man kann einen Organismus auch als einen offenen Regelkreis von Zweck und Mittel beschreiben: Ganz analog zur bekannten Formel des kategorischen Imperativs, in dem gefordert wird, die Menschheit in der Person des Menschen „n i e m a l s   b l o ß   a l s   M i t t e l", sondern „j e d e r z e i t   z u g l e i c h   a l s   Z w e c k" zu brauchen[7], wird auch hier davon gesprochen, dass ein Organismus „nicht bloß" Maschine ist, sondern *immer auch* bil-

---

versteht, was damit gesagt sein soll. Dennoch lockt die Bezeichnung des teleologischen Urteils als „subjektiv" auf eine falsche Fährte, die zur Konstruktion des „als ob" verführt. Richtig an der „Subjektivität" des Urteils ist, dass man so tun kann, als interessiere sie einen nicht. Tatsächlich aber hat sie jeder Mensch, sofern er in der Lage ist, Urteile zu fällen. In jeder Aussage wirkt das teleologische Moment des lebendigen Vollzugs. Ich muss mindestens *etwas sagen wollen*, wenn ich ein Urteil fälle. Insofern liegt die Lebendigkeit in jedem Urteil offen zu Tage. Sie ist strenggenommen auch gar nicht zu leugnen. Das Urteil kann daher schwerlich „subjektiv" genannt werden. Es ist vielmehr allgemein und umfassend, ohne vorab auf eine bloß äußere Sphäre eingeschränkt zu sein. Das Urteil über einen nur auf äußere Zusammenhänge restringierten Sachverhalt müsste man *technisch* nennen. Das teleologische Urteil könnte demgegenüber als *natürlich* bezeichnet werden. Besser als „technisch" wäre vielleicht das Adjektiv „mechanisch". Dann wäre sofort erkennbar, dass hier über Totes geurteilt wird.

6   Kant, KdU, §65, AA V, 374.
7   Kant, Grundlegung, 2. Abschnitt; AA IV, 429.

dende Kraft besitzt: „Ein organisirtes Product der Natur ist das, in welchem alles Zweck und wechselseitig auch Mittel ist."[8]

9. *Leben aus dem Begriff.* Die Pointe liegt in der Theorie der Selbstorganisation – ein Begriff, den wir Kant verdanken. Leben im strikten Sinn will Kant nur dort als gegeben ansehen, wo die Zweckmäßigkeit zur „innere[n] Form" eines Wesens gehört[9], wo also der Gegenstand „in sich selbst" als Zweck[10] begriffen wird. Von einem solchen „innere[n] Zweck"[11] kann aber nur dann die Rede sein, wenn ein Gegenstand zu seiner Eigenart nicht allein durch äußere Einwirkung, sondern durch in ihm selbst wirkende Ursachen gelangt.

Was das bedeutet, wird in einer kleinen Phänomenologie der Lebendigkeit vor Augen geführt. *Erstens:* Ein Lebewesen kann ein anderes Lebewesen derselben Gattung hervorbringen. Ein Baum z. B. erzeugt

> „sich selbst der Gattung nach, in der er einerseits als Wirkung, andrerseits als Ursache, von sich selbst unaufhörlich hervorgebracht und eben so sich selbst oft hervorbringend, sich als Gattung beständig erhält."[12]

Das ist der Vorgang der genetischen Reproduktion durch gleich- oder getrenntgeschlechtliche Vermehrung oder, wovon Kant noch nichts wissen konnte, durch bloße Teilung einzelliger Lebewesen.

Als nächstes wird der Vorgang der individuellen Reifung benannt:

> „Zweitens erzeugt ein Baum sich auch selbst als Individuum. Diese Art von Wirkung nennen wir zwar nur das Wachsthum; aber dieses ist in solchem Sinne zu nehmen, daß es von jeder andern Größenzunahme nach mechanischen Gesetzen gänzlich unterschieden und einer Zeugung, wiewohl unter einem andern Namen, gleich zu achten ist."[13]

Das Lebewesen, ganz gleich, in wie vielen Exemplaren es vorkommt, ist individuell. Sein Wachstum und seine Reifung vollziehen sich nach Art einer fortgesetzten Selbstzeugung, in der alle von außen aufgenommenen Stoffe zu „sein[em] eigne[n] Product" verarbeitet werden.[14] Leben ist somit Selbstproduktion der Individuen. Daran ändert auch die Tatsache nichts, dass jeder Organismus auf Stoffe angewiesen ist, die er aus dem Material

---

8 Kant, KdU, § 66, AA V, 376.
9 Ebd., § 67, 378.
10 Ebd., § 64, 370.
11 Ebd., § 68, 384.
12 Ebd., § 64, 371.
13 Kant, KdU, § 64, 371.
14 Ebd.

seiner Umgebung aufnehmen muss. Denn was er als lebendiges Wesen ist, ist
er nicht durch den Stoff, sondern durch die Besonderheit seiner Organisation. Ja, in der in jedem einzelnen Wesen vollzogenen Umwandlung des
„rohen Stoffs" zeigt sich „eine solche *Originalität* des Scheidungs- und
Bildungsvermögens [...], daß alle Kunst davon unendlich weit entfernt
bleibt"[15].

Schließlich nennt Kant die Fähigkeit zur individuellen *Regeneration*, bei
der ein Teil des Organismus für die Entfaltung oder Ausbesserung des
Ganzen sorgt:

> „Drittens erzeugt ein Theil dieses Geschöpfs auch sich selbst so: daß die
> Erhaltung des einen von der Erhaltung der andern wechselsweise abhängt.[16]

Zu dieser Fähigkeit des Lebens gehören alle Vorgänge der Heilung, der
Selbstausbesserung von Schäden sowie des Okulierens oder Pfropfens. In
alldem wirkt eine „Selbsthülfe der Natur", die auch dort bemerkenswert ist,
wo es einem in seinem Lebensvollzug gehemmten Individuum nicht gelingt,
zur Normalität zu finden: Die „Mißgeburten oder Mißgestalten im
Wachsthum" belegen die wechselseitige Übernahme von Funktionen selbst
in den Fällen, wo keine vollständige Ersetzung der gestörten Organe
möglich ist.[17] Insofern gehören die Leistungen der „anomalische[n] Ge-
schöpf[e]" unter die „wundersamsten Eigenschaften" des Lebens.[18] – Das ist
ein ganz anderer Blick auf die Behinderung, die uns bereits als solche nötigen sollte, ihr jede nur mögliche gesellschaftliche Erleichterung zu bieten.

10. *Selbsterkenntnis als Voraussetzung für eine selbstkritisch betriebene
Biologie.* Der philosophische Weg von Newton zu Darwin ist damit eröffnet.
Der „Selbstdenker" Immanuel Kant ist ein Vordenker der modernen Biologie, freilich ohne jede Absicht, die Physik zu ersetzen. Er empfiehlt, in der
kausalen Analyse der lebendigen Prozesse bis zum Äußersten zu gehen, und
bleibt dennoch dabei, dass wir ohne Selbsterkenntnis nichts von dem verstehen, was für das Leben wesentlich ist. Unter den organischen Bedingungen des Lebens wird die Selbsterkenntnis selbst zu einem Moment in der
individuellen Organisation des Daseins. Von ihr hängt wesentlich ab, was
sich ein Mensch zutraut, welche Verbindlichkeiten er eingeht und wie viel
Verantwortung man ihm zugestehen kann.

---

15 Ebd.; Hervorhebung v. Verf.
16 Ebd.
17 Ebd.; 372.
18 Ebd.

Doch bevor die Selbsterkenntnis zu einer individuellen Einschätzung
unserer eigenen Kräfte gelangt, vermittelt sie uns in der Selbsterfahrung
unserer eigenen Lebendigkeit das Grundverständnis des Lebendigen
überhaupt: Was es heißt, dass Leben auf „etwas" ausgerichtet ist, wissen wir
nur in Analogie zu unserer eigenen Aufmerksamkeit; dass Leben verletzlich
und empfindlich ist und zwischen Phasen der Spannung und Entspannung
wechselt, dass es nur über endliche Kräfte verfügt, deren Dispositionen in
der Binnenperspektive „erlebt" werden müssen, ja, dass Leben in allen
seinen Vollzügen aus einer inneren Dynamik entspringt – alles das wissen
wir nur von uns selbst. Wenn ein Biologe nicht von sich aus wüsste, wie man
sich als lebendiges Wesen empfindet und fühlt, ja, wenn er nicht zumindest
wüsste, was es für ihn selber heißt, am Leben zu sein, könnte er seine Wissenschaft nicht von der Physik oder der Chemie unterscheiden.

11. *Das Interesse am Effekt.* Der enge Zusammenhang zwischen Selbsterkenntnis und Lebensbegriff macht wahrscheinlich, dass die Vernunft in
diesem Kontext nicht untätig ist. Denn die Vernunft ist, nicht erst bei Kant,
an die Fähigkeit zur Selbstreflexion gebunden: Sie muss das Ganze eines
komplexen Individuums, das niemals wie ein einfaches Ding gegeben sein
kann, erschließen, um es in der so gewonnenen Einheit auf die ebenfalls
nicht als Einheit gegebene, sondern stets nur erschlossene Situation (und in
ihr auf die Welt) zu beziehen, die auch nur als Vernunftbegriff gegeben
werden kann.

Hinzu kommt, dass wir das Leben nur als einen Vorgang sich fortlaufend
individualisierender Organisation begreifen können, die zwar objektiv
keine Zwecke haben mag, die aber von uns niemals ohne antizipierte Effekte begriffen werden kann. Auch dazu wird die Leistung der Vernunft
benötigt.

Hat Nietzsche das bedacht? Hat er diese Zusammenhänge gesehen und
in seiner Bewertung von Vernunft und Leben in Rechnung gestellt? Ich bin
geneigt, mit Ja zu antworten, obgleich ich mich nicht explizit auf eine von ihm
gegebene Erläuterung berufen kann. Aber Indizien gibt es genug.

Nehmen wir nur die emphatische Berufung auf das Leben als den
„Urschooss" aller produktiven Kräfte. Ihm entspringen Dionysos und Apoll
als göttliche Zwillingsknaben, die dazu verurteilt sind, ihr unendliches
Leben hindurch mit einander um die Vorherrschaft zu ringen und im unvermeidlichen Wechsel jeweils nur für eine Epoche den Sieg davon zu tragen. Hier haben wir einen Antagonismus der Kräfte, der auch für Kant
bestimmend ist, und dem Nietzsche in der späten Lehre vom Willen zur

Macht eine gleichermaßen rhetorische wie systematische Form zu geben sucht.[19]

Ihm, dem expressionistischen Dramatiker der Erkenntnis, geht es um die Akzentuierung des Widerstreits. Er betont das Ursprüngliche und Gewaltsame, das Rohe und Entsetzliche, das in jedem Kampfgeschehen liegt. Es wäre gerade unter zivilisatorischen Bedingungen mehr als falsch, es zu verharmlosen oder zu vergessen. Selbst in den gewaltlosen Formen eines demokratischen Wahlkampfs (oder in den publizistischen Schlammschlachten gegen abweichende Positionen, wie zum Beispiel in der Bioethik oder in der Einstellung zu den USA) liegt eine Brutalität, die sensible Naturen nur zu gern zum Anlass nehmen, sich in die falsch verstandene Vornehmheit zurück zu ziehen.

Nur darf man sich von der rhetorischen Pointierung der Antagonismen durch Nietzsche nicht täuschen lassen. Auch dem Dramatiker der Erkenntnis geht es um den Effekt des Widerstreits, er betont die dadurch mögliche Leistung, also das neue Niveau der Kunst, des Handelns oder der Einsicht. Also geht es auch ihm letztlich um das Produkt des Kampfes. Folglich ist er, wie der Theoretiker der kritischen Vernunft, an der Einheit eines Ertrages interessiert. Die dialektischen Stufen der Kunstentwicklung von Homer über Archilochos, von Sappho über Pindar bis zur Blüte der Tragödienkunst, aber auch der vermeintliche Abstieg über Euripides zu Sokrates, diesem Urbild des theoretischen Menschen, dessen Verdienst es immerhin ist, uns alle – bis zum heutigen Tag – vor dem alles verwerfenden Pessimismus zu bewahren:[20] Diese lange Entwicklung ist durch Synthesen geprägt, deren Modell in nichts anderem liegen kann als in der organischen Einheit lebendiger Vollzüge. Sie können in ihren Voraussetzungen wie in ihren Wirkungen durch nichts anderes erkannt werden als durch die Vernunft.

12. *Leib und Leben bei Nietzsche.* Nehmen wir, als weiteres Beispiel, die großartig paradoxe Formel von der „großen Vernunft des Leibes", die im Hintergrund der Erwartung steht, am „Leitfaden des Leibes" leben zu

---

19   Alexander Hogh hat in: Nietzsches Lebensbegriff. Versuch einer Rekonstruktion, Stuttgart/Weimar 2000 den Zusammenhang des Lebensbegriffs mit dem Theorem des Machtwillens sehr übersichtlich zur Darstellung gebracht.

20   Siehe dazu meine Beiträge: Sokrates ist mir so nah. Die unbewältigte Gegenwart Nietzsches. In: Kurt Seelmann (Hg.): Nietzsche und das Recht. Stuttgart 2001, 181–194; sowie: Nietzsches Alter-Ego. Über die Wiederkehr des Sokrates, in diesem Band, 281–304.

können.[21] Das Belebende der Paradoxie, die als solche schon mehr enthält als ein trockenes Argument, spürt freilich nur, wer schon über eine Vorstellung von der Vernunft verfügt. Für „Leib" und „Leitfaden" gilt das Gleiche. Leib ist primär das, was wir selber niemals bloß sind, sondern immer auch haben, das nichts lediglich „an" sich, sondern immer auch „für" sich hat und über das wir „als" Leib und jederzeit „mit" ihm auch verfügen können – und sei es nur als Ausdruck unserer selbst.

Kaum etwas ist schwieriger, als die eigentümliche Gegebenheit unseres Leibes begrifflich zu erfassen, denn es geht nicht ohne innere und äußere Distanzierung, die wir zwar ursprünglich und mit größter Selbstverständlichkeit vollziehen, ja, in der wir nicht weniger ursprünglich sind als in der körperlichen Verfassung, die wir als solche aber noch nicht einmal adäquat beschreiben können – auch wenn wir wie ein Gott über deren mögliche Funktion zu spekulieren vermögen. Wir wissen von dem, was wir immer auch fühlen und zugleich irgendwie, wenn auch nie vollständig sind, und was wir an uns selbst nur kennen, weil wir es in untrüglicher Evidenz auch an Anderen wahrnehmen, die ebenfalls sich verhaltende Leiber sind, eigentlich nichts.

Das ist es, was Nietzsche mitten im Jahrhundert der alles erobernden Wissenschaft sagen möchte! Was Kant noch mit dem terminologischen Feigenblatt des Apriori bedeckte und transzendentalogisch einzukleiden gedachte, reißt Nietzsche dem Menschen vom Leibe, um dem Zeitalter der Wissenschaft seine blamable epistemische Blöße vor Augen zu führen. Ausgerechnet vom Ursprung des Wissens wissen wir nichts. – An diesem Beispiel sehen wir bestätigt, wie sehr es Nietzsche darum geht, gerade den primär in seinem Wissen versicherten Menschen das Staunen zu lehren.

Nietzsche ist sich der Schwierigkeiten einer adäquaten Beschreibung des Leibes wohl bewusst. Wer in der Lage ist, den Leib als einen „Gesellschaftsbau vieler Seelen"[22] zu bezeichnen, der ist mit allen Wassern der Dialektik und Metaphysik – aber auch der Psychologie und der Soziologie – gewaschen. Gleichwohl müssen wir, wenn wir uns denn verständigen wollen, den abgründigen Begriff des Leibes gebrauchen, wenn wir nicht dem seit dem ersten Auftritt des Dionysos drohenden und vorerst nur durch Sokrates gebannten kollektiven Menschheitspessimismus verfallen wollen. Nicht alle Begriffe sind so leicht zu verstehen wie der des „Leitfadens", von dessen

---

21 Siehe dazu meinen Beitrag: Die „grosse Vernunft" des Leibes. Ein Versuch über Zarathustras vierte Rede, in diesem Band, 50–86.
22 JGB 19; KSA 5, 33.

begrenzter Reichweite wir dennoch wissen müssen, wenn wir die Hoffnung auf den „Leitfaden des Leibes" nicht verlieren wollen.

13. *Das Erleben des Lebens.* Was für den Leib gilt, gilt auch für das Leben: Nietzsche bemüht sich nicht um eine verbindliche begriffliche Fassung und gibt meines Wissens nirgendwo eine Definition. Er setzt die Kenntnis der Erscheinungsformen des Lebendigen als bekannt voraus und vertieft sie mit Blick auf das, was wir von ihnen zu gewärtigen haben.

Dabei ist immer mit bedacht, dass wir selbst zum Leben gehören und – so interessant es auch wäre – nicht über den „Blick des Toten" verfügen. Jede Aussage über das Leben hat somit den Status einer Selbsterkenntnis. Nur deshalb fällt es Nietzsche am Ende so leicht, das Leben unter den Titel eines „Willens" zu bringen. Nur deshalb kann er hoffen, mit dem „Willen zur Macht" die rhetorisch unüberbietbare Formel für eine „innere Kraft" zu finden, die auch das Äußere umfasst.

Deshalb sind auch die Elemente des Lebens, die „Plastizität", die „Produktivität", die konstitutionelle „Opposition" der Kräfte, die Potenz zu Gewichten und zu Werten, die Dynamik der Steigerung, die Konturierung der Individualität und das „Chaos" ihrer Wirksamkeit aus der Selbsterfahrung des Lebendigen genommen. Alle diese Begriffe haben nur Bedeutung, sofern uns ihr Gehalt an uns selbst bewusst werden kann. In dieser Selbsterfahrung, aber eben auch nur in ihr, hat jener Topos seinen Platz, dessen metaphysische Deutung (unter den Titeln des „Willens" und der „Teleologie") Nietzsche immer wieder verwirft: Doch kein selbstbewusst tätiges Wesen kann auf die Antizipation seiner Ziele verzichten, und es weiß, dass es eher noch das „Nichts" will, als gar nicht zu wollen.

Alles, was auf diese Weise zusammengetragen wird, sind Grenzbeschreibungen unserer eigenen Existenz, Protokolle eines Erlebens, das nur in der Teilnahme am Leben möglich ist. Und die philosophische Pointe dieser Selbsterkundung ist: im Eigenen das Fremde gegenwärtig zu haben, das Fremde, das wir uns im Eigenen sind.

Dazu gäbe es viel zu sagen. Ich begnüge mich mit dem Hinweis auf den Menschen, der „in Träumen hängend" auf dem „Rücken eines Tigers" sitzt.[23] Das dschungelhafte Bild unterschlägt keineswegs, dass ein Mensch immerhin auf dem Rücken eines Tigers Platz haben und sich auf ihm halten kann. Ein Minimum der Einfügung in das Leben, so fremd und unbekannt ihm dessen Bedingungen auch sein mögen, ist also auch hier vorausgesetzt. Zumindest für die Dauer seines Traums muss der Mensch seinen Platz im

---

23 WL 1; KSA 1, 877.

Leben gefunden haben. Der Idealismus des „Bewusstseinszimmer[s]",[24] von dem Nietzsche Zeit seines Lebens nicht loskommt, hat hier seine offenkundige Grenze. Wer vom Leben spricht, hat sich vom absoluten Skeptizismus ebenso losgesagt wie vom epistemischen Idealismus.

14. *Eine neue Art des Philosophierens.* Wir verstehen, so möchte ich behaupten, nichts von Nietzsches Kritik der reinen Vernunft, wenn wir nicht, wie bei „Leitfaden", „Leib" und „Leben", unsere ursprüngliche Vertrautheit mit dem Erkennen, Denken, Schließen, Urteilen und Werten unterstellen. Wir verstehen nichts von Nietzsche, so möchte ich hinzufügen, wenn wir erwarten, dass er auch nur einen Teil dessen wiederholen wollte, was seine Vorläufer, zu denen nicht nur Platon und Spinoza, Kant und Schopenhauer, sondern auch Schelling und Hegel zu rechnen sind, bereits gesagt haben.

Es mag ungerecht sein: Aber für Nietzsche ist die ganze Überlieferung zur „Schulphilosophie" geworden, die in den Büchern steht, die in den Seminaren gelehrt wird und die er guten Gewissens voraussetzen darf. Mit den Wackersteinen historischer Bildung möchte er sich nicht beschweren. Der Traditionszusammenhang ist für ihn das, was er überschreiten möchte. Wer Nietzsche angemessen verstehen will, muss ihm sein Verständnis von geschichtlicher Überlieferung zugestehen. Wir können dann zwar sagen, wie ich das im Nietzsche-Jahr 2000 getan habe, dass er zu den großen Einsichten seiner großen Vorgänger in der Sache nichts wesentlich Neues hinzufügt.[25] Aber damit haben wir noch lange nicht behauptet, dass er nicht doch zu einer neuen Art des Philosophierens findet. Und die liegt darin, dass er, vollkommen auf der Höhe seiner Zeit, dem Denken den Charakter einer Sensation zu geben versteht und ihm gerade damit zu einer ungeahnten existenziellen Bedeutung verhilft.

Dieses Denken im Zeichen von Sensation und Existenz hat die Philosophie aus dem akademischen Gehäuse befreit; und jene Akademiker, die nur beklagen können, dass er nicht einer der ihren geblieben ist, haben nicht begriffen, dass die Philosophie sich niemals bloß in der Reflexion ihrer eigenen Geschichte erfüllt. Es ist auch zu wenig, wenn sie sich lediglich als Wissenschaft oder gar nur als Disziplin unter Disziplinen versteht. Sie ist Denken aus dem Erleben und Erfahren des Lebens und zugleich der Versuch, in diesem Denken dem Leben eine Form zu geben.

---

24 Ebd.
25 Vgl. meinen Beitrag: Sensation und Existenz, in diesem Band, 130–168.

Selbst wenn Nietzsche im einen wie im anderen gescheitert wäre, bliebe er in seinem über die Grenzen des bisher Verstandenen hinauszugehenden, allemal existenziellen Experiment einer der größten Denker, die wir seit Sokrates und Platon, seit Augustinus und Montaigne, seit Spinoza und Rousseau, seit Kant und Hegel, Lichtenberg und Goethe haben.

15. *Vernunft und Leben.* Gesetzt, es trifft zu, was ich in wenigen Worten über die Prämissen gesagt habe, die Nietzsche als selbstverständlich voraussetzt, dann können wir auch die eingangs gestellte Frage nach dem Verhältnis von Vernunft und Leben einer Antwort nahe bringen. So wie er in seiner Formel von der „großen Vernunft des Leibes" das Verständnis jener „kleinen Vernunft" unseres Bewusstseins immer schon unterstellt, so können wir auch davon ausgehen, dass er einen Begriff vom Leben hat, der in der Tradition Kants verbleibt, einen Begriff, der auch mit dem wissenschaftlichen Verständnis der zeitgenössischen Physiologen, Psychologen und Biologen kompatibel ist. Nietzsche sah bekanntlich keinen Grund, sich von Darwin zu distanzieren. Aber Darwin ging ihm, wie wir aus der Kritik am Theorem der Selbsterhaltung wissen, nicht weit genug.

Nietzsche wollte das Leben „von innen" heraus begreifen, so, wie es uns nicht nur in unserer physischen Existenz, sondern auch in unserem Erleben in Mitleidenschaft zieht. Und wenn er in dieser Absicht betont, dass sich das Leben ausgerechnet dann, wenn wir es als Grund erfahren wollen, als Abgrund erweist, hat er nicht nur eine Vernunft unterstellt, die nach Gründen sucht, sondern auch einen Lebensbegriff, dem die Tragfähigkeit für das menschliche Dasein immerhin zugemutet werden kann.

Aus der Tatsache aber, dass die Begründung nicht gelingt, dürfen wir nicht schließen, dass auf die Vernunft verzichtet werden kann. Sie ist eben nur nicht in der Lage, alles so zu erschließen, dass es unseren Ansprüchen genügt.

Wir dürfen erst recht nicht annehmen, dass mit dem Abgrund, der sich für den Gründe suchenden Menschen mitten im Leben auftut, das Leben selbst zum Hort des „Irrationalen" wird. Wie könnte es die Kunst und die Wissenschaft, die „Naivität" des Schaffens und den „freien Geist", die „Redlichkeit", die „Wahrhaftigkeit" und die „Souveränität" des selbstverantwortlichen „Individuums" aus sich hervorbringen, wenn es das Gegenteil von alledem wäre, was es erzeugt?

Die Tatsache, dass wir den Grund im Leben nicht zu fassen vermögen, mag Grund genug sein, dem Leben den Status eines Grundes abzusprechen. Aber es reicht nicht aus, dieses Leben zu einem Ungrund zu erklären, der alles das verkehrt, was uns selbst als wichtig und richtig erscheint. Insofern hat auch Nietzsche ein Verständnis des Lebens, das dem Selbstverständnis des Menschen nicht entgegensteht, obgleich seine „kleine Vernunft" davon nur das Wenigste begreift.

Die Perspektive des Perspektivismus

Mazzino Montinari hat seiner 1982 erschienenen Aufsatzsammlung den Titel „Nietzsche lesen" gegeben.[1] Ähnliche Titelformulierungen sind in den letzten Jahrzehnten auch schon für Marx, Kant und Rousseau verwendet worden. Sie geben in jedem Fall eine richtige Empfehlung, denn bevor man über einen Autor nachdenkt oder sich gar über ihn äußert, sollte man ihn lesen. Aber bei Nietzsche hat die Betonung der Lektüre einen besonderen Sinn. Es gibt bei ihm keinen dominierenden Gedanken, kein System oder Prinzip, zu dessen Mitteilung der Text dient. Gedanke und Ausdruck sind hier unmittelbar aufeinander bezogen; die Situation und das nächste Umfeld sind entscheidend. Auf den Anlass, den Tonfall, auf Nuancen und Pointen kommt hier mitunter alles an; nicht weniger aber auf den engeren und weiteren Zusammenhang, die heitere Stimmung, die lockere Form oder die Beiläufigkeit einer Äußerung.

„Text" ist das Gewebe, mit dem sich Nietzsche nicht nur *zeigt* und *schmückt*, sondern *auch verhüllt*, und das er auch deshalb so ausdrücklich produziert, weil er meint, dass es den Gedanken „hinter" dem Text gar nicht gibt. Natürlich stellt bereits eine solche Meinung einen von konkreten Formulierungen unabhängigen Gedanken dar, der aber dem Leser zunächst nur anzeigt, welche Priorität das geschriebene Wort bei Nietzsche haben soll. *Deshalb sollte man so wenig wie möglich deduzieren oder rekonstruieren.* Und wenn man es aus einem systematischen Interesse heraus dennoch versucht, dann hat man allen Grund, vorher wie nachher, genau auf die Textstellen zu achten – nicht zuletzt auf die Gedankenstriche, Auslassungspunkte, Anführungszeichen und das bei Nietzsche nicht seltene, aber oft überraschende Fragezeichen.

Bedenkt man den Kontext, die Dichte des sprachlichen Gewebes und die Feinheiten des Schriftsatzes, dann kann man zumindest verstehen, warum Giorgio Colli das Zitieren aus Nietzsches Aphorismen für unredlich hält:

> „Ein Fälscher ist, wer Nietzsche interpretiert, indem er Zitate aus ihm benutzt; denn er kann ihn all das sagen lassen, worauf er selber aus ist, indem er authentische Worte und Sätze nach freiem Belieben geschickt arrangiert. Im

---

1 Mazzino Montinari: Nietzsche lesen. Berlin/New York 1982.

Bergwerk dieses Denkers ist jedes Metall zu finden: Nietzsche hat alles gesagt und das Gegenteil von allem. Und überhaupt ist es unredlich, sich der Zitate aus Nietzsche zu bedienen, wenn man über ihn spricht; man verleiht so den eigenen Worten Gewicht durch die Wirkung, die davon ausgeht, dass die seinen in ihnen erscheinen."[2]

Natürlich ist diese Ansicht übertrieben. Sie lässt sich schon aus praktischen Gründen nicht aufrechterhalten, weil sie letztlich verbietet, dass man über Nietzsches Texte spricht. Gleichwohl pointiert sie die schwierige Lage, in der sich jeder findet, der die Aphorismen zu deuten versucht. Keine Deutung kann auf *Begriffe* verzichten, und jeder Begriff stellt einen Zusammenhang her. Mit jedem Begriff ist die bloße sinnliche Gegenwart überschritten und der Keim zum System gelegt.

Nietzsche lesen, so hat es Montinari im Anschluss an den aufmerksamen Nietzsche-Leser Thomas Mann ausgeführt, sei eine „Kunst", die auch bedeute, dass man sich nicht verengen lasse „durch isolierte Formeln, durch Radikalismen, durch das Wörtlichnehmen seiner Aussagen", und der es dennoch gelingt, nicht ins Unverbindliche abzugleiten.[3] Man hat also *sehr genau* und doch wieder *großzügig* zu sein; man soll bestimmt sein, ohne sich festzulegen – wahrhaftig eine Kunst, die mit wissenschaftlichen Mitteln allein nicht zu bewältigen ist.

> „Freilich thut, um dergestalt das Lesen als K u n s t zu üben, Eins vor Allem noth, was heutzutage gerade am Besten verlernt worden ist – und darum hat es noch Zeit bis zur ‚Lesbarkeit' meiner Schriften –, zu dem man beinahe Kuh und jedenfalls nicht ‚moderner Mensch' sein muss: d a s W i e d e r k ä u e n …"[4]

Einer Kunst kann man bekanntlich keine verbindlichen Ziele setzen. Deshalb wird die Nietzsche-Interpretation stets in besonderem Maße von den Individuen abhängig sein, die sie betreiben. Gleichwohl braucht Kunst nicht ohne Regeln zu sein; sie kann zumindest auf Maximen basieren, die sich zwar jeder selber setzt, die aber mitgeteilt und geprüft werden können. Es liegt nahe, bei der Suche nach solchen Maximen auf den Autor zu schauen, den es zu interpretieren gilt.

---

2   Giorgio Colli: Nach Nietzsche. Stuttgart 1980, 209; vgl. auch ders.: Distanz und Pathos. Stuttgart 1982.

3   Montinari: Nietzsche lesen, 3; vgl. Thomas Mann: Nietzsches Philosophie im Lichte unserer Erfahrung. 1947. In: Essays. Hg. v. H. Kurzke. Bd. 3. Frankfurt 1978, 261; in diesem Sinn auch: Karl Jaspers: Nietzsche. Einführung in das Verständnis seines Philosophierens. Berlin 1947 (2. Auflage), 457. Jaspers spricht sehr schön von einer „E i n ü b u n g   i m   Z w e i d e u t i g e n".

4   GM, Vorrede 8; KSA 5, 256.

Bei Nietzsche gibt es verschiedene Maßgaben, an denen man sich orientieren kann. Da ist die von ihm oft betonte intellektuelle *Redlichkeit*, das Motiv der *Wahrheitssuche* ohne Rücksicht auf die eigene Person, die Freude an der *begrifflichen Konsequenz*, auch wenn dabei das „Ich" in Widersprüche gerät, oder die *experimentelle Neugierde*, die Lust nicht nur am *„Versuch"*, sondern auch an der *„Versuchung"*. Methodologischen Rang hat die Priorität, die er dem *Individuellen* einräumt, sein Anspruch auf *ästhetische Einheit*, die für ihn zugleich die Einheit des lebendigen Daseins präsentiert, oder das *Entlarven* und *Sezieren*, bei dem er die übliche Sicht und den schönen Schein nicht achtet und sich nicht selten auch ins eigene Fleisch schneidet. Propagiert hat er das *genealogische Prinzip*, bei dem nicht Ursachen, sondern Herkunft und Verwandtschaft den Ausschlag geben. Typisch ist sein *Extremismus*, in dem er gerade über das Vertraute urteilt wie über etwas gänzlich Fremdes – und umgekehrt! Denn auch über das Fremde spricht er zuweilen wie über etwas sehr Vertrautes. Und bei allem Ernst, selbst bei der gelegentlich störenden Neigung zu pathetischer Übertreibung, herrscht in allem eine *spielerische Attitüde* vor.[5]

So spricht er beispielsweise vom „Tropfen L e b e n in der Welt", der für den Charakter des „ungeheuren Ozeans von Werden und Vergehen ohne Bedeutung ist", nennt die Natur einen „lebenden Ausschlag" und denkt voraus zur „Leichenfeier des letzten Menschen", nach der die Erde wie ein „leuchtender und schwebender Grabhügel der Menschheit" erscheint. Alle diese Bemerkungen, für die es schon Vorbilder bei Voltaire, Laurence Sterne oder Kant gibt, stehen unter dem Titel: „D e r M e n s c h , d e r K o - m ö d i a n t d e r W e l t ".[6] So setzt er sich bewusst in Gegensatz zur ernsten philosophischen Betrachtung der Menschenwelt. Aber, so fragt er, „Sollte nicht erst der G e g e n s a t z die rechte Verkleidung sein [...]?"[7] Es steht außer Zweifel, dass Nietzsche methodisch den *Gegensatz* nutzt. Der Gegensatz macht ihm die Wahrheit nicht nur erträglich, sondern lässt sie ihn überhaupt erst sagen. Denn „Alles, was tief ist, liebt die Maske; die allertiefsten Dinge haben sogar einen Hass auf Bild und Gleichniss."[8] Also *versteckt er die Wahrheit*, die er findet, *spielt mit den Widersprüchen*, die er

---

5   Eine Art Zusammenfassung von Maximen des philosophischen Denkens gibt Nietzsche in GM 3, 12; KSA 5, 363–365.
6   MA 2, WS 14; KSA 2, 548 f.
7   JGB 40; KSA 5, 57.
8   Ebd.

sucht. Die „Gegensätze seiner Philosophie" sind Ausdruck seiner „Philosophie der Gegensätze".[9]

Aus Nietzsches Spiel mit den Widersprüchen, d. h. aus den gewaltigen methodischen Variationen kann die Nietzsche-Interpretation ihre Maximen gewinnen. Sie kann aus dem Experiment mit den verschiedenen Verfahren lernen, muss es sogar, wenn sie nicht selbst zu einem Spiel mit den Masken werden will. Es gibt zwar nicht wenige Interpreten, die sich auf dem Wege der Nachahmung Nietzsche anzunähern suchen, doch es kommt in der Regel nur ein seichtes Epigonentum heraus.

Die wichtigste Regel, die wir aus dem Methodenpluralismus des aphoristischen Denkens gewinnen können, dürfte in dem liegen, was Nietzsche den *Perspektivismus des Daseins* genannt hat: Das „Perspektivische" ist für ihn die „Grundbedingung alles Lebens".[10] Jedes Wesen erfasst von der Realität immer nur seinen spezifischen Ausschnitt, und dieser Ausschnitt ist ihm das Ganze. Insofern ist der Perspektivismus „nur eine complexe Form der Spezifität",[11] also die Form der Besonderheit, die jedes Wesen unvermeidlich hat. Perspektiven wird man nicht los, und es gibt auch keine absolute Gesamtperspektive, die alle anderen umfasst und die für sich keine Einschränkung mehr darstellt. Selbst Begriffe wie „Welt" oder „Wirklichkeit" sind nur Ausdruck einer perspektivischen Einstellung, in der ein erkennendes Wesen alles zusammenfasst, was es von seiner Position aus begreifen kann. *Folglich ist alles Erkennen an Perspektiven gebunden;* der Mensch kommt über den zu seiner leiblichen Organisation gehörenden intellektuellen Horizont nicht hinaus:

> „Wir können nicht um unsre Ecke sehn: es ist eine hoffnungslose Neugierde, wissen zu wollen, was es noch für andre Arten Intellekt und Perspektive geben könnte".[12]

Nietzsche ist sich leider nicht mit der wünschenswerten Klarheit bewusst, dass er auf diese Weise eine Verfassung menschlicher Erkenntnis zum Ausdruck bringt, die dem sehr nahe kommt, was Kant unter „transzendentale Bedingungen" zu fassen suchte: Wir begreifen die Wirklichkeit nicht so, wie sie „an sich" ist, sondern stets nur so, wie sie uns „erscheint". Die

9 Dies ist die These einer der bedeutendsten und einflussreichsten Nietzsche-Monographien der siebziger Jahre: Wolfgang Müller-Lauter: Nietzsche. Seine Philosophie der Gegensätze und die Gegensätze seiner Philosophie. Berlin/New York 1971.
10 JGB, Vorrede; KSA 5, 12.
11 N 1888, 14[186]; KSA 13, 373.
12 FW 374; KSA 3, 626.

„wahre Welt" ist für Nietzsche lediglich *Schein,* eine bloße „Fabel",[13] und er
nennt, wie Kant, *Raum, Zeit* und *Kausalität* als Kennzeichen der Perspektivität menschlichen Erkennens.[14] Detaillierte Auskünfte erhalten wir leider
nicht. Nietzsche betont lediglich, dass aller ‚Sinn', alle ‚Bedeutung' *immer
nur in Perspektiven entsteht* – Bewusstsein ist damit selbst eine „perspektivische Sphäre"[15] –, und er wird nicht müde, den darauf folgenden Verlust
aller absoluten Erkenntnisansprüche vor Augen zu führen: Es gibt *keine
„Wahrheit", kein „Sein"* und *keine „Wirklichkeit";* es gibt überhaupt nichts,
das wir unabhängig von unseren eigenen Daseinsbedingungen zu erkennen
vermöchten; folglich verliert auch die Rede von Gott – dem Wesen also,
dessen Existenz seinem Begriff nach absolut unabhängig von uns ist – ihren
Sinn. Nietzsches berühmt-berüchtigte These: „Gott ist todt!" hat ihren
Grund ebenfalls in der (seit Kopernikus und Kant allmählich wachsenden,
allerdings schon von den Sophisten und von Platon formulierten) Einsicht in
die *Endlichkeit des menschlichen Erkennens.*

Angesichts der großen skeptischen und kritischen Tradition, die es – mit
Vorläufern in der Antike und im spätmittelalterlichen Nominalismus – seit
dem 18. Jahrhundert gibt,[16] erscheint Nietzsches Perspektivismus nicht ganz
so grundstürzend, wie er und viele seiner Anhänger vermuten. Dass er eine
Wende im philosophischen Denken auslöst und die Metaphysik endgültig

---

13 GD, Wie die „wahre" Welt endlich zur Fabel wurde 4; KSA 6, 80 f.
14 Andeutungsweise in FW 374; KSA 3, 626 f.. Vgl. dazu auch N 1885, 36[25]; KSA 11,
    561: „[...] an sich giebt es nicht Raum, noch Zeit". Entsprechend schon in der frühen
    Schrift über „Die Philosophie im tragischen Zeitalter der Griechen": „Durch Worte
    und Begriffe werden wir nie hinter die Wand der Relationen, etwa in irgend einen
    fabelhaften Urgrund der Dinge, gelangen und selbst in den reinen Formen der
    Sinnlichkeit und des Verstandes, in Raum Zeit und Kausalität gewinnen wir nichts,
    was einer veritas aeterna ähnlich sähe." (PHG 11; KSA 1, 846).
15 N 1885/86, 1[124]; KSA 12, 40; FW 374; KSA 3, 626. Die Aussage gilt nicht nur für
    das „Bewußtsein", sondern für das Sinn- und Bedeutungsfeld eines jeden Wesens;
    Welten, so kann man sagen, sind nichts als „perspektivische Sphären": „Als ob eine
    Welt noch übrig bliebe, wenn man das Perspektivische abrechnete! Damit hätte
    man ja die R e l a t i v i t ä t abgerechnet [...]" (N 1888, 14[184]; KSA 13, 370 f.).
16 Hingewiesen sei hier nur auf Shaftesbury, Voltaire und Hume, auf Swift und
    Lichtenberg und natürlich auf Kant. Nominalistische Aspekte bei Nietzsche hat
    Günter Abel: Nominalismus und Interpretation. Die Überwindung der Meta-
    physik im Denken Nietzsches, in: Josef Simon (Hg.): Nietzsche und die philoso-
    phische Tradition. Band 2. Würzburg 1985, 35–89, herausgearbeitet; auf Bezüge
    zum antiken Skeptizismus hat Heinrich Niehues-Pröbsting: Anekdote als philo-
    sophiegeschichtliches Medium. In: Nietzsche-Studien 12 (1983), 255–286, auf-
    merksam gemacht.

überwunden habe, wird zwar bis heute immer noch behauptet, ist aber wohl eher Ausdruck einer Erwartung als einer Tatsache.[17]

Eine Möglichkeit, diese Erwartung zu prüfen, eröffnet sich mit der Frage, was *Perspektivismus,* genaugenommen, eigentlich meint. Bei dem Versuch, auf diese Frage zu antworten, gerät man leider nur zu schnell in die Aporien, die aus der Behandlung des Wahrheitsproblems bekannt sind; allerdings zeigen sie sich hier gewissermaßen von der anderen Seite: Während man bei der These: „Es gibt keine Wahrheit!" bekanntlich in irgendeinem Sinn Wahrheit beansprucht, steht man mit der Behauptung: „Alles ist perspektivisch!" notwendig *außerhalb* jeder Perspektive. Das lässt sich leicht anschaulich machen, wenn man den Begriff der Perspektive in ihrem ursprünglichen, nämlich *optischen Sinn* versteht. Eine Perspektive kann ich nur in der Draufsicht, also mit Blick auf einen *Standpunkt* und den dazugehörigen *Sehwinkel* kennzeichnen. Will ich als Betrachter meine *eigene Perspektive* erfassen, muss ich sie *verlassen.* Jedes anschauliche Vergegenwärtigen einer Perspektive verlangt einen Standpunkt außerhalb derselben. Das gilt auch für *die* Perspektive, in der ich eine *Perspektive als perspektivisch* erfasse: Wer über die Perspektivität einer Position etwas aussagen will, muss über sie hinaus.

Innerhalb der Anschauung kommen wir damit aber stets nur von einer Perspektive in die andere. Was immer wir sehen, ist nur ein *Aspekt,* dessen Aspekthaftigkeit uns selbst nur anschaulich wird, sofern wir einen *anderen* Aspekt *derselben* Sache erfassen. Der Perspektivität sind wir erst enthoben, wenn wir einen *Begriff* von der unter verschiedenen Aspekten betrachteten Sache haben. Mit dem Begriff haben wir die unaufhebbare Perspektivität der Anschauung überwunden. Er erlaubt uns, die Sache unabhängig von jeder bestimmten Perspektive – und insofern *ohne* perspektivische Veren-

---

17 Die Vielzahl der Interpretationen, die Nietzsche als sogenannten post-metaphysischen oder postmodernen Denker in Anspruch nehmen, ist von der Sehnsucht nach dem bereits hinter uns liegenden Anbruch einer neuen Zeit beseelt. Derrida, Foucault und Deleuze haben Nietzsche in dieser Weise gelesen und viele (vgl. z. B. Jürgen Manthey (Hg.): Literaturmagazin 12: Nietzsche. Reinbek 1980; Werner Hamacher (Hg.): Nietzsche in Frankreich. Berlin 1986) sind ihnen darin gefolgt. Dafür, dass Nietzsche auch aus ganz anderen Erwartungen heraus zum Vollstrecker der Metaphysik erklärt werden kann, liefern neuerdings die beachtenswerten Arbeiten von Mihailo Djurić: Nietzsche und die Metaphysik. Berlin/New York 1985, und Günter Abel: Nietzsche. Die Dynamik der Willen zur Macht und die ewige Wiederkehr. Berlin/New York 1984, interessante Beispiele. – Zum Verhältnis von Metaphysik und Metaphysikkritik siehe: Volker Gerhardt: Metaphysik und ihre Kritik. Die Metaphysikdebatte zwischen Jürgen Habermas und Dieter Henrich. In: Zeitschrift für philosophische Forschung 42 (1988), 45–70.

gung – vorzustellen. Der Vorzug des Begriffs liegt in der Befreiung von der jeweiligen Perspektive. Er präsentiert den – wie man sagt – „objektiven" Charakter der Dinge.

Die Philosophie hat nun von Anfang an den Verdacht gehegt, dass auch die durch Begriffe, also unabhängig von einer bestimmten Perspektive „objektiv" erfassten Gegenstände uns doch wieder nur unter einem spezifischen Gesichtswinkel gegeben sind; auch das jeder bestimmten anschaulichen Perspektivität enthobene *Denken* soll wieder nur aus einer bestimmten „Perspektive" erfolgen. „Gesichtswinkel" und „Perspektive" sind hierbei freilich im übertragenen Sinn gebraucht. Sie bezeichnen also nicht mehr den optischen „Aspekt", sondern meinen eine Eingrenzung nicht-anschaulicher Art, sozusagen eine „intellektuelle" oder „rationale" Perspektive".

Aber der Begriff der „intellektuellen", der „rationalen Perspektive" ist nicht ohne Probleme. Achten wir streng auf die Bedeutung der Objektivität, die sich uns in dieser Hinsicht erschließt, dann enthält der Terminus eine contradictio in adiecto. Denn das Rationale bzw. Intelligible ist ja eben das, was alle subjektiven Standpunkte *überwindet* und eine Sache so darstellt, wie sie objektiv ist – ganz gleich, von wo aus man sie betrachtet. Will man hier dennoch den ursprünglichen Begriff der Perspektive verwenden, muss man schon mit Thomas Nagel von einem „view from nowhere" sprechen. Aber eine Perspektive von nirgendwo setzt eben das, was mit „Perspektive" gemeint ist, außer Kraft. Ein „Blick ohne Zentrum" (a „centerless view")[18] ist, strenggenommen, kein Blick mehr, sondern nur noch ein Gedanke.

Nun kann man einwenden, dass sich eine solche Argumentation zu sehr an den ursprünglich *optischen* Gehalt des Wortes binde. Man muss nämlich, um den Begriff einer rationalen Perspektive verstehen zu können, die Fixierung auf einen räumlichen Standpunkt aufgeben und somit von der *Betrachtung* eines Gegenstandes abkommen. Doch das ist leichter gesagt als getan. Die Tatsache, dass Platon bei den in der rationalen Perspektive vorkommenden Dingen zum einen von „Schatten" oder zum andern von „Ideen", also auch von „Bildern", spricht, und dass auch Kant sich genötigt sieht, die Ausdrücke „Erscheinung" und „Idee" zu verwenden, lässt die hier bestehenden Schwierigkeiten zumindest ahnen.

Eine Vorstellung von jenem nicht-räumlichen Standpunktwechsel, der es ermöglicht, das von jeder Perspektivität Befreite doch wieder als an eine Perspektive gebunden zu vermuten, verschafft uns unsere Fähigkeit, etwas als objektiv Erkanntes auch noch unter einem *anderen Interesse* zu be-

---

18 Thomas Nagel: The View from Nowhere. New York/Oxford 1986, insb. 60 ff.

trachten. Die *Interessenänderung* – und damit verbunden: der andere *Verwendungszusammenhang,* der wiederum mit einer anderen *Einstellung* verbunden ist – gibt uns somit ein Indiz für das, was mit einer anderen Perspektive *nicht* anschaulicher Art gemeint sein könnte.

Indizien solcher Art können wir sowohl aus Differenzen zwischen *Individuen* wie aus Abweichungen zwischen *Kollektiven* entnehmen. *Soziologie* oder *Entwicklungspsychologie, Kulturanthropologie* oder vergleichende *Verhaltenslehre* vermitteln uns einen Eindruck von den tatsächlichen und den möglichen Unterschieden. Das Kleinkind, der Eskimo oder die Graugans erfassen, sofern sie sich dafür überhaupt interessieren, einen Gegenstand jeweils als etwas ganz anderes, nicht nur weil sie andere Bedürfnisse bzw. andere Interessen haben, sondern weil ihre Rezeptions- und Reaktionsweisen anders beschaffen sind. Sie haben daher, so kann man im übertragenen Sinne sagen, eine andere „Perspektive". Die Allgemeinheit, mit der z. B. der Mond üblicherweise als Mond erscheint, gilt nur für normal entwickelte, erwachsene Menschen eines Kulturkreises. Und was für den Mond gilt, hat für jeden anderen physischen Gegenstand zu gelten. Selbst Zahlen und mathematische Konstruktionen können wir hier nicht ausnehmen. Auch wenn wir sie nur denken können, sofern wir sie von jeder besonderen Betrachtungsweise lösen, so können wir doch nicht ausschließen, dass sie so eben nur in einer bestimmten *interessenbedingten Einstellung* vorkommen.

Es könnte beispielsweise uns überlegene, ganz anders organisierte und anders interessierte Wesen geben, denen physische Objekte oder mathematische Gebilde etwas ganz anderes oder gar nichts bedeuten. Tieren z. B. trauen wir unsere Mathematik nicht zu; aber bei intelligenten Besuchern aus dem All müssen wir mit allem rechnen, nicht nur dass sie das verstehen, was wir verstehen, sondern dass sie auch noch mehr davon begreifen. Diese anders organisierten überlegenen Wesen könnten womöglich unsere Physik und Mathematik betreiben, sie zugleich aber als eine *perspektivische Täuschung* durchschauen. Diese Wesen hätten damit eine „umfassendere" Perspektive. Vielleicht ist ihre Perspektive so umfassend, dass sie gar keine Perspektiven mehr nötig haben? Überhaupt Perspektiven zu haben, könnte diesen Wesen als ein Merkmal spezifischer Wahrnehmungs- und Begriffsorganisation erscheinen. Das könnte zur Folge haben, dass sie von uns entweder *gar nichts* oder aber *alles verstehen.* Im letzten Fall würden wir sie wohl göttlich nennen.

Bewegen wir uns nun in *besonderen* Interessen- oder Verwendungszusammenhängen, lässt sich stets auch ein *anderer* Zusammenhang vorstellen, der uns die *Begrenztheit* der gerade eingenommenen Einstellung und damit auch die mit dieser Einstellung verbundene Perspektive bewusst macht. So kann auch eine *streng rationale* Beziehung auf einen Sachverhalt als „perspektivisch" bewusst werden. Solange man weiß, dass über einen Sachverhalt *unterschiedlich geurteilt* wird, können auch verschiedene Perspektiven bewusst gemacht werden. Angesichts unterschiedlicher Urteile und Verhaltensweisen weiß man, dass es *in* dieser Welt *viele* Perspektiven gibt. Jedes einzelne Subjekt kann seine *eigene* Perspektive haben, ja mehr noch: Jedes Subjekt kann so viele Perspektiven haben, wie es raum-zeitliche Positionen und Einstellungen – affektiver und kognitiver Art – realisiert, was jedoch nicht heißt, dass jede Position und jedes Interesse *nur eine* Perspektive zulässt. Außerdem können wir uns auch auf gemeinsame Perspektiven einigen, ebenso, wie wir uns über gemeinsame Positionen und Interessen verständigen können.

Wie eine solche Einigung überhaupt möglich ist, ist eine schwierige Frage, die ich hier leider offenlassen muss. Auch die Frage, wie man überhaupt zur Erkenntnis unterschiedlicher Perspektiven kommt, soll nicht weiter erörtert werden. Es genügt die Einsicht, dass es im Hinblick auf *verschiedene Subjekte* mit *unterschiedlichen Positionen und Interessen* leicht vorstellbar ist, dass sie zu differenten Perspektiven kommen. M. a. W.: *Innerhalb einer Welt,* in der wir raum-zeitliche Unterscheidungen vornehmen und verschiedene Interessen, Bedürfnisse, Erwartungen und Ansprüche ausmachen können, lässt sich die Rede vom Perspektivismus durchaus verständlich machen. Überall dort, wo wir ein *eigenes Bedürfnis, Interesse* oder *eine abgrenzbare Zwecksetzung,* einen *besonderen Verwendungszusammenhang,* eine bestimmte *Orientierung* oder ein *spezielles Reiz-Reaktions-Schema* annehmen, können wir auch eine zugehörige *Perspektive unterstellen.*

Die einzige Bedingung ist hier, dass wir die Positionen, Interessen, Zwecke oder Schemata jeweils *Subjekten* zuordnen können, denn es darf nicht übersehen werden, dass Perspektiven *Subjekte* erfordern, die sich auf etwas anderes, als sie selbst es sind, beziehen. Zur Perspektive gehört ein sehendes Auge oder ein aufmerkendes Bewusstsein oder zumindest eine „innere" Funktion, die ihren Sinn aus dem Bezug auf „äußere" Bedingungen gewinnt. Die *Internität von Subjektivität* in ihrem konstitutiven Innen-Außen-Bezug ist nicht wegzudenken. Sobald wir auch nicht-menschlichen Subjekten eine Perspektive zuschreiben, müssen wir unterstellen, dass sie sich, von einer inneren Dynamik getrieben oder von etwas Äußerem gereizt, auf etwas beziehen, das sie selbst *nicht* sind. Wenn Nietzsche auch anorganischen Stoffen eine Perspektive zuschreibt, so kann er dies tun, weil er ihnen unter dem Titel des „Willens zur Macht" die Innen-Außen-Differenz vorab implantiert hat.

Man kann diese Eigenart von Perspektiven auch so ausdrücken: In ihnen kommen strenggenommen keine physischen Objekte vor, sondern nur *Bedeutungen*. Perspektiven erfassen keine physischen Ausschnitte qua *physische* Ausschnitte, sondern sie stellen *semantische Beziehungen* her. Sobald etwas in eine Perspektive einrückt, bekommt es einen *Sinn*. Deshalb hat *jede* Perspektive auch ihren *spezifischen* Sinnzusammenhang, in dem die einzelnen Vorkommnisse erst ihre Bedeutung gewinnen. *Jede* Perspektive hat daher ihre eigentümlichen Wahrheitsbedingungen oder, um mit Friedrich Kaulbach zu sprechen: jede Perspektive hat *ihre „Sinnwahrheit"*, die in der *Kohärenz* der auf das *Subjekt* bezogenen Bedeutungen einer Perspektive besteht. *Objektwahrheit* kommt nur unter den *Sinnbedingungen* einer bestimmten Perspektive vor, womit deutlich ist, dass auch Objektwahrheit dem Kriterium der *Kohärenz* der auf das Subjekt bezogenen Bedeutungen unterliegt.

Diese Bestimmung der Perspektive als *Sinnzusammenhang* oder *Bedeutungsraum* macht nur um so deutlicher, wie schwer es ist, unsere Sicht der Welt selbst wieder als eine „Perspektive" zu begreifen. Innerhalb der Welt, also innerhalb dessen, was wir als Welt begreifen, ist die Ausgrenzung von Perspektiven durchaus möglich. Wie aber lässt sich das, was wir als Welt, Wirklichkeit und Ganzes fassen, selbst wieder als „Perspektive" kenntlich machen? Eine Möglichkeit, diese Perspektive zu verlassen und sie aus einer umfänglicheren Perspektive als begrenzt zu erkennen, haben wir a priori nicht. Folglich können wir keine Perspektive einnehmen, die nur erlaubte, von der Perspektivität des Daseins zu sprechen.

Was aber heißt das für den Begriff des *Perspektivismus*? Strenggenommen können wir ihn nur zur Deskription *innerweltlicher* Perspektivenvielfalt verwenden. Dass das Erfassen dieser Perspektivenvielfalt auch nur eine „Perspektive" ist, lässt sich nicht mit der gleichen Sicherheit sagen, denn über die Perspektive der Perspektiven kommen wir nicht hinaus. Demnach wissen wir auch nicht, ob es sich bei der Perspektive der Perspektiven tatsächlich um eine „Perspektive" handelt. Folglich lässt sich die mit dem Begriff des Perspektivismus verbundene These, dass auch unsere umfänglichste Erkenntnis, also auch noch unsere auf das Ganze zielende Einsicht, perspektivisch ist, nicht verifizieren. *Es gibt kein Kriterium, das uns erlaubte, die Wahrheit des Perspektivismus zu erweisen.* Es gibt keine Möglichkeit zu zeigen, dass auch das Ganze nur ein Ausschnitt ist.

Gleichwohl können wir die Rede vom Perspektivismus unserer Erkenntnis rechtfertigen, weil uns *Erkenntnis* als etwas bewusst ist, das auf einer *bestimmten Einstellung* beruht, die sich hinreichend deutlich von *anderen* Einstellungen mit *anderen* Interessen – und Zweckbedingungen unterscheiden lässt. Also *ist die These des Perspektivismus zumindest nicht sinnlos.* Sie hat ihren Grund in der Besonderheit des Interesses, das sich gerade in der extremen Ausrichtung auf das *Ganze* der *Erkenntnis* oder auch auf das *Ganze* des *Lebens* äußert. Außerdem hat sie, wie alle auf das uns zugängliche Ganze abzielenden Aussagen, den *elementaren Sinn,* der in jedem Versuch liegt, uns einen *Begriff* von der Welt zu machen, in der wir leben. Einen solchen Versuch hat die Philosophie – mit wenigen Ausnahmen – stets als sinnvoll erachtet, und sie konnte und kann dies auch, weil offenkundig ist, dass irgendein Begriff der Welt immer benötigt oder beansprucht wird, sobald gehandelt und gesprochen wird. Ohne Weltbezug kommt der Mensch offenbar nicht aus, und die Philosophie sieht ihre Aufgabe darin, diesen Weltbezug begrifflich zu klären. Die begriffliche Klärung eines Weltbezuges ist von Anfang an die Aufgabe der *Metaphysik.* Folglich hat die These des Perspektivismus einen *metaphysischen Sinn.*

Kann aber in der These des Perspektivismus eine solche begriffliche Klärung liegen, wenn einzugestehen ist, dass sie gar nicht wahrheitsfähig ist? Das, so denke ich, ist die entscheidende Frage, die nicht allein den Perspektivismus betrifft, sondern die auch die Metaphysik selbst berührt. Stellt man an die Metaphysik den Anspruch, sie habe *über* die Welt mit gleicher begrifflicher Präzision zu urteilen, wie andere Wissenschaften über Gegenstände *in* der Welt, ist nicht allein die These des Perspektivismus aufzugeben: Das eng gefasste szientifische Kriterium macht die Metaphysik selbst unmöglich. Wer die Positivität reiner Sachaussagen wirklich durchhält, der hat die Metaphysik natürlich überwunden.

Doch von solcher Überwindung kann weder in der Philosophie der Gegenwart noch bei Nietzsche die Rede sein. Und anstatt darüber zu klagen, so als handle es sich hier um eine unverbesserliche Schwäche, eine gegen alle Erfahrung resistente Unbelehrbarkeit des Menschen, sollten wir auf den offenkundigen Sinn der metaphysischen Begriffe vertrauen und uns fragen, ob nicht der Anspruch auf begriffliche Klärung des Weltbezugs auf andere Weise als durch menschliche Schwäche zu erklären und auch positiv zu rechtfertigen ist.

Was läge hier näher, als den begrifflichen Charakter der Metaphysik auf die Weise zu legitimieren, in der die metaphysischen Begriffe selbst ihren Sinn beziehen? Begriffe wie „Welt", „Wirklichkeit" oder „Seele" (Begriffe übrigens, auf die Nietzsche nicht verzichten kann und expressis verbis nicht verzichten möchte)[19] gewinnen wir schon für den alltagssprachlichen Gebrauch durch *Abstraktion,* und zwar durch *übersteigernde Verallgemeinerung* sinnlich gefüllter Begriffe über alle sinnliche Anschauung hinaus. Dennoch bleiben die Begriffe sinnvoll, wie sich an ihrem Gebrauch hinlänglich zeigt. Solange wir die Begriffe nicht von ihrer Herkunft trennen, bleiben sie bedeutungsvoll. Es gibt einen Sinn, von „Welt" zu sprechen, auch wenn es „die Welt" als Gegenstand der Wahrnehmung oder als Sachverhalt falsifizierbaren Wissens nicht gibt.

Entsprechend ist es mit dem *Verfahren der Metaphysik:* Auch hier wird die Wissenschaftlichkeit durch den Bezug auf den Abstraktionsvorgang gewahrt. Als Wissenschaft ist sie auf den *Zusammenhang* verpflichtet, aus dem ihre Begriffe entstehen. Ihre Allgemeinheit kann sie nicht durch einen Rekurs auf ein alle gleichermaßen verbindendes Objekt gewinnen; aber sie kann die Allgemeinheit sichern, indem sie bewusst und kontrolliert von dem *ausgeht,* was allgemein gesichert ist. Die Rationalität der Metaphysik liegt also nicht im verbindlichen Bezug auf einen Gegenstand, sondern allein in dem *Verfahren,* aus dem sie ihre Begriffe gewinnt; ihre Wissenschaftlichkeit folgt nicht aus dem Objekt –, sondern aus dem *Kontextbezug,* also aus dem *Sinnzusammenhang,* den die Aussagen *untereinander für das Subjekt* bilden. Die Metaphysik, so können wir auch hier sagen, kann keine Objektwahrheit beanspruchen, aber sie ist auf „Sinnwahrheit" aus.[20]

Wie sich diese Unterscheidung im Verfahren auswirkt, hat sich bereits in der Erörterung des Perspektivismus gezeigt: Strenggenommen, also mit intersubjektiv verbindlichem Objektbezug, läßt sich über das Vorliegen einer Perspektive nur urteilen, wenn wir über sie hinaus sind. Der Begriff des Perspektivismus wäre also nur zulässig, wo wir Perspektiven von außen erfassen oder über sie verfügen. Als Ausdruck für die prinzipiell unüberschreitbare Bedingtheit unseres Weltbezuges käme er also, strenggenommen, gar nicht mehr in Frage, denn, strenggenommen, wissen wir hier nicht mehr, wovon wir reden.

---

19 In JGB 12; KSA 5, 27. erklärt Nietzsche ausdrücklich, man brauche auf den Begriff der Seele nicht zu verzichten, wenn nur darauf geachtet werde, dass man sie nicht als etwas „Unvertilgbares, Ewiges, Untheilbares, als eine Monade, als ein Atomon nimmt". Wie wenig er auf den Begriff der Wirklichkeit verzichten kann und will, zeigt vielleicht am schönsten sein Lob auf die von ihm sogenannte „R e a l i s t e n - C u l t u r" der älteren Hellenen (GD, Was ich den Alten verdanke 2; KSA 6, 156).

20 Friedrich Kaulbach: Die Kopernikanische Wendung von der Objektwahrheit zur Sinnwahrheit bei Kant. In: Volker Gerhardt/Norbert Herold (Hgg.): Wahrheit und Begründung. Würzburg 1985, 99–130.

Lassen wir also das strenge Objektkriterium auf sich beruhen, ohne den üblichen Gebrauch des Begriffs aus dem Blick zu verlieren, dann lässt sich auch die Übertragung des Begriffs der Perspektive auf Grenzbedingungen unserer Erfahrung durchaus rechtfertigen. Dann ergibt es einen Sinn zu sagen, dass wir, wie alles in der Welt, an Perspektiven gebunden bleiben und selbst dort, wo wir uns von allen perspektivischen Einschränkungen zu befreien versuchen, die Befangenheit unserer menschlichen Perspektive nicht verlieren. Analog zu der von uns erfahrenen Einstellungsvielfalt *in* der Welt können wir uns andere mögliche Einstellungen denken, von denen sogar unsere umfänglichste Sicht der Welt auch wieder „nur" als eine Perspektive erscheint. Ausgehend von der erfahrenen Perspektivenvielfalt können wir uns plausibel machen, dass wir stets, selbst dann, wenn wir alle perspektivische Standpunkt- und Interessenbindung *hinter* uns zu lassen versuchen, in *Perspektiven befangen* bleiben. So gesehen, können wir es nicht nur verstehen, sondern sogar als *wissenschaftlich gerechtfertigt* ansehen, wenn Nietzsche die metaphysische Aussage macht: „Es giebt n u r ein perspektivisches Sehen, n u r ein perspektivisches ‚Erkennen'",[21] und wenn er „das P e r s p e k t i v i s c h e" als „die Grundbedingung alles Lebens" bezeichnet.[22]

Es dürfte deutlich sein, dass Feststellungen wie diese eine *kritische* Intention verfolgen. Die These des Perspektivismus dient primär der *Abwehr dogmatischer Behauptungen* über das Wesen der Welt. Und wenn wir auf das Verfahren achten, das diese These legitimiert, kommt sie auch nicht in den Geruch eines Selbstwiderspruchs: Soweit wir das erkennen, was wir „Leben" nennen, können wir nicht umhin, das, was wir als eine Grundbedingung des Lebens ansehen, als „perspektivisch" zu bezeichnen. Jede weitergehende Behauptung passt nicht zu den von uns erfahrenen Lebensbedingungen und ist daher im Zeichen des Perspektivismus zu kritisieren. Die Perspektive des Perspektivismus ist damit die einer *kritischen Metaphysik,* die es für keine geringe Aufgabe hält, unerweisliche Erkenntnisansprüche abzuwehren. Deshalb betont sie die *Endlichkeit* der menschlichen Existenz und die prinzipiell undurchschaubare *Bedingtheit* aller unserer Leistungen. Die These des Perspektivismus verträgt sich daher gut mit Nietzsches *Skeptizismus.*

Skepsis reicht aber als Motiv für Nietzsches Perspektivismus nicht aus. Skepsis ist philosophisch überhaupt nur solange interessant, als die Obermacht dogmatischer Positionen Sorge bereitet. Aber wer sorgt sich hier um

---

21   GM 3,12; KSA 5, 365.
22   JGB Vorrede; KSA 5, 12.

was? Doch zumindest ein Wesen, dem die Abwehr des Unzutreffenden und Irreführenden ein Anliegen ist. Natürlich lässt sich auch ein Skeptiker denken, dem die Lust, sich oder anderen Irrtümer vorzurechnen, genügt. Doch sobald im Konfliktfall Lust gegen Lust steht, wird auch ein hedonistischer Skeptiker dazu neigen, seine Lust mit den üblichen Vorzügen der Erkenntnis auszustatten. Sie wird ihm als in sich sinnvoll und vielleicht sogar als vorteilhaft erscheinen.

Bei Nietzsche jedenfalls ist eine solche Wertung wirksam, so sehr er auch argwöhnt, die kurze Zeit, für die in „irgend einem abgelegenen Winkel des in zahllosen Sonnensystemen flimmernd ausgegossenen Weltalls […] kluge Thiere das Erkennen erfanden", sei die „hochmüthigste und verlogenste Minute der ‚Weltgeschichte‘" gewesen.[23] Nietzsches Auszeichnung der theoretischen Leistung ist unverkennbar, obgleich es für sie im Zeichen des Perspektivismus gar keine zureichende Begründung mehr gibt.

Doch aus dieser mehr oder weniger subjektiven Bevorzugung *theoretischer Leistungen* lässt sich kein Kriterium für oder gegen eine bestimmte Perspektive herleiten. Das Theoretische ist ja auch nur eine Perspektive unter vielen anderen, die in sich alle gleichermaßen legitim sind. Wenn alles nur die Perspektive hat, die ihm zukommt, wenn der Perspektivismus, wie es in der bereits zitierten Nachlassnotiz aus dem Frühjahr 1888 heißt, „n u r e i n e c o m p l e x e F o r m d e r S p e z i f i t ä t" darstellt,[24] dann gibt es keine an sich bestehende Auszeichnung einer Perspektive vor einer anderen. Daraus folgt, dass noch nicht einmal die Umfänglichkeit einer Perspektive ein Maß für ihren Wert abgibt, und wir folglich auch keinen theoretischen Grund nennen können, warum wir eine Perspektive einer anderen vorziehen. Wir können also auch nicht mit theoretischen Erwägungen begründen, was uns an der Rede von der *Perspektivität unseres Daseins* interessiert. *Da* wir aber, selbst noch in unserer skeptischen Einstellung, eine Wertung vornehmen, *da* uns die These des Perspektivismus etwas bedeutet, kann die Auszeichnung ihren Ursprung nur in *praktischen Bedingungen* haben.

Nietzsche hält bekanntlich die Unterscheidung zwischen Theorie und Praxis für „[v]erhängnisvoll[…]",[25] denn in jedem Begriff sieht er etwas, das „von unserer B e d ü r f t i g k e i t inspirirt" ist.[26] Die Dominanz der Praxis scheint ihm so offenkundig, dass er daneben gar keinen eigenständigen Bereich der Theorie mehr anerkennt. Was immer sich in einer Perspektive

---

23 WL 1; KSA 1, 875.
24 N 1888, 14[186]; KSA 13, 373.
25 N 1888, 14[142]; KSA 13, 325.
26 N 1885/86, 2[77]; KSA 12, 97.

ergibt, nennt er daher „eine zurechtgemachte und vereinfachte Welt, an der unsere praktischen Instinkte gearbeitet haben: sie ist für uns vollkommen recht: nämlich wir leben, wir können in ihr leben"[27] Allein die Tatsache, dass das Leben in ihr gelingt (und dass es gelingt, ist durch die Tatsache unseres Lebens vollkommen verbürgt), gibt der Perspektive ihr auch noch jeden Zweifel fundierendes praktisches Fundament.

Das aber heißt: Innerhalb einer Perspektive sind die Urteilsbedingungen durch den praktischen *Ausgangspunkt* festgelegt. Das „Perspektivische" ist ja nur eine „spezifische Aktions-Reaktions-thätigkeit" eines Subjekts, eines „Kraftcentrum[s]", wie Nietzsche sagt.[28] Das Zentrum agiert „gegen das Ganze" und erfährt sich erst so als tätige Kraft.[29] „Ich" und „Subjekt" bilden dabei die „Horizont-Linie", die durch die „Umkehrung des perspektivischen Blicks" entsteht.[30] Gelegentlich bezeichnet Nietzsche dieses „Ganze", gegen das ein „Kraftzentrum" zu agieren hat, auch als den „ganzen Rest",[31] was den Primat der auf Aneignung und Machtsteigerung angelegten praktischen Interessen in unüberbietbarer Weise zum Ausdruck bringt. Da Nietzsche letztlich in jeder Perspektive nur eine sich als Erkenntnis ausprägende Leistung des Willens zur Macht sehen will, also nur einen Ausdruck jener aus dem Inneren der Dinge kommenden Kraft, die gar nichts anderes zulässt als die Praxis gegenseitiger Verfügung und Herrschaft, ist das praktische Fundament, wenn ich so sagen darf, sogar durch die spekulative Macht-Metaphysik Nietzsches abgesichert.

Doch auch ohne den spekulativen Dynamismus der Lehre vom „Willen zur Macht" leuchtet ein, dass die Vorteile des Perspektivismus als einer Grenzbehauptung kritischer Metaphysik letztlich nur *praktischer* Natur sein können. Eine Erweiterung unserer Erkenntnis findet nämlich nicht statt. Wir vergegenwärtigen uns lediglich unsere *Schranken* und haben dadurch die Möglichkeit, uns mit rationalen Mitteln vor müßigen Untersuchungen zu bewahren. Die Einsicht in die Endlichkeit unserer theoretischen Leistungen erlaubt es, maßlose Ansprüche abzuwehren, das Reizklima philosophischer Erkenntnis zu temperieren und, bei aller Neugierde, bescheiden zu sein. Alles dies sind bereits *praktische* Konsequenzen des Perspektivismus, und es ist nicht ohne Tragik, dass sich Nietzsche nicht

---

27 N 1888, 14[93]; KSA 13, 271.
28 N 1888, 14[184]; KSA 13, 370 f.
29 Ebd.; KSA 13, 371.
30 N 1885/86, 2[67]; KSA 12, 91.
31 N 1888, 14[184]; KSA 13, 371.

zuletzt auch im Dienst einer solchen Selbstbeschränkung menschlicher Kräfte verzehrt.

Dass nicht nur die Perspektiven überhaupt, sondern auch die Perspektive des Perspektivismus aus praktischen Lebenszusammenhängen gewonnen werden und ihr philosophischer Effekt in gar nichts anderem als in ihrer „Lebensbedeutsamkeit" bestehen kann, scheint eine Selbstverständlichkeit zu sein. Vielleicht liegt darin auch der Grund für die vergleichsweise geringe Beachtung, die der praktischen Konsequenz bisher geschenkt worden ist.[32] Bemerkt man aber erst, zu welchen Forderungen Nietzsche sich genötigt sieht, dürfte die Selbstverständlichkeit einige Bedeutung erlangen. Aus meiner Sicht macht sie den Perspektivismus philosophisch eigentlich erst interessant. Deshalb möchte ich abschließend auf die *praktische Konsequenz* einigen Nachdruck legen.

Was der Perspektivismus praktisch bedeutet, erläutert Nietzsche in der zitierten Nachlass-Stelle folgendermaßen: „Meine Vorstellung ist, daß jeder spezifische Körper danach strebt, über den ganzen Raum Herr zu werden und seine Kraft auszudehnen (– sein Wille zur Macht:) und Alles das zurückzustoßen, was seiner Ausdehnung widerstrebt."[33] Die Perspektive eröffnet den Raum, in dem man „H e r r ü b e r e t w a s [...] w e r d e n"[34] kann.

Herrschaft über andere ist nach Nietzsche aber an eine Voraussetzung gebunden, die er gern unter Titel bringt, die in der Praktischen Philosophie seit der Antike vertraut sind und die man bei dem erklärten Immoralisten gar nicht vermuten möchte. Es sind dies Begriffe wie „Selbstbeherrschung", „Selbstgesetzgebung", „Selbstverantwortlichkeit". Die Logik des Willens zur Macht zielt auf „Selbstherrschaft",[35] und jede schöpferische Tat setzt Selbstgesetzgebung voraus: „Wir [...] w o l l e n", so heißt es in einer Paraphrase auf die Botschaft Zarathustras, „D i e w e r d e n, d i e w i r s i n d, – die Neuen, die Einmaligen, die Unvergleichbaren, die Sich-selber-Gesetzgebenden, die Sich-selber-Schaffenden!"[36]

Dieser nur durch *Selbstbestimmung* mögliche Charakter des Tätigen zeigt sich auch im Umgang mit Perspektiven, wie eine prominente Passage aus der „Genealogie der Moral" schlagartig deutlich macht:

---

32 Im Unterschied zu vielen anderen Interpreten stellt Friedrich Kaulbach diesen Punkt deutlich heraus, insbesondere in seinem Aufsatz: Autarkie und perspektivische Vernunft bei Kant und Nietzsche. In: Josef Simon (Hg.): Nietzsche und die philosophische Tradition. Würzburg 1985, Band 2, 90–105.
33 N 1888, 14[186]; KSA 13, 373.
34 N 1885/86, 2[148]; KSA 12, 140.
35 N 1888, 14[92]; KSA 13, 270.
36 FW 335; KSA 3, 563.

„Seien wir zuletzt, gerade als Erkennende, nicht undankbar gegen solche re-
solute Umkehrungen der gewohnten Perspektiven und Werthungen, mit denen der Geist allzulange scheinbar freventlich und nutzlos gegen sich selbst
gewüthet hat: dergestalt einmal anders sehn, anders-sehn-wollen ist keine
kleine Zucht und Vorbereitung des Intellekts zu seiner einstmaligen ‚Objektivität‘, – letztere nicht als ‚interesselose Anschauung‘ verstanden (als welche
ein Unbegriff und Widersinn ist), sondern als das Vermögen, sein Für und
Wider in der Gewalt zu haben und aus- und einzuhängen: so dass man sich
gerade die Verschiedenheit der Perspektiven und der Affekt-Interpre-
tationen für die Erkenntniss nutzbar zu machen weiss."[37]

Hier zeigt sich, wie Nietzsche aus der Not des Perspektivismus eine Tugend
im wahren Sinn des Wortes zu machen versucht, eine Tugend, wie er sie in
den achtziger Jahren in immer neuen Anläufen umreißt und fordert. Denn
seine Moralkritik steht ganz im Dienst der Durchsetzung „neuer Tugenden", und es ist eine höchst interessante wirkungsgeschichtliche Verkürzung, dass von den *Inhalten* dieser Kritik sehr viel, von ihrer *Absicht* aber nur
sehr wenig die Rede ist. Auf sie ist abschließend aufmerksam zu machen:
Gegen die von ihm postulierte Lebensfeindlichkeit der alten Moral behauptet Nietzsche Zarathustras Tugenden als eine „Form der Stärke".
Gegen die Widernatürlichkeit der überkommenen Moral stellt er seine
Moral für Immoralisten, die in der Wirkung der Medizin gleichkommen und
die „Gesundheit der Seele" ermöglichen soll.[38] Als neue Richtschnur
empfiehlt er die *Wertschätzung des Lebens* und die *Achtung des Leibes*. Der
Ernst des menschlichen Handelns solle nunmehr den „Fragen von Nahrung,
Wohnung, geistiger Diät, Krankenbehandlung, Reinlichkeit, Wetter" usw.
gelten.[39] Der Leib, der die Perspektive des Erkennens vorgibt, hat konse-
quenterweise auch Ausgangspunkt unseres Handelns zu sein. Deshalb muss
hier auch der Ursprung „neuer Tugenden"[40] zu finden sein.

Diese Tugenden versucht Nietzsche allein aus dem *lebendigen Selbst-*
bezug des Menschen zu gewinnen, also in strikter Bindung an den Innen-
raum der menschlichen Perspektive. Im Lebensvollzug liegen Anfang und
Ende allen Sinns. Es gibt keine Instanz *über* diesem Leben – „Nichts, was
unser Sein richten, messen, vergleichen, verurtheilen könnte, denn das hiesse das Ganze richten, messen, vergleichen, verurtheilen …"[41] Folglich ist

---

37   GM 3, 12; KSA 5, 364 f.
38   FW 345; KSA 3, 579.
39   EH, Warum ich ein Schicksal bin 8; KSA 6, 374.
40   Za 1, Von der schenkenden Tugend; KSA 4, 97 ff.; Za 3, Von alten und neuen Tafeln;
     KSA 4, 246 ff.
41   GD, Die vier grossen Irrthümer 8; KSA 6, 96.

der Mensch auch niemandem Rechenschaft schuldig. Er ist ganz und gar *sich selbst* verantwortlich.

Lässt der Mensch sich auf die Selbstverantwortlichkeit ein, nimmt er also seine Verantwortlichkeit ernst und damit die Tatsache, dass er auch praktisch nichts als *seine* Perspektive hat, dann wird er zum „s o u v e - r a i n e [n] I n d i v i d u u m", zu einem „autonome[n] übersittliche[n] Indivi- duum" und damit zum „Menschen des eignen unabhängigen langen Wil- lens". Als „Souverain" hat der Mensch ein „eigentliches Macht- und Freiheits-Bewusstsein", das ihn zum „Herr[n] des f r e i e n Willens" macht.[42] Dieses Freiheitsbewusstsein, von dem Nietzsche irrigerweise glaubt, es stehe dem von Kant zum Ausgangspunkt praktischen Handelns genom- menen Bewusstsein der Autonomie entgegen, umfasst das „stolze Wissen um das ausserordentliche Privilegium der V e r a n t w o r t l i c h k e i t". Es stammt aus dem Bewusstsein der „Macht über sich und das Geschick"[43] und schließt damit nicht nur die Fähigkeit zum freien Gebrauch von Perspektive, sondern auch das Bewusstsein von der Perspektivität des eigenen Daseins ein.

In der Selbstgesetzgebung des „souverainen Menschen" wird der Per- spektivismus Nietzsches praktisch. Da wir keinen uneingeschränkten Blick auf das Ganze gewinnen können, da es weder „gut" noch „böse" in einem vom Menschen unabhängigen Sinne gibt und auch die Natur dem Menschen keine verbindlichen Vorschriften macht, kann Moral nur noch die *Selbst- regulation des menschlichen Verhaltens* sein. Was „Wille" oder „Freiheit" ist, kann sich nur in der „Lust und Kraft der Selbstbestimmung" erweisen.[44] In der Moral kommt es auf „dein Ziel, deinen Horizont, deine Kräfte, deine Antriebe, deine Irrthümer" usw. an.[45]

Der Mensch hat also sein Leben *selbst* zu führen. Und eben dies soll in der Tugend als seiner besten Verfassung zum Ausdruck kommen. Die „große[n] Leidenschaft[en]" des Einzelnen entfalten sich erst im „Willen zur S e l b s t v e r a n t w o r t l i c h k e i t";[46] dominierende Affekte gewinnen nur in Gestalt der *Selbstherrschaft* und der *Selbstbestimmung* ihre Überlegen- heit. Herrschaft über sich selbst ist aber nur auf dem Wege der *Selbstge-*

---

42 GM 2, 2; KSA 5, 293.
43 GM 2, 2; KSA 5, 294.
44 FW 347; KSA 3, 583.
45 FW 120; KSA 3, 477.
46 N 1887/88, 11[142]; KSA 13, 66. Vgl. GM 2, 2; KSA 5, 293 f.; u. GD, Streifzüge eines
    Unzeitgemässen 38; KSA 6, 139.

setzgebung möglich, die wiederum eine Selbstschätzung der eigenen Kräfte voraussetzt.

Nietzsche vermeidet den Begriff der *„Autonomie"*, weil er ihn durch den idealistischen Gebrauch belastet sieht. „Autonomie" klingt nach Unabhängigkeit und Verselbständigung des *Geistes,* der aber doch nicht mehr als ein *Ausdruck des Leibes* sein soll. Obgleich es Nietzsche bewusst ist, dass die leiblichen Vorgänge einer Steuerung durch etwas bedürfen, was er selbst „Seele" nennt und auch weiterhin „Seele" nennen möchte;[47] und obgleich er schon erkennt, dass die Leib-Seele-Einheit nur im Sinne einer – wie es heute heißt – Autoregulation beschrieben werden kann, verzichtet er auf den vorbelasteten Begriff der Autonomie. Stattdessen redet er von „Souverainität" und vom „souverainen Menschen", von „Selbstgestaltungen",[48] von der virtuosen „Selbstherrlichkeit" im **„Genuß am Schönen des Maaßes"**,[49] von der „Herrschaft über die Leidenschaften", von der „Herren-Kraft des Willens"[50] und überhaupt von der Notwendigkeit, „Einen Willen zu bekommen".[51] Damit spricht er aber von nichts anderem als von der *Selbstgesetzgebung des Menschen:*

> „das ‚Individuum' steht da, genöthigt zu einer eigenen Gesetzgebung, zu eigenen Künsten und Listen der Selbst-Erhaltung, Selbst-Erhöhung, Selbst-Erlösung."[52]

Der gesteigerte Selbst-Bezug ist offenbar ein elementares Kennzeichen ethischen Handelns, das Nietzsche zwar überspielt, wenn er die Unschuld des Schaffenden, die Gewissenlosigkeit des Täters oder ironisch die „Tugenden" des Schlafs besingt.[53] Wenn er aber als Ziel gesteigerten Lebens immer wieder die *„Selbst-Überwindung"* nennt, wenn er das Wesen der Freiheit in die *„Selbstverantwortlichkeit"* setzt und wenn er nicht einfach von „Gesundheit", sondern von *„Gesundheit der Seele"* spricht, dann legt er die elementare Selbstbezüglichkeit des handelnden Menschen bloß. Damit kommt er dem Autarkie- und Autonomieideal der klassischen Ethik vermutlich näher, als ihm lieb ist. Eine Annäherung, die um so bedeutungs-

---

47 JGB 12; KSA 5, 27. Die Unverzichtbarkeit der „Seele" zeigt sich auch in Nietzsches Akzentuierung seiner Tätigkeit als „Psychologie". Vgl. JGB 23; KSA 5, 38 f.
48 N 1888; 15[114]; KSA 13, 474.
49 N 1884; 25[348]; KSA 11, 104.
50 N 1887; 9[139]; KSA 12, 414.
51 JGB 208; KSA 5, 140.
52 JGB 262; KSA 5, 216.
53 Vgl. dazu die Reden Zarathustras: Vom bleichen Verbrecher (Za 1; KSA 4, 45 ff.), Von den Lehrstühlen der Tugend (Za 1; KSA 4, 32 f.) und Vom Wege des Schaffenden (Za 1; KSA 4, 80 ff.).

voller ist, als er nicht müde wird, die eigenständige ontologische Existenz der steuernden Instanz infrage zu stellen. Das *Selbst* „giebt" es so wenig, wie es die „*Seele*" oder die „*Freiheit*" unabhängig von dem „giebt", worauf sich „Selbst", „Seele" und „Freiheit" beziehen – eine Einsicht, nebenbei bemerkt, die schon in der Antike vertraut und die in der Neuzeit auch vor Nietzsche wieder geläufig war.

Obgleich also Nietzsche die *Einheit* von Wille und Macht, die *Ganzheit* des Leibes, die *Gleichheit* von innen und außen und in allem die *Einheit des Lebens* demonstrieren möchte, deckt er in aller Redlichkeit auf, dass der Handelnde jeweils seine *eigene* Perspektive besitzt. Handelnd stellt sich der Mensch seiner Welt gegenüber. Er bezieht Position – nicht nur im Verhältnis zu Personen und Dingen, sondern auch zu sich selbst, d. h. zu seinem Leib, seiner Geschichte, seinem Leiden oder seinen Stimmungen. *Im Handeln entzweit sich jeder notwendig mit sich selbst.* Der einzelne muss zum „*dividuum*" werden, wenn er befehlen will oder gehorchen soll; er muss ein Verhältnis zu sich selbst gewinnen, wenn er in der Lage sein will, verantwortlich zu sein.

Der „*Leitfaden*" *des Leibes*[54] zieht niemanden von selbst; er muss erfasst und verstanden werden, wenn er dem Einzelnen helfen soll, sich im Labyrinth des Lebens zurecht zu finden.

Nur in der bewussten Einstellung zu sich selbst kann es dem Menschen schließlich auch gelingen, ein *Verhältnis zum Ganzen* zu gewinnen. Nietzsche hat dafür einen ganz individuellen Ausdruck gefunden, nämlich: *amor fati:*

> „Meine Formel für die Grösse am Menschen ist a m o r f a t i : dass man Nichts anders haben will, vorwärts nicht, rückwärts nicht, in alle Ewigkeit nicht. Das Nothwendige nicht bloss ertragen, noch weniger verhehlen – aller Idealismus ist Verlogenheit vor dem Nothwendigen –, sondern es l i e b e n ..."[55]

---

54   „Wesentlich, vom Leibe ausgehen und ihn als Leitfaden zu benutzen. Er ist das viel reichere Phänomen, welches deutlichere Beobachtung zulässt. Der Glaube an den Leib ist besser festgestellt als der Glaube an den Geist." (N 1885, 40[15]; KSA 11, 635) Diese Notiz stellt den methodologischen Vorzug des Ausgangs bei den Leibphänomenen heraus. Es wird kein Monismus des Leibes vertreten, was auch JGB 12 sehr schön pointiert: „Es ist, unter uns gesagt, ganz und gar nicht nöthig, ‚die Seele' selbst [...] los zu werden und auf eine der ältesten und ehrwürdigsten Hypothesen Verzicht zu leisten: wie es dem Ungeschick der Naturalisten zu begegnen pflegt [...]" (KSA 5, 27) – „Leitfaden" erinnert übrigens an den Faden der Ariadne im Theseus-Mythos. „Leib" wäre demnach der Leitfaden, der es uns ermöglicht, uns im Labyrinth des Lebens zurechtzufinden.

55   EH, Warum ich so klug bin 10; KSA 6, 297.

Nietzsche hat seine Vorstellungen von der individuellen „Gesundheit der Seele" nicht mehr entwickeln können. Er hat auch die Perspektivik des tätigen Lebens nicht weiter ausgedeutet. Es kann aber kein Zweifel sein, dass er hier nicht nur große Aufgaben formuliert, sondern auch wichtige Aufschlüsse gibt. Sie liegen zum einen in der offenbar unvermeidlichen funktionalen *Abgrenzung von Leib und Selbst;* zum anderen aber in der von ihm beharrlich festgehaltenen Erwartung einer *Verschmelzung von Sollen, Wollen und Sein.* Das Dividuum möchte durch und durch Individuum sein. Auch dieser Anspruch des Menschen auf *Einheit mit sich selbst* gehört zur Perspektive des Handelnden. Es wäre falsch, hier bloß eine romantische Sehnsucht Nietzsches zu vermuten. In jeder Tat, in jeder Mitteilung liegt zumindest ein Anspruch auf Einheit von innen und außen, ohne den weder Tat noch Mitteilung wären, was sie sind.

Die Frage ist allerdings, ob nicht mit der aufgehobenen Trennung von innen und außen auch der Perspektivismus überwunden wäre. Der vollends mit sich versöhnte Mensch hätte nämlich nicht nur kein Verhältnis mehr zu sich, er könnte sich auch kein Bild mehr von sich machen.

Doch wie dem auch sei: Es dürfte klar geworden sein, dass uns Nietzsches Perspektivismus vor beachtliche philosophische Fragen stellt. Nicht nur, wie es in der Literatur zumeist den Anschein hat, im Hinblick auf das Problem von *Wahrheit* und *Wirklichkeit,* sondern auch im Kontext praktischen Handelns haben wir nur Bruchstücke, aus denen wir uns selbst und unsere Welt erdeuten. Nietzsches Leistung besteht nicht zuletzt darin, uns nicht nur den Scherbenhaufen menschlicher Weltbilder vor Augen zu führen, sondern, trotz allem, den im Erkennen und Handeln angelegten *Anspruch auf Einheit* deutlich zu machen. Sein exaltierter, zum Extremismus neigender Geist macht uns in aller Schärfe auf die Fragen aufmerksam, die sich unter Bedingungen einer entschieden verstandenen *Endlichkeit des menschlichen Lebens ergeben* – vorausgesetzt, wir sind noch daran *interessiert,* Gründe und Ziele für unser Handeln anzugeben.

Von systematischer Bedeutung ist, dass Nietzsche in immer neuen Variationen den *menschlichen Ausgangspunkt* des Perspektivismus umschrieben hat. Zwar möchte er seine Einsicht nicht auf den Menschen beschränken. Er betont, dass *jedes* Wesen, jeder „Wille zur Macht", seine spezifische Perspektive hat. Aber ihm ist bewusst, dass eine solche Aussage auf einem *Analogieschluss* beruht, mit dem der Mensch von sich auf nichtmenschliche Wesen schließt. Ja, es gehört zu den logischen Voraussetzungen des Perspektivismus, soll er die „Spezifität" eines jeden Wesens zum Ausdruck bringen, dass er streng genommen nur für das Wesen gelten kann, das mit dem Begriff der „Perspektive" einen Sinn verbindet. Dieses Wesen ist der Mensch.

Damit sind wir freilich an einer *geltungslogischen Grenze* jener *universellen Aussagen,* die Nietzsche nicht nur über den Perspektivismus, sondern auch über den Willen zur Macht, die ewige Wiederkunft sowie über die Fiktionen von Wahrheit und Wirklichkeit macht. Er formuliert so, als hätten seine Thesen unter *allen* Bedingungen Geltung; tatsächlich aber bringt er nur Grenzerfahrungen des *menschlichen* Denkens zum Ausdruck. Was „Perspektive", was „Wille" oder „Wahrheit" ist, erschließt sich nur in der Perspektive des Menschen und nirgends sonst. Dies ist Nietzsche bewusst, und dennoch versucht er immer wieder – in wahrhaft übermenschlicher Anstrengung – über dieses Bewusstsein hinauszugehen.

Denn entgegen seiner ausdrücklichen Einsicht, dass wir stets „nur *uns selber*" erkennen, will er gleichwohl von der Perspektive des Menschen loskommen und eine verfremdende Ansicht von weit außerhalb auf die menschlichen Dinge gewinnen. Er fordert dazu auf, die Phänomene zu „entmenschlichen"; er experimentiert mit dem Gedanken, sich „aus der Menschheit" wegzudenken[56] und spricht von dem „Versuch, vom Menschen abzusehn und ihn als Punkt im Werden zu fassen – nicht alles auf ihn hin zu construiren".[57]

Aber trotz aller dieser Bemühungen, sich erkenntnistheoretisch die „Vortheile eines Todten" zu verschaffen, obgleich er immer wieder versucht, den Menschen von außen, als Tier unter Tieren, zu betrachten,[58] kommt er schließlich doch zu dem Schluss: „Der Mensch verhüllt uns die Dinge."[59] Wir erkennen, trotz aller Bemühung um Objektivität, „nicht das Wesen dieser Dinge, sondern u n s e r e   N a t u r   a l l e i n".[60] Alle Abstraktion schafft Gestalten stets nur nach dem Bild des Menschen, alle Wissenschaft ist „möglichst getreue Anmenschlichung der Dinge".[61] Was immer man auch ermittelt und erschließt: Bei allem „denkt er (der Mensch; V. G.) sich zu-

---

56 N 1881, 11[238]; KSA 9, 532. N 1881; 11[35]; KSA 9, 454.
57 N 1882/83, 6[1]; KSA 10, 231.
58 N 1881, 11[35]; KSA 9, 454. Um nur ein Beispiel, das die Produktivität und zugleich die Unmöglichkeit dieser Perspektive deutlich macht, zu geben: „Ich fürchte, die Thiere betrachten den Menschen als ein Wesen Ihresgleichen, das in höchst gefährlicher Weise den gesunden Thierverstand verloren hat, – als das wahnwitzige Thier, als das lachende Thier, als das weinende Thier, als das unglückselige Thier." (FW 224; KSA 3, 510).
59 N 1880, 6[432]; KSA 9, 309.
60 N 1880, 6[418]; KSA 9, 305.
61 FW 112; KSA 3, 473.

gegen", alles legt er sich „als ein Geschehen für Auge und Getast"
zurecht; auch die kühnste Abstraktion führt über das Inventarisieren der
„menschlichen Erfahrungen" nicht hinaus;[62] alles Verstehen geschieht durch Übersetzung in die „Sinnensprache" und damit in das
„Sinnen-Vorurtheil"[63] des Menschen.

Aus dem „menschliche[n] Horizont"[64] ist also kein Entkommen;
jedes Erproben, jedes Steigern, jede Entwicklung findet innerhalb eines
geschlossenen Gesichtsfeldes statt. Der für die Lehre vom Willen zur Macht
entscheidende Versuch, die äußere Welt der physikalischen Kräfte zu
überwinden, gelingt Nietzsche erst, nachdem er feststellt:

> „Es hilft nichts: man muß alle Bewegungen, alle ‚Erscheinungen', alle ‚Ge-
> setze' nur als Symptome eines innerlichen Geschehens fassen und sich der
> Analogie des Menschen zu Ende bedienen."[65] „Jetzt kann die Philosophie nur
> noch das Relative aller Erkenntniß betonen und das Anthropomor-
> phische, so wie die überall herrschende Kraft der Illusion."[66]

Der Perspektivismus erweist sich damit als eine *Anthropo-logie* – als eine
begriffliche Selbstauslegung des Menschen, der in allem stets nur sich selber
findet.

Kant hat gesagt, alle Philosophie sei nur der Versuch, auf die Frage:
„Was ist der Mensch?" eine Antwort zu geben.[67] Zu dieser Einsicht ringt
auch Nietzsche sich durch. Dabei versucht er bis zum Äußersten zu gehen.
Er will die Grenzen des Menschlichen erkunden und kann daher der Versuchung nicht widerstehen, diese Grenzen zu überschreiten. „Die Grenzen

---

62 N 1883/84, 24[17]; KSA 10, 656.
63 N 1888 14[79]; KSA 13, 259.
64 N 1885, 34[74]; KSA 11, 443.
65 N 1885, 36[31]; KSA 11, 563.
66 N 1872/73, 19[37]; KSA 7, 429.
67 Kant, Logik, AA 9, 25. – Die hier angedeutete Konzeption einer Philosophie als
    begriffliche Selbst-Auslegung des Menschen setzt keinen festen Begriff des Men-
    schen voraus. „Mensch" steht hier nur für die Einheit, auf die wir uns in sprachlicher
    Verständigung dann beziehen müssen, wenn eine gemeinsame Einstellung
    (praktisch wie auch theoretisch) gewonnen werden soll. „Mensch" ist der Begriff,
    der sich im gemeinsamen Selbstbezug sprachfähiger Subjekte bisher immer noch
    eingestellt hat. Siehe dazu meinen Beitrag: Kants kopernikanische Wende. In:
    Kant-Studien 78 (1987), 133–152; wie der Ansatz einer begrifflichen Selbst-Aus-
    legung des Menschen für die Nietzsche-Interpretation fruchtbar gemacht werden
    kann, habe ich in meinem Aufsatz „Experimental-Philosophie". Versuch einer
    Rekonstruktion (in: Mihailo Djurić/Josef Simon (Hgg.): Kunst und Wissenschaft
    bei Nietzsche. Würzburg 1986, 45–61; wieder in: Volker Gerhardt: Pathos und
    Distanz. Stuttgart 1988, 163–187) zu zeigen versucht.

der Vernunft begreifen – das erst ist wahrhaft Philosophie …", so heißt es
mit eben diesen Pünktchen in *Der Antichrist*.[68] Ich begnüge mich abschließend mit der Erinnerung an den Titel, den Kant der „Kritik der reinen
Vernunft" ursprünglich geben wollte: „D i e G r e n t z e n d e r S i n n l i c h k e i t
u n d d e r V e r n u n f t".[69]

---

68   AC 55; KSA 6, 238 f.
69   Brief Kants an Marcus Herz vom 7.6.1771; AA 10, 117.

Sensation und Existenz

Nietzsche nach hundert Jahren

1. *Selbstzerstörung der Vernunft?* Dass es in der Welt nicht vernünftig zugeht, kann man erfahren haben, bevor man sich für die Philosophie entscheidet. Aber dass die Vernunft sogar im Entwicklungsgang des philosophischen Denkens keine Rolle spielen sollte, ist ein Gedanke, der nur schwer zu ertragen ist. Denn im Anschluss an die Tradition des Denkens kann es nur um fortgesetzte Erkenntnis gehen. Man sucht nach Klärung, Erweiterung und Vertiefung der Einsicht. Die Einsicht aber ist der Ursprung, das Mittel und das Ziel der Vernunft. Sie sollte, so möchte man meinen, zumindest in der Philosophie bestimmend sein.

Natürlich philosophiert man nicht, um die Vernunft allein in ihrem eigenen Bereich zu sichern. Aber wenn sie noch nicht einmal dort dominiert, dann, so scheint es, ist alle weitere Bemühung umsonst. Gewiss kann es auch im geschichtlichen Gang philosophischer Einsicht zu Stillstand, Umbruch oder Abbruch kommen; schließlich ist sie vom realen Geschehen der Welt nicht unabhängig. Doch dass es aus ihren eigenen Impulsen, vielleicht sogar aus dem Verlangen nach Einsicht zu massiven Einbrüchen und Rückschritten kommen soll, ist eine Zumutung, die schon rein begrifflich nicht zu fassen ist. Kann denn die Vernunft sich selbst zersetzen? Kann die Zerstörung der Vernunft durch sie selbst verursacht sein?

Gesetzt, es gäbe darauf eine günstige Antwort: Sie könnte in der Sache nicht ungünstiger sein. Denn was kann noch an einer Vernunft gelegen sein, die sich selbst destruiert? Sie stellte für die Philosophie das größte Unglück dar, das nur durch den augenblicklichen Verzicht auf Philosophie gelindert werden könnte. Und es wäre im höchsten Grade peinlich, wenn trotz der Einsicht in die Selbstzerstörung der Vernunft einfach weiter philosophiert werden würde.

2. *Wer zerstört was?* Es ist bekannt, dass Nietzsches philosophische Leistung als eine „Zerstörung der Vernunft" bezeichnet worden ist. Bekannt ist auch, dass es sich dabei nicht um ein vereinzeltes Urteil handelt. Es galt im kommunistischen Herrschaftsbereich jahrzehntelang als verbindlich und wurde sogar von Marxisten, die aus freien Stücken zu ihren Ansichten gelangten, nachhaltig gepflegt.

Wären es nur Marxisten gewesen, die Nietzsche zum Störenfried der Vernunft erklärten, brauchte man sich um das Urteil nicht zu kümmern. Denn der Marxismus gründete seine Logik auf die Abwehr eines Bösen, das er selbst erfunden hatte. Erst nachdem er das Kapital zur schlechthin bestimmenden Größe deklarierte, konnte er sich selbst als Retter empfehlen. Und alles, was sich dieser Rettung nicht bedingungslos überantworten mochte, gehörte *a priori* zu den Agenten des Kapitals. „Vernünftig" kann man diese Strategie der Denunziation von erfundenen Gegnern gewiss nicht nennen. Sie hat sich denn auch in ihrer historischen Wirkung als extrem zerstörerisch erwiesen. Die faktische „Zerstörung der Vernunft" haben primär diejenigen zu verantworten, die den Vorwurf in Umlauf brachten.

3. *Fortschritt im Widerspruch.* Aber was heißt schon „vernünftig", und was bedeutet es in der Geschichte der Philosophie? Wir wissen seit Platon, dass der Fortgang der philosophischen Erkenntnis nicht linear erfolgt. Da es stets nur Individuen sind, die Einsichten haben und für sich selber wichtig nehmen, ergibt sich das über Generationen und Epochen hinauswirkende Wissen nur im Wechsel von Spruch und Widerspruch. Eine Darstellung von Argumenten, die das nicht auch szenisch anschaulich macht, wird von Diogenes Laertius als „kopflos" (*akephalos*) bezeichnet.[1] So hatte man sich schon lange daran gewöhnt, die Entwicklung des Wissens nach Art einer Dialektik zu beschreiben, ehe Kant daraus eine schulmäßige Abfolge machte: Auf eine – zunächst „dogmatisch" behauptete – These folgt die „skeptische" Gegenposition und aus beidem kann sich ein neuer Stand „kritisch" gesicherten Wissens ergeben.

Das hat den Vorteil, dass wir auch durch zahlreiche Gegensätze hindurch eine Folgerichtigkeit im Entwicklungsgang des Denkens ausmachen können, die uns im Nachhinein – und natürlich im Gegenlicht unserer eigenen Erwartungen – als vernünftig erscheint. Vernünftig ist das, was gute Gründe für sich geltend machen kann. Gründe müssen tragfähig und folgerichtig sein. Sie stellen Zusammenhänge her, in denen sich etwas auch als einzelnes Datum oder als singulärer Akt verstehen lässt. So schaffen sie Kontinuität für Situationen. Damit wird es Individuen möglich, einen eigenen Anfang zu machen und dennoch in Übereinstimmung mit ihrer Welt und ihresgleichen zu sein. In sich vernünftig ist dieser eigene Anfang dann, wenn er seine Konsequenz in einem – wenigstens beabsichtigten – Ende hat.

---

1   Diogenes Laertius II, 60.

4. *Ein singulärer Fall.* Kann Nietzsche, der mit aller Macht nach einem eigenen Anfang suchte, in diesem Sinn als vernünftig gelten? Meine Antwort lautet: „Durchaus". Allerdings liegt diese Auskunft nicht auf der Hand, und sie ist auch bei genauerem Zusehen nicht leicht zu begründen. Denn der Zusammenhang, aus dem Nietzsche sich versteht und in dem wir ihn als Philosophen zu begreifen haben, ist nicht der einer in sich stimmigen Geschichte der Philosophie. Nietzsche fügt sich auch nicht in eine Dialektik der Schulen und Theorien. Deshalb ist es nur natürlich, dass er quer zum Fortschrittsdogmatismus des Marxismus steht und den Theoretikern der sozialisierten Vernunft bis heute ein Ärgernis ist. Aber er passt auch schlecht in andere Schemata der Philosophiegeschichte. Er ist ein durchweg singulärer Fall.

5. *Ohne Vergleich.* Auch wenn das Einzigartige auffälliger ist als die durchschnittliche Existenz, so sind wirklich singuläre Fälle historisch unergiebig. Sie werfen nur dann eine Erkenntnis ab, wenn sie mit anderem verglichen werden. Der Vergleich aber setzt unvermeidlich die Annahme einer Gleichheit voraus. Das sollten alle jene bedenken, die derzeit damit beschäftigt sind, Nietzsche historisch zu vermessen. Sie werden die Singularität von Nietzsches philosophischer Existenz gerade nicht ermitteln, wenn sie in jedem Detail den Einflussgrößen folgen, die sich bei Nietzsche tatsächlich auf Schritt und Tritt nachweisen lassen.

Nicht zuletzt deshalb werden die derzeit alle Welt beschäftigenden Projekte, ihn geschichtlich einzufrieden, wenig Aufschluss über die Dramatik seines Denkens liefern. Auch das von Mazzino Montinari inaugurierte Programm, Nietzsches „Bibliothek" noch einmal zu lesen, wird uns, so verdienstvoll es ist, nicht über die Antriebe dieses Denkers in Kenntnis setzen. Dem schärfsten Kritiker des Historismus, der seinen Spott auch über die bloß historisch ausgerichtete Gelehrsamkeit ausgegossen hat, ist durch historischen Spürsinn nicht beizukommen. Man muss auch sehen, dass mit der anschwellenden Flut des philologischen Wissens der Mut zur philosophischen Auseinandersetzung sinkt.

6. *Stimulierende Wiederholung.* Blickt man auf die philosophische Überlieferung, dann ist alles, was in Nietzsches Schriften an sachhaltigen Aussagen zu finden ist, schon einmal vorgekommen. Wann immer man ihm genauer zusieht, gibt er sich als ein Meister der Anverwandlung, Einverleibung und Wiedergabe zu erkennen. Ein Übermaß an Geschichte kann daher nur zur Auflösung seiner Einsichten führen.

Das Erstaunliche aber ist, dass er trotzdem so unerhört anregend ist; dass er auch für den, der in der Tradition von Platon bis Kant nach systematischen Lösungen sucht, so stimulierend ist wie kein anderer Denker nach Hegel. Auch wenn er vieles in immer neuen Wendungen noch einmal sagt, auch wenn er sich in seinem Urteil über seine Vorgänger mitunter gründlich irrt,[2] obgleich sein großzügiger Umgang mit eigenen Widersprüchen keineswegs immer belebend wirkt und die Verblüffung darüber, dass er sich gerade in den wichtigsten Fragen mit Andeutungen begnügt, nicht selten in manifesten Ärger umschlägt – trotz allem haben seine Texte einen starken Reiz. Sie haben auch hundert Jahre nach seinem Tod den Charakter einer Sensation.

Für Nietzsche gilt, was Kant von der „ästhetischen Idee" gesagt hat: Er „gibt viel zu denken". Dabei ist sein größter Vorzug, dass er es *augenblicklich* gibt: Man braucht nur eine beliebige Stelle in seinen Aphorismenbüchern oder im *Zarathustra* aufzuschlagen, und schon ist man in der Unruhe des eigenen Denkens.

7. „*Das wissen wir doch längst.*" Man kann nicht umhin, selbst Nietzsches Einspruch gegen seine Zeit und die sie tragende Überlieferung als eine theatralische Wiederholung dessen anzusehen, was seit Rousseau, Kant, Fichte, Schelling, Hegel und Feuerbach bekannt ist und was die Romantik längst auch literarisch sinnfällig gesteigert hat. Den angeblich so unzeitgemäßen Denker auch heute noch als das Novum gefeiert zu sehen, als das er sich selbst behauptet, oder als die „Spitze", um derentwillen eine „Kehre" nötig sein soll, führt allererst zur Aufkündigung der Vernunft in der Geschichte der Philosophie, die man Nietzsche selbst nicht zur Last legen kann.

Das Ärgernis liegt dann darin, dass – trotz der Aufschlüsse, die wir über ihn haben – immer noch so über ihn gesprochen wird, als habe er uns eine völlig neue Wahrheit über die Wahrheit mitgeteilt, als habe er der Moral den Boden entzogen, Gott endgültig für tot erklärt, der Philosophie eine radikale Wendung gegeben, der Metaphysik ein definitives Ende gesetzt und in alledem erstmals den Kältestrom des Nihilismus erfahren, der von den Besten die „Umwertung der Werte" verlangt. Für alles gilt Simmels Wort

---

2 Um nur ein Beispiel zu geben: Wenn er seinen Zarathustra sagen lässt, bisher habe die Seele ihren Körper „mager, grässlich, verhungert" gewollt (Za 1, Vorrede 3; KSA 4, 15), dann könnte man meinen, die Welt sei bislang ein einziges Kloster gewesen. Man könnte auch vermuten, Nietzsche habe Platon nie gelesen. Tatsächlich aber ist seine viermal gelesene Platon-Vorlesung ein Dokument gründlicher Aneignung eines anderen Denkers. Also spricht Nietzsche hier in jedem Fall wider besseres Wissen – vermutlich um eines deutlichen Effektes willen.

über die These vom „Tod Gottes": „Das wissen wir doch längst." Das hätten Kant, Fichte, Schleiermacher oder Hegel eben auch schon sagen können.

8. *Flucht vor der eigenen Zeit.* Wenn Nietzsche selbst an die Novität seiner Einsichten geglaubt haben sollte, so darf man ihm das nachsehen; ich werde auch noch sagen, warum. Wenn aber hundert Jahre nach seinem Tod immer noch so gesprochen wird, als müssten wir ihm unbesehen alles abnehmen, was er von seiner eigenen Leistung behauptet, dann ist das entweder ahnungslos oder eine massive Unredlichkeit. In jedem Fall ist es eine Verfälschung einer singulären Leistung. Seine wahre Größe wird verkannt, wenn man sie an das Ende einer Geschichte verlegt, in die sie *hinein* gehört.

Alles in allem ist es die geschichtsphilosophische Dogmatisierung Nietzsches, die der Vernunft ein Ende setzt, nicht aber Nietzsches intellektuelle Revolte gegen die existentiell empfundene Enge seines eigenen Lebenszusammenhangs. Dass man in ihm unbedingt den Abschluss einer Epoche erkennen will, erlaubt in seiner Nachfolge keinen eigenständigen Anfang mehr, sondern lässt nur noch Kehren, Revolutionen oder Paradigmenwechsel zu. Man will ins Jenseits der bekannten Geschichte. Nietzsche wird zum Vorwand zur Flucht vor der eigenen Zeit.

9. *Keine Revolution a posteriori.* Der Adventismus im Umgang mit Nietzsche entsteht aus der erwartungsvollen Übertragung der Revolutionsfigur, die im 18. und 19. Jahrhundert allgemein verbreitet und die als individueller Anspruch auf Veränderung wohl immer verständlich war, so kurzschlüssig er auch ist. Dass jemand anders handeln und anders leben will, ist ein Grundtatbestand menschlicher Individualität. Erinnerung und eigene Absicht vorausgesetzt, ist dieser alternative Impuls des individuellen Daseins allein schon durch den Generationswechsel vorgegeben, der sich mit jedem Einzelnen vollzieht. Für den Einzelnen kann sich die revolutionäre Erwartung auf das Ganze seiner Existenz erstrecken; sie kann somit auch die Geschichte, *seine* Geschichte einbeziehen.

Doch im Rückblick auf einen solchen Einzelnen, der sein Werk und sein Leben abgeschlossen hat, ist dessen Revolutionsanspruch *a priori* verwirkt. An ihm auch noch im Nachhinein festzuhalten, löst den Zusammenhang auf, der allein schon für das Verstehen des anderen benötigt wird. Damit verzichtet man nicht nur auf die Vernunft, die einen solchen Zusammenhang erschließen muss, sondern man begibt sich auch der Chance, den Renaissancisten, der alles Ältere verwirft, um dem Ältesten eine neue Zukunft zu geben, in seinem revolutionären Anspruch zu begreifen. Nur einen vorab aus dem Umkreis möglichen Verstehens ausgeschlossenen Nietzsche könnten wir als den „Wirbel und Wendepunkt" der Geschichte behaupten.[3]

10. *Ein verspäteter Revolutionär.* Urteilen wir über Nietzsche, wie er über seine Vorgänger geurteilt hat, dann fällt das Urteil über ihn nicht günstig aus: Nietzsche ist ein verspäteter, ein „nachholender" Revolutionär, der nur noch *die* provozieren kann, die für die Subtilität einer geistigen Erschütterung nicht empfänglich genug sind: Schreibt er nicht für alle, die stärkere sinnliche Mittel benötigen, um eine intellektuelle Erfahrung zu machen? Würzt er nicht alles mit seinem Widerspruch – so reichlich, dass es beinahe konsequent erscheint, wenn er selbst daran zugrunde geht? Reagiert er nicht auf die Philosophie als Ganze wie Kleist auf die Lektüre der *Kritik der reinen Vernunft*? Warnt er uns nicht ständig vor dem Glauben an eine Welt, die wir nur durch „grüne Gläser" sehen? In immer neuen Wendungen führt uns Nietzsche einige Konsequenzen der schulphilosophischen Einsichten vor Augen und ist entsetzt und verunsichert zugleich. Seine Reaktion teilt sich seinen Lesern mimetisch mit.

11. *Gegensätze auskosten.* Gelegentlich ist Nietzsche auch nur belustigt, weil er den Sinn methodologischer Behutsamkeit nicht mehr an sich herankommen lassen will. Da gefällt er sich dann in einer überschwänglichen Kritik der historischen Wissenschaften und tut so, als könnte er sich von der Geschichte lösen, obgleich er noch im selben Text erklärt, warum noch nicht einmal die Präsenz einer einzigen menschlichen Handlung ohne die komprimierte Gegenwart der Vergangenheit möglich ist.[4] Oder er betreibt eine „fröhliche Wissenschaft", deren Heiterkeit freilich nicht unbeschwert erscheint, wenn man sieht, dass er schon hier auf seinen schwerfällig inszenierten *Zarathustra* vorgreift, der zwar bedeutende und wahrhaft tiefe Einsichten enthält, aber von Fröhlichkeit und Lachen so weit entfernt ist wie das Evangelium von der Wissenschaft.

Gleichwohl bleibt ihm das Verdienst, die Gegensätze der Schulphilosophie hervor zu treiben und auszukosten. Er macht sichtbar, welche absurden Folgen der Idealismus hat, mag er auch noch so behutsam durch einen empirischen Realismus abgesichert sein. Er insistiert darauf, dass wir auch in den Spitzenlagen der Kultur abgründige und letztlich undurchschaute Naturwesen bleiben. Er zeigt, dass die säuberlichen Unterscheidungen der Disziplinen auf Interessen beruhen, die auf materiale Verbin-

3   GT, Vorwort an Richard Wagner; KSA 1, 24. Vgl. auch GT 15; KSA 1, 100.
4   UB 2, 2; KSA 1, 258–265.

dungen schließen lassen. Wahres, Schönes und Gutes hängen nicht nur untereinander eng zusammen: Sie sind auch mit ihren Gegenteil verknüpft. Schließlich stellt Nietzsche – teils verzweifelnd, teils triumphierend – heraus, dass jede nur theoretisch eröffnete Aussicht heillos ist. Das gilt auch für die nachidealistischen Holismen der Sprache, des Zeichens oder der Interpretation, für die Nietzsche heute als Kronzeuge herhalten muss.

12. *Entlarvende Entlarvung.* Man darf nicht übersehen, dass Nietzsche als erklärter *Psychologe* oder *Genealoge* wesentlich nur jene Einsichten erneuert, die vor ihm als transzendentalphilosophisch oder dialektisch galten. Nur will er ihnen, in schönster Übereinstimmung mit dem Positivismus seines Zeitalters, keinen *apriorischen* oder *intelligiblen Status* mehr einräumen. Es mussten wohl erst Frege und Husserl kommen, um den Zeitgenossen darzutun, was man als aufmerksamer Leser freilich schon von Platon oder Kant hätte lernen können: Dass man zum irreduziblen Status der Begriffe nicht kommt, *weil* man an ein Jenseits glaubt, sondern dass man die Gewissheit, die sichtbaren Dinge seien schon alles, plausibler finden kann, weil wir die intelligible Funktion der Begriffe unablässig in Anspruch nehmen. Das Unbegreifliche ist mitten im Begriff.

Daraus ist es auch durch psychologische Denunziation nicht zu vertreiben. Nietzsche glaubt ernsthaft, es sei philosophisch schon etwas erreicht, wenn er den Gedanken des „Ding an sich" mit einem Motiv verknüpft. Aber seit wann gibt es die Dinge nur deshalb nicht, weil wir sie wünschen? Was wäre von einem Gedanken zu halten, der ohne Echo in unseren Affekten wäre? – Nur: So groß die psychische Resonanz der Begriffe auch ist: *Als* Begriffe bleiben sie davon unberührt.

Da Nietzsche sich auch um die Ergebnisse der mit seinem Jahrhundert entstandenen *Soziologie* bemüht, kann man sein auf *Entlarvung* gerichtetes Verfahren durchaus als *ideologiekritisch* bezeichnen; dabei erneuert er die Einsichten der europäischen Moralistik in die Egoismen und Eitelkeiten der menschlichen Natur und kann sie mit den biologischen, physiologischen und psychologischen Entdeckungen seines Jahrhunderts verbinden. In jedem Fall nimmt er gerade in seinen als grundstürzend geltenden Beobachtungen Erkenntnisse auf, die vorher schon verbreitet waren. Was aber viel wichtiger – und erst recht enttäuschend – ist: Er durchschaut den intelligiblen Mechanismus des Durchschauens nicht.

13. *Kein neues Paradigma.* Alle jene, die Nietzsche für eine philosophiegeschichtliche Bruchstelle halten, wissen einfach zu wenig von seinen Vorgängern, in Sonderheit von Kant, Fichte, Schleiermacher, Hegel und

Schelling. Sie kennen offenbar auch seine keineswegs marginalen Zeitgenossen nicht. Man braucht ihn nämlich nur parallel zu Feuerbach, Emerson, Helmholtz, Dubois-Reymond, Dühring, Spencer, Lange, Dilthey, Guyau, Bourget oder William James zu lesen, um zu sehen, dass er – auf seine sachlichen Aussagen bezogen – ein durchweg zeitgemäßer Denker ist.[5]

Das gilt erst recht, wenn man den von Nietzsche immerhin ausreichend gewürdigten, damals geradezu populären Schopenhauer hinzunimmt, der die Abgründigkeit des individuellen Daseins ausgelotet, die Absurdität der Existenz exponiert und von der Metaphysik nicht mehr übrig gelassen hat als eine Form, in der das jederzeit andrängende Chaos für den Erkennenden den Anschein des Erträglichen erhält. Trost bietet ohnehin nur die Kunst.

Schopenhauer ist es auch, der die aphoristische Tradition der europäischen und asiatischen Spruchweisheiten, aus der Nietzsche sich so ausgiebig bedient, lebendig werden lässt: Montaigne, La Rochefoucauld, Gracián, Galiani oder Chamfort enthalten vieles, was Nietzsche – freilich mit der Geistesgegenwart eigener Beobachtung – wiedergibt. Und wenn wir erst die Jugenddichter Nietzsches – Schiller, Hölderlin und Goethe – einbeziehen oder uns der geistvollen Notate Lichtenbergs erinnern, dann bleibt zwischen der *Geburt der Tragödie* und der *Götzen-Dämmerung* – sachlich gesehen – kaum noch etwas Neues übrig.

14. *Wiederauferstehung der Widerlegten.* Das Urteil fällt noch entschiedener aus, wenn wir an Platons stilvollen Kampf gegen die *Sophisten* denken: Dann, so meine ich, ist offenkundig, dass Nietzsche mit allen seinen sachlichen Einwänden gegen Theorie und Wissenschaft, gegen Wahrheit und Moral, ja, sogar gegen Gott und Wirklichkeit schon vor über zweitausend Jahren widerlegt worden ist. Natürlich ist die moderne Kaskade der destruktiven Sinnfragen – nach dem Sinn von *Wahrheit*, von *Moral*, *Kultur*, *Kunst*, *Historie*, *Erkenntnis* oder *Dasein* – von besonderer Intensität. Sie ist bei Nietzsche von einzigartiger literarischer Dichte und hat vor dem biographischen Hintergrund eine existentielle Nachhaltigkeit, wie sie Platon am Tod eines anderen, an dem des Sokrates demonstriert.

Aber achten wir allein auf den Erkenntnisgewinn, auf den von der Geschichte der Philosophie erwarteten Fortschritt an Einsicht, dann bleibt

---

5   Ich beschränke mich auf einen Beleg: Werner Stegmaier: Philosophie der Fluktuanz. Dilthey und Nietzsche. Göttingen 1992. Das Buch macht an den wirkungsgeschichtlich besonders bedeutsamen Parallelen zwischen Dilthey und Nietzsche offenkundig, wie stark Nietzsche mit dem Denken seiner Zeit verbunden ist.

fraglich, worin die epochale Bedeutung Nietzsches eigentlich liegen soll. Seine Sinnfragen kennen wir seit Montaigne, Pascal und Leibniz, denen Hume, Voltaire, Rousseau und Diderot an Radikalität nicht nachgestanden haben. Kants Nachlass, der uns den Systematiker *posthum* auch als bedeutenden Aphoristiker entdecken lässt, hat diese Fragen methodisch aufgenommen und sich an kühnen Antworten versucht, die bekanntlich von seinen Nachfolgern ins Großartige überzeichnet worden sind. Der Spott, den Nietzsche für Fichte und Schleiermacher, für Hegel und Schelling übrig hat, verdeckt seine sachliche Nähe zu diesen Denkern.

15. *Synkretist der romantischen Zeitstimmung.* Schließlich sei an die literarische Exuberanz der Romantik erinnert, die alle Formen von Weltschmerz, Verzweiflung und wilder Hoffnung, von Nihilismus, Pessimismus und Optimismus, von Absage an die Vernunft und den Glauben an die Geschichte durchspielt. Wenn wir nach einem *Bruch* mit der Kontinuität der Vernunfttradition suchen und die vielfältigen Einsprüche der Gnostik, Hermetik und Mystik großzügig übergehen, dann liegt er nirgendwo anders als in der Romantik vor; *sie* ist die Wasserscheide der alteuropäischen Vernunfttradition – und nicht erst Nietzsches Werk.

Die revolutionäre Wende, die Nietzsche mit der *Umwertung aller Werte* zu verkünden sucht, ist somit durchaus epigonal. Neu an ihm ist eigentlich nur, dass er es auf diesen Bruch anlegt, dass er ihn *als ein Ereignis* will. Darin aber erweist er sich als ein Kind seiner Zeit, die sich den Gestus des Revolutionärs zu eigen gemacht hat. Hier steht Nietzsche in einer Linie mit Karl Marx, der sich freilich stärker an der Massenrevolte auf den Straßen von Paris orientiert, während der an Schopenhauers Individualismus geschulte Nietzsche sich Napoleon und seine literarischen Nachbildungen durch Goethe, Byron, Stendhal, Jean Paul, Carlyle oder Emerson zum Vorbild nimmt – und in allem natürlich Schiller, Hölderlin und Goethe selbst. Von Richard Wagner als Vorbild will ich hier erst gar nicht sprechen.

So gesehen ist Nietzsche der Synkretist der romantischen Zeitstimmung, die sich nach den vorangegangenen politischen und philosophischen Erschütterungen durch einen Aufschwung der Gefühle zu befreien sucht. Dabei verbleibt er zunächst noch in der Perspektivik der deutschen Kultur befangen. Erst mit der Distanz zu Wagner erkennt er die europäische Dimension der Krise, verschärft seine Kritik an der vermeintlichen Wertfreiheit der Wissenschaft, kann sich dadurch aber selbst des kritischen Instrumentariums der Wissenschaft bedienen und denkt hinfort nur noch in welthistorischer Perspektive. Auch hierin bleibt er in der Spur Hegels.

16. *Das säkularisierte Evangelium.* Nietzsches Universalismus der Abrechnung ist genauso bemerkenswert wie sein Universalismus der Tat. Beide sind allein auf seine eigene Einsicht, und auf sonst gar nichts, gegründet. Der Intellekt eines einzelnen Menschen stellt hier das Ende des Gegebenen fest und sagt den Anfang von etwas gänzlich Neuem voraus. Wie einst die Bußprediger vor dem erwarteten Gottesgericht setzt er in manischer Produktivität, ohne auch nur eine einzige Reaktion eines Lesers abzuwarten, seine diagnostischen Botschaften in die Welt und fordert Umwertung und Umkehr von allen, die so klug sind, ihn zu verstehen.

Im Unterschied zu den Propheten, die ein von Gott verhängtes Ereignis vorhersagten und den „Übermenschen" (*hyperanthropos*) als ein vom „heiligen Geist" erfülltes Wesen verkündeten, müssen freilich die von Nietzsche geforderten „freien Geister" alles selber machen; sie müssen Wegbereiter, Ereignis und erfüllte Zukunft *in einem* sein. Was bei den Propheten noch durch die geglaubte Gegenwart Gottes einen auf das Ganze ausgreifenden Realitätsgehalt hatte, wird bei Nietzsche zur maßlosen Selbstbehauptung eines Intellektuellen. Hatte das *Neue Testament* immerhin noch einen historischen Vorgang, nämlich das durch viele bezeugte Leben Jesu, so fordert Nietzsche mit seinem *Zarathustra* die Konkurrenz zum Evangelium durch nichts als eine literarische Fiktion heraus.

17. *Ablösung von der Schulphilosophie.* Im Licht dieser durchweg enttäuschenden Bilanz erscheint Nietzsche als ein Kant fürs Feuilleton, das die Interessen eines zunehmend auch für weltanschauliche Fragen aufgeschlossenen Publikums bedient. Die abnehmende Arbeitszeit, die Möglichkeit bei künstlichem Licht zu lesen und die Verbreitung allgemeiner Bildung geben auch den philosophischen Fragen eine breite Öffentlichkeit. Das Volk kommt in größerem Umfang dahinter, dass alles das, was es bislang dem Klerus mehr oder weniger gläubig abgenommen hat, auch anders verstanden werden kann.

Kant hatte mit der Vernunftkritik gegen die Schulphilosophie revoltiert; er hat die gegenstandszentrierte Ontologie aus den Angeln gehoben, ein neues, nur von Platon vorgedachtes, auf Mitteilung und Tätigsein gegründetes Verständnis von Sein entwickelt und die Grenzen des Wissens auf revolutionäre Weise neu bestimmt. Leider hat er durch Anlage und Stil seines Werkes eine neue Scholastik begünstigt.

Nietzsche gelingt es dagegen, sich definitiv aus den Fesseln der Schulphilosophie zu lösen. Er hat mehr zur Popularisierung philosophischer Fragen beigetragen als jeder andere neuzeitliche Denker. Damit steht er in der Tradition von Sokrates, Cicero, Seneca, Marc Aurel, Epiktet, Augustinus, Meister Eckhart, Montaigne und Rousseau. Und man könnte darin ein Verdienst ersten Ranges sehen, wenn er nicht selbst noch im Streben nach öffentlicher Beachtung die Popularität verächtlich gemacht hätte.

18. *Distanz von der Menge.* Natürlich wissen die Philosophen schon lange vom Abstand ihrer Einsicht vom alltäglichen Bewusstsein – auch wenn sie von nichts anderem auszugehen haben als von ihm. Sokrates ist nicht nur mit dem herrschenden Unglauben seiner Mitbürger vertraut; er kennt auch den sophistischen Atheismus zur Genüge. Aber er weiß, dass es Zusammenhänge gibt, aus denen sich der Mensch, sofern er denkt, nicht lösen kann. Also ist es für ihn ein Akt nachsichtigen Verstehens, wenn er für die im Denken und Hoffen benötigte Einheit den allen vertrauten „Namen Gottes" (*onoma theou*) weiter gebraucht.

Gegen den herrschenden sophistischen Relativismus hält Platon, *weil* er von der Eigenständigkeit der begrifflichen Leistung als bloßer Bedeutung weiß, an der Konstanz der Begriffe fest. Bis heute macht man sich darüber lustig, dass er versucht hat, diese nur jedem selbst gegenwärtige Sonderstellung der Begriffe seinen Lesern didaktisch in Form der Ideenlehre nahe gebracht zu haben.

Platon hegt auch Bedenken gegen die Erfindung der Schrift, weil sie grundsätzlich von jedem zu jeder Zeit gelesen werden kann. Allerdings hindert ihn das nicht, selbst zu schreiben – wenn es nur auf kunstvoll-individuelle Art geschieht. Auch darin erweist er sich als der Meister, an dem sich Nietzsche orientiert. Platon verbindet damit jedoch keine elitären Vorurteile; das hat er als geborener Aristokrat nicht nötig.

Von Platon bis hin zu Hegel denkt die Philosophie im Bewusstsein ihrer faktischen Trennung von der großen Zahl der jeweiligen Zeitgenossen. Die Philosophen blieben – schon rein soziologisch gesehen – unter sich. Das hat sie natürlich nicht davon abgehalten, an das Ganze der Menschheit zu denken und sich selbst in allem als Menschen zu verstehen. Mit dem Bildungsschub des 19. Jahrhunderts wird diese äußere Bedingung des philosophischen Denkens hinfällig.

19. *Elite in einer Person.* Nietzsche ist der erste, der unter der faktischen Kondition eines schulisch angehobenen Bildungsniveaus denkt, in dem auch die Masse als philosophisches Publikum in Frage kommt.

Er wehrt sich gegen den geschichtlichen Tatbestand der Massenzivilisation, belässt es jedoch nicht bei der Artikulation des Unbehagens, das uns alle ergreift. Er phantasiert sich vielmehr in eine aristokratische Herkunft hinein, stilisiert sich zur genialischen Ausnahmeexistenz und steigert sich in einen forcierten Elitismus des Einsamen hinein, der heroisch wirken soll, in seiner Exaltation aber nur unser Mitgefühl erregen kann.

Ich will erst gar nicht versuchen, diese Haltung mit den politischen Etiketten zu versehen, die schon zu Lebzeiten Nietzsches dafür zur Verfügung standen. Wir erkennen auch so die theatralische Pose, die situativ auf Gleichgesinnte wirken soll, deren Reichweite aber an den mimetischen Impuls der Einfühlung gebunden bleibt. Sie kann also keine ethische oder politische Praxis begründen. Der Sonderweg der „grossen Individuen" führt bestenfalls im Kreis herum. In der verlangten Einsamkeit, ohne die Anteilnahme und Mitwirkung anderer, kann er streng genommen gar nicht beschritten werden. Überdies beruht er auf einer ästhetischen Selbstauszeichnung des Genies, aus der sich ohnehin keine gesellschaftlichen Folgerungen ziehen lassen – außer der, dass den Genies der größtmögliche Raum zur Entfaltung ihrer Produktivität gegeben werden muss.

Heute wissen wir, dass Nietzsche sich den zukunftsträchtigen politischen Theorien des politischen Liberalismus mit absurden ethnischen Vorurteilen – offenbar in Unkenntnis der Rechtslehre Kants und in diesem Fall leider auch durch Tocqueville nicht belehrt – als „englisch", „kuhäugig" und „dumm" entgegenstellt und damit die Ansichten ablehnt, die eine Gesellschaft rechtfertigen, in der Nietzsche ungehindert gedruckt, gelesen und diskutiert werden kann. Man kann seinen politischen Irrtum nicht anders als tragisch nennen.

20. *Ratlosigkeit und Regression.* Zur Komik der neueren Nietzsche-Rezeption gehört es, den politischen Unverstand ihres Protagonisten zu bagatellisieren. Ja, es gibt Autoren, die seinen autoritär-reaktionären Elitismus deshalb so belehrend finden, weil die Mehrheit heute egalitär und demokratisch denkt.[6] Wenn wir uns aber mit jedem abgeben würden, der sich einst lautstark irrte, bekäme Nietzsche Hekatomben von Konkurrenz; wenn wir den Irrtum zum Kriterium für philosophische Bedeutung erheben wollten (weil sich von ihm so trefflich auf die angeblich im Gegenteil liegende Wahrheit schließen lässt), wäre die Philosophie definitiv am Ende.

Gleichwohl ist Nietzsche hellwach, was die soziologischen Veränderungen der industriellen Zivilisation angeht. Sein Elitarismus in einer Person – seine ästhetische Variante der Tyrannei – ist das sicherste Anzeichen

---

6 So neuerdings: Judith Butler: Circuits of Bad Conscience: Nietzsche and Freud, und Wendy Brown: Nietzsche for Politics. In: Alan D. Schrift (Hg.): Why Nietzsche Still? Reflections on Drama, Culture, and Politics. Berkeley/Los Angeles/London 2000: 121–135 bzw. 205–223.

dafür. Er stellt sich der Massengesellschaft mit kindlichem Trotz entgegen:
Vielleicht findet man seine Haltung auch deshalb so verzeihlich, weil uns mit
Blick auf unsere eigenen Belange noch nichts Besseres eingefallen ist. Aber
auch Ratlosigkeit kann Regression nicht entschuldigen.

Man sollte vor allem nicht übersehen, dass Nietzsche den von der romantischen Genietheorie verstärkten Unterschied zwischen der Menge und
dem „großen Individuum" fundamentalisiert. Warum? Um bloß nicht mit
denen verwechselt zu werden, die nun auch Zugang zum philosophischen
Denken haben? Um von dummen Fragen und lästigen Rechtfertigungs-
pflichten verschont zu bleiben? Kennt er die, zu denen er gehören möchte, so
schlecht?

21. *Eine Geschmacklosigkeit.* Die seltenen Exemplare der „großen Menschen" führen ihr Gipfelgespräch über die Niederungen des Durch-
schnittsmenschen hinweg. Der aber fühlt sich offenbar nicht ausgeschlossen
und setzt alles daran, das über seinen Kopf hinweg Gesagte dennoch zu
verstehen. Wo liegt das Missverständnis – bei Nietzsche oder beim gemeinen
Menschen? Muten wir uns zuviel zu, wenn wir Nietzsche interpretieren?
Spricht Nietzsche, ohne es sich einzugestehen, doch zu uns herab? Oder ruft
er selbst mit aller Macht aus seinem dunklen Tal nach oben, um gehört und
erhöht zu werden?

Wir brauchen keine Antwort zu finden, weil der Fehler schon in der
Metapher steckt, genauer: darin, dass jemand sie auf sich selber anwendet.
Die Selbsterhöhung zum Gipfel der Kultur ist eine erstrangige Stillosigkeit.
Psychologen mögen klären, wie jemand, dem Stilfragen so wichtig sind, sich
fortgesetzt derart vergreifen kann; vielleicht wissen sie auch schon, warum
die durch die Großspurigkeit Brüskierten so nachsichtig mit ihrer Herab-
setzung umgehen. Von außen gesehen drängt sich die Parallele zur Popularität des europäischen Adels nach seinem Niedergang auf. Die illustrierte
Massenpublizistik kennt Formen kritikloser Verehrung, die nichts mit der
politischen Bedeutung der Verehrten zu tun hat.

Wenn dies, was ich glaube, bei Nietzsche anders ist, sollte die Nietzsche-
Forschung Wert darauf legen, mit dem Gegenstand ihrer Untersuchungen
etwas kritischer umzugehen. So könnte sie dem Verdacht begegnen,
Nietzsche bediene nicht nur die Sensationslust, sondern auch den Maso-
chismus des von ihm selber abgewerteten Publikums. Und wer ihn wirklich
medientheoretisch reflektieren will, sollte etwas über die Ambivalenz
zwischen Nietzsches extremem Rückzug auf sich (und einen kleinen Kreis
von lediglich erhofften Freunden) und der publizistisch angestrebten
weltgeschichtlichen Wirksamkeit sagen.

22. *Sensationalismus.* Eines, so scheint mir, ist im Streit um Nietzsche offenkundig, nämlich dass er durch seine Gedanken eine Sensation entfachen will. Bestimmt hat er nicht das gewollt, was seine Schwester aus ihm und seinem Werk gemacht hat. Aber er verlangt obsessiv, wenn auch mit sichtlicher Verzweiflung, nach öffentlicher Aufmerksamkeit für seine Schriften. Das tut notwendig jeder, dem seine Gedanken so wichtig sind, dass er sie publiziert. Aber malt er sich deshalb schon in selbstgefälliger Vorfreude ein Titelblatt nach dem anderen aus, auf dem der eigene Name prangt? Muss er wiederholt in Briefen schreiben, in zwei-, dreihundert Jahren werde er alle seine Zeitgenossen an Berühmtheit in den Schatten stellen? Vom Titel und Inhalt des *Ecce homo* wollen wir erst gar nicht sprechen.

Bleiben wir bei den Äußerungen, die noch nicht dem Wahnsinn zuzurechnen sind: Wer immer wieder die Formel eines seiner seltenen Rezensenten zitiert, seine Schriften seien wie „Dynamit", wer sich mitten in einer international von Wahl-, Friedens- und Frauenbewegungen eingeleiteten Egalisierung über die von Georg Brandes geprägte Formel vom „aristokratischen Radikalismus" freut, wer bewusst martialische Formeln in Umlauf bringt, vom „Anti-Christ", vom „Willen zur Macht", vom Philosophieren mit dem „Hammer" oder vom Lieben mit der „Peitsche" spricht, der bringt sich in schlechte Nachbarschaft. Die Sache, die er kenntlich machen will, mag als exquisit und subtil gelten: Doch unter diesen Auspizien kann sie es nicht bleiben. Hier macht das starke Wort auch einen groben Gegenstand.

23. *Ohren hinter den Ohren.* Natürlich wissen wir inzwischen, dass alle diese Formeln aus einem Leiden geboren sind und dass hinter ihm die Enttäuschung an mangelnder Aufmerksamkeit für sein Denken steht. Und dahinter steht das Leiden daran, dass er seine Wahrheit nicht mit anderen teilen kann. Aber kann das die Überlautstärke entschuldigen? Wir haben als genaue Leser auch längst gelernt, selbst in den großspurigen Tönen die leisen Nuancen zu entdecken. Der „Hammer" meint in der *Götzen-Dämmerung* das Auskultations-Hämmerchen, mit dem der Arzt die schwachen Stellen abklopft. Die Wendung vom „Willen zur Macht" zielt auf eine subtile Metaphysik ursprünglicher Innervationen, mit denen der Atomismus der Physik überwunden werden soll; streng genommen kann nur ein Genie wissen, was „Wille zur Macht" eigentlich heißt. Und wer anders als die feministische Nietzsche-Interpretation hätte den Nachweis führen können, dass die Rede von der „Peitsche" natürlich „metaphorisch" ist und eine feinsinnige Ambivalenz sado-masochistischer Motive zum Ausdruck bringt.

Tatsache aber ist, dass Nietzsche es immer wieder bewusst auf das grobe Verständnis anlegt. Er wollte die verachtete Menge erreichen, notfalls eben durch ihre Provokation. Auch wenn er immer wieder die „leisen" Töne sucht, auf „Ohren hinter den Ohren" hofft, die „halkyonische" Stimmung im windstillen Schweben über den Wassern beschwört und damit den „grossen Mittag" herbei sehnt, an dem die Schatten unter den Dingen verschwinden. Er sucht nach der „stillsten Stunde" und will über „den Nacken des Stiers" hinweg in „das Auge des Engels" sehen. Alles das ist offenkundig. Es ist anrührend und hat eine gleichermaßen affektive wie intellektuelle Konsequenz. Im *Zarathustra* lässt das Verlangen nach Frieden, Stille, Anmut, Abspannung und einer sich frei verströmenden Liebe den Leser nicht unberührt: „Wenn die Macht gnädig wird und herabkommt in's Sichtbare: Schönheit heisse ich solches Herabkommen."[7] Im Umkreis der von Nietzsche gemeinten Macht wird das Erhabene schön und das Schöne erhaben. Wenn das aber so ist: Warum kann dann nicht auch die wahrhaft ausgesprochene Wahrheit über das Leben von sich aus wirksam sein? Warum ist sie auf Reizmittel, auf Sensationen angewiesen, die man nur mit Blick auf die Menge benötigt?

24. *Agent provocateur.* Nicht nur die großmäuligen Briefe über den *Zarathustra*, nicht erst die dem Wahnsinn bereits nahen Selbstanzeigen im *Ecce homo*, sondern Sache, Stil und Metaphorik aller Werke zwischen 1872 und 1888 zeigen an, dass Nietzsche vor allem provozieren will. Er will seine Zeit aus ihrer philiströsen Selbstsicherheit herauslocken, will Anstoß erregen, um endlich die Enge der klerikalen, nationalen oder szientifischen Selbstzufriedenheit aufzubrechen. Sein exaltierter Renaissancismus verlangt nach einer allgemeinen Erschütterung, in der sich erst die Aufmerksamkeit für die neuen Werte einstellen kann.

Dabei kann er über die „neuen Werte" noch gar nichts sagen. Seine rhetorische Anstrengung ist, mit vollem Recht, auf alte Wahrheiten gerichtet: auf die Herrschaft der Gegensätze in der Natur, auf die Dominanz des Lebens in aller Kultur, auf die Allgegenwärtigkeit des Scheins, die uns dennoch nicht von dem Anspruch auf Redlichkeit und Wahrhaftigkeit entbindet. Doch wie dem auch sei: Nietzsche ist, um es auf eine gerade in ihrer Fragwürdigkeit angemessene Formel zu bringen, ein *agent provocateur.* Er handelt freilich ohne Auftrag anderer, nimmt keine versteckten Interessen wahr und verbirgt, soweit wir wissen, auch nichts von dem, was ihm an seiner Wirkung wichtig war. Er provoziert unter dem Anspruch auf

---

7   Za 2, Von den Erhabenen; KSA 4, 152.

„Wahrhaftigkeit", forciert sein Talent unter dem Titel der „Redlichkeit" und exponiert sich so existentiell, dass man bei seiner Begeisterung für das Dynamit den Eindruck nicht abwehren kann, er wolle sich selbst zur Explosion bringen. Alles in allem handelt Nietzsche ganz auf eigene Rechnung, und wir werden sehen, dass allein darin seine philosophische Größe besteht.

25. *Notschrei.* Nietzsche setzt das bewährte Mittel aller Propheten ein: Die Zeiten sind schlecht; aber die Lethargie der Menge setzt sich auch darüber hinweg. Also muss sie aufgerüttelt und über die wahre Lage aufgeklärt werden. Das geschieht durch den „Notschrei" Zarathustras, der alle existenziellen Register zieht. Es geschieht durch den Veitstanz des Narren, der seinen freundlich-liberalen Hörern ins Gesicht schreit, dass sie Mörder sind und Gott getötet haben. Es wird auch durch den Seiltänzer hoch oben über dem Marktplatz illustriert, der von einem größeren Virtuosen übersprungen wird, in die Tiefe stürzt und vor den Füßen Zarathustras aufschlägt.

Alles das sind drastische Mittel, die zu erkennen geben, dass Nietzsche kein Unrecht angetan wird, wenn er noch heute für Sensationen herhalten muss und immer von neuem auf die Couch gezerrt wird. Freilich spielen dabei auch Momente mit, für die er nichts kann: Ein Philosoph, der Prototyp des Asketen, mit einer Geschlechtskrankheit, in deren Folge er im Wahnsinn endet, war und blieb schon für sich gesehen eine Sensation, die zum provokanten Gestus seiner Schriften passte. So wurde aus seinem Dasein ein zeitgeschichtliches Ereignis, das mehr als bloß literarische Aufmerksamkeit fand. Die Beachtung von Person und Werk nahm kultische Züge an. Sein Nachruhm beweist, dass man sich auch *posthum* zu einem Medienstar entwickeln kann.

26. *Ein Possenreißer überspringt den anderen.* Der Seiltänzer in Zarathustras Vorrede stürzt aus der Höhe ab, nachdem sich ihm auf dem Seil über den Köpfen der Menge ein zweiter Sensationsartist, ein „bunter Gesell", mit schnellen Schritten genähert, ihn mit „fürchterlicher Stimme" als „Lahmfuss" beschimpft und in einem gewaltigen Satz übersprungen hat. Der zweite Seilartist wird „Possenreisser" genannt.[8]

Es gibt viele Deutungen dieser Stelle. Weil aus der Sicht des unten stehenden Zuschauers die Balancestange des Seiltänzers mit dem Seil ein Kreuz bildet, wird er als Christus angesehen, der durch den über ihn hinweg springenden Nihilismus endgültig zu Tode kommt. Man hat im „Possenreisser" Richard Wagner ausmachen wollen, der mit dem Getöse eines

---

8   Za 1, Vorrede 6; KSA 4, 21.

Marktschreiers seinen Gegenspieler Friedrich Nietzsche überspringt. Doch das kann schon deshalb nicht sein, weil der Seiltänzer sich selbst als ein unter harter Entbehrung dressiertes Tier begreift, dass ohne eigenen Antrieb ist. Wenn Nietzsche auch vieles war: Das war er nicht.

Eine bessere Lösung für die Artisten-Metaphorik bietet sich, wenn wir die später folgenden Passagen über die „Selbst-Überwindung" heranziehen: Dann sind Seiltänzer, Possenreißer und Zarathustra *eine* Person, die sich in verschiedenen Rollen begreift. Zwei davon verrichten ihren Beruf als Sensationisten hoch über den Köpfen der vom Marktplatz zu ihnen aufblickenden Menge; der dritte, Zarathustra, steht als Fremder unter dem vom Nervenkitzel erfassten Volk, das vor dem herabstürzenden Schausteller auseinander weicht. Zarathustra bleibt stehen, und der aus dem Gleichgewicht gekommene Artist schlägt neben ihm auf. Er ist der Einzige, der mit dem Sterbenden spricht, und wird auch deshalb vom Volk verachtet. Das wiederum bestätigt ihm wenig später der Possenreißer, der sich in der Dämmerung zu ihm schleicht und ihm dringend rät, die Stadt zu verlassen, weil ihn die Bürger für gefährlich halten. Schon Zarathustra ist „Dynamit". Was aber sagt der Possenreißer zu Zarathustra? „[U]nd wahrlich, du redetest gleich einem Possenreisser"![9]

27. *Possenreißer hoch drei.* In der Szene auf dem Markt haben wir den Possenreißer gleich dreifach: Einmal in seiner biederen Form als dressierter Seiltänzer; dann in seiner elaborierten Variante als größeres Talent, das den Vorgänger in seiner Kunst überflügelt; und schließlich als den Prediger einer auf dem Markt verkündeten Botschaft, die alle Marktschreier endgültig vertreiben soll. Nietzsche ist in allen drei Figuren, und zu seiner schwer erkennbaren Selbstironie gehört, dass er den erhöhten Possenreißer auf dem Seil dem isolierten Possenreißer auf dem Markt den Ratschlag geben lässt, die Stadt zu meiden. Das löst dann den Entschluss Zarathustras aus, hinfort nicht mehr direkt zur Menge, sondern nur noch zu auserwählten Freunden zu sprechen.

Nietzsche selbst war eben dieses Glück nicht vergönnt. Er blieb in seinen Schriften so wie Zarathustra auf dem Markt: von allen gemieden und verlacht. Das hat sich in den hundert Jahren nach seinem Tod geändert. Nun macht sich die Nietzsche-Forschung lächerlich, wenn sie noch nicht einmal die Ambivalenz zum Thema macht, die sich Nietzsche selber eingesteht.

---

9   Za 1, Vorrede 8; KSA 4, 23.

28. *Vorauseilend zeitgemäß*. So bitter die Wahrheit nach hundert Jahren auch ist: Nietzsche ist ein Sensationsphilosoph. Sehen wir einmal von den nachgelassenen wissenschaftlichen Weltanschauungen des 19. Jahrhunderts, von Marxismus und Rassismus, ab, dann hat sich im 20. Jahrhundert niemand als zeitgemäßer erwiesen als er. Er kostet die Widersprüche aus, denen die Philosophie seit der Antike ihre Impulse verdankt. Es ist ja richtig, den Menschen als das „grausamste Tier" zu decouvrieren. Wer es nicht von sich aus erkennt, muss darauf hingewiesen werden, dass der Mensch auch und gerade als „Haustier" in seiner eigenen Zivilisation „bestialisch" bleibt. Aber was folgt daraus? Wie geht ein Erkennender, dem die Erkenntnis offenbar so wichtig ist, dass er sich unablässig in und mit ihr exponiert, damit um? Was kann das „Raubtier" Mensch dazu tun, damit weiterhin wenigstens Erkenntnis möglich ist? Aber warum eigentlich Erkenntnis, wenn man schon weiß, dass sie letztlich nur zur Erstarrung des Lebens führt?

Das sind die Fragen, die Nietzsche stimuliert, aber selbst nicht zu beantworten sucht. Er unternimmt selbst keine Anstrengungen, die von ihm aufgewiesenen Widersprüche begrifflich zu vermitteln. Schon den Versuch dazu stellt er als den Geburtsfehler des theoretischen Denkens dar und verbündet sich so mit denen, die gerade erst für die Wissenschaft gewonnen sind, aber noch keine Chance hatten, sich in deren Weitläufigkeit einzuüben.

29. *Nicht frei von Ressentiments*. Nietzsche, der subtile Analytiker des Ressentiments, hegt selbst ein Ressentiment gegen die „Bildungsphilister", gegen die „Sklaven", „Kärrner" und „Fabrikarbeiter" der gelehrten Arbeit. Dass hier nicht einfach nur Kritik geäußert wird, zeigt seine – mit allen Anzeichen des Ekels vor „Schweiß" und „schlechtem Atem" – vollzogene Distanzierung, die sich gegenüber der Menge zur offensiven Verachtung steigert. Kann man übersehen, dass die von Nietzsche verächtlich Ausgegrenzten heute zu seinen treuesten Bewunderern gehören? Gewiss, es wäre ein schönes Zeichen der Toleranz gegenüber dem armen Nietzsche, der die Selbstaufwertung durch soziale Ausgrenzung offenbar noch nötig hatte.

Doch ein solches Zeichen ist die Duldsamkeit nur, wenn man die Schwäche Nietzsches auch zum Thema macht. So lange dies nicht geschieht,[10] kann man sich nur wundern, was sich Nietzsches Leser von ihrem Autor widerspruchslos bieten lassen. Williger als die Schar der Nietzscheaner ihrem Autor ist auch die kirchliche Herde ihrem Hirten nicht gefolgt.

---

10 Eine bemerkenswerte Ausnahme sei genannt: Werner Ross: Der ängstliche Adler. Friedrich Nietzsches Leben. Stuttgart 1980.

30. *Das Experiment ohne Zensur.* Eine elementare Bedingung dieser Gefolgschaft war und ist, dass die kirchliche Herrschaft erstmals wirklich gebrochen war. Die Institutionen des Glaubens hatten an Wirksamkeit verloren. Das weltanschauliche Vakuum begünstigte den Erfolg säkularer Lebenshilfen. Und da konnte eine populäre, jederzeit auch ohne schulische Voraussetzungen aufnehmbare Literatur besondere Aufmerksamkeit finden, die nicht nur den Achtungsverlust der Religionen zu erklären versprach, sondern sich zugleich als Weg zu einem möglichen Ersatz empfahl. Dafür waren und sind besonders jene empfänglich, die mit ihren klerikalen Bindungen am meisten zu kämpfen haben. Nietzsche bietet einen Weltanschauungsersatz im Jenseits kirchlicher Herrschaft.

Darüber hinaus wird sein Erfolg nicht zuletzt auch dadurch begünstigt, dass er der erste Denker ist, der den faktischen Wegfall der Zensur offensiv nutzt. Er ist der erste „freie Geist", der sich ohne jede Einschränkung öffentlich ausbreiten kann. Seine theatralische Sendung besteht nicht zuletzt in der Demonstration der Chancen, die dadurch gewonnen werden. Er will etwas vor Augen führen, das nunmehr möglich ist. Und er möchte, dass es jeder selbst sehen und fühlen kann. Das ist das prophetische Erbe, zu dem er sich mit dem *Zarathustra* offen bekennt.

31. *Für alle und keinen – überall und nirgendwo.* Zugleich aber möchte Nietzsche alles nur *allein* gesehen, erfahren und erlitten haben. „Für alle und keinen" – eben das ist der enigmatische und zugleich sensationalistische Widerspruch, in dem er sich bewegt. Alle sollen ihn hören, aber keiner darf ihn wirklich verstehen; jeder soll ihn beachten, aber niemand darf sich unterstehen, sich als seinesgleichen zu begreifen. Nietzsche fürchtet das Gemeine im Allgemeinen; er fordert das Höchste, verweigert aber schon den dazu notwendigen Begriff. Er weiß, dass sich im Begreifen nicht nur der Begriff dem Begriffenen angleicht, sondern auch der Begreifende dem Begriff. Die Begriffe, die Nietzsche so virtuos gebraucht, sind die Gleichmacher, denen er sich entziehen will.

Also schreibt er sich mit jedem philosophischen Wort umso tiefer in die Gemeinschaft von seinesgleichen hinein, um ihnen mitzuteilen, dass er mit ihr nichts zu tun haben will. Noch sein Visionarismus, der die „Morgenröte" liebt, eine „Philosophie der Zukunft" in Aussicht stellt und die „Götzen-Dämmerung" für gekommen hält, ist ein Eskapismus. Er will um jeden Preis aus seiner Zeit heraus, auch wenn er bei niemandem ansetzen und nirgendwo anfangen kann.

32. *Adventismus wider besseres Wissen.* Der einzige Weg, der noch offen ist, scheint – so abstrakt wie bei einem spekulativen Denker – in die Zukunft zu führen. Doch auch die verbleibt in der Zeit und – wie heute mit Blick auf Nietzsche offenkundig ist – in einer Geschichte, der er vollkommen zugehört. Also kommt er auch nach vorn nicht aus der Zeit heraus. Dies hat er, wenn *amor fati* und ewige Wiederkehr sachlich etwas bedeuten, genau gewusst. Dennoch kann nicht bestritten werden, dass Nietzsche als Verkünder des Nihilismus Erwartungen weckt, die auf eine Zeitenwende zielen. Er schürt sie, wenn er seinen Zarathustra die Überwindung des Nihilismus predigen lässt. Da verfällt er dann wohl selbst dem geschichtsphilosophischen Adventismus, vor dem er durch den Gedanken der Wiederkehr geschützt sein sollte. Denn auch der Nihilismus ist so lange von einer aufs Ganze gestellten Fortschrittserwartung getragen, als mit der Möglichkeit seiner Überwindung gerechnet werden kann.

Nietzsches Interpreten nehmen den nihilistischen Adventismus bereitwillig auf, sobald sie von einer „postnihilistischen" Zukunft sprechen. Sie steigern ihn ins Absurde, wenn sie, wie Heidegger, suggerieren, es könne gar eine Befreiung von der Geschichte geben, indem das Sein selber tätig wird. In jedem Fall wird Nietzsche zum Propheten einer alternativen Zukunft. Seine Botschaft soll sein, dass nunmehr alles anders werden muss. Das ist Nietzsches Verheißung gerade nicht.

33. *Das Individuum muss alles wenden.* Bei genauerem Zusehen entpuppt sich Nietzsches Hoffnung auf die Zukunft als eine Variante seines ihn von Anfang an bestimmenden Renaissancismus: Er möchte eine neue Blüte der Kultur durch schöpferische Besinnung auf deren Ursprung. Dieser Ursprung mag – historisch gesehen – *vor* Sokrates im „tragischen Zeitalter der Griechen" liegen. Prüft man jedoch, was Nietzsche aus dieser frühen Epoche vorbildlich findet, dann ist es immer wieder ein und dasselbe, auf das er seine Hoffnungen setzt: nämlich die Produktivität des auf sich gestellten Individuums. Das Individuum muss alles wenden. Wenn das nicht ist, bedeutet eine Wende nichts.

Das Individuum aber findet zu seiner Ursprünglichkeit nicht im gezielten Sprung über eine Zeitgrenze hinweg. Es kann alle historischen oder moralischen Lasten schleppen (wie ein „Kamel"), es kann revolutionär brüllen (wie ein „Löwe"); wenn es nicht in aller Einfalt auf sich selbst zurückgeht (wie ein „Kind"), schafft es nicht über sich hinaus. Erst wenn es zum „aus sich rollenden Rad" geworden ist, kann es etwas wirklich Neues produzieren. Es muss, so viel es auch geschichtlich mitschleppt und so weit sein Wille in die Zukunft ausgreifen mag, auf die Natur zurückgehen, die es selber ist. Im selbstgewissen Werden des eigenen Lebens liegt die Chance zu dem, was niemals mehr als Selbstverwirklichung sein kann: „s e i n e n Willen will nun der Geist, s e i n e Welt gewinnt sich der Weltverlorene".[11]

34. *Befangenheit in der Illusion.* In der Naivität des kindlichen Schaffens liegt der Ursprung alles Neuen. Hier hat ein Mensch aus seinen geschichtlichen Konditionen *heraus* und *auf sich selbst* zurück zu gehen. Nur so kann sich eine Perspektive öffnen, in der sich ein Individuum *selbst* steigern kann. Wenn es dabei dann glaubt, sogar bis an die Grenze seiner Epoche vorzustoßen, dann gehört das zu den Illusionen der eigenen Tat; dann hat man dies als Stimulans des eigenen Schaffens, nicht aber als ein realgeschichtliches Faktum zu werten.

Nietzsche können wir es daher nachsehen, wenn er gelegentlich so spricht, als stehe er an der Schwelle zu einer anderen Epoche, als werde mit seinem *Zarathustra* eine neue Zeitrechnung beginnen. Aber wenn *nach* Nietzsche so geredet wird, als sei er tatsächlich schon die realgeschichtliche Wende (oder ihr definitiver Wegbereiter), dann liegt ein doppeltes Missverständnis vor: Zum einen wird die Individualität Nietzsches verfehlt und zum anderen verschätzt man sich selbst, wenn man Nietzsche zum bloßen Vorläufer der eigenen Leistung macht. Das ist Heideggers nachhaltiges Missverständnis, dem sein überragender Schüler Löwith schon früh, doch leider wirkungslos entgegen getreten ist.[12] Der Irrtum liegt im geschichtsphilosophischen Schema von Bruch oder Wende, das einen metaphysischen Fortschritt unterstellt, dem schon Platon mit Nachdruck entgegengetreten ist.[13] Die angeblich verlorene Transzendenz soll durch eine reine Zukunft kompensiert werden. Das, um es noch einmal zu sagen, ist Nietzsches Botschaft gerade nicht.

35. *Spiegel unserer selbst.* Was Nietzsche in Wahrheit in Aussicht stellt, ist nichts anderes als sich selbst. Was er uns philosophisch bietet, erschließt sich uns nur im individuellen Nachvollzug seiner individuellen Exaltation. In ihr haben wir den über die Maßen stilisierten Ausdruck seiner eigenen Existenz. Im Denken und Schreiben gibt er sich selbst seine Form. Und was uns darin herausfordert, korrespondiert mit unserer eigenen Daseinslage. Wir haben

---

11   Za 1, Von den drei Verwandlungen; KSA 4, 31.
12   Karl Löwith: Nietzsches Philosophie der ewigen Wiederkehr des Gleichen. Berlin 1935; ders.: Nietzsches „Vorspiel einer Philosophie der Zukunft". Sämtliche Schriften Band 6. Stuttgart 1987, 101 ff. u. 427 ff.).
13   Politikos 269c–270b; Nomoi 677a–678c.

in ihm, in seinem exemplarischen Denken einen Spiegel unseres eigenen Lebens.

36. *Existentielle Wertung.* Nietzsches verzweifeltes Philosophieren ist ein Suchen nach sich selbst. Den Zugang zur Geschichte, zur Kunst, zur Wissenschaft, zum Leben erschließt sich ihm über den „Sinn", den er darin findet. Und was immer er findet, gewinnt Bedeutung nur über den „Wert", den es haben kann. Der Wert aber ist gleichermaßen Ausdruck und Maß der eigenen Existenz. Es wäre viel zu wenig, den Wert als „subjektiv" zu bezeichnen, obgleich er natürlich nicht „objektiv" genannt werden kann. Es ist auch zu wenig, ihn „individuell" zu nennen, so richtig es ist, dass er seine Wirkung nur über Individuen entfalten kann. Der treffende Ausdruck für die elementare praktische Bedeutung des Wertes, an dem für Nietzsche alle theoretische wie praktische Perspektivik hängt, ist „existenziell". In diesem Sinn gibt er auch dem Interpreten die stärksten Impulse, sobald er selbst auf der Suche nach sich selber ist.

37. *Klassiker des individuellen Denkens.* Damit sind wir an dem Punkt, der hinter allen Sensationen steht: Es ist Nietzsches eigene Existenz. Und in ihr schlägt die absteigende Kurve der ernüchternden, enttäuschenden, aber nicht mit Absicht kränkenden Kritik in eine aufsteigende Linie essenzieller Bedeutung um. Hier bleibt nichts mehr zu entlarven und kaum noch etwas auf andere zurückzuführen; hier haben wir nicht nur den Ursprung einer uneinholbaren Originalität, sondern auch den Grund für eine Exzellenz, die Nietzsche weit über das Denken anderer hinaushebt. Mit Blick auf die Ursprünglichkeit und die bereits erwiesene Wirksamkeit wird man ihn sogar einen „Klassiker" des Denkens nennen können, eine Auszeichnung, die vielen, mit denen man ihn historisch vergleichen muss, nicht zukommen kann. Er ist der Extremist der individuellen Existenz.

38. *Extremist der Individualität.* Nietzsches originäre Leistung reicht so weit, dass sich durch ihn bereits der Begriff des „Klassikers" erweitert. Er hat uns die Gegensätzlichkeit und Widersprüchlichkeit der menschlichen Existenz in einer neuen Form bewusst gemacht, er hat uns die dionysische Zerrissenheit seines produktiven Wesens vor Augen geführt und eben darin ein Werk von monumentaler Größe hinterlassen. Klassiker ist, wer in einer Tradition, in der schon alles vorkommt, einen exemplarischen Anfang macht und uns darin etwas Bleibendes in Aussicht stellt.

Dies gelingt Nietzsche jedoch nicht durch die Exposition einer neuen philosophischen Theorie, auch nicht durch die Präsentation einer grundstürzend neuen Einsicht, mit der sich alles wendet. Er ist nicht groß, weil er eine Entwicklung auf eine unüberbietbare Spitze treibt, nicht, weil er etwas vollendet oder alles ins Unüberbietbare beschleunigt. Seine Größe besteht in der Rückhaltlosigkeit, mit der er sich selbst zum Ausdruck bringt. Er ist der philosophische Extremist, der seinen Anspruch auf Wahrhaftigkeit auch gegen sich selber kehrt.

Sokrates suchte mit der These von der Unsterblichkeit der Seele die substanzielle Bedingung seines eigenen Handelns zu sichern; Nietzsche aber ist selbst noch dieses die Konstanz der Lebensführung tragende Verlangen nach Sicherheit suspekt. Darin müssen wir ihm nicht folgen; wir können für uns selber auf andere – neue oder ältere – Garantien setzen. Aber die Gefährdung, die das Exerzitium seines Philosophierens vor Augen führt, bleibt. So einzigartig und unverwechselbar Nietzsche auch ist: Die von ihm in eine ästhetische Konfiguration gebrachte philosophische Erfahrung kann sich jederzeit bei jedem erneut einstellen, wenn er sich hohe Ziele setzt. Als existenzielle Einsicht, die das Individuum in seiner Geschichte, in seiner Kultur, in seinem Leben betrifft, ist die ewige Wiederkehr des Gleichen zumindest ein treffendes Bild.

39. *Existenzphilosoph par excellence.* In seinem Extremismus denkt Nietzsche letztlich nur sich selbst. Er ist sich selbst das Problem, für das er nicht nur keine Lösung hat: Er strebt die Lösung auch gar nicht an, weil er in ihr das Ende seiner Produktivität vermutet. So gibt er sich ganz dem Prozess seines Daseins hin, auf dass es unverwechselbar sein eigenes werde. So wird er zum Philosophen seiner eigenen Existenz. Schon vor Jahren habe ich sein experimentelles Denken als eine *Existenzphilosophie* bezeichnet.[14] Das muss man ausdrücklicher machen: Er ist der Existenzphilosoph *par excellence.*

Gewiss, auch darin steht Nietzsche nicht allein. Der erste, der ihm voran geht, ist auch hier kein Geringerer als Sokrates. Da alle bedeutenden Denker an Sokrates Maß genommen haben, lässt sich die Grundfigur der existentiellen Reflexion wohl in allen philosophischen Werken von Rang ausweisen. Damit ließe sich auch der praktische Impuls aller großen Theorie exponieren. Die Selbsterkenntnis, um die es Sokrates geht, findet ihren Ausdruck in der Frage: „Wie soll ich leben?", und Platon hat gezeigt, dass diese Frage auf alle anderen Fragen führt.

---

14   Volker Gerhardt: „Experimental-Philosophie". Versuch einer Rekonstruktion. In: Ders.: Pathos und Distanz. Stuttgart 1988, 163–187, 177 f.

40. *Eine sich verzehrende Existenz.* Sokrates findet zu einer Sicherheit, die Nietzsche nicht zuletzt deshalb abgeht, weil er sie nicht will. Ihm löst sich alles, was er begreifend zu fassen sucht, in ein anderes auf. „Licht wird alles, was ich fasse, Kohle alles, was ich lasse: Flamme bin ich sicherlich."[15] Alles brennt, flackert, glüht, glimmt oder bleibt verbrannt zurück. Während es Sokrates gelingt, zu einer Konstanz zu finden, die für ihn so unerschütterlich ist, dass sich darin für ihn die Unsterblichkeit der Seele beweist, sucht Nietzsche unentwegt nach einem ephemeren Gegenhalt in der Produktion seines Werks. Alles hat nur Bestand, solange es entsteht.

Das Einzige, was bleibt, ist ein Augenblick. Ihn sucht er durch die undenkbare Totalität der Wiederkehr für eine unvorstellbare Ewigkeit zu retten. Die Tragik dieser Rettung des Nicht-zu-Rettenden liegt darin, dass er es eben damit preisgibt. Denn ein wiederkehrender Augenblick kann nicht mehr als Augenblick gelten. So gerät Nietzsche durch seine aufwendigste theoretische Konstruktion noch tiefer in die Praxis hinein, in der er stets nur selber *ist*, ohne sich aber noch sicher sein zu können, ob er sich auch noch selber *hat*. Durch seine spekulativen Bemühungen treibt er sich nur umso hoffnungsloser in die metaphysische Isolation. So denkt er ganz und gar unter dem Bann einer Existenz, die ihm zur reinen Gegenwart geworden ist. In ihr bleibt er nur sich selbst, ohne im unablässigen Übergang an seinem Selbst noch etwas Bleibendes zu haben.

41. *Die Selbstgenügsamkeit der ästhetischen Gestalt.* In dieser Notlage der Selbsterkenntnis versucht Nietzsche im jeweils anderen seiner selbst einen Halt. Dafür aber hat er weder einen Begriff von sich selbst noch den von einer Welt, sondern nur jene Bewegung aus sich heraus, die ihr Minimum an Festigkeit wenigstens in ihrer in sich stimmigen Gestalt bieten kann. Das ist die ästhetische Form. So wird ihm die Kunst zu dem, was Kant im „Gegenstand" und Platon im „Spiegel" der Seele fand. Dabei wird bis heute nicht hinreichend beachtet, dass für Platon der Spiegel der *eigenen* Seele das Auge des *Anderen* ist.[16] Nietzsches Gegenüber der Selbsterkenntnis ist das *eigene* Werk, in dem man – keineswegs erst, wenn es abgeschlossen ist – bei einem *anderen* ist. In der Produktion von etwas, das als Gestalt seine Einheit hat, hofft er selbst eine Form zu finden, die aber nur eine ephemere Gewissheit als Traum oder Rausch zu bieten hat.

Deutlicher kann die Isolation der individuellen Existenz, die sich nur in illusionären Zuständen, nur in einer jeweils als partikular und abgetrennt

---

15 FW „Scherz, List und Rache" 62; KSA 3, 367.
16 Alkibiades I 133a–c.

erfahrenen Verfassung des Geistes als bestimmend erfahren kann, gar nicht sein. So wie Nietzsche es für die Griechen beschreibt, gilt es für ihn selbst: Die Kunst rettet ihn für das Leben. Was könnte es Schöneres geben – wenn man nicht wüsste, dass es sonst nicht nur keine Rettung, sondern *gar nichts* gibt? Geht damit auch das Schöne verloren? Die ästhetische Existenz kann nicht mehr ästhetisch sein, sollte es außer ihr keine andere mehr geben. Wenn alles schön ist, ist nichts mehr schön. Wenn alles tragisch ist, kann kein einzelnes Schicksal mehr tragisch sein. In diesem Dilemma seiner „Artisten-Metaphysik" wird Nietzsche umso stärker auf seine Existenz zurückgeworfen. Denn er wird durch den umfassenden Anspruch einer „ästhetischen Rechtfertigung der Welt" genötigt, *sich selbst* zu differenzieren.

42. *Analogia mentis individualis.* Die Artisten-Metaphysik ist die Ausgangsposition in der *Geburt der Tragödie.* Unmittelbar danach versucht Nietzsche aus der Selbstbestätigung in der ästhetischen Form ein Gesetz der Serie zu machen, das vom produktiven Geist bis in die Produktivität des Leibes hineinreicht. Die Serie wird aus Metaphern gebildet, die von den Begriffen, über die sie darstellenden Vorstellungsbilder, über die Worte und Laute bis in das Empfinden, Schwingen und Pulsieren des Leibes hineinreicht.

Dieses Prinzip der Reihung aus in sich stimmigen Gestalten kann den durch die Produktivität geschaffenen Halt bis in die Physiologie hinein verlängern. Der ästhetische Bilderbogen reicht somit in die leiblichen Vollzüge hinein und kann durch den Prozess des Lebens gesichert erscheinen. Wie weit Nietzsche dabei zu gehen bereit ist, gibt sein Zarathustra preis, wenn er von der „großen Vernunft des Leibes" spricht.

Das Problem, das die Isolation in der ästhetischen Erfahrung mit sich bringt, bleibt aber auch hier bestehen, weil jeder Leib seine eigene Vernunft hat und jeder seine „kleine Vernunft" des bewussten Tuns erfahren haben muss, um überhaupt eine Ahnung davon haben zu können, was die „große Vernunft" des Leibes bedeuten könnte. Also ist der Einzelne auch hier auf seine Selbsterfahrung zurückgeworfen.

Nietzsche kommt somit aus der *analogia mentis individualis* nicht heraus. Er sieht nicht, dass von der „großen Vernunft des Leibes", die in ihrem Ursprung natürlich eine individuelle Vernunft sein muss, gar nicht die Rede sein könnte, wenn die „kleine Vernunft" nicht bereits in sich die bloße Individualität überschritten hätte. Er sieht lediglich, dass die Begriffe in ihrer Allgemeinheit notwendig an die lebendigen Individuen gebunden sind. Daran knüpft er seinen stets wachen Metaphysikverdacht, statt umgekehrt in der überindividuellen Leistung der Begriffe eine Intensivierung der menschlichen Individualität zu entdecken. Sein ideologiekritischer Argwohn gegenüber den Begriffen wirft ihn nur noch stärker auf seine unbegreifbare Existenz zurück.

43. *Das Genie und der Wille zur Macht.* Die *analogia mentis individualis* trägt einen der lautesten und auffälligsten Begriffe Nietzsches, der selbst aber Wert auf einen stillen, zutiefst individuellen Zugang legt: Denn der „Wille zur Macht" kann streng genommen nur von einem Genie – und zwar nur im Vollzug seiner eigenen Produktivität – verstanden werden. Die zum Begriff gewordene Extroversion setzt die Introversion des Künstlers voraus.

Wenn die Physiker jedes Vorkommnis als Wirkung einer „Kraft" begreifen, so sind sie nur auf den „äusseren" Zusammenhang der Dinge bezogen; das in jedem Geschehen wirksame „innere" Moment aber bleibt ihnen verborgen. Der Begriff des „Willens zur Macht" soll diese Einseitigkeit beheben; er umfasst „äussere" *und* „innere" Momente der Kraft und zielt letztlich auf die „Vernunft" in aller physischen Bewegung. In jedem einzelnen Akt soll eine Einheit zum Ausdruck kommen, die von der auf bloße Faktizität bezogenen wissenschaftlichen Erkenntnis bereits in ihrem Ansatz preisgegeben ist.

Die gesuchte umfängliche Einheit der elementaren Wirksamkeit entdeckt Nietzsche in der Entfaltung der schöpferischen Kräfte des Menschen. Daher ist sein Ausgangspunkt die Produktivität des „großen Menschen", die sich ihm, nach eigenem Verständnis, nur auf dem Weg der Selbsterfahrung erschließt. Dieser Selbsterfahrung liegt wiederum keine bloß theoretische Selbstreflexion zugrunde, sondern sie kommt aus dem praktischen Vollzug der Selbstbildung, in der ein „großer Mensch" sich immer auch selbst zum Gegenstand seiner schöpferischen Energien macht. Der „Wille zur Macht" hat also einen werkästhetischen Ursprung; seine Konzeption stammt aus dem Erfahrungszusammenhang der kulturellen Selbstproduktion schöpferischer Individuen. Sein Maß liegt in der Selbstentfaltung des Genies[17].

44. *Der Primat der menschlichen Erfahrung.* Da die Macht als dynamische Größe gedacht wird, die niemals bloß durch äußere Relationen bestimmt ist, sondern stets auch ein drängendes, treibendes, sich entladendes Innen hat, scheint sie selbst lebendig zu sein, und der sie bewegende „Wille" erscheint als Ursprungsimpuls des Lebens. Wie diese Grundkraft allen Lebens, die dem Leben sogar voraus liegen soll, verfasst sein könnte, beschäftigt

---

17   M 548; KSA 3, 318 f.

Nietzsche unablässig, und bei seiner experimentellen Suche schreckt er vor äußersten metaphysischen Feststellungen nicht zurück: *„Diese Welt"*, so notiert er 1885, „ist der Wille zur Macht – und nichts außerdem!"[18] Von daher ist es nur konsequent, wenn er nach Parallelen zum aristotelischen Begriff der *dynamis* sucht, zeitgenössischen Hypothesen über die Wirkungsformen der physikalischen Kraft nachgeht oder die Materie aus „Empfindungspunkten" rekonstruiert, in denen sie in der Wahrnehmung gegeben ist. Hinter allen diesen Bemühungen steht die Überzeugung, dass die Wirkungskräfte der Natur nur über ihre erlebten Effekte erschlossen werden können. Letztlich sind „Kraft", „Energie" oder *dynamis* allein aus der Perspektive menschlicher Erfahrung zu denken.

45. *Analogia hominis.* In dem wohl wichtigsten Wort über den „Willen zur Macht" gibt Nietzsche der Vermutung Raum, dass die Einsicht in den Grundimpuls allen Daseins keine andere Quelle hat als die Selbstauslegung des Menschen. Zunächst nimmt er noch einmal die Wendung aus der *Morgenröthe* auf und benennt den „Willen zur Macht" als die gesuchte „Ergänzung" der „Kraft": „Der siegreiche Begriff ‚Kraft', mit dem unsere Physiker Gott aus der Welt geschafft haben, bedarf noch einer Ergänzung: es muß ihm eine innere Welt zugesprochen werden, welche ich bezeichne als ‚Willen zur Macht', d. h. als unersättliches Verlangen nach Bezeigung der Macht; oder Verwendung, Ausübung der Macht, als schöpferischen Trieb usw."[19]

Die „innere Welt" kennt jeder nur von sich selber her. Nur wer „in sich" gehen kann, hat eine Chance, die Welt zu verstehen; nur er kann wissen, was die Welt „ist" und „was" sie bewegt. Eine solche Innenwelt, aus der nicht nur alle Erkenntnis, sondern auch die Qualität des Erkannten entspringt, hat nur der Mensch. Deshalb heißt es zwei Sätze weiter: „Es hilft nichts: man muß alle Bewegungen, alle ‚Erscheinungen', alle ‚Gesetze' nur als Symptome eines innerlichen Geschehens fassen und sich der Analogie des Menschen zu Ende bedienen."[20] Damit ist kenntlich gemacht, dass der Mensch die Welt nach seinem eigenen Bild auslegt, wenn er sie als „Wille zur Macht – und nichts außerdem" begreift.

---

18 N 1885, 38[12]; KSA 11, 611.
19 N 1885, 36[31]; KSA 11, 563. Zur Abweichung von dem Colli-Montinari Text („mit dem unsere Physiker Gott aus der Welt geschafft haben" statt „mit dem unsere Physiker Gott und die Welt geschaffen haben") s. KGW IX 4, W I 4, 26.
20 Ebd.

46. *Selbstproduktion*. Die philosophischen Konsequenzen aus Nietzsches weit reichender Einsicht in die Analogie von Mensch und Welt sind noch längst nicht gezogen. Die Parallele von Selbst- und Welterkenntnis gibt nicht nur dem Anfänger viel zu denken; sie weist auf die Sophisten (vor allem auf Protagoras) und auf Platon zurück und geht über Kants *Anthropologia transcendentalis* hinaus; denn sie begreift die „innere Welt" des Selbst bereits als Ausdruck einer ästhetischen Produktivität. Damit steht er in der von Hölderlin, Schelling und Hegel vorgezeichneten Linie, die er jedoch, in der Nachfolge Schopenhauers, auf das individuelle Erleben zuspitzen muss. Lässt sich dann eine „Welt" überhaupt noch denken?

Das könnte gelingen, wenn wir die Individualität tatsächlich in ihrer ästhetischen Produktivität begreifen, wenn wir ernst nehmen, dass jedes Schaffen auf ein „Werk" gerichtet ist, jedoch in selbstversunkener „Naivität" zum Ausdruck kommt. Der Künstler findet als „Kind" zur Welt; er bewegt sich in einer unmittelbaren Beziehung zu sich und seinen Gegenständen, und er erkennt sich im Gelingen von etwas, das mit dem Erfolg gleichsam allen gehört.

47. *Selbsterkenntnis*. Wie will sich ein Wesen in dieser unablässigen Selbst- und Weltproduktion selbst erkennen? Wie kann es überhaupt von sich selbst ausgehen, wenn das Selbst etwas ist, das im selbstvergessenen Gebrauch seiner selbst entsteht? Streng genommen gibt es keine Lösung. Denn vom rein begrifflichen Standpunkt aus scheint es immer nur *das* Medium zu geben, in dem der Erkennende sich gerade bewegt. Dann ist er entweder ganz in der Kunst und kommt aus deren Illusion nicht heraus; oder er ist ganz im idealistischen „Bewusstseinszimmer", durch dessen „Ritzen" er nichts vom äußeren Dasein erkennen kann. Oder er ist vollkommen in der Sprache, die ihn ringsum mit ihren Zeichen umstellt und die ihm lediglich die Interpretationen bietet, die er in sie hineingelegt hat.

Am Ende müsste er sich vielleicht ganz und gar als Leib begreifen, dem auch Seele, Selbst und Ich „leibhaftig" zugehören. Denn was immer sie sein oder bedeuten mögen: Sie sind nur ein „Etwas am Leibe", das allein in der leiblichen Bewegung hervortreten kann. „Ich" ist etwas, das der Leib bloß „tut". Es tritt nur in dem Gebrauch hervor, den der Leib – über die Instanz seines „Selbst" – von sich selber macht.

Aber wie begreift man sich als Leib, wenn man bloß Leib ist – „und nichts außerdem"? Wir glauben zwar noch zu verstehen, dass ein Leib nach sich greifen kann. Der Leib kann „sich" kratzen, beißen oder lecken; aber kann er „sich" auch riechen, hören, sehen oder gar erkennen, ohne nicht mehr als bloßer Leib, also nur eine physiologische Größe zu sein? Nach Nietzsche offenbar nur dann, wenn er in sich selbst eine Instanz ausbildet, durch die er über sich verfügt. Diese Instanz wird „Selbst" genannt. Sie entspringt einer Organisation in der Organisation des Leibes, die Zarathustra sich nicht scheut, „Vernunft" zu nennen. Warum? Weil in ihr der Leib in einer Weise über sich hinaus geht, wie wir es nur von der Vernunft her kennen, die in allem auf Gleichheit und Konsequenz bezogen ist und dennoch ihren Sitz immer nur in einzelnen Wesen hat. Insofern hat jeder Leib „seine" Vernunft, in der er gleichwohl „allgemein" ist.

In dieser Allgemeinheit – und nur in ihr – kann er sich auch „selbst" „erkennen". So geht Erkenntnis von etwas leibhaftig Singulärem aus, das aber in einem Verhältnis zu sich selber stehen muss, worin es sich als *Anderes* und zugleich sich selbst *Gleiches* feststellen können muss. Diese Selbstentfaltung einer leiblichen Organisation im Akt einer allgemeinen Verfügung über sich wiederholt sich im Rahmen einer gesellschaftlichen Organisation – sofern auch sie in ihren Vollzügen begriffen wird. Dann muss auch hier der einzelne Leib etwas Allgemeines festhalten, um „seinesgleichen" ausmachen zu können. Zugleich aber muss er sich gegenüber diesem Allgemeinen in seiner bestimmten Position behaupten. Das geschieht, indem er „Ich tut".[21]

48. *Perspektiven ein- und aushängen.* Das Selbst kommt als konkretes nur in einer Gegenstellung zu einem begrifflich gefassten Allgemeinen zur Geltung. Es entsteht in einer Spannung, deren Pole ein Allgemeines und ein sich ihm gegenüber als singulär behauptendes Einzelnes ist. So steckt in jeder Erkenntnis – und erst recht in jeder durch eine Erkenntnis angeleiteten Tat – ein leibhaftig-existentielles Moment. Das übersehen alle, die Nietzsche auf ein einziges Medium des Verstehens – auf Sprache, Zeichen oder Interpretation – festlegen wollen. Natürlich sind diese Holismen, wie wir seit Parmenides wissen, logisch zwingend. Bewegt man sich erst einmal im Medium von Zeichen oder Begriff, kommt man bezeichnend oder begreifend *a priori* nicht hinaus.

Nietzsche aber hat im Ausgang von der singulären Existenz eine Lösung angedeutet, die aus den idealistisch geschlossenen Systemen herausführen kann. Natürlich finden wir dazu keine abgeschlossene systematische Überlegung vor. Aber es gibt Hinweise darauf, dass die singuläre Existenz aus einem nur aus ihr selbst stammenden Impuls über ein „Ganzes" disponieren kann. So ist es nach Nietzsche möglich, über Perspektiven zu

---

21   Zu den letzten drei Absätzen vgl. Za 1, Von den Verächtern des Leibes; KSA 4, 39 f.

verfügen. Man kann sie „aus- und ein[…]hängen",[22] und man kann dies natürlich mindestens so, wie er es in seinem eigenen Denken und Sprechen vorführt. So kann man sich beispielsweise in die „Perspektive eines Toten" versetzen, zumindest kann man *denken*, dass man dies könne. Man kann denken, dass man von Gott erst dann loskomme, wenn man von der Grammatik befreit sei. Man kann sich, mitten im Denken, denken, dass alles Erkennen das Leben zur Erstarrung bringt.

Allein in diesen Vorstellungen und Gedanken liegt eine ursprüngliche Spontaneität, die nicht an das gebunden sein kann, was im Denken als notwendig verbunden gedacht ist. Auch wenn man sagt (und ernsthaft meint), dass der Mensch sich von der Perspektive des Menschen *nicht* befreien kann, hat man es in diesem Gedanken doch bereits getan. Darin zeigt sich der konstitutive Überschuss des Denkens, der durch keine Totalität gebunden werden kann. Und es ist eine Freiheit darin, die existenziell erfahren wird. Was immer auch als ein Ganzes, sei es das Fatum oder die Notwendigkeit, sei es das Leben oder die Wiederkehr begriffen oder auch nur angesprochen wird: Man kann ihm gegenüber eine eigene Position behaupten; man vollzieht in jedem Akt des Denkens eine individuelle Konsequenz. Das hat Nietzsche auch in seinem Dasein sinnfällig gemacht. Dafür steht sein Begriff des „freien Geistes".

49. *Freier Geist.* Wer so oft betont, dass es die „Freiheit" und den „freien Willen" nicht gibt, und wer alles, was mit den überlieferten Topoi von „Seele" und „Geist" verbunden ist, mit „Gespenst" assoziiert,[23] der, so möchte man meinen, sollte für den Begriff eines „freien Geistes" nur Spott übrig haben. Doch das Gegenteil ist der Fall. Der „freie Geist" steht in hohem Ansehen.[24] Es ist der höchste Titel, den Nietzsche einem Menschen verleiht. Und was immer die fatale Verheißung des „Übermenschen" bedeuten soll: Sicher ist, dass es nur ein „freier Geist" sein kann, der dieses Monstrum auf den Weg bringt; und so wenig man über dieses Jenseits des Menschen sagen kann: Ein „freier Geist" soll es wohl sein und bleiben.

Wenn Nietzsche die „Freiheit" oder den „Willen" abwehrt, meint er, wie bei „Wahrheit" und „Wirklichkeit", metaphysische Entitäten. Lassen wir dahin gestellt, ob je einer der großen Denker darunter die Substanzen verstanden hat, die Nietzsche, völlig zu Recht, verabschieden will: Wenn er den „freien Geist" nicht unter Metaphysikverdacht stellt, dann deshalb, weil

---

22 GM 3, 12; KSA 5, 364.
23   Za 1, Vorrede 3: KSA 4, 14.
24   Za 1, Vorrede 4; KSA 4, 18.

er darunter etwas versteht, was er unmittelbar *an sich selbst* versteht. Es ist die ihm selber gegenwärtige existenzielle Bedeutung, die ihn im Gebrauch des Begriffs so sicher sein lässt. In seinem Zeichen weiß er sich mit Voltaire einig, kann sich sogar auf Sokrates berufen oder an Stelle einer Vorrede ein unkommentiertes Zitat des Cartesius nutzen.[25]

50. *Die Sensation der existentiellen Loslösung.* Die Möglichkeit des „freien Geistes" wird nicht aus Grundsätzen abgeleitet und nicht mit Blick auf Ziele gefordert, sondern seine Wirklichkeit zeigt sich in einem „Ereignis", das in nichts Geringerem als in einer „grossen Loslösung" besteht. Diese „Loslösung" kann jeweils nur von einem Einzelnen erfahren werden, und sie kommt „plötzlich", so unvermittelt „wie ein Erdstoss": „die junge Seele wird mit einem Male erschüttert, losgerissen, herausgerissen" – und: „eine heftige gefährliche Neugierde nach einer unentdeckten Welt flammt und flackert in allen ihren Sinnen".[26]

Hier haben wir die existenzielle Reizung aller Sinne, die Sensation als durchschlagendes Ereignis der Existenz. Wer sie ernst nimmt und auf sein ganzes Dasein überträgt, wer sagen kann, ja, sagen muss: „Lieber sterben als hier leben" – und danach handelt, der vollzieht die „grosse Loslösung" allein für sich selbst[27]. Der trennt sich von allem, was ihn beschneidet – auch von den schematischen Konstruktionen, die ihn auf Zeichen, Sprache oder eine Logik der Geschichte festlegen wollen. Seine existenzielle Revolte kann auch noch den Nihilismus einbeziehen. Denn „freier Geist" ist er nur, wenn er sich von *allem* löst, was ihn selbst behindert.

Damit sind wir im Zentrum von Nietzsches Denken, das sich selbst als ein Geschehen erfährt: Es ist ein *Ausbruch von Kraft und Willen zur Selbstbestimmung.* Die darin liegende existenzielle Wahrheit kann nur im unvermeidlich distanzierten Pathos der jeweils eigenen Sensation erfahren werden. Wer aber die „Schrecken der Individualexistenz", von denen schon die Griechen wussten,[28] nicht an sich selbst erfährt, der kann auch nicht zu wahrhaft philosophischer Einsicht gelangen.

51. *Das individuelle Gesetz.* Dass Nietzsche ein Theoretiker und Praktiker der Selbstbestimmung ist, kann nach der Textlage gar nicht bezweifelt werden. Nachdem am Ende einer langen historischen Entwicklung „der

25   MA 1, An Stelle einer Vorrede; KSA 2, 11.
26   MA 1, Vorrede 3; KSA 2, 16.
27   MA 1, Vorrede 3; KSA 2, 16.
28   GT 17; KSA 1, 109.

Einzelne wagt einzeln zu sein und sich abzuheben" – gilt: „[D]as ‚Individuum' steht da, genöthigt zu einer eigenen Gesetzgebung, zu eigenen Künsten und Listen der Selbst-Erhaltung, Selbst-Erhöhung, Selbst-Erlösung."[29]

Um dem mit dieser Selbstnötigung verbundenen Anspruch zu genügen, muss die *Verantwortlichkeit* des Individuums ausgebildet sein. Es muss „versprechen" *dürfen*, also ein Mensch sein, der aus eigener Kompetenz nicht nur versprechen *kann*, sondern es auch von sich aus *will*.[30] Er muss das „Privilegium der Verantwortlichkeit"[31] gebrauchen, muss „sein Für und Wider in der Gewalt" haben,[32] um im Bewusstsein seiner Freiheit, die „Macht über sich und sein Geschick"[33] auszuüben. Durch nichts anderes als durch sein eigenes „Gewissen" wird dieser Mensch zum „souveraine[n] Individuum" geadelt.[34] Deutlicher lässt sich der existenzielle Ausgangspunkt dieser über alle hergebrachte Sitte hinausgehenden Sittlichkeit nicht akzentuieren.

Zarathustra ist der Verkünder der souveränen Eigenständigkeit dieses „autonome[n] übersittliche[n] Individuum[s]".[35] Er sucht zu zeigen, wie die Fähigkeit zur Selbstgesetzgebung aus der ganzen Kraft des Liebens und Achtens erwächst und mit der tätigen Lebensbewältigung im Dienst an großen Aufgaben zunimmt. Er predigt das Gesetz, das sich jeder weniger selbst zu *geben* als selbst zu *sein* hat. Dazu bedarf es der Selbstbejahung in der Leistung an anderem und anderen seiner selbst.

Wir wüssten gern mehr über die praktischen Konditionen und methodologischen Implikationen dieser individuellen Gesetzgebung, müssen uns aber mit der salbungsvollen Beschreibung dieses elementaren Vorgangs begnügen: „Mich selber bringe ich meiner Liebe dar, und meinen Nächsten gleich mir"[36]. Sicher ist, dass Zarathustra damit ein Verhalten beschreibt, dessen Ethik erst noch geschrieben werden muss. So lange dies nicht geschieht, greift die Moralphilosophie nur Oberflächen ab.

52. *Dividuum.* Das größte Problem einer Ethik der Individualität benennt Zarathustra selbst, wenn er vom großen Menschen sagt: „Und erst, wenn er

---

29 JGB 262; KSA 5, 216.
30 GM 2, 2; KSA 5, 293.
31 Ebd.; 294.
32 GM 3, 12; KSA 5, 364.
33 GM 2, 2; KSA 5, S. 294.
34 GM 2, 2; KSA 5, 293.
35 Ebd.
36 Za 2, Von den Mitleidigen; KSA 4, 116.

sich von sich selber abwendet, wird er über seinen eignen Schatten springen –
und, wahrlich! hinein in seine Sonne."[37] Man muss sich von sich selbst
abkehren, um sich in einem anderen seiner selbst gewinnen zu können. Das
ist die aus der Werkproduktion gewonnene Einsicht für die Selbstproduktion des Menschen, um die es auch in einer Ethik geht.

Dieser Vorgang der Selbstgewinnung aus der Hingabe an eine Aufgabe
hat sein Echo im Individuum selbst. Jedes Handeln ist nach Nietzsche ein
Akt der „Selbstzertheilung des Menschen".[38] Jeder kommt zur
Entschiedenheit einer Tat nur, indem er sich über einen eigenen Zweifel
hinwegsetzt: Da ist der Autor, der sich nicht sicher ist, ob sein Text nicht noch
verbesserungsfähig ist; da ist der Soldat, der sich einem Feind in den Weg
stellt, oder die Mutter, die sich von ihrem Kind den Nachtschlaf rauben
lässt.[39] Und auf sie bezogen, fragt Nietzsche: „Ist es nicht deutlich, dass in all
diesen Fällen der Mensch Etwas von sich, einen Gedanken, ein Verlangen, ein Erzeugniss mehr liebt, als etwas Anderes von sich, dass er
also sein Wesen zertheilt und dem einen Theil den anderen zum Opfer
bringt?"[40]

Es ist offenkundig, dass Nietzsche diese Frage bejaht: Der über sein
Handeln nachdenkende Mensch „zerteilt" sich in sich selbst; die Alternativen seines Tuns sind Alternativen seiner selbst. Und indem er sich entscheidet, ergreift er mit der konkreten Tat auch einen bestimmten „Teil"
seiner selbst. „In der Moral", so lautet Nietzsches oft zitiertes Diktum,
„behandelt sich der Mensch nicht als individuum, sondern als dividuum."[41]

Die Schlussfolgerung ist natürlich viel zu eng: Es hätte lauten müssen,
dass sich der Mensch in jeder bewussten Tat als „dividuum" behandelt. Und
man hätte hinzufügen müssen, dass der Mensch eben darin, in seiner Tat, als
Individuum erscheint. Die „Selbstzerteilung" geht jenem Vorgang
voraus, mit dem wir die eigentümliche Individualisierung des Menschen
verbinden, obgleich außer Zweifel steht, dass jeder Mensch bereits als Individuum geboren wird, dass er schon ohne sein Zutun allein durch die
Konfiguration seiner Gene, durch seinen Fingerabdruck oder durch die
Maserung seiner Iris unwiderruflich individuell *ist*. Aber er steigert sich zu
sich selbst, indem er seinen Selbstzweifel in der entschiedenen Handlung

---

37 Za 3, Von den Erhabenen; KSA 4, 151.
38 MA 57, KSA 2, 76.
39 Ebd.
40 MA 57, KSA 2, 76.
41 Ebd.

überwindet. So vollzieht sich auch Nietzsches eigene Steigerung in seinem Werk.

53. *Setze dir hohe Ziele.* Wer in eine Sonne springt, kommt darin um. Diese Konsequenz exponiert Nietzsche in einer für ihn essenziellen Aussage über den „Sinn des Lebens", die am Ende noch einmal deutlich macht, wie stark alles Denken dieses Einsamen auf jenen Einzelnen konzentriert ist, der ein Problem mit sich selber hat: „Wozu die Menschen da sind, wozu ‚der Mensch' da ist, soll uns gar nicht kümmern: aber wozu Du da bist, das frage Dich: und wenn Du es nicht erfahren kannst, nun so stecke Dir selber Ziele, h o h e u n d e d l e Z i e l e und gehe an ihnen zu Grunde!"[42]

Hier tritt mit Schärfe hervor, dass der einzelne Mensch Urheber und Maß seiner Selbstschätzung ist. Natürlich kann er seinen Daseinssinn auch durch Andere und Anderes finden. Doch wer an den Vorgaben durch Natur, Gesellschaft und Geschichte zweifelt, der bleibt ganz auf sich selbst verwiesen. Ein günstiges Schicksal vorausgesetzt, hängt es nur von seinen eigenen Ansprüchen und Fähigkeit ab, was er aus sich selber macht. Sein Erfolg entscheidet darüber, wie er die Welt wahrnimmt.

Nicht absehen kann er freilich davon, dass er überhaupt *Ziele* braucht. Er muss, wenn es auf andere Weise nicht geht, sich selbst herausfordern und auf seine eigenen Ansprüche reagieren. Damit verhält er sich zu sich selbst gleichsam wie zu einem Anderen, bleibt aber dennoch ganz allein auf sich gestellt. Die Quelle jeder den Einzelnen existenziell verpflichtenden Wertung liegt in ihm selbst.

Gleichwohl ist er nicht völlig auf sich selbst gegründet. An der Tatsache, dass er überhaupt zu Grunde gehen muss, lässt sich ebenso wenig ändern wie an dem Umstand, dass er als Lebewesen verletzlich und sterblich ist. Zu den vorgegebenen Konditionen gehört ferner, dass der Mensch in der Regel Antworten auf seine Fragen braucht. Allein dabei hat er sich an Formen zu halten, deren Erfüllung Enttäuschung oder Glück bedeuten können.

Der Sinn der Daseins beruht also auf der Wahrung von Formen, in denen sich das Individuum selber hält. Die gelingende Selbstgesetzgebung ist somit immer auch Ausdruck einer Entsprechung der selbsterzeugten sinnlichen und geistigen Formen mit der zugrundeliegenden Figur der eigenen Aktivität. Es ist, als müssten die eigene und die andere Gestalt zur Deckung kommen, so dass sie sich – gleichsam als eins – von ihrem gemeinsamen Hintergrund abheben.

---

42 N 1873, 29[54]; KSA 7, S. 651. Vgl. UB 2, 9; KSA 1, 319.

Also ist jeder an Bedingungen gebunden, die er zu beachten hat, wenn er seine Eigenständigkeit entfalten will. Nur angesichts solcher Bedingungen, die bis in die Struktur der Problemwahrnehmung und Problemlösung hineinreichen, lässt sich die Individualität erkennen. Ihre Autonomie wird nicht dadurch verletzt, dass sie sich in ihrem Vollzug auf anderes ihrer selbst einlassen muss. Im Gegenteil: Nietzsches Betonung des Schaffens, die darin liegende Exposition einer Aufgabe, deren notwendige Beziehung auf Sachen, Menschen und Verfahren sowie die unerlässliche Bindung an den Leib und seine Ekstasen, lassen keinen Zweifel daran, dass die Selbstgesetzgebung, auf die Nietzsche hinaus will, ihren Sinn nur unter leibhaftigen Bedingungen einzelner Wesen hat. Man kann auch sagen: Die Individualität, die sich nur in ihrer Selbststeigerung erfährt, ist auf die Sensation ihrer eigenen Existenz verwiesen.

54. *Existentialismus als Humanismus.* Noch einmal: „Wozu die Menschen da sind, wozu ‚der Mensch‘ da ist, soll uns gar nicht kümmern: aber wozu Du da bist, das frage Dich." Mit dieser Aufforderung scheint der Humanismus entgültig verabschiedet, denn es geht allein um *den*, der sich die Frage nach dem Sinn seines eigenen Daseins stellt. Eben deshalb lautet Nietzsches Vorwurf an die Philosophen seiner Zeit: „Sie sind nicht Philosophen für sich selbst."[43] Eine Philosophie nach seinem Begriff muss „einen Menschen concentriren" können.[44] Der praktisch wirksame individuelle Selbstbezug ist der Gründungsakt des Philosophierens; der Bezug auf andere Menschen oder gar auf die Menschheit erscheint damit als eine pure Abstraktion. Die Menschheit entfremdet das Individuum. Das scheint durch den Ausruf: „Oh Voltaire! Oh Humanität! Oh Blödsinn!" besiegelt.[45]

Doch so richtig es ist, im „Mangel an Selbst und Selbstgefühl" nichts „Verächtliches" zu sehen,[46] so offenkundig ist auch, dass ein Mensch nicht allein durch sich selbst zu sich selber kommt. Jeder Einzelne nimmt Teil am Schicksal des Ganzen. So wie die Menschheit sich nicht von der Natur abschneiden kann, so kann auch der Einzelne sich nicht von seiner Gattung und ihrer Entwicklung trennen. Das gilt für *jeden* Menschen, auch für die „großen Exemplare": „Der Mensch, in seinen höchsten und edelsten

---

43 N 1873, 29[213]; KSA 7, 715.
44 N 1873, 29[211]; KSA 7, 714.
45 JGB 35; KSA 5, 54.
46 GD, Streifzüge 37; KSA 6, 138.

Kräften, ist ganz Natur und trägt ihren unheimlichen Doppelcharakter an sich."[47]

Der *Doppelcharakter* kommt *jedem* zu. Folglich hat auch *jeder* Mensch *sein* existentielles Problem, über das Nietzsche nur so reden kann, wie er es tut, weil er *jedem* seiner möglichen Leser einen Rat geben zu können glaubt. *Jeder*, wenn er denn ein Philosoph sein will, hat sich als Mensch zu konzentrieren. Auch hohe und höchste Ziele hat niemand bloß für sich allein. Was sich ein Mensch vornimmt, woran er wachsen und groß erscheinen will, steht im Zusammenhang der menschlichen Kultur.

Schließlich liegt es in den allgemeinen Konditionen des Daseins begründet, dass jeder früher oder später scheitern wird. Noch seine Unverwechselbarkeit untersteht den Generalbedingungen der Existenz, zu denen im menschlichen Kontext die sich selbst steigernde Individualität gehört. Die Existenzialität selbst ist eine *condition humaine*.

Gleichwohl tritt ihre Bedeutung nur am Einzelnen hervor. Auf die Menge bezogen ist sie eine bloße Gesetzlichkeit, eine Rahmenbedingung, die Grenzen zeigt, Chancen gibt und Chancen nimmt. Da kann es dann auch zum „allgemeinste[n] Zeichen" werden, dass der moderne Mensch – „in seinen eigenen Augen" – „unglaublich an W ü r d e eingebüßt" hat. Und es wäre ein Fehler, diese „W ü r d e d e s M e n s c h e n" allgemein durch die Sicherung moralischer Werte retten zu wollen.[48] Metaphysisch gesehen bleibt die Würde des Menschen ein „Phantom[…]"[49] und die Humanität verkommt zu einer „wattirten" Annehmlichkeit der saturierten europäischen Kultur.[50]

Ganz anders aber ist es, wenn wir auf den Einzelnen sehen. Dann kann Nietzsche sagen, „jeder Mensch […] hat nur soviel Würde, als er, bewußt oder unbewußt, Werkzeug des Genius ist".[51] Dann mag er sich noch so sehr über den gespenstischen Charakter moralischer Begriffe oder die Abnutzung des Humanitätsideals beklagen: Dann gilt auch für ihn, dass Humanität eben das ist, was sich in der Würde des Einzelnen zeigt. Es zeigt sich aber nur, wo jemand *seine* Würde wahrt. Und dies tut er insbesondere dann, wenn er etwas aus sich macht. Und das geschieht freilich auch und gerade dann, wenn er sich aufrecht und unbeirrt gegen böswillige Zumutungen, unmenschliche Zustände oder auch nur gegen Unredlichkeit, Unwahrheit und Niedertracht

---

47   CV 5; KSA 1, 783.
48   N 1886/87, 7[3]; KSA 12, 254 f.
49   CV 3; KSA 1, 765.
50   GD, Streifzüge 37; KSA 6, 137.
51   CV 3; KSA 1, 776.

zur Wehr setzt. Also muss man den Existentialismus im Sinne Nietzsches einen Humanismus nennen.

55. *Zyklopenauge der Existenz.* Sokrates, so hebt Nietzsche schon in seiner ersten Äußerung hervor, hat sich als „den Einzigen" vorgefunden, der sich eingestehen musste, „nichts zu wissen".[52] Er hat es „als ein Einzelner" gewagt, „das griechische Wesen zu verneinen".[53] Sein „ungeheurer Charakter" hat auch noch dort gewirkt, wo er gar nicht wirken wollte. Aber das, was sein „Cyclopenauge"[54] bewusst in den Blick nahm, wird zwangsläufig einem Wandel unterworfen: „er [Sokrates], der Einzelne [!], tritt mit der Miene der Nichtachtung und der Ueberlegenheit, als der Vorläufer einer ganz anders gearteten Cultur, Kunst und Moral, in eine Welt hinein, deren Zipfel mit Ehrfurcht zu erhaschen wir uns zum grössten Glücke rechnen würden."[55]

Sokrates ist eine gänzlich abnorme Natur, eine „wahre Monstrosität"[56] und damit eine sensationelle Existenz, die gleich einer „Naturgewalt", mit den „allergrössten instinctiven Kräften", aus „göttlicher Naivetät und Sicherheit" heraus alles in ihren Bann zieht.[57] Doch das durch ihn in Gang gesetzte „ungeheure Triebrad des logischen Sokratismus" verbreitet keineswegs nur die Helle des Bewusstseins, sondern lässt ihn „als etwas durchaus Räthselhaftes, Unrubricirbares, Unaufklärbares" erscheinen.[58]

Das aber nicht, weil Sokrates sich selbst in den Schatten einer bloß auf andere und anderes gerichteten Vernunfterkenntnis stellte. Im Gegenteil: Durch den „monstrosen defectus" seines bestimmenden Bewusstseins wird er genötigt, den „logischen Trieb[...]" auch „gegen sich selbst zu kehren".[59] Erst dadurch kann er den Widerspruch in seiner Seele, den die Berufung auf das *daimonion* anzeigt, austragen, kann er die logische Tätigkeit der Philosophie als seine Musik ansehen und darf als der Prototyp des „theoretischen Menschen" gleichwohl als der „wahrhafte[...] Erotiker" wirken.[60] Erst in diesem ausgetragenen Widerspruch zu seiner eigenen Vernunft

---

52 GT 13; KSA 1, 89.
53 GT 13; KSA 1, 90.
54 SGT, KSA 1, 630.
55 GT 13; KSA 1, 89f.
56 GT 13; KSA 1, 90.
57 Ebd., 91.
58 Ebd.
59 Ebd., 90 f.
60 Ebd.

kommt es zu dem „würdevollen Ernste", mit dem Sokrates „seine göttliche Berufung überall und noch vor seinen Richtern geltend" macht.[61]

56. *„Sokrates steht mir so nahe".* Sokrates wird von Nietzsche als der „Wendepunkt und Wirbel der sogenannten Weltgeschichte" bezeichnet.[62] Aus dem Vorwort der *Geburt der Tragödie* wissen wir, dass sich Nietzsche – im erhofften Verein mit Richard Wagner – selbst in einem solchen „Wirbel und Wendepunkt" der Geschichte wähnt.[63] Deshalb fällt es auch nicht schwer, das, was er in einer hymnischen Passage über Sokrates und Platon sagt, auf ihn selber zu beziehen. Ja, wir verstehen nichts von der Eloge auf die in ihren inneren und äußeren Sensationen so überbordende, einzigartige Existenz des Sokrates, wenn wir sie nicht als eine Selbstprojektion des jungen Friedrich Nietzsche enträtseln. Und das wahrhaft Monströse dieser Identifikation über zwei Jahrtausende hinweg liegt nicht allein in der Benennung der Widersprüche in dieser „fragwürdigsten Erscheinung des Alterthums", die eine „ungeheure Bedenklichkeit" freisetzt,[64] sondern wohl darin, dass Nietzsche sich in einem Akt mit Sokrates *und* seinem Schüler Platon identifiziert: „D e r s t e r b e n d e S o k r a t e s wurde das neue, noch nie sonst geschaute Ideal der edlen griechischen Jugend: vor allen hat sich der typische hellenische Jüngling, Plato, mit aller inbrünstigen Hingebung seiner Schwärmerseele vor diesem Bilde niedergeworfen."[65] So hat es auch der Schüler Friedrich Nietzsche getan, als er aus eigenem Antrieb den Aufsatz „Ueber das Verhältniß der Rede des Alcibiades zu den übrigen Reden des platonischen Symposions"[66] schrieb; so wiederholt es der junge Baseler Professor, nachdem ihm bewusst geworden ist, dass Sokrates den Typus des „t h e o r e t i s c h e n (und damit auch des „m o d e r n e n") Menschen" repräsentiert.[67]

Dennoch ist Sokrates „ein ganz neugeborner Dämon",[68] dem der „göttliche Plato"[69] zu einer literarischen Wiedergeburt verhilft. Dieses Produkt höchster künstlerischer Stilisierung erscheint dann als „der Lehrer einer ganz neuen Form der ‚griechischen Heiterkeit' und Daseinsseligkeit,

---

61 Ebd.
62 GT 15; KSA 1, 100.
63 GT, Vorwort an Richard Wagner; KSA 1, 24.
64 SGT, KSA 1, 628.
65 GT 13; KSA 1, 91.
66 BAW 2, 420–424.
67 GT 15 u. 18; KSA 1, 98 u. 116.
68 GT 12; KSA 1, 83.
69 GT 12; KSA 1, 87.

welche sich in Handlungen zu entladen sucht und diese Entladung zumeist in maeeutischen und erziehenden Einwirkungen auf edle Jünglinge, zum Zweck der endlichen Erzeugung des Genius, finden wird".[70]

In der gemeinsamen Leistung von Sokrates *und* Platon haben wir alles beisammen, was Nietzsche sich 1872 als seine eigene Aufgabe erträumt. Ob er geahnt hat, dass er mindestens zwei Leben hätte haben müssen, um dies zu leisten, wissen wir nicht. Aber wir dürfen es vermuten und müssen darin einen Schlüssel zu seinem Leiden sehen: Er hätte sein eigener Lehrer *und* Schüler sein müssen, er hätte seine exemplarische Existenz unbeirrt leben und sie zugleich in höchster künstlerischer Vollendung darstellen müssen, um seinem Ziel nahe zu kommen.

Nietzsche hat es gleichwohl weit gebracht. Und so lange wir nicht versuchen, es nach ihm krampfhaft noch weiter zu bringen, sondern uns einfach bemühen, ihn in seinem Anspruch, in seinen Motiven und seinen auch für uns weiterhin geltenden Gründen zu verstehen, können wir ihn als einen modernen Sokrates begreifen, der trotz der in ihm sich abspielenden geschichtlichen Wiederholung alles, was philosophisch von Bedeutung ist, aus seiner eigenen existenziellen Erfahrung zieht. Vielleicht geht es uns mit ihm ja auch nur so wie ihm mit Sokrates: „S o c r a t e s, um es nur zu bekennen, steht mir so nahe, dass ich fast immer einen Kampf mit ihm kämpfe."[71]

---

70 GT 15; KSA 1, 101.
71 N 1875, 6[3]; KSA 8, 97.

Selbstbegründung

Nietzsches Moral der Individualität

Streng genommen wissen wir nicht, wer wir sind, und letztlich wissen wir auch nicht, was wir tun. Dies ist eine philosophische Einsicht, die von Sokrates bis Nietzsche immer wieder neu variiert worden ist. Die moderne Wissenschaft hat nichts getan, diese Einsicht zu widerlegen. Im Gegenteil: Sie hat sie nur immer wieder auf kränkende Weise bestätigt. In diesem Jahrhundert ist es beispielsweise die Psychoanalyse, die unserem Bewusstsein zumutet, allenfalls die Spitze eines Eisbergs zu sein, dessen Umrisse wir nicht ausloten können; die Evolutionsbiologie legt die Vermutung nahe, dass selbst die hochindividuierten, ganz und gar unserer Person zugerechneten Charaktermerkmale weitgehend von Geburt an feststehen und dass sich in allem Anspruch auf Selbsterhaltung unserer Person möglicherweise nichts anderes ausdrückt als das Dominanzstreben unserer Gene; die Soziologie spielt mit Modellen, nach denen der einzelne Mensch nicht mehr ist als ein Funktionsträger, der seine Rolle von systemischen Strukturen zugeschrieben bekommt; und schließlich beweisen uns Neurobiologie und Hirnphysiologie, dass alles Wissen und Wollen nur ein Echo der immer schon abgelaufenen körperlichen Prozesse ist. Wenn ich jetzt in diesem Augenblick „will", dass mein Arm sich hebt, hat das Gehirn eben diesen Willensimpuls schon mindestens drei hundertstel Sekunden vorher den Muskelfasern übermittelt.

Und dennoch lassen wir nicht davon ab, uns Begriffe von uns selbst zu machen und uns in unserem Bewusstsein wichtig zu nehmen. Wir stellen uns als Personen vor, melden uns als Sprecher zu Wort, behaupten, etwas getan oder unterlassen zu haben, meinen sogar Gründe dafür nennen zu können, geben Versprechen ab, machen uns wechselseitig verantwortlich oder erheben Einspruch, wenn man uns nicht nach unserer Leistung bezahlt. Kurz: Wir geben uns, trotz unserer philosophischen und szientifischen Zweifel, als Täter unserer Taten aus.

Natürlich geschieht dies nicht unterschiedslos bei allem, woran wir beteiligt sind. Unsere Träume rechnen wir uns anders zu als unseren Bericht davon; Husten bei einem Konzert bewerten wir anders als Lachen bei einer Predigt; Tränen, die uns die Zugluft in die Augen treibt, haben nichts mit denen zu tun, die wir aus Schmerz oder Trauer vergießen. Hier gibt es feine und feinste Unterschiede, die überdies kulturell und individuell variieren. Normalerweise aber wissen wir genau, wann wir für unser Tun zuständig sind, und normalerweise legen wir auch den größten Wert auf diese Zuständigkeit.

Damit aber tun wir unvermeidlich so, als hätten unsere Absichten Gewicht und als käme es tatsächlich auf unseren Willen an. Auch wenn wir, allein schon wegen der Ausrichtung auf ein künftiges Geschehen, das wir im Halbdunkel unserer Erwartungen nur durch Annahmen erschließen können, nicht wissen, ob unser Wille etwas bewirkt, so müssen wir dies doch notwendig unterstellen, sobald wir uns als Täter unserer Taten präsentieren. Und mit dieser Unterstellung haben wir uns auch der *Logik des Wollens* unterworfen, die *Zwecke* und *Einsichten* suggeriert, die *Freiheit* reklamiert, die einen *Selbstbegriff* des Wollenden mit einer *situativ* verfaßten *Realität* verknüpft, die auf – zumindest subjektiv geglaubten – *Grundsätzen* basiert und die in allem auch noch den *Ernst,* dass es wirklich so gewollt sei, unterlegt. Machen wir uns klar, dass zu dieser Logik nicht nur einfach *Bewusstsein,* sondern des näheren ein die *Dinge begreifender Verstand,* eine das *Ich* mit seiner *Welt* in Grundsätzen allererst zusammenknüpfende *Vernunft* und eine die Situation erfassende *Urteilskraft* benötigt werden, dann haben wir das ganze Netzwerk *selbstverantwortlicher Handlungen* beisammen, die uns unausweichlich vor *moralische Probleme* stellen.[1]

Daran kann auch Nietzsches schneidende Kritik an der Moral nichts ändern.[2] Und wenn man genau liest, soll sie das auch nicht! Nietzsches Kritik an den überlieferten und herrschenden Moralen beruht vielmehr auf einem

---

1   Siehe dazu meinen Beitrag: Was ist ein vernünftiges Wesen? In: Selbstbehauptung und Anerkennung. Spinoza-Kant-Fichte-Hegel. Hg. v. Helmut Girndt. Sankt Augustin 1990, 61–77.

2   Vgl. meinen Beitrag: Die Moral des Immoralismus, in diesem Band, 193–223. Zu ähnlichen Ergebnissen kommt Paul van Tongeren: Die Moral von Nietzsches Moralkritik. Bonn 1989. Für die „Moral des Immoralismus" werden eindrucksvolle Belege auch von Henning Ottmann (Philosophie und Politik bei Nietzsche. Berlin/New York 1987, 204 ff. u. 280 ff.) vorgebracht. Im Übrigen ergeben auch die zahlreichen ethischen Ausdeutungen der Lehre von der ewigen Wiederkunft nur einen Sinn, wenn man Nietzsche eine Tugendlehre unterstellt, auf die dann der Wiederkunftsgedanke bezogen werden kann. Auch wenn mich die ethisch-praktische Deutung der Wiederkehr nicht überzeugt, kann ich hier zur Stützung der These von einer *Moral* des Immoralismus auf die eindrucksvollen Studien von Bernd Magnus (Nietzsche's Existential Imperative. Bloomington/London 1978, insb. 111 ff.) und Friedrich Kaulbach (Sprachen der ewigen Wiederkunft. Die Denksituationen des Philosophen Nietzsche und ihre Sprachstile. Würzburg 1985, 23 ff.) verweisen.

geschärften Begriff *individueller Selbstverantwortlichkeit,* den er in den tradierten Moralsystemen zwar angelegt, aber nicht wirklich für voll genommen sieht. Er unterscheidet an einer prominenten Stelle der *Genealogie der Moral* zwischen dem, was er die „Sittlichkeit der Sitte" nennt, und dem „von der Sittlichkeit der Sitte wieder losgekommene[n], […] autonome[n] übersittliche[n] Individuum".[3] Das „autonome übersittliche Individuum" wird auch das „s o u v e r a i n e I n d i v i d u u m" genannt. In ihm zeige sich erst „ein eigentliches Macht- und Freiheits-Bewusstsein"; hier sei der Mensch „Herr" und „Inhaber" eines „freien" und „unzerbrechlichen" Willens.[4] Hier herrsche das „stolze Wissen um das ausserordentliche Privilegium der V e r a n t w o r t l i c h k e i t, das Bewusstsein dieser seltenen Freiheit, dieser Macht über sich und das Geschick".[5] Die ganze Kritik an der „Sittlichkeit der Sitte", an „Härte, Tyrannei, Stumpfsinn und Idiotismus" ethischer Zwänge sowie an der aus dem Ressentiment geborenen „Heerdenmoral" wird im Namen dieses „souverainen Individuums" vorgetragen. Dabei gehört es zu den wichtigen soziologischen Einsichten Nietzsches, dass sich die Freiheit und Selbstverantwortlichkeit des „souverainen Individuums" der Strenge und Härte jahrhundertealter sittlicher Zwänge verdankt.[6] Die Freiheit hat eine Natur- und Sozialgeschichte hinter sich. Sie wird selbst nicht aus Freiheit geboren.

Im Aphorismus 32 von *Jenseits von Gut und Böse* gibt Nietzsche einen Abriss der Entstehungsgeschichte der selbständigen, sich selbst bestimmenden Individualität: Die erste (weitgehend prähistorische) Phase nennt er die „v o r m o r a l i s c h e Periode der Menschheit". In ihr, so seine These, „wurde der Werth oder der Unwerth einer Handlung aus ihren Folgen abgeleitet: die Handlung an sich kam dabei ebensowenig als ihre Herkunft in Betracht".[7] Im Bann von „Erfolg[…]" oder „Misserfolg[…]" diszipliniert die vormoralische Kultur den Menschen und presst, wie ein Hinweis auf China illustriert, die Handlungsweisen in ein strenges Ritual.[8] Wichtig an dieser langen Periode ist vor allem, was ihr in Nietzsches Augen noch fehlt: Der „Imperativ ‚erkenne dich selbst!' war damals noch unbekannt".[9] Die vormoralische Epoche der Menschheit ist durch einen Mangel an individueller Selbsterkenntnis gekennzeichnet. Die kognitiven Leistungen sind

---

3   GM 2, 2; KSA 5, 293.
4   Ebd.; KSA 5, 293 f.
5   Ebd.; KSA 5, 294.
6   Vgl. GM 2, 1 u. 2, KSA 5, 291 ff.
7   JGB 32; KSA 5, 50.
8   Ebd.
9   Ebd.

noch primär auf den äußeren Zusammenhang der Dinge gerichtet. Der Mensch ist sich in seiner individuellen Eigenart noch nicht zum Problem geworden.

Dazu kommt es in der zweiten Periode, die man, mit Nietzsches Worten, „im engeren Sinne als die m o r a l i s c h e bezeichnen darf":

> In den letzten zehn Jahrtausenden ist man [...] auf einigen grossen Flächen der Erde Schritt für Schritt so weit gekommen, nicht mehr die Folgen, sondern die Herkunft der Handlung über ihren Werth entscheiden zu lassen: ein grosses Ereigniss als Ganzes, eine erhebliche Verfeinerung des Blicks und Maassstabs, die unbewusste Nachwirkung von der Herrschaft aristokratischer Werthe und des Glaubens an ‚Herkunft'".[10]

Die Pointe liegt auch hier in der von Nietzsche hergestellten Beziehung zwischen *Handlungsbewertung* und *reflexiver Einstellung* des Menschen zu sich selbst: „der erste Versuch zur Selbst-Erkenntniss ist damit gemacht. Statt der Folgen die Herkunft: welche Umkehrung der Perspektive!"[11] In der Tat: Größer könnte eine Umwertung kaum sein. Man blickt nicht mehr auf das Ende, sondern auf den Anfang der Handlung. Dabei gerät ganz von selbst der Handelnde in den Blick, der sich eben dadurch zum Problem macht. Nunmehr kommt es auf ihn an, und genau das schafft erst den Selbstzweifel und mit ihm den Bedarf an Selbsterkenntnis. Nietzsche hebt den gesellschaftlichen Charakter der Wertverschiebung vom Ende auf den Anfang hervor; sie ergibt sich in der Folge neuer Rangordnungen. Dabei scheint es auf das Individuum zunächst gar nicht anzukommen. Und doch tritt es in der Umpolung von der Handlungsfolge auf deren Ursprung mit Notwendigkeit hervor. Damit wird auch die Selbsterkenntnis unausweichlich.

Dass mit dieser neuen Sicht auch eine perspektivische Einschränkung verbunden ist, versteht sich von selbst. Nietzsche sieht sie in dem Glauben, dass der Ursprung der Handlung in der *Absicht* liege: „Die Absicht als die ganze Herkunft und Vorgeschichte einer Handlung: unter diesem Vorurtheile ist fast bis auf die neueste Zeit auf Erden moralisch gelobt, getadelt, gerichtet, auch philosophirt worden."[12] Dem kann man nur zustimmen. Die Frage ist jedoch, wie wir von diesem Vorurteil wieder loskommen, das ja aufs engste mit unserem Selbstverständnis als Individuum und Person verknüpft ist? Nietzsche selbst, so viel ist sicher, hat sich von Absichten, damit auch vom Willen mit seinen Zielen, Zwecken und Idealen, nicht lösen können,

---

10 Ebd.
11 Ebd.
12 Ebd.; KSA 5, 51.

obgleich er es immer wieder fordert. Er hat auch gute Gründe für seine Forderung. Aber er schafft es trotzdem nicht. Ja, er will es in der Sache auch gar nicht! In *Ecce homo* wiederholt er die Worte seines Zarathustra: „Nicht-mehr-w o l l e n und Nicht-mehr-s c h ä t z e n und Nicht-mehr-s c h a f f e n : oh dass diese grosse Müdigkeit mir stets ferne bleibe!"[13] – Hier liegt, philosophisch gesehen, das eigentliche Problem: Dass man zwar die Funktion von Absichten kritisieren, aber de facto nicht gegen sie sein kann.

Bekanntlich glaubt Nietzsche gleichwohl an eine Überwindung der von ihm so eng mit der *Selbsterkenntnis* verbundenen moralischen Einstellung zu uns selbst, und es ist höchst aufschlußreich, wie er im Aphorismus 32 von *Jenseits von Gut und Böse* diese von ihm für möglich gehaltene Überblendung der moralischen Perspektive andeutet. Die Andeutung ist, nebenbei bemerkt, das Äußerste. Denn man kann die über- oder außermoralische Selbstschätzung weder wünschen noch wollen noch planmäßig herbeiführen; in alledem bliebe man ja der für die moralische Einstellung kennzeichnenden Absicht verpflichtet. Nietzsche ist sich dieser Schwierigkeit nicht jederzeit im ganzen Umfang auch bewusst, wie sich vor allem an seiner Ambivalenz gegenüber dem Willen zeigt: Aus seiner treffenden metaphysischen Kritik an einem substantiellen Verständnis des Willens leitet er nur zu oft die Schlußfolgerung ab, wir könnten auch auf eine Interpretation individueller Vollzüge am Leitfaden des Wollens verzichten. Doch gerade die Gestalt, die uns das Ablassen vom angestrengten Wollen nahebringen soll, demonstriert, wie unmöglich es ihr ist, vom Willen tatsächlich loszukommen. Gemeint ist Zarathustra, der unablässig von „wollen" und „sollen" spricht und selbst in der Schlußapotheose im vierten Teil auf den brüllenden Löwen – also auf das extreme Prinzip des Willens – angewiesen bleibt.[14]

---

13 EH, Also sprach Zarathustra 8; KSA 6, 348, vgl. Za 2, Auf den glückseligen Inseln; KSA 4, 111. Dazu gehören der Seufzer und die Aufforderung Zarathustras: „Ach, dass ihr mein Wort verstündet: ‚thut immerhin, was ihr wollt, – aber seid erst Solche, die w o l l e n k ö n n e n !'" (Za 3, Von der verkleinernden Tugend 3; KSA 4, 216).

14 Za 4, Das Zeichen; KSA 4, 406 f. Vgl. dazu auch die Fortsetzung der soeben erwähnten Stelle aus Za 2, Auf den glückseligen Inseln: Dort wird das bis heute nicht zureichend gedeutete „Gefühl" artikuliert: „Auch im Erkennen fühle ich meines Willens Zeuge- und Werde-Lust". Einzig die Erkenntnistheorie von Gerold Prauss scheint mir bislang einen theoriefähigen Versuch gemacht zu haben, dieses Gefühl in der Erkenntnis auch in Erkenntnis umzusetzen. Dazu Gerold Prauss: Einführung in die Erkenntnistheorie. Darmstadt 1980; ders.: Die Welt und wir. l. Halbband. Stuttgart 1990.

Damit wird, um dies gleich hinzuzufügen, Zarathustras Rede von den drei „Verwandlungen des Geistes" keineswegs bedeutungslos. Nur darf man sie nicht als Beschreibung linear aufeinander folgender und in sich abgeschlossener geschichtlicher Stadien auffassen. Das „du sollst" wird universal- wie individualgeschichtlich *immer* gegenwärtig sein müssen, insbesondere dann, wenn es zu einem „ich will" wirklich kommen soll. Und nur dem eingeübten, sich selbst vertrauenden Wollen kann die Unschuld der gelingenden Tat zuwachsen. Vom Ende her gesehen gehören demnach das „du sollst", das „ich will" und das „es glückt" zusammen. Wenn die „Unschuld" des Kindes, die Naivität des „aus sich rollenden Rades" keine Regression darstellen soll, dann kann sie nur die ganz der Sache oder dem Werk hingegebene Tätigkeit meinen, in der das Subjekt aufgeht, solange es schafft. Auch den sublimsten und raffiniertesten Geistern ist eine solche Hingabe möglich, und was in ihr gelingt, ist aus der Perspektive des Subjekts wie aus der des Objekts *geglückt.* Hier *spielen beide* ineinander.[15] Doch wie dem auch sei: Das „du sollst", das „ich will" und das sich in Augenblicken einstellende tätige Glück sind weder in universalhistorischer noch in biographischer Hinsicht zu trennen. Es bleibt *ein* Geist, der sich hier verwandelt, und er ist Geist nur, sofern er diese Stadien in sich durchläuft.[16]

Damit ist auch schon gesagt, wie sich der Zusammenhang der drei Perioden der vormoralischen, der moralischen und der außermoralischen Einstellung des Menschen zu seinen Handlungen denken lässt. Worin hier genau das verbindende, ja sogar Einheit stiftende geistige Moment besteht, wird schlagartig deutlich, wenn wir lesen, wie Nietzsche den möglichen Übergang in die dritte, die *außermoralische Epoche* andeutet:

> „Sollten wir aber heute nicht bei der Nothwendigkeit angelangt sein, uns nochmals über eine Umkehrung und Grundverschiebung der Werthe schlüssig zu machen, Dank einer nochmaligen Selbstbesinnung und Vertiefung des Menschen, – sollten wir nicht an der Schwelle einer Periode stehen, welche, negativ, zunächst [sic!] als die a u s s e r m o r a l i s c h e zu bezeichnen wäre [...]?"[17]

---

15 Dieses Zusammenspiel und damit auch die unaufhebbare Gleichzeitigkeit der drei Epochen des Geistes werden in Annemarie Piepers beherzter Zarathustra-Interpretation leider nicht betont. Der Geist wird hier lediglich in seiner Abgrenzung gegenüber der Materie als Einheit vorgestellt. Das, so denke ich, greift zu kurz. Vgl. Annemarie Pieper: „Ein Seil geknüpft zwischen Tier und Übermensch". Philosophische Erläuterungen zu Nietzsches erstem „Zarathustra". Stuttgart 1990, 111–126.

16 Zu den Ausführungen in diesem Absatz vgl. Za 1, Von den drei Verwandlungen; KSA 4, 29 ff.

17 JGB 32; KSA 5, 51.

Es ist also eine erneute Anstrengung der *Selbsterkenntnis* nötig, eine Ver-feinerung der *Selbstreflexion,* von der *Nietzsche* die „Überwindung der Moral, in einem gewissen Verstande sogar die *Selbstüberwindung der Moral"* (Hervorhebung v. Verf.) erwartet. Es erscheint paradox, wenn er „jene lange geheime Arbeit" an dieser Selbstüberwindung als „lebendigen Probirstein[...] der Seele" bezeichnet.[18] Ausgerechnet die *Seele,* jenen flüchtigen Hort aller Absichten und Zwecke, macht er zur Instanz, von der aus die Verabschiedung aller Intentionalität und Teleologie überwacht werden soll. Die Entlarvung der Absichten-Moral wird von einer virtuosen Psychologie betrieben; Psychologie ist aber nicht möglich ohne Verständnis für das, was sie analysiert. Wer Absichten verstehen will, muss selbst Ab-sichten haben. Wer den Geist, den Willen oder das Ich demaskieren will, so wie es in der *Götzen-Dämmerung* gefordert wird, der muss dann eben diese „G ö t z e n a u s h o r c h e n" – und zwar auch bei sich selbst.[19] Das aber heißt: Man muss tiefer in den Geist, den Willen und das Ich hinein! Die meta-physische Depotenzierung aller „inneren Tatsachen" führt nicht zu deren Abschaffung; sie nötigt vielmehr zu einem differenzierteren Umgang mit ihnen. Nicht Subjektlosigkeit, nicht die Preisgabe des Selbst ist die Konse-quenz, sondern „Selbstbesinnung". Daran ändert auch nichts, dass Nietz-sche, in guter sokratischer Manier, an der Möglichkeit der Selbsterkenntnis zweifelt. Das „unbezwingliche[...] Misstrauen gegen die M ö g l i c h k e i t der Selbst-Erkenntniss" bleibt bestehen.[20] Und dennoch gilt: „Wir modernen Menschen, wir sind die Erben der Gewissens-Vivisektion und Selbst-Thierquälerei von Jahrtausenden".[21] Der Mensch der Zukunft kann sich vielleicht von deren quälendem Charakter befreien; die Subtilität der Selbstreflexion aber nimmt zu.

Verlangt wird also eine „Vertiefung des Menschen", die uns in die Lage versetzen soll, hinter die Absichten zu sehen und sie zusammen mit Be-wusstsein und Wille lediglich als „Oberfläche und Haut" unserer Hand-lungen anzuschauen. Nur wer nicht weiß, wie sehr Nietzsche mit Blick auf die Künstler und die Liebenden die Tatsache rühmt, dass wir uns überhaupt auf die Oberfläche, auf die Haut des anderen, einlassen können, kann auf den Schluß verfallen, die Oberfläche lediglich als eine quantité négligeable anzusehen. Mit dem Wissen vom Grund und Untergrund von Oberflächen verschwinden diese keineswegs! Folglich wird auch von Absicht, Be-

---

18 Ebd.
19 GD, Die vier grossen Irrthümer 3; KSA 6, 91 und GD, Vorwort; KSA 6, 57.
20 JGB 281; KSA 5, 230.
21 GM 2, 24; KSA 5, 335.

wusstsein und Wille weiterhin die Rede sein. Worauf könnte die Selbsterkenntnis denn sonst sich beziehen? Dabei dürfen wir schon sicher sein, dass
die inzwischen vorangetriebene „Selbstbesinnung und Vertiefung des
Menschen" – an der in unserem Jahrhundert nicht nur die Humanwissen-
schaften, sondern auch die Dichter (ich erinnere nur an Proust, Joyce,
Thomas Mann, Musil oder, bisher noch unterschätzt, John Updike) gearbeitet haben – uns inzwischen bereits in eine verbesserte Ausgangslage
versetzt. Allein schon die durch die Psychoanalyse verfeinerte Raffinesse
der Selbsterkenntnis dürfte ausreichen, um eine Erwartung Nietzsches zu
erfüllen, nämlich: den Willen mit seinen Absichten und Zwecken als
„Zeichen und Symptom" zu lesen.[22]

In gewisser Weise sehen wir also längst schon die „Absichten-Moral" als
ein „Vorurtheil" an.[23] Die Wissenschaften vom Menschen und die Kulturkritik sind seit langem dabei, die Zeichensprache des Willens zu entziffern;
die Therapeuten und Gerichtsmediziner, die philosophischen Phäno-
menologen und die literarischen Dekonstruktivisten, die Handlungs- und
Systemtheoretiker und – nicht zu vergessen – die alten und neuen Moralisten
haben längst schon verschiedene Sprachen für das, was sie durch die Haut
des Bewusstseins hindurch zu erkennen glauben. Und gleichwohl sind wir
damit das, was uns transparent geworden ist, das, was wir immer auch noch in
anderen Perspektiven sehen können, nicht los. Hier liegt der Irrtum Jacques
Derridas und vieler anderer, die Nietzsches Kritik in der Substantialisierung
der „inneren Welt" wörtlich nehmen. Sie verkennen die Pointe, die darin
liegt, dass eine *metaphysische* Hypostasierung von Willen und Bewusstsein
abgewehrt wird. Wille und Bewusstsein, Geist, Seele und alle ihre Vermögen
sind keine für sich bestehenden Entitäten. Sie haben keine aus ihnen selbst
stammende, ihnen „an sich" zukommende ontologische Dignität. Darin sind
sie übrigens nicht nur anderen Korrelaten abstrakter Begriffe wie „Ursache", „Wirkung" oder „Gesetz" vergleichbar, sondern auch den sinnlich
gegenwärtigen Dingen und Vorkommnissen. Den Berg oder die Wolke gibt
es in Wirklichkeit, d. h. in einem für sich bestehenden ontologischen Sinn,
genausowenig wie das Bewusstsein und den Willen.[24]

Diese Parallele ist wichtig, zeigt sie uns doch, was aus Nietzsches Kritik
auf keinen Fall folgen kann: Dass wir von den Gegenständen der Kritik nicht

---

22   JGB 32; KSA 5, 51.
23   Ebd.
24   „Da jener Berg! Da jene Wolke! Was ist denn daran ‚wirklich'? Zieht einmal das
     Phantasma und die menschliche Z u t h a t davon ab, ihr Nüchternen!" FW 57; KSA
     3, 421.

mehr sinnvoll sprechen können. Ja, es bleibt unumgänglich, weiterhin von
Bergen und Wolken zu reden. Und entsprechendes gilt für alle sogenannten
Tatsachen des Bewusstseins. Die Dinge und Ereignisse, auch die „Phänomene" hören nicht auf zu sein. Der „Schein" bleibt bestehen, nur eben nicht
mehr *als Schein.* Die deklarierte Abschaffung der „s c h e i n b a r e [n]
Welt"[25] beseitigt nicht die Vorgänge und Eindrücke, die uns die Welt bedeuten, sondern sie nimmt ihnen ihren von der Substanzmetaphysik zuge-
wiesenen Charakter als bloßer Schein oder Erscheinung.

Bewusstsein und Wille, Absicht und Selbsterkenntnis bleiben somit eine
Realität im Leben des Menschen. Und mit den Phänomenen des Bewusstseins, des Willens und der Absicht bleibt auch ihre moralische Auslegung. Es gibt, um mit Nietzsche – und sinngemäß auch mit Kant – zu reden,
keine an sich bestehenden moralischen Phänomene, aber es gibt die „moralische Interpretation" von Phänomenen. Und es wird diese moralische
Selbstauslegung des Menschen so oft und so lange geben, wie er sich als
Individuum begreift und sofern er von der Überzeugung nicht lässt, dass es in
bestimmten Fragen des Lebens auf ihn als dieses individuelle Selbst tatsächlich ankommt.

Es lässt sich nun zeigen, dass Nietzsche selbst in allem, was ihm wesentlich ist, an einer solchen moralischen Interpretation der Phänomene
festgehalten hat. Ich nenne nur Beispiele: Die aristokratische Wertgleichung und das Ideal des „vornehmen Menschen" verweisen auf eine
durchaus klassische Ethikkonzeption, die frappierende Ähnlichkeit mit der
Areté des Hochgesinnten, des Megalopsychos, bei Aristoteles erkennen
lassen; entsprechendes gilt für seine zahlreichen Anleihen bei der epiku-
reischen und der stoischen Ethik.[26] Zarathustra ist als Lehrer neuer Wer-
tetafeln zugleich auch Lehrer neuer Tugenden.[27] Der „freie Geist" hat seine
hoch moralischen Verantwortlichkeiten und ist auf Wahrhaftigkeit und
Redlichkeit verpflichtet.[28] Schließlich ist Nietzsche selbst der moralische
Impuls sowohl in seiner Kritik der Moral wie auch in seinem epochalen
Erziehungsanspruch vollauf bewusst: „Die Moralisten", so sagt er in *Der*

---

25   GD, Wie die „wahre Welt" endlich zur Fabel wurde; KSA 6, 81.
26   Siehe dazu Ottmann: Philosophie und Politik bei Nietzsche, 204 ff.
27   Za 3, Von alten und neuen Tafeln; KSA 4, 246 ff.; Za I, Von der schenkenden Tu-
      gend; KSA 4, 97 ff.
28   „Euren Feind sollt ihr suchen, euren Krieg sollt ihr führen und für eure Gedanken!
      Und wenn euer Gedanke unterliegt, so soll eure Redlichkeit darüber noch Triumph
      rufen!" (Za 1, Vom Krieg und Kriegsvolke; KSA 4, 58). Vgl. dazu auch: Za 1, Von
      den Hinterweltlern; KSA 4, 37: Die „jüngste der Tugenden, welche heisst: Red-
      lichkeit". Ferner JGB 61; KSA 5, 79; GM 2, 1 u. 2; KSA 5, 291 ff.

Wanderer und sein Schatten, „müssen es sich jetzt gefallen lassen, Immoralisten gescholten zu werden, weil sie die Moral seciren."[29] „Denn was ist Freiheit!" heißt es, ohne erst lange zu fragen in den „Streifzüge[n] eines Unzeitgemässen": „Dass man den Willen zur Selbstverantwortlichkeit hat."[30]

Der „f r e i g e w o r d n e Mensch", das ist der Geist, der sich selbst befreit, er achtet nur bedingt auf die Handlungsfolgen; sein Maß liegt im eigenen Anspruch. Darin mag er „übersittlich" sein, aber er wird dadurch eigentlich erst – moralisch. Denn dieser „freie Geist" hat seinen Grund in sich selbst. Er bestimmt sich nicht nach den ohnehin nicht übersehbaren Folgen, sondern von seinem *Anfang* her. Sein Ursprung liegt in dem, was er *potentiell ist,* also in dem, was wirklich in seinen Kräften liegt. Eben dies ist – gerade auch im Licht der politischen und metaphysischen Tradition dieses Begriffs – der „Wille zur Macht".[31]

Mit Blick auf den Willen zur Macht ist es auch am ehesten möglich, jenes in Nietzsche stets wirksame Verlangen zu bewerten, das nach Erlösung von allem Handeln trachtet. Seit der frühen Artistenmetaphysik bis in die späten Aphorismen hält sich der Wunsch, die Zwänge des principii individuationis abzuschütteln und „die Illusion des moralischen Urtheils u n t e r sich zu haben".[32] Dieser Wunsch drängt zur Auflösung des Ichs und seines Bewusstseins. Die „Unschuld des Werdens" und die „kosmische" Empfindung werden beschworen, die „Unschuld" des Kindes wird wörtlich verstanden und ein „dionysisches Ja" zum bloßen Dasein scheint möglich. Diese Tendenz ist stark, und man kann ihr plausible Motive unterstellen. So kann man den amor fati *erotisch* deuten;[33] man wird eine *religiös* gefärbte Erlösungssehnsucht nicht bestreiten können;[34] schließlich sind ästhetische Momente unübersehbar.[35] In allen erkennen wir eine von Nietzsche stets betonte Komponente, nämlich die Gegenbewegung zur Aufladung

---

29   MA 2, WS 19; KSA 2, 553.
30   GD, Streifzüge eines Unzeitgemässen, 38; KSA 6, 139.
31   Vgl. dazu meinen Beitrag: Macht und Metaphysik. In: Nietzsche-Studien 10/11 (1981/82), 193–221; wieder in: Pathos und Distanz. Stuttgart 1988, 72–97; ders.: Vom Willen zur Macht. Berlin/New York 1992.
32   GT 4; KSA 1, 39; GD, Die „Verbesserer" der Menschheit, 1; KSA 6, 98.
33   So Ottmann: Philosophie und Politik bei Nietzsche, 377.
34   Wolfgang Müller-Lauter: Nietzsche. Seine Philosophie der Gegensätze und die Gegensätze seiner Philosophie. Berlin/New York 1971, 143.
35   Friedrich Kaulbach: Nietzsches Idee einer Experimentalphilosophie. Köln/Wien 1980, 289.

und Anspannung der Willen zur Macht.[36] Die aber hat ihren Sinn nur als Gegensteuerung, als zeitweiliges Ausspannen des konzentrierten Willens. Theoretisch nachvollziehen können wir sie lediglich als ästhetischen Ausgleich: „Mit lässigen Muskeln stehn und mit abgeschirrtem Willen: das ist das Schwerste euch Allen, ihr Erhabenen! Wenn die Macht gnädig wird und herabkommt in's Sichtbare: Schönheit heisse ich solches Herabkommen."[37]

Diese Möglichkeit der Gegenbewegung ist jedoch an die Anwesenheit des tätigen Machtwillens gebunden. So wie das Ästhetische nur in Abgrenzung zum ausdrücklich Praktischen verstanden werden kann, lässt sich auch ein sich liebend-öffnendes Nachlassen des Willens allein als momentane Freigabe des unter Ansprüchen stehenden Wollens begreifen. Wird jedoch der „abgeschirrte Wille" verabsolutiert, ist er mit philosophisch-theoretischen Mitteln nicht mehr zu fassen. Nietzsche selbst hat ein vernichtendes Urteil über die Sehnsucht auf solches vollkommenes Ablassen vom Willen gesprochen: Ein „Fabellied des Wahnsinns" nennt er die Hoffnung, „dass der Wille endlich sich selber erlöste und Wollen zu Nicht-Wollen würde –".[38]

Man muss sich also hüten, Nietzsches dionysisches Verlangen nach einer Erlösung vom Prinzip des individuellen Handelns als eine tatsächlich über das Handeln hinausführende außermoralische Perspektive zu deuten. Es ist vielmehr eine ästhetische Alternative, die nur solange in Kraft bleibt, als es das Prinzip des imperativischen Wollens gibt. Dafür spricht auch, dass alles, was Nietzsche in einer historisch anschlußfähigen Weise über die Zukunft des Menschen sagt, an das Ineinander von Befehl und Gehorsam gebunden bleibt. Er rechnet weiterhin mit der Herrschaft von Gesetzen, baut auf die Verfügungsmöglichkeiten des „freien Geistes" (oder fürchtet den Sieg der „letzten Menschen") und setzt in seinen Visionen von der Entfaltung eines starken Willens – auch wenn diese in sich selbst wieder ambivalent sind –[39] auf eine Steigerung der individuellen Selbstverantwortlichkeit. Alles ist darauf abgestellt, dass es Menschen gibt, die wirklich versprechen dürfen,

---

36 Za 2, Von den Erhabenen; KSA 4, 152.
37 Ebd. Wie ambivalent Nietzsche aber auch hier ist, und wie sehr er es selbst noch im Erleben des Schönen ist, belegt Za 2, Von der unbefleckten Erkenntnis; KSA 4, 157: „Wo ist Schönheit? Wo ich mit allem Willen wollen muss; wo ich lieben und untergehn will, dass ein Bild nicht nur Bild bleibe."
38 Za 2, Von der Erlösung; KSA 4, 181.
39 Die Ambivalenz wird in der Formel vom römischen „Cäsar mit Christi Seele" besonders deutlich (N 1884, 27[60]; KSA 11, 289). Zu diesem Gegensatz in Nietzsches Denken immer noch am besten Müller-Lauter: Nietzsche, 85 ff. u. 135 ff.

weil sie die innere und äußere Macht dazu haben. Und die „Züchtung" eines
solchen „souverainen Individuums" kann niemals bloß mit äußeren Mitteln
vor sich gehen, sondern sie bedarf stets auch der leitenden und lenkenden
Impulse von inner her. Angesichts einer Konzeption des Willens zur Macht,
der selbst nicht mehr als eine „innere Kraft" sein soll, versteht sich dies
eigentlich von selbst. Um aber eine solche Steuerung von innen her möglich
zu machen, bedarf es des „Willens", der „Absichten", der „Ziele" und – nicht
zu vergessen – der „Freiheit". Nietzsche ist dabei so konsequent, dem
„souverainen Menschen" die volle „Verantwortlichkeit" zuzuschreiben.
Dieser „Souverain" muss das Prinzip des Handelns in sich selber haben.

Die *Genealogie der Moral* soll die Vorgeschichte dieses Prinzips aufdecken. Die steuernden Instanzen sind ebensowenig zeitlos wie die Gesetze,
nach denen sie funktionieren. Sie sind in ihrer Entwicklung von der Dynamik leiblicher Vollzüge genausowenig zu trennen wie von gesellschaftlichen Mechanismen. Auch davon wird sich der Mensch der Zukunft nicht
befreien. Im Gegenteil: Nietzsche setzt große Hoffnungen darauf, dass der
„freie Geist" seine Souveränität in konkreten sozialen Bezügen wie vor
allem auch in seinem Verhältnis zum eigenen Leib manifestiert. Es wäre
daher verfehlt, in seinen disparaten politischen Ideen, insbesondere dort, wo
sie auf „Züchtung" und „Erdherrschaft" zielen, eine auf bestimmte Inter-
essengruppen bezogene Machtideologie zu vermuten. Ein Mißverständnis
wäre es auch, in seinen am „Leitfaden des Leibes" entworfenen Maximen
der Diätetik eine bloße Klugheitslehre im Dienste einer langen Gesundheit
zu erkennen.[40] Die Träume von der „grossen Politik" und von der „grossen
Gesundheit" sind gleichermaßen auf die Sicherung der Machtchancen der
„grossen Individuen" gerichtet. Machtchancen aber können nur durch
Handlungen genutzt werden, für die allein die Individuen die Verantwortung tragen. Diese Verantwortung zu erkennen und sie auch tatsächlich zu
nutzen, ist das leitende Ziel von Nietzsches Moralkritik. Deshalb läuft sein
Immoralismus nicht auf einen Verzicht auf alle Moral hinaus, sondern auf
deren „Selbstüberwindung". Die würde möglich in einer Moral für „freie
Geister": „Frei steht grossen Seelen auch jetzt noch die Erde. Leer sind noch
viele Sitze für Einsame und Zweisame, um die der Geruch stiller Meere

---

40 Edmund Heller: Diesseits und Jenseits von Gut und Böse. Typoskript 1991. Da-
     gegen hat man „Zarathustras Rat zu setzen: „Aber gut essen und trinken, oh meine
     Brüder, ist wahrlich keine eitle Kunst!" (Za 3, Von alten und neuen Tafeln 13; KSA
     4, 256).

weht. Frei steht noch grossen Seelen ein freies Leben."[41] Dies ist die ethische
Botschaft des Immoralismus.

Diese Konzeption einer Moral des freien Geistes wurde andernorts
behandelt.[42] Deshalb genügt es hier, einen Punkt in Nietzsches Moralkon-
zeption zu beleuchten, der für das gegenwärtig erneut umstrittene Be-
gründungsproblem von besonderem Interesse ist. Es ist das *Problem der*
Verbindlichkeit, die Frage also, wie aus einem Urteil, einer Handlung oder
aber auch nur aus einer Einsicht bestimmte Handlungen zwingend, und
damit notwendig folgen können. In Nietzsches Worten formuliert: Wie kann
ich etwas versprechen und mich damit selbst festlegen, das Versprochene
auch zu halten? Wie kann ich mich selbst verpflichten, etwas zu tun? Es ist
dies, wie leicht zu sehen ist, ein altes und großes Problem der Ethik; von
vielen wird es heute sogar als das entscheidende Problem der Moralphilosophie betrachtet. Und die das glauben, vertreten nicht selten zugleich auch
die Ansicht, das Problem sei letztlich unlösbar.[43]

Der Eindruck der Unlösbarkeit des Problems entsteht vornehmlich
dadurch, dass man es umstandslos mit der *Universalisierbarkeit* ethischer
Normen gleichsetzt. Damit aber wird ein nachgeordneter Begründungs-
schritt mit dem ersten, auf den es zunächst und zu allererst ankommt, verwechselt: Denn ehe man nach einer *interindividuellen* oder gar *universellen*
Verbindlichkeit fragen kann, hat man zu klären, wie denn wohl eine *indi-*
viduelle Allgemeinheit möglich ist – wie also *ein* Individuum etwas ganz für
sich allein als verbindlich ansehen könne. Wie kann *ich* etwas versprechen
und damit *allein vor mir selbst* verpflichtet sein, das Versprechen auch zu
halten?

Dies ist nun nicht etwa ein am Rande liegendes Spezialproblem der
Ethik, sondern in ihm stellt sich das Problem der Moral überhaupt. Die
moralische Frage geht aus einer existenziellen – nicht: existenzialistischen –
Unsicherheit hervor, einem wirklich als ernst erfahrenen Konflikt zwischen
Einstellung oder Werten, und sie lautet schlicht und einfach: „Was soll *ich*
tun?" Genauer: „Was soll *ich hier* tun?" Es gehört zum Sinn dieser Frage,
dass sie individuell aufgeworfen wird, und zwar individuell im doppelten
Sinn. Erstens: „Was *soll ich* denn eigentlich tun?" Und zweitens: „Was ist in
dieser Situation *konkret* zu tun?" Das moralische Problem führt also in einer

---

41 Za 1, Vom neuen Götzen; KSA 4, 63.
42 Vgl. hierzu meine Beiträge: Die Moral des Immoralismus, in diesem Band, 193–
    223, und Die Perspektive des Perspektivismus, in diesem Band, 106–129.
43 Ernst Tugendhat: Die Hilflosigkeit der Philosophie angesichts der moralischen
    Herausforderungen unserer Zeit. In: Information Philosophie 2 (1990), 5–15.

radikalen Weise auf das Individuum in einer konkreten Lebenslage zurück. Ich behaupte, dies ist seit Sokrates so und wird natürlich auch bei Kant nicht verändert, aber erst Nietzsche hat uns den unaufhebbar individuellen Ausgangspunkt der moralischen Frage bewusst gemacht. Und indem Nietzsche uns dies vor Augen führt, klärt er zugleich darüber auf, dass die Begründung für eine Antwort, wie immer sie auch ausfallen möge, stets nur *im Individuum selbst* liegen kann.

Vielleicht ist es fraglich, inwieweit man sich auch in diesem zweiten Punkt schon auf Sokrates und Platon berufen kann. Wenn der Athener in den *Nomoi* erklärt, man solle, ehe man einen Gott anruft, seine eigene Vernunft gebrauchen, scheint mir der Hinweis auf die Eigenständigkeit des jeweils Handelnden unüberhörbar;[44] schließlich heißt es ja schon bei Hesiod: „Der ist von allen der beste, der selber jegliches findet".[45] Doch wie dem auch sei: Spätestens bei Kant ist eindeutig ausgesprochen, dass die Antwort auf die moralische Frage weder aus vorgegebenen Werten noch aus göttlichen Gesetzen abgeleitet werden kann und dass demnach die moralische Verantwortung allein bei demjenigen liegt, der einen eigenen Willen hat. Das wollende Individuum tritt ganz allein in die Verantwortlichkeit, die ihm auch die Berufung auf ein allgemeines Sittengesetz nicht abnehmen kann. Nur bleibt bei Kant die Schwierigkeit, was denn eigentlich das Sittengesetz und die reine praktische Vernunft darstellen sollen. Hier scheinen jedenfalls noch vorgegebene überindividuelle Instanzen wirksam zu sein. Bei Nietzsche ist dagegen auch diese Zweideutigkeit behoben: Das „souveraine Individuum", der „freie Geist", ist allein sich selbst verantwortlich; das „autonome übersittliche Individuum" hat die „große Befreiung" hinter sich, und es hat sowohl die „alte Moral" (d. h. die „Sittlichkeit der Sitte") wie auch „Gott" als eine Ablenkung von sich und seinem Leben erkannt. Nach dem Tode Gottes kann der Grund der Verbindlichkeit, wenn überhaupt, nur noch *im Individuum selbst* gefunden werden.

Mit Nietzsche können wir nun sagen: Die ernstgemeinte moralische Frage ist immer „übersittlich", denn man wird in ihr – gerade auch angesichts der bestehenden sittlichen Normen – *auf sich selbst* verwiesen. Und wenn die Antwort den herrschenden sittlichen Werten entsprechen sollte, so kommt doch alles darauf an, dass man sie *vor sich selbst verantworten* kann. Der Grund einer wirklich moralischen Handlung ist demnach „übersittlich"; er ist, selbst wenn er sich in seinem Anspruch auf geltende Werte stützt,

---

44   Platon: Nomoi 688 a/b.
45   Hesiod: Werke und Tage, 292–297; ferner: Aristoteles: Nikomachische Ethik 1095 b.

logisch von ihnen unabhängig. Denn seine Geltung, genauer: seine *Funktion als Grund* bezieht er allein aus dem Selbstverhältnis des Individuums. Es ist der *Anspruch des Einzelnen vor sich selbst,* der hier den Ausschlag gibt. Und Nietzsche trifft den Sachverhalt mit atemberaubender Sicherheit, wenn er vom „autonomen übersittlichen Individuum" spricht. Der „souveraine Mensch" wahrt seine Freiheit gerade auch gegenüber den überlieferten Werten; andernfalls könnte er sich noch nicht einmal frei für sie entscheiden, geschweige denn für etwas anderes.

Hinter diese Einsicht Nietzsches, so meine ich, können wir philosophisch heute nicht mehr zurück, und wir sollten es angesichts der Vielfalt von Kulturen und Werten, die in der modernen Welt nun einmal nebeneinander zu bestehen haben, auch gar nicht mehr versuchen. So paradox es klingt: Nur eine strikt individuelle Begründung moralischer Verbindlichkeit kann heute mit einer Chance auf allgemeine Anerkennung rechnen. Nur ein „individuelles Gesetz", wie es Georg Simmel erstmals skizziert hat,[46] kann unter modernen Bedingungen moralisch verbindlich sein. Und nur sofern es diese individuelle Verbindlichkeit hat, kann es auch auf allgemeine Anerkennung rechnen.

Bereits der kritische Gewinn dieser Einsicht ist nicht eben gering: Alle empirischen und auch alle utilitaristischen Modelle der Ethikbegründung scheiden – gewissermaßen als vormoralisch – aus.[47] Historisch überholt und systematisch unbrauchbar sind auch alle ontotheologischen Begründungsversuche, wie sie in jüngerer Zeit etwa von Hans Jonas oder Werner Marx ins Gespräch gebracht wurden.[48] Unangemessen sind ferner die durch Emmanuel Lévinas und Robert Spaemann aktualisierten theophilen Dialogkonstruktionen, die aus dem Du, das der konkrete andere sein kann, eine

---

46 Georg Simmel: Das individuelle Gesetz. Ein Versuch über das Prinzip der Ethik (1913). In: Das individuelle Gesetz. Philosophische Exkurse. Hg. v. Michael Landmann. Frankfurt 1968, 174–230. Georg Simmel hat in dieser Schrift eine Ethik skizziert, deren „eigentlicher Verantwortungspunkt" das sich als lebendig erfahrende Individuum ist. Er legt dar, wie ein „individuelles Sollen" gedacht und begründet werden kann. Der vorliegende Aufsatz kann deutlich machen, wieviel Simmel auch mit Blick auf das „individuelle Gesetz" Nietzsche verdankt.

47 „Wenn also der Utilitarismus wahr ist und außerdem einige ganz plausible empirische Aussagen, folgt, dass es besser ist, nicht an den Utilitarismus zu glauben. Wenn der Utilitarismus falsch ist, ist es ohnehin besser, wenn man nicht an ihn glaubt." (Bernard Williams: Der Begriff der Moral. Stuttgart 1978, 110).

48 Hans Jonas: Das Prinzip Verantwortung. Frankfurt 1979. Werner Marx: Gibt es auf Erden ein Maß? Hamburg 1983.

Verbindlichkeit für das Ich herleiten wollen.[49] Hier werden unerläßliche genetische Momente, die natürlich immer auch die vorgängige Anwesenheit des anderen implizieren, mit der Begründung eines Geltungsanspruchs verwechselt. Entsprechendes ließe sich der transzendentalpragmatischen Diskursethik entgegenhalten, die den Ausgangspunkt der moralischen Frage überhaupt nur dann erreichte, wenn sie den Diskurs ganz auf eine Vorstellung oder Idee des einzelnen Individuums zurücknähme, damit aber eben das revozierte, was sie mit großem polemischen Aufwand als ihre soziale und methodologische Errungenschaft behauptet.

In kritischer Absicht ist mit Nietzsche also einiges gewonnen. Gibt es aber auch einen positiven Ertrag? Ich glaube: Ja. Und für dieses – vorerst noch hypothetische, vielleicht überhaupt experimentelle – Ja möchte ich eine Argumentation wenigstens andeuten:

Zur Moral, so lernen wir durch Nietzsche, kommen wir nur durch das Nadelöhr der Selbsterkenntnis. Wir erkennen dabei – so gut es eben geht und neben vielem anderen – unsere Bedürfnisse und Gefühle, unsere Gewohnheiten und Absichten und mit alledem in alledem –: *uns selbst.* Was dieses „Selbst" ist, steht weder von Anfang an noch für eine gewisse Zeit und schon gar nicht in einer über alle Zeit hinausreichenden Weise fest. *Das Selbst ist weder metaphysisch noch empirisch eine feste Größe.* Sein Bestand hängt von zahllosen wechselnden Faktoren ab. Bestimmtheit erlangt es nur in der Erkenntnis seiner selbst, und es bleibt dabei bezogen auf seine Geschichte wie auch auf die Situation, in der es sich als dieses oder jenes wahrnimmt. So gesehen, ist Selbsterkenntnis immer auch Selbstbestimmung. Das Wissen ist hier wie in allen Fällen ein Feststellen, also ein genuin praktischer Vollzug. Gehen wir von Nietzsches schöner Formel aus, der zufolge der Mensch das nicht festgestellte Tier ist,[50] so können wir ergänzen, dass es sich beim Menschen, der durch die jahrtausendealten Zwänge der Kultur und durch den Konformitätsdruck der äußeren Sittlichkeit hindurchgegangen ist, um eben das Tier handelt, das sich selbst allererst feststellen hat. Erst von hier aus sieht man wie zwingend der Zusammenhang zwischen Selbsterkenntnis und (selbstbestimmter) moralischer Handlung tatsächlich ist.

---

49 Emmanuel Levinas: Totalité et Infini. Essai sur l'extériorité. La Haye (Den Haag), 1961 (insb.: 172 ff.). Eine Gesamtdarstellung des ethischen Denkens von Levinas in deutscher Sprache: Humanismus des anderen Menschen. Hamburg 1989; Robert Spaemann: Glück und Wohlwollen. Stuttgart 1989.

50 Siehe dazu meinen Beitrag: „Das Thier, das versprechen darf", in diesem Band, 243–260.

Dass hier – auch nach Nietzsche – eine Bestimmung des Selbst durch sich selbst stattfindet, geht aus einer vielzitierten, aber kaum verstandenen Bemerkung im Aphorismus 57 von *Menschliches, Allzumenschliches* hervor: „In der Moral behandelt sich der Mensch nicht als individuum, sondern als dividuum."[51] Moral setzt eine „Selbstzertheilung des Menschen" voraus. Er muss sich in sich selbst spalten, um ein *Verhältnis zu sich selbst* gewinnen und *über sich selbst* bestimmen zu können. „Ist es nicht deutlich, dass in all diesen Fällen [in denen „Thaten der Moralität" geschehen, V. G.] der Mensch Etwas von sich, einen Gedanken, ein Verlangen, ein Erzeugniss mehr liebt, als etwas Anderes von sich"?[52] So ist es in der Tat, und zwar so offenkundig und unvermeidlich, dass auch Nietzsche in seinen eigenen Moralentwürfen auf diese innere Dissoziation des Individuums setzt. Er möchte zwar das Opfer des einen Teils zugunsten des anderen vermeiden, favorisiert also auch hier Freiwilligkeit und Spiel. Aber er leugnet das Zwanghafte und Schmerzliche in Gehorsam und Selbstdisziplin nirgendwo; vor allem weiß er von der Unumgänglichkeit der Aufspaltung in sich. Man muss, wenn man handeln will, erst recht wenn man tugendhaft handeln will, zunächst *mit sich selbst ins Gespräch* kommen, muss, wie dies Zarathustra fortdauernd tut, *mit sich zu Rate gehen*. Schließlich braucht man im Augenblick der Tat den „Willen zum Selbst", also die nur angesichts der Differenz von wollendem Ich und bestimmtem Selbst sinnvolle Einheit der begrenzten Tat. „Herr sein" *ist das Ziel,*[53] „Herr" zunächst und vor allem über sich selbst. Die Dividuation des Individuums ist vorausgesetzt. Sie muss handelnd stets überwunden werden, aber sie entsteht immer wieder neu.

Die Gefahr, dass man sich dabei auch im Licht seines eigenen Tugendideals auf schädliche Weise einschränkt, verletzt und wesentliche Momente an sich unterdrückt, hält Nietzsche für groß. Deshalb betont er das – in sich selbst freilich auch nicht gänzlich einheitliche – Fundament der *Selbstliebe*. Sie ist nötig, damit „man es bei sich selber aushalte".[54] Doch wie dem auch sei: Erst diese Teilung in uns selbst ermöglicht die begriffliche Bestimmung unserer selbst durch uns selbst. Sie ist die sowohl psychische wie auch logische Bedingung der Selbst-Herrschaft, wie Nietzsche die praktische Bestimmung unserer selbst klarerweise immer wieder nennt. Entscheidend ist nun, dass das, was Selbsterkenntnis und Selbstherrschaft

---

51 MA 1, 57; KSA 2, 76.
52 Ebd.
53 Za 3, Von alten und neuen Tafeln 21; KSA 4, 263.
54 Za 3, Vom Geist der Schwere; KSA 4, 242.

analytisch voraussetzen, nämlich die Trennung in uns selbst, im praktischen Vollzug *in einem Begriff unserer selbst* wieder vereinigt wird!

Dieses durch die Aufspaltung in ein dividuum hindurchgegangene, zu einem praktischen, auf einem Begriff beruhenden Selbstverständnis gelangte Individuum, nennt auch Nietzsche – in schönem Einklang mit der Tradition – „Person": „Aus sich eine ganze P e r s o n machen und in Allem, was man thut, deren h ö c h s t e s Wohl in's Auge fassen – das bringt weiter, als jene mitleidigen Regungen und Handlungen zu Gunsten Anderer."[55] Man beachte, dass nach dieser Formulierung die Person nicht bereits gegeben ist. Sie muss allererst *gemacht* werden. Sie ist ein „factum" im Sinne Kants, also etwas, das nur in der einsichtsvollen Selbstbewegung eines Individuums entsteht. Eben deshalb spricht Kant vom „Faktum der Vernunft".[56] In der Person werden die in Zweifel und Selbstreflexion auseinandertretenden Elemente des Individuums zu einem tätigen Moment vereinigt. Dabei gäbe es keinen Sinn, diese Vereinigung als Ergebnis äußerer Einwirkung anzusehen. Sie muss von innen, also aus dem Individuum selbst kommen. Man macht, wie Nietzsche treffend sagt, eine Person *aus sich.* Dass dabei keine – wie auch immer beschaffene – „reine" Vernunft das einigende Band abgeben kann, sondern nur eine auf endliche Bedingungen bezogene Reflexion, die sich auch ihrer Leiblichkeit vergewissert, sollte inzwischen als selbstverständlich gelten. Ich verzichte hier auf den Nachweis, dass Kants Kritik eben darauf zielt, den philosophisch gerechtfertigten Gebrauch der Vernunft auf den endlichen Bereich menschlichen Daseins einzuschränken.

Von einer derart gemachten, begrifflich gefaßten, aber durchaus leibhaftig auftretenden Person lässt sich dann auch sagen: „Ach meine Freunde! Dass e u e r Selbst in der Handlung sei, wie die Mutter im Kinde ist: das sei mir e u e r Wort von Tugend!"[57] Im Zeichen eines personalen Selbstbegriffs, der wirklich die konkreten Handlungsbedingungen umfaßt und der damit zugleich eine reale Schätzung der eigenen Kräfte umgreift, kann man dann wohl auch zum Herrn der eigenen Tugenden werden. Wer dies aber wird und ist, der gibt sich das *Gesetz.* In ihm erst kann er sich wirklich als *Person* erfahren. Denn die Bestimmtheit im Auftreten der Person ergibt sich erst mit der *Gewißheit eines Grundes,* in dem man sich festlegt, so und nicht anders zu sein. Zum Grund, auch wenn der einzelne jetzt allein auf ihm steht,

---

55   MA 1, 95; KSA 2, 92.

56   Marcus Willaschek: Die Tat der Vernunft. Zur Bedeutung der Kantischen These vom „Factum der Vernunft". In Gerhard Funke (Hg.): Akten des VII. Internationalen Kant-Kongresses. Bonn 1991, Band II.1, 456–466.

57   Za 1, Von den Tugendhaften; KSA 4, 123

gehört die Erwartung, dass auch jeder andere, gesetzt, er befände sich in gleicher Lage, auf ihm stehen könnte. So gesehen ist Gesetz nur ein anderer Name für die *Begrifflichkeit (und Mittelbarkeit) des Grundes,* auf den sich eine Person mit Bewusstsein fest stellt. Wenn der Mensch das sich selbst feststellende Tier ist, dann weiß er als Person nicht nur, dass er sich von sich aus bestimmt, sondern auch dass er einen *Grund* dazu hat. Der verbindet ihn zur Übereinstimmung mit sich.

Damit sind wir bei der gesuchten Verbindlichkeit, und jeder Leser wird sich erinnern, wie oft Nietzsche – insbesondere hinter der Maske des Zarathustra – diese Selbstgesetzgebung fordert: „Wir aber wollen Die werden, die wir sind – die Neuen, die Einmaligen, die Unvergleichbaren, die Sich-selber-Gesetzgebenden".[58] Die „Vorbereitung dazu, die Herren der Erde zu werden", geschieht durch *Gesetzgebung.* Die „Atheisten und Immoralisten", die, wie in einem Nachlassfragment noch einmal betont wird, „Jenseits von Gut und Böse" (im Sinne der „Heerden-Moral") stehen, haben ihren Mitmenschen „eine disciplina voluntatis" voraus. Insofern können sie beanspruchen, „Gesetzgeber der Zukunft" zu sein.[59] Selbstdisziplin und die Schaffung einer verbindlichen Ordnung für andere hängen nicht nur auf das engste zusammen; vielmehr bedingt die Selbstgesetzgebung die Zuständigkeit für andere. Ja, für Nietzsche scheint eine Art von Legitimation für die gesetzesförmige Herrschaft über andere durch die individuelle Selbstdisziplin gegeben zu sein.

Der Zusammenhang von Selbstherrschaft und politisch-sozialer Verfügung zeigt sich auch in der Präsentation künftig geltender Gesetze: Zarathustras Rede „Von alten und neuen Tafeln", in der Maßstäbe für die neue Zukunft gesetzt werden, ist expressis verbis ein Selbstgespräch: „Inzwischen rede ich als Einer, der Zeit hat, zu mir selber. Niemand erzählt mir Neues: so erzähle ich mir mich selber."[60] Dabei werden, wohlgemerkt, keine Geschichten oder Erinnerungen wiedererzählt, sondern es werden die Gesetze dargelegt, die für die Zukunft gelten sollen. „Neue Werthe" müssen auf „neue Tafeln" geschrieben werden, was aber nur dem gelingen kann, *„der sich seine eigne Tugend erfindet".*[61] Will dieser *Souverän seiner selbst* politischen Erfolg, so benötigt er Gleichgesinnte, die sich in Redlichkeit und Liebe verbinden, um gegenseitig ihr Versprechen halten zu können. Deshalb fordert der zu sich selbst redende Zarathustra kategorisch: „Desswillen

---

58   FW 335; KSA 3, 563.
59   N 1885, 35[9]; KSA 11, 511 f.
60   Za 3, Von alten und neuen Tafeln, 1; KSA 4, 246.
61   Za 3, Von alten und neuen Tafeln 26; KSA 4, 266 (Herv. v. Verf.).

will ich [sic!], dass Redliche zu einander reden: ‚wir lieben uns: lasst uns zusehn, dass wir uns lieb behalten! Oder soll unser Versprechen ein Versehen sein?‘“[62]

Das soll es offenbar nicht. Zarathustra will neue Tafeln mit neuen Werten, die aus der Selbstgesetzgebung der freien und ihrer selbst mächtigen Individuen entspringen. In dieser Freiheit und Selbstverantwortlichkeit gelangt das Individuum zu seinem Besten. Und nur sofern dieses Beste individuell gefunden ist, soll es auch – als dieses Beste – über andere verfügen: „das Beste soll herrschen, das Beste w i l l auch herrschen!“[63] Hier gibt es einen weitreichenden Anspruch auf Verbindlichkeit der neuen Werte, einen Anspruch, der sich zuerst und in allem auf das Individuum selber, dann vornehmlich auf die Gleichgesinnten, schließlich aber auch auf andere dem Gesetz Unterworfene richtet. Wie aber gelangt man zu einem so ausgedehnten Geltungsanspruch? Ich bin versucht zu sagen: ganz einfach. Denn Zarathustra hat, genau besehen, stets nur zwei Empfehlungen zu geben, nämlich *erstens:* „Thut nach meinem Beispiele!“ Und *zweitens:* „Geht e u r e Wege!“[64] Einen stärkeren *Selbstbezug* kann ein *Lehrer der Tugend* schlechterdings nicht exponieren.

Der Ursprung der Verbindlichkeit liegt hier offenkundig in einem *Selbstbegriff,* der in seiner genuin praktischen Funktion gleichermaßen deskriptiv wie präskriptiv ist. Der Moralphilosophie, die so großen Wert auf die Differenz von Sein und Sollen legt, ist bis heute entgangen, dass zu den jeweiligen Begriffen unserer selbst zur „Beschreibung“ immer auch ein normativer „Anspruch“ gehört. Es ist der Anspruch, eben so zu sein, wie man sich beschreibt und somit begreift. Ob aber dieser Anspruch wirklich zutrifft, kann sich nur zeigen, indem man sich ihm entsprechend verhält. Sein und Sollen kommen also im Selbstbegriff – wenigstens partiell – zur Deckung. Der angesichts von Problemen, die als Herausforderung an uns selbst verstanden werden, situativ und individuell verfaßte Selbstbegriff enthält demnach immer auch ein normatives Element. Aus dem soziologischen Begriff der Rolle – bekanntlich mit unserem Begriff der Person etymologisch und systematisch eng verknüpft – ist uns das längst vertraut. Das normative, auf dem Selbstanspruch in der begrifflichen Selbstfestlegung beruhende Moment bleibt aber auch dort erhalten, wo sich ein Individuum

---

62   Za 3, Von alten und neuen Tafeln 24; KSA 4, 264.
63   Za 3, Von alten und neuen Tafeln 21; KSA 4, 263.
64   Za 3, Von alten und neuen Tafeln 20 u. 21; KSA 4, 262.

als singulär begrifft: „ – ich bin, der ich sein muss. Ich selber heisse mich Zarathustra."[65]

Selbst dieser singuläre Fall kennt *sein Gesetz* und *seinen imperativischen Willen*. Und im Vollzug dieses selbstgegebenen Gesetzes liegt die Tugend, liegt – ganz wie man will – die alte oder die neue Moral, zu der allerdings mit Sicherheit immer schon das uralte Ideal der Tapferkeit gehört: „Habt ihr Muth, oh meine Brüder? Seid ihr herzhaft? Nicht Muth vor Zeugen, sondern Einsiedler- und Adler- Muth, dem auch kein Gott mehr zusieht?" So fragt Zarathustra[66] – und die Frage, auch wenn wir sie anders formulieren würden, richtet sich der Sache nach auch heute noch an uns selbst. Unter der Vermutung, dass der Gott ihm nicht zusieht, hat heute selbst noch der Gläubige zu handeln.

In der Rede *Vom bleichen Verbrecher* sagt Zarathustra: „[…] ein Anderes ist der Gedanke, ein Anderes die That, ein Anderes das Bild der That. Das Rad des Grundes rollt nicht zwischen ihnen."[67] Sollte mit „Grund" ein substantiell Gegebenes, eine metaphysische – oder auch nur eine empirische – *Ursache* gemeint sein, dann müssen wir dieser Aussage, so schwer es uns fällt – gerade auch angesichts der eingangs erwähnten szientifischen Kenntnisse – wohl zustimmen. Wenn es einen *ursächlichen* Zusammenhang geben sollte, so kennen wir ihn nicht. Und *Ursache der Tat* kann weder der Gedanke noch die Vorstellung vom Akt oder von seinen Foren sein. Eine zugrundeliegende – und insofern Grund gebende – Realität im Subjekt ist nicht auszumachen. *Realontologisch* gibt es sie ebensowenig, wie es das Subjekt gibt. Entsprechendes gilt in *empirischer* Hinsicht. Da wirkt nichts und da dreht sich auch nichts. Wer nach Gründen wie nach Dingen sucht, der findet nichts, auch keine wirkliche Bewegung. Das „Rad des Grundes" steht, so verstanden, wirklich still.

Doch: Ist dieses Verständnis alles? Haben wir nicht gelernt, zwischen *Ursachen* und *Gründen* zu unterscheiden? Ursachen können wir immerhin realen Verhältnissen zuschreiben. Die Kugel, die das Kissen eindrückt, kann Ursache sein, ebenso wie der Blitz, der das Feuer entzündet, oder der Krieg, der Menschen vertreibt. Gründe aber müssen wir schon aus den realen Verhältnissen *nehmen*, wenn sie *für uns* Geltung haben sollen. Wir verleihen möglichen Ursachen, die uns *überzeugen* und von denen wir erwarten, dass sie auch von anderen überzeugend gefunden werden, den *Status von Gründen*. Was immer auch Ursachen sein mögen: Sollen Gründe daraus

---

65 Za 4, Der Blutegel; KSA 4, 310.
66 Za 4, Vom höheren Menschen; KSA 4, 358.
67 Za 1, Vom bleichen Verbrecher; KSA 4, 45 f.

werden, so müssen wir sie *uns aneignen.* Sie kommen deshalb nur in Argumenten vor und nicht, wie Ursachen, in der Welt der Dinge und Ereignisse. Suchen wir gleichwohl ihren „Ort", so stoßen wir einzig auf das *Individuum,* dem dieser Grund genügt. Ein Grund ist das, was ein
nachdenkendes Individuum *begrifflich befriedigt,* etwas, das es für *zureichend* hält, und von dem es daher *glaubt,* wirklich ausgehen zu können.
Gründe eignet man sich an. Sie werden, sit venia verbo, geistig einverleibt.
Sie sind das, wovon wir – vor uns selbst und für uns selbst, also zumindest
subjektiv – eingenommen sind. Es sind Gründe, die unsere Überzeugungen
zusammenhalten. Deshalb können wir für sie auch als Person Zeugnis ab-
legen.

Der Grund der Tat liegt somit allein im Selbst; in ihm bezieht es sich
selbst allein auf sich selbst. Dass sein Selbst sich in der Tat zeigt, das macht
den Menschen zum Täter seiner Tat. Nur so wird deutlich, wer er „ist". Und
nur im *Grund* weiß er von sich und seinem Zusammenhang mit seiner Tat.
Alle Begründung geschieht letztlich in *praktischer Absicht.* Sie ist – im
Grunde – *Selbstbegründung.* Dass diese Selbstbegründung stets ein – zumindest gedachtes – anderes unserer selbst voraussetzt, dass wir uns gerade
dann, wenn wir uns auf Gründe beziehen, nicht vollkommen selbst genügen,
das steht auf einem anderen Blatt. Entscheidend ist hier, dass etwas *als
Grund* nur in Frage kommt, *sofern er uns genügt.* Darin eben liegt die Begründung unserer selbst; denn nur in seinen Gründen findet ein Selbst
seinen Halt. Der Mensch ist also das sich selbst feststellende und sich eben
darin auch begründende Wesen.

Und wenn er – was für den schwachen „bleichen Verbrecher" natürlich
nicht gilt – durch den Zweifel wirklich hindurchgegangen ist und im Medium
der Selbsterkenntnis „herzhaft", „ernsthaft" den „Willen zu sich selber"
faßt, dann hat er nicht nur einen Begriff von sich selbst, sondern dann rollt
auch das „Rad des Grundes" in ihm selbst. Der Handelnde ist das Rad, und
er kann – gleichsam aus sich rollend – auch über den Augenblick, über die
Situation hinaus sein Selbst in künftige Handlungen legen. So entsteht der
Sinn von Handlungen, und darin allein erfüllt er sich auch. Im von uns selbst
entworfenen Zweck stellen wir uns den Sinn ja bloß vor. Erst im Erreichen
des Zwecks wird der Sinn gegenwärtig und gewinnt seine in der bloßen
Vorstellung erblaßte Sinnlichkeit wieder im vollen Umfang zurück. Dies
nicht zuletzt, weil wir im erreichten Zweck zu uns selbst gelangen. Die
Selbstbestimmung geht in Selbstverwirklichung über. In ihr hat sich das
Individuum stets schon seine Begründung gegeben. Im „Schaffen", wie
Nietzsche gerne sagt, schließt sich der Kreis.

Natürlich bedarf es, um diese aus dem Selbst kommende Bewegung möglich zu machen, einer *affektiven* Kraft. Deren Zentrum ruht im Selbst, was für den „bleichen Verbrecher" ebenfalls nicht gilt. „Man muss sich selber lieben lernen [...] mit einer heilen und gesunden Liebe", sagt Zarathustra[68] und legt damit die wesentliche motivale Voraussetzung für wahrhaft souveränes Handeln fest. „Wenn ihr erhaben seid über Lob und Tadel, und euer Wille allen Dingen befehlen will, als eines Liebenden Wille: da ist der Ursprung eurer Tugend."[69] Und wie man sich selber liebt, so liebt man sich auch in seinen Handlungen, die – wie auch anders? – so sein *sollen* wie man selbst.

In der Selbstverpflichtung, als die sich letztlich jede wahre Tugend zu erkennen gibt, tritt somit auch der *affektive Anteil* zutage, den wir an uns selbst und unserer Zukunft nehmen. Für Nietzsche ist dieser Zusammenhang so eng, dass er das Selbst und die Tugend identifiziert. Dies geschieht in einer gedanklichen Bewegung, die so zirkulär ist wie der Prozeß, den sie zu fassen sucht. Das Selbst und seine Handlung, in der es selbst sein will, gehen nach Art eines Kreisprozesses ineinander über. Wo gehandelt wird, soll sich das Selbst zeigen, wo sich das Selbst hervortun will, da muss es handeln. Wo aber dieser rollende Übergang gelingt, da ist mehr als bloße Konsequenz. Mehr auch als bloßer Stil! Da ist, weil *Liebe* den Impuls gibt und *Redlichkeit* kontrolliert, *Tugend:* „Es ist *euer liebstes Selbst, eure Tugend.* Des *Ringes* Durst ist *in euch: sich selber wieder zu erreichen,* dazu *ringt* und *dreht* sich jeder Ring."[70]

Die Metaphern sind hier nicht gerade glücklich gewählt. Um so deutlicher wird Nietzsches verzweifelte Anstrengung, das Ineinander von Selbst und selbstbestimmter Handlung als einen zirkulären Prozeß zu beschreiben, in dem das Individuum zu sich kommt, indem es tätig aus sich herausgeht. Hier wirkt, paradox genug, der „Wille zum Selbst".[71] Dieser „Wille zum Selbst" kann in der Tat nach Art eines rollenden Rades verstanden werden, das sich um uns dreht, *sofern* es sich weiterbewegt. Man muss handelnd *weiter*gehen, um wirklich zu sich selbst zu kommen. Und man hat dies auch

---

68   Za 3, Vom Geist der Schwere 2; KSA 4, 242.

69   Za 1, Von der schenkenden Tugend 1; KSA 4, 99.

70   Za 2, Von den Tugendhaften; KSA 4, 121 (Hervorhebung v. Verf.). – Welchen historischen und systematischen Hintergrund diese metaphorische Beschreibung (und mit ihr der Topos der Selbstbegründung) hat, mag die Umschreibung andeuten, die Aristoteles von der Selbstbewegung lebendiger Wesen gibt: „Deshalb muss wie in einem Kreis etwas stillstehen und davon aus die Bewegung ihren Anfang nehmen." (De anima III, 433 b 26 f.).

71   Za 1, Vom bleichen Verbrecher; KSA 4, 47.

als leibhaftige Bewegung zu vollziehen, dabei sich selbst affektiv zugewandt. So wird das Ich zum „redlichste[n] Sein",[72] ein individuelles Dasein, das seine Leiblichkeit nicht verleugnet und dabei, ganz von selbst, die „jüngste der Tugenden, welche heisst Redlichkeit"[73] zur Wirklichkeit und Wirksamkeit bringt. In ihr wird das Selbst schließlich in einem umfassenden Sinne tugendhaft. Das aber heißt: Der Einzelne wird „eines langen Willens Herr".[74] Als Herr seiner selbst kann er Versprechen geben und sich Gesetze auferlegen. Der *Grund,* im strikten Sinne der *Begründung,* liegt dann allein in ihm selbst. Wohlgemerkt: in einem Selbst, das sich aus Zweifeln durch einen Akt der Selbsterkenntnis befreit und sich im Begriff seiner selbst auf einen Willen festlegt.

Begrifflich im strengen Sinn ist diese Festlegung, weil man das Ziel des Willens explizit angeben kann – vor sich selbst und vor anderen. Die Bedingung dafür hat Nietzsche schon früh in einem Aphorismus zur Frage: „Was man versprechen kann" auseinandergesetzt: „Man kann Handlungen versprechen, aber keine Empfindungen".[75] Handeln aber erfordert Denken.[76] Denken kommt ohne Begriffe nicht aus, und die zielen, wo immer es um das Selbst und seine Tätigkeit geht, auf Gründe. Die Verbindlichkeit des Individuums hat also selbst dort, wo sie auf dem Extrem des leibhaftigen und augenblicklichen Wollens steht, einen rationalen Kern. Dass der keineswegs bloß für das Selbstverständnis *eines* Individuums Bedeutung haben muss, sondern *auch für andere Individuen,* sofern sie selbst Grund ihres Tuns sein wollen, wichtig, ja verbindlich werden kann – auch dafür ließen sich bei Nietzsche Hinweise finden. Doch ich möchte hier nicht zuviel versprechen. Will man eine schlüssige, auch soziale Verbindlichkeiten berücksichtigende Konzeption der Moral entwickeln, dann hilft es nichts: Dann muss man über Nietzsche hinaus. Es sollte aber deutlich sein, dass man dabei nicht an ihm vorbeikommt.

---

72 Za 1, Von den Hinterweltlern; KSA 4, 36.
73 Ebd.; KSA 4, 37.
74 Za 3, Von der Seligkeit wider Willen; KSA 4, 204.
75 MA 1, 58; KSA 2, 76.
76 UB 2, 1; KSA 1, 253.

Die Moral des Immoralismus

Nietzsches Beitrag zu einer Grundlegung der Ethik

1. Nietzsches Angriff auf die Moral

Zu den wenigen Überzeugungen, in denen sich die Nietzsche-Interpreten nicht nur untereinander, sondern auch mit ihrem Autor einig sind und in denen es noch nicht einmal einen Dissens zwischen Nietzsche-Anhängern und Nietzsche-Gegnern gibt, gehört der *Immoralismus* dieses Philosophen. Man mag an der Epochendiagnose der *décadence* und des *Nihilismus* zweifeln, mag in Frage stellen, ob mit Nietzsche nun wirklich die *Götzendämmerung der Metaphysik* hereinbricht, mag, trotz der Einsicht, dass die *ewige Wiederkehr des Gleichen* sich weder beweisen noch widerlegen lässt, dieser Lehre den Glauben verweigern, und man mag über den spekulativen Gehalt des *Willens zur Macht* ebenso streiten wie über den praktischen Wert der Vision des *Übermenschen,* nicht minder übrigens wie über den methodologischen und den ästhetischen Sinn der *Physiologie der Kunst* – Nietzsches Perspektivismus bietet reichlich Gelegenheit, über so gut wie alle seine perspektivischen Aussagen uneins zu sein …

Aber: dass er ein *Kritiker der Moral* ist und dabei nicht nur die herrschende jüdisch-christliche Moral, sondern die Moral überhaupt vernichten will, das dürfte unstrittig sein. Fraglich ist natürlich auch hier, ob und inwieweit er sein Ziel erreicht. Aber *dass* er sich selbst als *Immoralist* präsentiert, *dass* er sich mit der vergleichsweise schwachen Position eines Amoralisten, der sich nur von den gerade gültigen Moralvorstellungen befreit, nicht zufrieden gibt, sondern auf eine *prinzipielle Gegnerschaft* zur Moral abzielt, dies gehört gewissermaßen zu den Fakten der Philosophiegeschichtsschreibung. Nietzsche ist dem Experiment einer Überwindung aller Moral verschrieben, längst bevor er sich als Versucher der Moral schlechthin stilisiert. Und so ist er auch von seinen Lesern verstanden worden. Deshalb erlauben weder Intention noch Effekt seiner Werke einen Zweifel an dem, was er seinen Immoralismus nennt.

So scheint es jedenfalls. Denn Moral entspringt für Nietzsche aus dem *Instinkt der Verneinung des Lebens.* Sie ist „ein Stück Tyrannei gegen die

‚Natur'", eine „strenge und grandiose Dummheit",[1] die zwar in der Zucht und Züchtung des menschlichen Geistes ihre Verdienste hat, vom freien Geist aber nur noch als rohe Sklaverei empfunden werden kann. Niedrig und erniedrigend ist auch der Ursprung aller moralischen Wertungen; er liegt in der *Furcht* und somit in der illusionären Hoffnung, „dass es irgendwann einmal Nichts mehr zu fürchten giebt".[2] In ihren kleinlichen Ängsten und ihren kümmerlichen Erwartungen ist die Moral der Widersacher aller eigenständigen Kräfte; für Individuen lässt sie keinen Raum; sie fördert die „billige, bescheidene, sich einordnende, gleichsetzende Gesinnung"; wo sie Geltung beansprucht, kommt „das Mittelmaass der Begierden" zu „Namen und Ehren".[3] In den durch lange moralische Gewöhnung domestizierten Gesellschaften führt die Moral schließlich zu „krankhafter Vermürbung und Verzärtlichung", die selbst vor der Perversion nicht haltmacht, auch noch für ihren „Schädiger", für den, der sie angreift und vernichten will, Partei zu ergreifen.[4] Was einem freien, individuellen Geist das Leben wert und bedeutsam machen kann, das wird ihm durch die Moral genommen.

Die Moral, so lautet die ständig variierte These, steht im *Widerspruch zum Leben.* Sie ist die „Widernatur" schlechthin, ist Ausdruck eines „décadence-Instinkt[s]" von Anfang an und somit nur die Ausgeburt eines „niedergehenden", „geschwächten", „müden" und „verurtheilten" Lebens". Ihre groß und streng auftretenden Imperative sagen letztlich immer nur das eine: „geh zu Grunde!"[5] Wer Moral fordert, ist ein „armseliger Eckensteher", der verlangt, dass alle solche „Schlucker und Mucker" sind wie er selbst. Seine „Degenerirten-Idiosynkrasie" bläht er auf zur Humanität; aus seiner Abseitigkeit macht er eine Norm: „er malt sich an die Wand und sagt dazu ‚ecce homo!'"[6] Und indem er so verfährt macht er seine vorgebliche Moral zum „Werk der Unmoralität".[7]

---

1   JGB 188; KSA 5, 108 f.
2   JGB 201; KSA 5, 123.
3   Ebd.
4   Ebd.
5   GD, Moral als Widernatur 5; KSA 6, 86.
6   GD, Moral als Widernatur 6; KSA 6, 87.
7   N 1886/7, 7[6]; KSA 12, 276. – Das generelle Urteil über Nietzsches Immoralismus fasst Alasdair MacIntyre: Der Verlust der Tugend. Zur moralischen Krise der Gegenwart. Frankfurt 1997 (2. Auflage), zusammen, wenn er die Alternative zwischen Aristoteles und Nietzsche als den Gegensatz von Moral und Nicht-Moral versteht (149 ff.). Wenn Nietzsche von MacIntyre als „*der* Moralphilosoph der Gegenwart" (MacIntyre: Der Verlust der Tugend, 155) bezeichnet wird, dann soll das den Sinn haben, dass die Gegenwart keine Moral hat.

In dieser an Unerbittlichkeit und Schärfe beispiellosen Kritik der Moral laufen verschiedene Argumente zusammen. Sie lassen sich im wesentlichen auf die folgenden fünf Einwände bringen:

Erstens: Die Moral urteilt über den Charakter verschiedener Handlungs-weisen und damit unvermeidlich über den Wert unterschiedlicher *Le-bensformen.* Nur das ihren Vorstellungen entsprechende Leben lässt sie gelten; anderes wird abgewertet, ausgeschlossen, geahndet und nicht selten auch verfolgt und vernichtet. Damit aber urteilt die Moral schon nicht mehr bloß über die eine oder andere Erscheinungsweise des Lebendigen, sondern *über das Leben selbst,* das sie als solches einschränkt, beschneidet und in vielen seiner Erscheinungsformen abtötet. Denn mit jeder Verwerfung ei-ner Lebensform wird über das Leben als ganzes gerichtet, das ja schließlich *alles* trägt, was nicht von selbst schon zugrundegegangen ist. Die Berech-tigung, so mit dem Leben zu verfahren, wie sie es tut, hätte die Moral – nach ihren eigenen Prämissen – aber nur, wenn sie das Leben als ganzes auch bewerten könnte. Dazu jedoch benötigte sie einen Standpunkt jenseits des Lebens: „Man müsste eine Stellung a u s s e r h a l b des Lebens haben, und andrerseits es so gut kennen, wie Einer, wie Viele, wie Alle, die es gelebt haben, um das Problem vom We r t h des Lebens überhaupt anrühren zu dürfen: Gründe genug, um zu begreifen, dass das Problem ein für uns un-zugängliches Problem ist."[8]
Unzugänglich ist dieses Problem, weil es eine solche externe Position zum Leben nicht gibt. Und weil es einen Standpunkt außerhalb des Lebens nicht geben kann, ist das von der Moral stets schon als gelöst unterstellte Problem noch nicht einmal sinnvoll zu stellen. Wer es dennoch versucht, sagt sich allein dadurch schon vom Leben los. Im moralischen Urteil über ein – wie immer auch geartetes – lebendiges Wesen liegt unvermeidlich eine *Anmaßung.* Indem man vorschreibt, wie es leben *soll,* erhebt man sich nicht nur über die moralisch bewertete andere Existenz, sondern man maßregelt das Leben selbst, zu dem das andere Wesen schließlich, *so wie es ist,* gehört. Somit kommt der Gegensatz zum Leben nicht erst durch die einzelnen ethischen Gebote oder Verbote zustande, sondern er wird bereits durch die moralische Frage als solche aufgerissen. Mit ihr nimmt man sich bereits vom Leben aus! Die „Widernatur" liegt also darin, überhaupt moralische Pro-bleme zu haben.
Der erste bereits ihren Ansatz betreffende Einwand gegen die Moral wendet sich somit gegen ihren impliziten Anspruch auf *unbedingte Gül-*

---

8   GD, Moral als Widernatur 5; KSA 6, 86.

tigkeit, mit der sie exklusiv über das Leben urteilt. Nietzsche beharrt damit auf der durchgängigen Bedingtheit alles Lebens, in dem alles endlich ist und in wechselseitigen Abhängigkeiten steht. Absolute Werturteile und kategorische Imperative haben folglich keinen Bezug zum menschlichen Leben. Zu mehr als zu einer bedingten Korrektur eines Lebens durch ein anderes Leben gibt es keinen Grund. Und es ist sogar fraglich, ob es zu diesen Korrekturen einen „Grund" im strengen Sinne geben kann. Genau besehen nimmt sich schon jeder Versuch einer Einflussnahme auf das Leben vom Leben aus, sofern eine *Rechtfertigung* dafür gegeben wird. Entscheidend ist also noch nicht einmal der Anspruch auf Allgemeingültigkeit und Unbedingtheit einer Vorschrift, sondern *dass überhaupt* unter Berufung auf *Gründe* dekretiert wird. Dies ist der Sündenfall der Moral! Sie verhält sich allemal exklusiv zum Leben, dem sie selbst so grundlos wie alles andere zugehört.

Das aber heißt: Der Standpunkt der Moral kann theoretisch nicht begründet werden, und praktisch gesehen enthält er einen eklatanten Selbstwiderspruch. Das Urteil über den Zusammenhang des Lebens wird ja nur von jenen beansprucht, die sich selbst in eben diesem Zusammenhang durchzusetzen versuchen. Hinter dem vorgeblichen allgemeinen Interesse steht nichts anderes als die faktische Selbstbehauptung eines partikularen Willens. Das moralische Urteil ist somit nur eines der vielen Machtmittel, die Individuen und Gruppen im Lebenskampf einsetzen, und nichts spricht dafür, dieses Mittel höher zu schätzen als irgendein anderes. Denn einen auszeichnenden Grund für die Moral könnte es nur geben, wenn man auch einen Grund für das Leben hätte. Im Leben aber kann dieser Grund a priori nicht gefunden werden.

Zweitens: Eine Frage, mit der sich jemand vom Leben ausnimmt, stellt nach Nietzsche nur ein Mensch, der es nötig hat. Nur wer schlecht ins Leben passt, will darüber hinaus. Die Unzufriedenen und Vorwurfsvollen, die Scheelblickenden, Schlechtweggekommenen, Beladenen und Verurteilten haben allen Grund, einen Standpunkt außerhalb des Lebens zu suchen, denn die Entlastung, die ihnen der Vollzug des Lebens nicht bietet, kann man sich im Urteil über das ganze immerhin subjektiv verschaffen, insbesondere dann, wenn man sich zu dem Verdikt versteigt, *alles Leben* sei wertlos. So nimmt man bereits *theoretisch* Rache am Leben als ganzem – für das, was es einem selbst im einzelnen vorenthält.

Dieser Logik folgen auch die *praktischen Anweisungen* der Moral; sie setzen das Ressentiment gegen das Leben in *tätige Vergeltung* um; und da sich diese Rache nicht schlechterdings gegen alles Lebendige richten kann, wendet sie sich gegen alles, was lebensvoll, ursprünglich und kräftig ist, gegen alles, das ohne Selbstvorwurf und Klage gegen andere den Lebenskampf besteht. Kurz: gegen alles, das *stärker* ist als man selbst, und schließlich – unter Bedingungen bloßer Selbsterhaltung – gegen alles, das *anders* ist als man selbst.

Freilich erweist sich das moralische Subjekt in dieser Ablenkung des Vorwurfs von sich auf andere selbst als äußerst lebendig. Den Verdacht gegen sich selbst münzt es in eine bedrohlich aktive Anklage gegen andere um. Was man selbst nicht sein kann, sollen auch andere nicht sein dürfen. Die eigene Schwäche wird zum Maß, dem gerade der Stärkere sich unterwerfen soll. Im moralischen Urteil wird somit eine sich selbst als unzulänglich erfahrende Lebensform zur Norm erhoben. Das Schwache triumphiert, allen Erwartungen zum Trotz, über das Starke.

Reflektiert der erste grundsätzliche Einwand gegen die Moral deren prinzipielle Möglichkeit, so wendet sich der zweite gegen ihr *Motiv:* Die Moral ist die Kompensation einer an sich selbst erfahrenen Schwäche, eine Vergeltung, die sich praktisch eben der Mittel bedient, die sie in ihren Doktrinen ächtet. Die Moral predigt Gleichheit, Einsicht und Freiwilligkeit und will doch nur die Macht für ihre in offener Auseinandersetzung versagenden Erfinder. Die Moral erscheint Nietzsche als Fortsetzung des Lebenskampfes mit heimtückischen Mitteln. Und um seine tiefsitzende Erbitterung zu verstehen, muss man hinzufügen, dass er sich weder gegen die Schwäche als solche empört – für sie gibt es ohnehin kein objektives Maß –, noch generell den Einsatz von List und Verstellung ablehnt. Er verwirft vielmehr nur die im moralischen Urteil unaufrichtig vollzogene Umwertung des Selbstwertgefühls. Dass aus der an sich selbst erlebten Beschränktheit ein Sollwert für alle gewonnen wird, ist in seinen Augen nicht nur Ausdruck der konstitutiven Unredlichkeit aller Moral, sondern auch Vorzeichen einer Gefahr für das Leben, das – innerlich wie äußerlich – *Vielfalt* benötigt. In der Moral aber macht sich das sich selbst als eingeschränkt erfahrende Leben zur Norm; schon die bloße Andersheit wird abgewehrt; alles soll auf das eigene rückständige Maß reduziert werden. Die Moral *nivelliert* – und dies auch noch unter dem Anspruch derer, die sich selbst dem Leben nicht gewachsen fühlen. Man braucht sich nicht elitär zu gebärden; es reicht völlig, auf seiner Individualität zu bestehen, um sich gegen diese Konsequenz der Moral zu wenden.

Drittens: Um überhaupt Geltung beanspruchen zu können, muss Moral ihren Ursprung um jeden Preis verdrängen. Wer erklärte, dass er moralische Forderungen nur erhebt, um aus seiner selbst empfundenen Schwäche einen

Machtvorteil zu schlagen, hätte gerade den moralischen Status seines Anspruchs annulliert. Somit kann eine Moral *als Moral* Gültigkeit nur solange
beanspruchen, als sie ihre Motive nicht zu erkennen gibt. Sie muss notwendig täuschen; ihre Wirksamkeit beruht auf glaubwürdiger Verstellung,
was die These rechtfertigt, dass sie in ihrem Wesen nichts anderes als *Lüge*
ist. Der dritte Einwand beruht also in der Behauptung, dass jede Moral einen
uneingestandenen Selbstwiderspruch impliziert.

Auch ohne Nietzsches Entlarvung der jeweils wirksamen Triebkräfte
einer Moral ist leicht einzusehen, dass die Motive moralischer Urteile nicht
selbst schon moralischer Natur sein können; andernfalls wäre man zu dem
Eingeständnis genötigt, dass *alles* moralisch ist, und der Sinn moralischen
Urteilens wäre damit ein für allemal verloren. Wenn nun aber die Moral, um
überhaupt überzeugend sein zu können, das *Nicht-moralische ihres Grundes*
nicht eingestehen darf, dann ist in der Tat die Täuschung über ihre Motive für
sie unabdingbar. Sie muss lügen, um überhaupt für wahr gehalten zu werden.

Aus der Sicht Nietzsches kann darin zunächst gar kein Vorwurf liegen;
schließlich beruht alles Leben auf Verstellung, Täuschung und Illusion.
Entscheidend ist, dass die Moral diesen Charakter des Lebens *an sich selbst*
verleugnet. Schließlich ist es immer erst die Moral, die das Lügen verbietet.
„Du sollst nicht falsch Zeugnis reden wider deinen Nächsten!" gehört zu den
ältesten moralischen Geboten und wird auch über Kant hinaus, nunmehr um
die Autorität der Logik verstärkt, mit allem Nachdruck wiederholt. Wenn
aber gerade dieser angeblich unbedingte Wille zur Wahrhaftigkeit auf einer
Lüge basiert, können die Folgen für die Moral nur vernichtend sein. Das
moralische Subjekt stellt nicht nur in Abrede, dass es selbst auch zum Leben
gehört, dass es selbst auch nur über eine „Optik des Lebens" verfügt; indem
es sich in seinem Begründungspostulat als allgemein und notwendig, in
seinem Handlungsanspruch überdies als aufrichtig und wahr präsentiert,
gerät es in einen fundamentalen Selbstwiderspruch. Jeder könnte mit diesem Widerspruch leben, nur ein moralisches Subjekt nicht! Denn das moralische Wesen sucht sich gerade dadurch vor allen anderen auszuzeichnen,
dass es beansprucht, den Widersprüchen des menschlichen Handelns ein
Ende zu machen.

Es ist der erst unter moralischen Erwartungen ins Absolute gesteigerte
Wahrheitsanspruch, durch den die Moral ihre exzeptionelle Stellung unter
den Phänomenen des Lebens erhält. Sie ist es, die mit der Forderung auftritt,
die Lüge prinzipiell zu ahnden. Deshalb muss es sie – möglicherweise nur sie
– besonders treffen, wenn ihr vorgeworfen wird, in ihrem Kern nichts anderes als eine Lüge zu sein. Doch die Moral kann hier, nach Nietzsche, nichts
eingestehen; sie hat keinen Spielraum für Kompromisse, weil sie mit einem

Eingeständnis eben der abstrakten Maschinerie ihrer Begriffe enträten würde, auf der ihre ganze Suggestion beruht: Sie *muss* glauben machen, dass sie über einen Grund verfügt, der sie dem bloßen Gegeneinander von Kräften prinzipiell enthebt. Sie darf sich, sofern sie *als Moral* gelten können will, nicht auf den Interessenausgleich einlassen, sondern muss sich als *Ausdruck einer grundsätzlich überlegenen Einsicht* präsentieren. Also muss sie ihre eigene Lebensbindung grundsätzlich verleugnen, um überhaupt auf Anerkennung als Moral hoffen zu können. Die Wahrheit über ihren eigenen Ausgangspunkt wird notwendig von der Wahrheit einer angeblich höheren Einsicht übertrumpft. Und so macht sie die Lüge, indem sie sie unerbittlich verwirft, zum Element ihres eigenen Auftritts: Mit der Behauptung einer *unbedingten moralischen Wahrheit* tritt allererst die *absolute Lüge* auf den Plan. Moral ist somit der unbedingte Wille zur Täuschung. Wer moralisch argumentiert, gibt zu erkennen, dass ihm jedes Mittel recht ist.

Der dritte Einwand stellt den *inneren Widerspruch* der moralischen Einstellung bloß. Nachdem klargeworden ist, dass die Moral weder über einen hinreichenden *Grund* noch über ein genuines *Motiv* verfügt, wird nun hervorgehoben, dass sie sich durch ihren eigenen Anspruch selbst liquidiert. Als rhetorisches Mittel der Selbsterhaltung mag sie ihre Vorzüge haben; sobald sie jedoch ernstgemeint ist und nichts als Moral sein soll, höhlt sie sich selber aus. Denn das lebendige Selbst, das ihrem Anspruch Sinn verleiht, wird von ihr nur noch pro forma reklamiert; de facto hat sie das Ich unter dem unvermeidlich ins Spiel gebrachten allgemeinen Prinzip aufgehoben. Die behauptete allgemeine Wahrheit des sittlichen Gebots tritt zur Wahrheit des konkreten Einzelwillens in Widerspruch. Denn der als Träger eines Gebots benötigte einzelne Wille verflüchtigt sich mit der Insistenz auf unbedingter Geltung. Das „Du sollst" des Gesetzes lässt das „Ich will" des einzelnen Menschen nicht zu.[9] Da der Wille gleichwohl als Antrieb und Agent des moralischen Urteils vorgestellt werden muss, wird er, so funktionslos er im Kontext ethischer Gesetze auch sein mag, mitgeschleppt. Daraus erwächst die Lebenslüge einer jeden Moral, die sich nicht eingestehen darf, dass sie nur dort wirklich wäre, wo sie wirklich nicht mehr ist.

Moral also ist eine apriorische Verstellung. Sie verdrängt die wirklichen Motive einer Tat, indem sie Aufrichtigkeit verlangt. Und dadurch wird sie, ob sie es will oder nicht, in jedem Fall nicht nur *verlogen,* sondern auch *abstrakt.* Auf die wirklichen Motive und die tatsächlichen Konditionen kann sie sich nicht einlassen, weil sie dann zugeben müsste, dass sie in Wahrheit immer etwas anderes anstrebt, als sie vorgibt zu tun. Ihre Befangenheit in der

---

9   Vgl. Za 1, Von den drei Verwandlungen; KSA 4, 29 f.

Lüge führt sie damit in generelle Opposition zu allem, was singulär und individuell ist. Sie wehrt somit nicht nur bestimmte Lebensformen ab, sondern stellt sich prinzipiell gegen Sinnlichkeit, gegen Erfahrung, gegen Einzigartigkeit schlechthin und birgt so die Gefahr, dass unter ihrem Bann das Leben erstarrt.

Damit bin ich bereits beim *vierten* grundsätzlichen Einwand gegen die Moral. Mit der nach Nietzsche unvermeidlichen Abstraktheit der moralischen Perspektive hängt zusammen, dass die ethischen Gebote nicht auf das bezogen sein können, worauf es im bewussten menschlichen Leben vornehmlich ankommt: auf das *Individuum* selbst. Gesetzt, ein freier Geist benötigte doch noch eine Moral, dann hätte es seine *eigene* zu sein. „[D]eine Tugend ist die Gesundheit deiner Seele", so heißt es in der *Fröhlichen Wissenschaft,* und Nietzsches Erläuterung macht klar, dass man das Possessivpronomen zu betonen hat: „Denn eine Gesundheit an sich giebt es nicht, und alle Versuche, ein Ding derart zu definiren, sind kläglich missrathen. Es kommt auf dein Ziel, deinen Horizont, deine Kräfte, deine Antriebe, deine Irrthümer und namentlich auf die Ideale und Phantasmen deiner Seele an, um zu bestimmen, w a s selbst für deinen L e i b Gesundheit zu bedeuten habe."[10]

Am Anfang jeder Wertschätzung, soll sie wirklich dem Anspruch eines „freien Geistes" entsprechen, hat die *Selbstschätzung* zu stehen. Nur wer sich selbst einen Wert beimisst, kann anderen und anderem Bedeutung zuerkennen. Deshalb hat jedes praktische Urteil seinen Ausgangspunkt im tätigen Individuum, das sich keineswegs bloß theoretisch als Schnittpunkt seiner perspektivischen Weltlinien weiß, sondern das sich auch in der Dynamik seines eigenen Wollens anerkennen können muss.[11] „Es fehlt am Besten", so sagt Nietzsche in seiner Kritik der Décadence-Moral, „wenn es an der Selbstsucht zu fehlen beginnt."[12] Wer nicht immer auch seinen Vorteil sucht, wer von seinen Interessen gänzlich absieht und sich selbst hintanstellt, der gibt sich bereits selbst auf; es kann also nicht wundern, wenn er zugrundegeht. „Es ist zu Ende mit ihm, wenn der Mensch altruistisch wird."[13]

In Bemerkungen wie diesen macht Nietzsche zurecht darauf aufmerksam, dass zum Handeln ein auch praktisch akzeptierter *Selbstbegriff*

---

10 FW 120; KSA 3, 477.
11 Vgl. meinen Beitrag: Die Perspektive des Perspektivismus, in diesem Band, 106–129.
12 GD, Streifzüge eines Unzeitgemässen 35; KSA 6, 133.
13 Ebd.; KSA 6, 134.

des tätigen Wesens gehört. Er beachtet nicht weiter, dass auch dieser Begriff ohne allgemeine Momente nicht auskommt, sondern betont vor allem, dass ein solcher Selbstbegriff stets auf ein *singuläres Wesen* angewandt wird und insofern *individuelle* Bedeutung hat. Und seine These ist, dass die allgemeinen Vorschriften der Moral diesen individuellen Ausgangspunkt allen Handelns gar nicht erreichen. Die ethischen Werte verfehlen ihren Zweck, *weil* sie allgemein sind: „„Gut'", so heißt es in *Jenseits von Gut und Böse*, „ist nicht mehr gut, wenn der Nachbar es in den Mund nimmt. Und wie könnte es gar ein ‚Gemeingut' geben! Das Wort widerspricht sich selbst: was gemein sein kann, hat immer nur wenig Werth."[14]

Die Konsequenz aus dieser Einsicht lässt der Moral in keiner Hinsicht eine Chance: Selbst wer „gut" sein wollte, könnte dies nur sein, solange er sich nicht darum kümmert, was die Moral als „gut" empfiehlt. M. a. W.: Wer selbständig handeln will, kann nicht zugleich moralisch sein. Soweit Nietzsches vierter Einwand gegen die Moral.

Fünftens: Nietzsche weiß, dass Handlungsansprüche sich auf *äußere Ursache-Wirkungs-Zusammenhänge* stützen, und er kennt das Geflecht aus Unterstellungen, das von innen her die Handlungserwartungen trägt. Der Handelnde begreift sich als *Täter* und insofern als *Urheber* eines Geschehens, sofern es mit seiner *Vorstellung* zur Deckung kommt. Er bringt seinen *Willen* selbst nach Art einer Ursache ein, um durch ihn etwas Bestimmtes zu bewirken. Und wo Wirksamkeiten eines Willens angenommen werden, da stellen sich auch ganz von selbst Begriffe wie *Verdienst* oder *Schuld* oder, ganz allgemein, *Verantwortlichkeit* ein.

Die Moral ist als solche an den Begriff des tätigen Subjekts gebunden; nur wo Willen wirksam sind und wo es Sinn hat, von Verantwortung zu sprechen, da kann auch von Moral die Rede sein. Wenn nun aber Nietzsche sagt, „es gibt keinen Willen", wenn er den Willen als einen Wahnsinn *vor* der Tat, Schuld oder Verdienst nur als den Wahnsinn *danach* bezeichnet,[15] wenn er in den hier angeblich wirkenden Ursachen nur eine Verwechslung mit den Folgen erkennt und in der Überzeugung, dass der Wille überhaupt Ursache sein könne, lediglich ein „Trugbild" und ein „Irrlicht" wahrzunehmen vermag, wenn er also den ganzen Grund, auf dem die Konzeption moralischer Handlungen aufruht, als bloße Täuschung ansieht, dann braucht man nicht eigens zu betonen, welche Konsequenzen das für seine Einschätzung der Moral hat: Die Moral ist eine *Illusion,* eine selbsttrügerische *Anmaßung* des

---

14   JGB 43; KSA 5, 60.
15   Vgl. Za 1, Vom bleichen Verbrecher; KSA 4, 46.

Menschen, der sich nicht mit seinem Dasein begnügen, sondern auch noch als Urheber des eigenen Seins und als Ursache von anderem Dasein gelten möchte.

Der moralische Mensch verkennt nicht nur den fiktionalen Charakter des Kausalitätsverhältnisses, sondern er ist darüber hinaus, indem er sein eigenes Selbstverständnis von eben dieser Fiktion abhängig macht, prinzipiell unfähig, sich über sie aufklären zu lassen. Er muss auch hier den gattungsspezifischen – möglicherweise sogar lebensdienlichen – Irrtum als allgemeine Wahrheit behaupten, um wenigstens vor sich selbst als das gelten zu können, was er zu sein nur vorgeben kann: nämlich ein moralisches Subjekt.

Mit Blick auf die physikalischen Vorgänge mag es nach Nietzsche noch angehen, das Werden nach dem Ursache-Wirkungs-Schema auszulegen; in den Wertfragen menschlichen Tuns ist es jedoch völlig verfehlt, denn man kann hier nicht sagen, was eine große, eine kleine oder auch gar keine „Wirkung" hat. Der *Ökonomie des Lebens* kommt schließlich alles zugute. Der Effekt ist nicht nur, wie er ist, sondern er lässt sich weder für sich genommen noch mit Rücksicht auf seine Folgen bewerten. Wer also in die moralische Wertung ein Urheber-Wirkungs-Kalkül einbezieht (und jeder moralisch Urteilende oder Handelnde tut dies ganz zwangsläufig), der entzieht gerade damit der Tat das Maß, an dem sie gemessen werden könnte. Denn angesichts möglicher Folgen verliert jede gute oder böse Tat ihren Sinn. Die prinzipiell unabsehbaren Folgen vernichten den Wert einer jeden Moral: „Ich weiss nicht mehr, ob du, mein lieber Mitmensch und Nächster, überhaupt zu Ungunsten der Art, also ‚unvernünftig' und ‚schlecht' leben k a n n s t ; Das, was der Art hätte schaden können, ist vielleicht seit vielen Jahrtausenden schon ausgestorben und gehört jetzt zu den Dingen, die selbst bei Gott nicht mehr möglich sind."[16] – So führt die Moral, die auf Handeln und Bewerten in der Zeit angelegt ist, zu ihrer Selbstaufhebung, und es bleibt nur der von Nietzsche mehrfach gegebene immoralistische Rat: „Hänge deinen besten oder deinen schlechtesten Begierden nach und vor Allem: geh' zu Grunde!"[17] Fazit also auch hier: die Moral führt in einen unaufhebbaren Selbstwiderspruch.

Diese *fünf* Einwände geben gewiss nicht alles wieder, was Nietzsche der Moral entgegengehalten hat. Beiseite gelassen sind die zahlreichen psychologischen und historischen Monita – vor allem das, was er *gegen die Selbstverleugnung im Christentum* und *gegen das Ressentiment der Juden,*

---

16 FW 1; KSA 3, 370.
17 Ebd. Vgl. ferner UB 2 u. 9; KSA 1, 260 u. 319, N 1873, 29[54]; KSA 7, 651.

gegen den Rigorismus der Stoa, die Mitleidsethik Schopenhauers oder gegen die verschiedenen Varianten utilitaristischer Ethik gesagt hat; unberücksichtigt bleiben auch die in ihrer Art überaus wertvollen soziologischen Einwände, die in seiner Kritik an der Priesterherrschaft zum Tragen kommen. Doch so anregend und wichtig die sich hieraus ergebenden Gegenargumente zweifellos sind, sie treffen allesamt die Moral nur, sofern sie zugleich die skizzierten grundsätzlichen Argumente in Anspruch nehmen und auf Widersprüche in den Begründungen und Motiven oder auf Unvereinbarkeiten zwischen Forderungen und Taten verweisen. Insofern kommt es letztlich auf die prinzipiellen Einwände an, wie sie in den fünf Punkten umrissen sind.

Nietzsches psychologisch-soziologischer Angriff auf die Moral kann in vielen Einzelheiten als ideologiekritische Abrechnung mit den Moralvorstellungen seines Jahrhunderts verstanden werden; seine versuchte Umwertung der platonisch-christlichen Ethik ließe sich – obgleich sie die gesamte abendländische Tradition trifft – immer noch als Kritik einer bestimmten Kultur relativieren. Ganz anders aber steht es mit seinen grundsätzlichen Einwänden gegen die Moral: Sie können von einer philosophischen Ethik schlechterdings nicht mehr übergangen werden. Alles, was *nach* Nietzsche mit dem Anspruch einer Moral auftritt und in diesem Anspruch philosophisch ernstgenommen werden will, das muss diesen Einwänden standhalten können. Was immer heute als moralisches Gebot gerechtfertigt sein will, das hat der von Nietzsche vorgetragenen Kritik gewachsen zu sein.

2. Kriterien für eine Moral der Zukunft

Rückblickend betrachtet, besteht Nietzsches große philosophiehistorische Leistung in der idiosynkratischen Sensibilisierung der kritischen Vernunft. Die daraus resultierende Verschärfung und Verfeinerung unserer philosophischen Ansprüche darf aber nicht allein auf das Problem der Metaphysik und die Leistungen der Erkenntnis, nicht allein auf das Selbstverständnis des Menschen und die Erwartungen an die Kunst bezogen werden, sondern hat insbesondere auch für die Bedingungen und Ziele menschlichen Handelns zu gelten. Also ist und bleibt die Frage, was Nietzsches Kritik für die philosophische Begründung des ethischen Verhaltens bedeutet. Dabei muss – angesichts der provokanten Radikalität der Einwürfe seines antizipierten Immoralismus – natürlich auch mit der Möglichkeit gerechnet werden, dass überhaupt keine Moral übrigbleibt, die mit begrifflicher Konsequenz verteidigt werden kann. Wer jedoch noch ein Ohr für den moralischen Tenor in Nietzsches Immoralismus hat, wer nur die Berufung auf die *Redlichkeit, Wahrhaftigkeit, Verantwortlichkeit* und *Selbständigkeit* des *freien Geistes* vernimmt und – *versteht,* der wird diese letzte Möglichkeit eines gänzlichen Verzichts auf moralische Ansprüche für wenig wahrscheinlich halten.

Doch wir brauchen hier nicht bloß auf Nietzsche zu blicken! Es reicht, wenn wir auf uns selber achten, um wahrzunehmen, wie selbstverständlich und offenkundig unverzichtbar uns zumindest der moralische Anspruch und das moralische Urteil sind. Wir legen uns ständig moralisch aus, auch wenn wir nur pünktlich, reinlich, verständlich oder höflich sein wollen – ganz zu schweigen von jenen Situationen, in denen wir uns zur Aufrichtigkeit oder Standhaftigkeit ermahnen, in denen wir Skrupel haben, jemandem ein Leid anzutun, oder es für unmenschlich halten, ihn zu foltern oder zu töten. Bedenken, Skrupel und Rücksichten dieser Art beschäftigen uns in vielfältiger Weise. *Wir haben also nach wie vor moralische Probleme.* Nietzsches Kritik ändert daran nichts.

Dies nehme ich der Kürze halber als ein Faktum; ebenso die Tatsache, dass wir uns als Philosophen für mögliche Gründe dieser nach wie vor gegebenen Moralität interessieren. Es steht folglich fest, dass es immer noch moralische Ansprüche gibt, dass sie uns immer noch etwas bedeuten und dass wir es immer noch nicht aufgegeben haben, sie im Rahmen einer philosophischen Ethik zu erläutern und zu verstehen. Auch *nach* Nietzsche verbinden wir offenbar einen Sinn damit, von Moral und ihrem philosophischen Begriff zu sprechen. Und da sich dieser Sinn ganz offenkundig auch dann nicht verflüchtigt, wenn wir Nietzsches prinzipielle Einwände gegen die Moral zur Kenntnis nehmen, haben wir zunächst zu fragen, was diese Einwände angesichts unserer nach wie vor bestehenden moralischen Ansprüche bedeuten. Lassen sie sich überhaupt noch mit Gründen rechtfertigen? Oder äußert sich in ihnen lediglich unsere vor aller Rechtfertigung aufspringende moralische Intuition?

Um auf diese Fragen befriedigend antworten zu können, bedürfte es einer neuen Grundlegung zur Metaphysik der Sitten – zumindest eines neuen Anlaufs zur Interpretation dieser Grundlegung durch Kant.[18] In unserem Zusammenhang muss es genügen, mit Blick auf eine solche Grundlegung auf Nietzsches Einwände zu antworten und zu zeigen, dass

---

18   Anstöße zu einer solchen Neuinterpretation geben vor allem die Arbeiten von Gerold Prauss und Josef Simon. Dass auch aus der Nietzsche-Deutung bereits wichtige Anregungen dazu vorliegen, belegen die Interpretationen von Friedrich Kaulbach und Wolfgang Müller-Lauter.

seine Kritik weder für uns noch für ihn selbst einen Verzicht auf moralische Ansprüche nach sich zieht. Im Gegenteil: Aus Nietzsches Angriff auf die Moral lassen sich Argumente zu ihrer Verteidigung gewinnen, die zu erkennen geben, dass hier gar keine exklusive Alternative zwischen Moral und Leben vorliegt, sondern dass die Moral zum *Selbstbegriff des menschlichen Lebens* gehört. Dies ist umso stärker, je deutlicher sie ihre Beziehung zum Leben machen kann. Denn die Moral ist Ausdruck des Lebens und hat sich auch als solchen zu begreifen. Und nur sofern sie die sich an und in ihr selbst vollziehende Lebendigkeit leugnet, gerät sie in einen Widerspruch zum Leben.

Dabei muss man allerdings beachten, dass der Begründung der Moral Grenzen gesetzt sind, die aus dem Charakter moralischer Ansprüche resultieren: Es gibt keine Begründung für den *faktischen* Auftritt moralischer Ansprüche. Zwar mag es sein, dass wir auf der Basis soziologischer und psychologischer Erkenntnisse *Erklärungen* dafür anbieten können, dass moralisch geurteilt und nach ethischen Maximen gehandelt wird. Wir können mit Piaget die Entstehung des moralischen Urteils in der Ontogenese des Menschen beschreiben, nach Kohlberg die Phylogenese sittlicher Leitschemata rekonstruieren oder mit Luhmann, Dawkins, Masters und vielen anderen über die mögliche soziale oder biologische Funktion ethischer Regeln nachdenken. Dabei können sich interessante Aufschlüsse über die Moral ergeben; möglicherweise gelingt es sogar, überzeugende, mit unseren eigenen ethischen Erfahrungen kompatible Einschätzungen zu entwickeln. Man sollte es jedenfalls nicht von vornherein ausschließen, dass sich sowohl die Tatsache wie auch die Funktion moralischen Bewusstseins nach den üblichen Standards einzelwissenschaftlicher Theoriebildung erklären lässt.

Aber: alle genetischen, genealogischen und funktionalen Fragestellungen sind strikt von jenen Begründungsansprüchen zu unterscheiden, die mit der moralischen Einstellung selbst verbunden sind. Jedes moralische Urteil schließt eine Geltung ein, für die ganz fraglos *Gründe* unterstellt werden. Wer sich zu sittlichen Fragen äußert – und sei es auch nur im Sinn einer Erwartung an sich oder andere –, glaubt, dafür *Gründe* zu haben, von denen er selbstverständlich annimmt, dass sie nicht nur von ihm, sondern auch von anderen eingesehen werden können. Jede ethische Aussage wird im Vertrauen auf eine nachvollziehbare Rechtfertigung gefällt und ist damit *in sich rational.*

Wichtig ist nun zu sehen, dass diese implizite Rationalität moralischer Aussagen nicht vom Stand ihrer genetischen oder funktionalen Erklärung abhängig ist. Gründe *der* Moral und mögliche szientifische Gründe *für* eine

Moral sind logisch disjunkt. Man kann moralische Ansprüche erheben, ohne auch nur einen Schimmer von ihrer historischen oder psychosozialen Funktion zu haben; man kann gut gesicherte empirische Motive für die Verbindlichkeit ethischer Grundsätze benennen, ohne auch nur eines dieser Motive für sich selbst als verbindlich anzusehen; und man kann glauben, wie das Beispiel Nietzsches zeigt, die Moralen ganz und gar auf außermoralische Motive zurückgeführt zu haben, und trotzdem an genuin moralischen Erwartungen festhalten. Die Disjunktion schließt natürlich nicht aus, dass sich die innermoralische Begründung auf Einsichten stützt, die in der wissenschaftlichen Untersuchung der Moral gewonnen werden. Das Wissen von der identitätsstiftenden Leistung ethischer Regeln z. B. kann in der moralinternen Rechtfertigung von Handlungen durchaus eine Rolle spielen; das Wissen von günstigen oder ungünstigen Bedingungen, von guten oder schlechten Folgen ist aus ethischer Perspektive immer interessant – schließlich geht es ja auch hier um die Wirksamkeit menschlichen Handelns in einer über unser Wissen erschlossenen Welt. Aber: die Geltung der ethischen Regeln folgt aus diesem Wissen nicht! Der implizite Grund der moralischen Urteile liegt allein in seiner Akzeptanz durch das moralische Subjekt, das *sich selbst* darin begründet. Den Status moralischer Verbindlichkeit bekommt ein Grund erst dadurch, dass sich ein Mensch in ihm auslegt und in ihm versteht. Wenn jemand sagt: Ich bin eben derjenige, von dem nicht nur andere erwarten können, dass er dieses oder jenes tut, sondern der dies auch von sich selbst verlangt ..., dann setzt er zu einer moralischen Rechtfertigung an. Letztlich sind moralische Urteile nur Aussagen darüber, wie jemand sich selbst versteht, wie er sich selbst „interpretiert", und sie sind damit prinzipiell von allen genetischen, genealogischen und funktionalen Erklärungen von Vorgängen in der empirischen Welt unterschieden.

Nach dieser methodologischen Zwischenbemerkung dürfte leichter zu verstehen sein, unter welchen Voraussetzungen sich aus Nietzsches Kritik Maßstäbe für ein schärferes Verständnis moralischen Handelns gewinnen lassen: Die psychologische und genealogische Entlarvung der Moral führt nicht zur völligen Destruktion moralischer Ansprüche, wie sich am Faktum des moralischen Bewusstseins – bei Nietzsche ebenso wie auch bei uns – erkennen lässt. Also werden weiterhin interne Rechtfertigungsleistungen erbracht. Das heißt: es gibt nach wie vor Subjekte, die sich selbst und andere auf den Grund eines moralischen Arguments zu stellen versuchen. Das ist das *Faktum,* ohne das es das Problem der Moral nicht gäbe.[19]

---

19 Strenggenommen kann man weder von einem „Faktum der Vernunft" (Kant) noch von einem „Faktum des Bewußtseins" sprechen, denn weder die Vernunft noch das

Angesichts dieses Faktums, das durch Nietzsches Kritik offensichtlich nicht aus der Welt geschafft ist, sind nun die fünf grundsätzlichen Einwände zu prüfen. Und wenn das moralische Bewusstsein vor ihnen nicht vergeht, dann können sie, da sie es, zumindest in der Behauptung impliziter Selbstwidersprüche der Moral, direkt berühren, nur zu einer *Schärfung* dessen führen, was wir eigentlich unter einem moralischen Anspruch verstehen. Aus den destruktiv gemeinten Einwänden werden somit *Kriterien* für einen präziseren Selbstbegriff des moralischen Subjekts. Gesetzt, diese Transformation eines Einwands in einen kritischen Maßstab gelingt, dann wäre die Moral durch Nietzsches Angriff nicht nur nicht vernichtet, sondern der Moral wäre auch die Chance gegeben, sich wirklich zu rüsten und zu stärken. Es käme zu einer „Selbstüberwindung" der Moral in eben dem Sinn, den Nietzsche immer mit diesem Begriff verbunden hat: Selbstüberwindung als Ablösung von untauglichen und verbrauchten Elementen sowie als Bündelung und Steigerung der entscheidenden, der besten Kräfte.

Nach Nietzsche haben wir also die Chance, genauer zu wissen, was es eigentlich heißt, moralisch zu sein. Es gehört zur Eigenart dieses Wissens, dass es uns tatsächlich erlaubt, auch moralisch zu *sein*. Wenn der folgende Abriss der aus Nietzsches Einwänden ermittelten Kriterien wenigstens der Vermutung Raum lässt, dass wir ihnen theoretisch wie praktisch genügen können, so hat er seine propädeutische Funktion erfüllt.

Das *erste* und wichtigste Kriterium zielt auf die Anerkennung der *Bedingtheit* alles Lebendigen und damit auch auf die Bedingtheit aller unserer menschlichen Lebensäußerungen – einschließlich aller Leistungen unseres Geistes. Da die Moral auch nur eine Erscheinung des Lebens ist und selbst ihr begrifflicher Anspruch sich dem Selbstverhältnis eines lebenden Wesens verdankt, gehört sie somit sowohl im Ursprung wie auch in der Funktion dem *Leben* zu. Wie anders hätten sich sonst ethische Normen im Prozess der Evolution entfalten und im Wandel des sozialen Lebens erhalten können? Irgendeine Stellung im Leben kommt ihnen, wie allem, das – wie auch immer – zum Leben gehört, mit Notwendigkeit zu. Normativität und Apodiktizität moralischer Gebote widersprechen dieser Einbindung in das Leben nicht; wir müssen allerdings in der Lage sein, dieses Ineinander von Bedingtheit im

---

Bewusstsein können als solche zu den Tatsachen gerechnet werden. Beide aber können, jedenfalls so, wie wir sie verstehen, Fakten schaffen. Ein solches Faktum liegt vor, wenn eine moralische Frage („Was soll ich tun?") gestellt oder ein moralisches Urteil („Du trägst die Verantwortung!") gefällt wird.

Gegebenen und von Unbedingtheit in den Ansprüchen zu verstehen.[20] Wir müssen einsehen, dass selbst noch die Idee des Absoluten nur unter endlichen Konditionen gedacht werden kann. Gedacht wird sie in der Tat ganz und gar mit unseren endlichen Mitteln, also mit einer Vernunft, die nicht selbst unbedingt zu sein braucht, um das Unbedingte zu denken. Das via negationis gedachte Unbedingte kann über Verfahren erschlossen werden, die sich zumindest genetisch ganz und gar dem empirischen Lebensprozess verdanken. Überdies haben wir Anlass zu der Vermutung, dass alles Unbedingte überhaupt nur für bedingte Wesen einen Sinn ergibt. Und es ist dies ein Sinn, den wir nach wie vor nötig haben, wenn wir selbständig handeln wollen. Die Vermittlung von Bedingtheit und Unbedingtheit ist nun auf das Engste mit der *Konzeption der Vernunft* verbunden, der wir beide Begriffe verdanken. Es ist dies eine Vernunft, die von ihrer eigenen Bedingtheit weiß, die sich ihrer Geschichtlichkeit ebenso bewusst ist wie ihrer Bedürftigkeit, und die, wie Kants Antinomien lehren, Widersprüche keineswegs um jeden Preis eliminiert, sondern sie vielmehr artikuliert und elaboriert. Es ist eine Vernunft, die bei alledem keineswegs, wie Nietzsche annimmt, notwendig in Widersprüche gerät, sondern die uns im Gegenteil lehrt, Widersprüche zu erkennen und sie zugleich aus- und durchzuhalten, und die uns gerade darin zeigt, dass wir im Grundlosen unendlicher Reihen von Bedingungen, die immer nur auf andere Bedingungen verweisen, gleichwohl selbst Gründe nötig haben. Und so erlaubt uns ein und dieselbe Vernunft, sowohl die menschliche Reihe endlicher Bedingungen des Lebens wie auch jene abschließenden, dem Bedürfnis der endlichen, menschlichen Vernunft genügenden Gründe zu denken.

Wie diese Doppelleistung der Vernunft vorgestellt und erläutert werden kann, hat Kant in der Auflösung der 3. Antinomie vorgeführt. Er konnte dies nur im Bewusstsein der Endlichkeit und Bedürftigkeit der Vernunft, einer Vernunft also, die sich ihrer Grenzen kritisch vergewissert. Nietzsche verdanken wir, nachdem uns andere die sprachlichen, geschichtlichen und gesellschaftlichen Konditionen dieser Vernunft vor Augen geführt haben, vor allem die Erinnerung an ihre *leiblichen Grenzen*. Der Leib ist das Element der Vernunft, in dem allein sie entstehen, hervortreten und sich erhalten kann. Was immer sich von ihr zeigt, ist nicht nur an leibliches Geschehen gebunden, sondern wird gerade als Vernunft nur in der leiblichen Funktion bewusst. Es ist der Leib, sofern wir ihn als eine auf uns bezogene

---

20   Kants Transzendentalphilosophie ist eben der Versuch, unter den uns vollständig umgebenden endlichen Bedingungen Unbedingtes zu denken. Vgl. dazu meinen Beitrag: Die kopernikanische Wende. In: Kant-Studien 78 (1987), 133–152.

Einheit wahrnehmen, der uns zur haltgebenden Fiktion einer beständigen äußeren Form und einer von innen steuernden Seele[21] veranlasst. Und so, wie wir uns – aus Selbstliebe – in uns und im anderen eine Seele hinzudenken, so denken wir auch eine innere Form der Taten hinzu, die wir „Geist" und „Vernunft" nennen. Solange wir Gestalt, Form, Einheit in unsere Handlungen legen, solange glauben wir auch an unsere Vernunft. Es ist dies eine Vernunft, die nicht im Widerspruch zu den endlichen Prämissen des Lebens steht, obgleich sie – als *Vernunft* – über jede Bedingtheit hinausgehen kann.

Dabei dürften wir jedoch nicht vergessen, dass sie sich gerade in diesen ihren leiblichen Grenzen – und insbesondere, wenn sie spekulativ über sie hinausgehen will – immer nur als diese unsere kleine, endliche, bedürftige, stets individuell ansetzende und sich in Widersprüchen haltende menschliche Vernunft begreift. Und es ist diese kleine Vernunft, die uns mit der keineswegs paradoxen Fähigkeit ausstattet, nicht nur nach Gründen zu verlangen, sondern uns auch Gründe zu *geben*. Sie allein ist es ja, die uns Handlungsgründe liefert und uns somit, sofern wir diese Gründe als hinreichend und in sich genügend, also selbst nicht mehr durch anderes bedingt begreifen müssen, unter moralische Ansprüche stellt. Die endliche Vernunft kann gerade in Anerkennung der Endlichkeit und Bedingtheit des Lebens unbedingte, uns zum Handeln genügende moralische Gründe erschließen und somit mitten im Leben eine Moral rechtfertigen, die auch unbedingte Ansprüche – und folglich sogar einen kategorischen Imperativ – enthalten kann. Das Unbedingte ist eben das, was *endliche* Vernunftansprüche „befriedigt". So heißt es bei Kant, und so können wir es, nachdem Nietzsche unser Bewusstsein für die Endlichkeit alles – inneren wie äußeren – Geschehens geschärft hat, in direktem Bezug zum menschlichen Leben verstehen: Das Unbedingte ist das, worin sich der Geist beruhigt; folglich liegt gerade im Gedanken des Absoluten die Chance, sich der unaufhebbaren Endlichkeit unseres Geistes zu vergewissern.

Das *zweite* Kriterium ist aus Nietzsches Kritik an den nicht moralischen *Motiven* der Moral gewonnen: Jede Moral hat transparent für ihren Ursprung in der Bewältigung des menschlichen Lebens zu sein, für einen Ursprung, von dem es sinnlos wäre, ihn selbst der Moral zuzurechnen. Dieser Ursprung liegt – und ich kann hier nur ein Angebot für seine begriffliche Fassung geben – in der von jedem unter menschlichen Bedingungen zur Eigenständigkeit gelangten menschlichen Wesen erfahrenen *Lust und Not, sein Leben selbst zu führen*.

---

21 Vgl. FW 59; KSA 3, 423.

Dass der Topos der *Lebensführung* bei Nietzsche selbst eine Rolle spielt, brauche ich hier gewiss nicht eigens zu demonstrieren; ebenso wenig die Tradition des Begriffs, die offenkundig ist, wenn ich nur daran erinnere, dass „Lebensführung" ganz selbstverständlich schon seit längerem als Äquivalent des aristotelischen Begriffs der Praxis gebraucht wird.[22] Auf diese Tradition berufe ich mich hier und tue dies mit jenem Akzent, den zwei der produktivsten – wenngleich heimlichen – Nietzscheaner des 20. Jahrhunderts, Max Weber und Arnold Gehlen, diesem Begriff gegeben haben.[23]

Den Anspruch auf selbständige Lebensführung entsprechend den von uns selbst eingesehenen Gründen haben wir selbst nicht mehr zu verantworten – er liegt der Moral voraus; aber in ihm entspringt nicht nur unsere Freiheit, sondern gleichermaßen unsere Verantwortlichkeit. Sie bleibt dem Leben verbunden, auf das sie sich bezieht, ohne in der bloßen Erhaltung des Daseins ein ausschließendes Kriterium zu haben. Denn wir führen unser Leben bewusst immer nur so, wie *wir* es – in unserer kleinen menschlichen Vernunft – *verstehen*; und bereits in diesem Verstehen, das selbst ein Moment der Freiheit enthält, gehen wir über das bloße Dasein hinaus. Doch, wie immer wir den Begriff des von uns zu führenden Lebens auch fassen, so sehr wir uns auch unter seinem Anspruch disziplinieren und konzentrieren, einschränken oder gehenlassen – es enthält keinen Grund, den nicht-moralischen Ausgangspunkt unserer moralischen Ansprüche zu verleugnen. Nietzsches zweiter Einwand trifft demnach die Moral ebenso wenig wie sein erster: So wie der Gedanke des Unbedingten nicht in Widerspruch zur Tatsache der Bedingtheit alles Lebens steht, so wenig hebt die Moral sich selber auf, wenn sie sich eingesteht, dass ihr Ursprung selbst nicht moralisch ist. Das heißt natürlich nicht, dass der Ursprung selbst „unmoralisch" ist, sondern lediglich, dass er diesseits von Gut und Böse steht.

Damit bin ich beim *dritten* Einwand, der sich auf den *Widerspruch* zwischen Motiv und geäußertem Anspruch bezieht und der die Moral darum so direkt zu treffen scheint, weil sie implizit auf *Wahrhaftigkeit* und *Redlichkeit* angewiesen ist. Sie ist dies deshalb, weil sie auf das *Medium der Einsicht* nicht verzichten kann: denn moralische Gebote entspringen dem Anspruch auf *einsichtige* Lebensführung. Der Kern einer jeden Moral besteht – nach einer einprägsamen Formel Gracians – in „Einsicht mit redli-

---

22 Joachim Ritter: Metaphysik und Politik. Studien zu Aristoteles und Hegel. Frankfurt a. M. 1977, 25 u. 59.

23 Zu Max Weber vgl. Wilhelm Hennis: Max Webers Fragestellung. Studien zur Biographie des Werks. Tübingen 1987, 17 ff.; Arnold Gehlen: Der Mensch. Seine Natur und seine Stellung in der Welt. 8. Aufl. Frankfurt 1966, 17 u. 57 ff.

cher Absicht".[24] Die sokratische Verknüpfung der Tugend mit dem Wissen ist unauflöslich. Wer es dennoch versucht, beide zu trennen, bringt nicht nur die Tugend, sondern auch das Wissen in Gefahr. Es ist schlechterdings kein moralisch handelndes Wesen denkbar, das von einem möglichen Sinn seiner Tat nichts wüsste, das ohne Problembewusstsein wäre, die Notwendigkeit der Entscheidung nicht erführe, kein Ziel seines Tuns benennen könnte und schließlich auch keinen Grund für sein Verhalten anzugeben wüsste.[25] Kurz: Jede moralische Äußerung ist mit einer – wie auch immer gefassten – *Einsicht* verbunden, welche Handlungsziele ausgrenzt und Handlungsgründe vermittelt. Man muss mindestens *glauben,* eine dem Handeln korrespondierende Einsicht zu haben. Es ist der Geist des Menschen – und zwar der „freie Geist" – der Wert auf seine Einsichten und Gründe legt und der sich etwas auf seine Gesinnungen zugutehält. Denn nur als geistiges Wesen kommt der Mensch auf die Moral.

Zu dieser die Moral tragenden Einsicht gehört freilich auch, dass uns wohl nur das Wenigste von unseren Bedingungen und Möglichkeiten wirklich bewusst ist. Gleichwohl bestehen wir auf unserer kleinen Einsicht, über die wir nun einmal nicht hinauskommen. Nur sofern der Handelnde etwas verstanden zu haben glaubt, etwas, das er zu einem ihn überzeugenden Schluss bringen kann, ist eine moralische Maxime möglich. Die präsentiert sich ihm als *Regel* und *Konsequenz.* Daraus erklärt sich die Empfindlichkeit des moralischen Subjekts gegenüber Widersprüchen. Aber angesichts des Eingeständnisses der endlichen Konditionen, unter denen wir unser Leben zu führen haben, braucht daraus nicht notwendig ein die Moral zersetzender Selbstwiderspruch zu entstehen, insbesondere dann nicht, wenn betont ist, dass die Einsicht sich auf alles beziehen kann, was für das Handeln Bedeutung hat. Sie steht vor allem in keinem Gegensatz zur Klugheit, geht allerdings über die bloß auf Bedürfnisse bezogene Erfolgskalkulation hinaus.

Das wird deutlich, wenn wir den *vierten* Einwand mit der Kritik an der *Abstraktheit der Moral* (also an ihrer prinzipiellen Entfernung vom Individuum) in das korrespondierende Kriterium übersetzen: Eine Moral nach Nietzsche hat von „freien Geistern" auszugehen, die wissen, unter welchen konkreten Bedingungen sie handeln und als was sie sich darin verstehen; sie

---

24 Balthasar Gracian: Hand-Orakel und Kunst der Weltklugheit. Leipzig 1982, Aphorismus 16, 16 .

25 Vgl. dazu meinen Beitrag: Was ist ein vernünftiges Wesen? In: Helmut Girndt (Hg.): Selbstbehauptung und Anerkennung. Spinoza-Kant-Fichte-Hegel. Sankt Augustin 1990, 61 – 77.

benötigen eine Vorstellung von der *Situation* und einen *Begriff ihrer selbst.*
Situationsverständnis und Selbstbegriff gehören zusammen und machen
gerade in dieser Verbindung deutlich, dass wir Individualität im Handeln
noch strikter zu fassen vermögen, als Nietzsche dies forderte: nämlich nicht
nur bezogen auf das einzigartige Subjekt des Tuns, sondern gleichermaßen
auf die einmalige Handlungskonstellation, in der es sich im Augenblick der
Entscheidung befindet. Zu beachten ist allerdings, dass der Bezug zur individuellen Ausgangslage im Medium zweier Begriffe – Situations- und
Selbstbegriff – erfolgt, die den Anschluss an Regeln und Normen ermöglichen.

Für Kant – das sei hier zum besseren Verständnis meiner Andeutung
angefügt – sind konzeptuelles Selbst- und Situationsverständnis stets schon
im Begriff der Maxime verbunden. Nach Nietzsche sind wir aber genötigt,
beide explizit zu machen, und wir haben vor allem die Aufgabe, genauer zu
sagen, welches Selbstverständnis ein moralisches Subjekt jeweils und in
letzter Konsequenz in Anspruch nimmt. Im Anschluss an Kant ist zu klären,
was eigentlich ein „vernünftiges Wesen" ist, und im Hinblick auf Nietzsche,
was eigentlich unter einem „freien Geist" verstanden werden kann. Im
Grunde, so glaube ich, können beide nur dasselbe bedeuten. Wo wir dieses
äußerste Selbstverständnis als „freier Geist" nicht konkret in Anspruch
nehmen, wo wir „bloß" als Bürger, Verkehrsteilnehmer oder Hochschul-
lehrer handeln, da öffnet sich das weite – der Moral im strengen Sinne
vorgelagerte – Feld der Sittlichkeit oder der Ethik, das wir gar nicht erst
betreten, wenn wir uns „bloß" als *bedürftiges* Wesen begreifen. Gleichwohl
brauchen wir diese Bedürftigkeit nicht zu vergessen, wenn wir uns unter
sittliche Ansprüche stellen – ja wir dürfen es nicht, wenn wir als „freier
Geist" moralisch und damit ernsthaft wir selbst sein wollen. Folglich kommen wir zur moralischen Frage erst durch die Aufmerksamkeit gegenüber
einer konkreten Situation, die eine Herausforderung enthält, der wir
ernsthaft *selbst* – und das heißt: als *dieses individuelle Selbst* – begegnen
wollen. Während ich mich in ethischen Fragen damit begnügen kann, der
jeweiligen Rolle, in der ich situativ herausgefordert bin, zu entsprechen, bin
ich unter einem moralischen Anspruch so sehr ich selbst, dass ich auch noch
über die konkret zu spielende Rolle disponiere und meine persönliche
Entscheidung *allein* auf meine *eigene Einsicht* gründe – und auf nichts sonst.

Nietzsche hat dieser Differenzierung zwischen Ethik und Moral wenig
Aufmerksamkeit geschenkt.[26] Er hat nicht gesehen, wie die moralische

---

26 Die hier nur angedeutete Differenzierung zwischen Ethik und Moral ist ein typisch
    neuzeitliches Phänomen, das sich in der Entwicklung der ethischen Überlegungen

Frage durch eine Verschärfung und Steigerung ethischer Ansprüche durch das Individuum an sich selbst entsteht. Deshalb entging ihm auch der enge Zusammenhang zwischen Moralität und Individualität, der es nicht nur, verbietet, sondern geradezu unsinnig macht, beide in einen Gegensatz zu bringen. Schon unter dem Anspruch ethischer Tugenden wird sich der Mensch seiner Besonderheit bewusst, die er angesichts eines – ja stets selbst gestellten – moralischen Problems zum Bewusstsein seiner einmaligen Individualität steigert.

Doch: Entging Nietzsche dieser Zusammenhang wirklich, oder hat er es nur versäumt, ihn systematisch zu explizieren? Vieles spricht dafür, dass er den Einsatzpunkt der moralischen Frage durchaus richtig gesehen, es aber unterlassen hat, daraus für seine Kritik der Moral die nötigen Konsequenzen zu ziehen: „das ‚Individuum' steht da, genöthigt zu einer eigenen Gesetzgebung, zu eigenen Künsten und Listen der Selbst-Erhaltung, Selbst-Erhöhung, Selbst-Erlösung."[27] Es ist dies ein Individuum, das die „eigne Verantwortlichkeit" nicht abgeben und nicht teilen will und das auch noch seine Rechte zu seinen „Pflichten" rechnet.[28] Dieses Individuum wahrt seine Selbständigkeit in „vornehme[r] Selbstbeherrschung", es lebt in einer „ungeheuren und stolzen Gelassenheit"[29], kurz: es ist ein Wesen, das „von Natur Herr ist"[30], in dieser Herrschaft aber auch von seinen Grenzen weiß. Denn: „Die vornehme Seele hat Ehrfurcht vor sich."[31] In allen diesen Wendungen, so denke ich, ist Nietzsche dem Ansatzpunkt der Moral näher als mancher erklärte Apologet des moralischen Handelns.

Schließlich, *fünftens,* braucht die Moral nach Nietzsche einen Begriff des *Handelns,* der den substantialistischen Trugschlüssen der vorkritischen

---

von Descartes bis Kant beobachten lässt und das dann Hegel mit seiner Unterscheidung zwischen Sittlichkeit und Moral auf den Begriff bringt. Die Differenzierung darf allerdings nicht von der Tatsache ablenken, dass die Ethik, als philosophische Disziplin verstanden, moralische Fragen umfasst. Auch der Begriff der Moral wird in der Regel so weit gefasst, dass er weder von der „Ethik" noch von der „Sittlichkeit" unterschieden wird. Diesem üblichen Sprachgebrauch kann man, wie dies auch im vorliegenden Text geschieht, folgen. Gleichwohl hat man systematisch mit dem Umstand zu rechnen, dass moralische Fragen im strengen Sinn nur solche sind, in denen sich ein Mensch ganz auf seine eigene Einsicht stellt. Das schließt natürlich nicht aus, dass ihm gerade diese Einsicht empfiehlt, den anerkannten ethischen Geboten zu folgen.

27 JGB 262; KSA 5, 216.
28 JGB 272; KSA 5, 227.
29 JGB 283 u. 284; KSA 5, 231.
30 JGB 293; KSA 5, 236.
31 JGB 287; KSA 5, 233.

Metaphysik enthoben ist. Der Begriff des Handelns ist es nämlich, in dem die Begriffe von *Ursache* und *Wirkung funktional* mit dem des *Subjekts* verbunden sind. Unterstellt man dabei ein *Subjekt ohne Vernunft,* ergibt sich die objektbezogene Kausalrelation mechanischer Naturprozesse; Nietzsche ermahnt uns mit Recht, auch in dieser Verwendung von Ursache und Wirkung nur ein „Schema" unserer begrifflichen Aneignung des Werdens zu sehen. Unterstellen wir dagegen ein *Subjekt,* das über *Einsichten* verfügt und sich aus *eigenem Impuls und Grund,* also vernünftig, verhalten kann, dann stehen Ursache und Wirkung im Zusammenhang einer Organisation, für deren einheitsstiftendes Moment Nietzsche bezeichnenderweise auch nur den Begriff des *Willens* hat.

Es ist klar, dass es den Willen nicht „gibt" – schon gar nicht nach Art eines Gegenstandes, den es als solchen natürlich auch nicht „gibt". Nietzsches „H a u p t s a t z " können wir demnach ohne Abstriche für eine Grundlegung der Praktischen Philosophie übernehmen: „e s g i e b t k e i n e m o r a l i s c h e n Phänomene, sondern nur eine moral[ische] Interpretation dieser Phänomene." [32] Im Lichte dieser moralischen *Interpretation* können wir uns dann freilich auf diese Phänomene beziehen und von Wille, Vernunft, Gesetz und Verantwortung sprechen, wie wir sie im Handlungskontext verstehen. Dann „gibt" es den Willen durchaus, nämlich als organisierendes Moment in der Verständigung über unser Tun; dann gibt es ihn als eine *Funktion* von leibhaftigen Handlungen, sofern sie auf andere Handlungen bezogen sind; und als solcher kann der Wille natürlich nur *in Handlungen* und nur *auf andere Willen* wirken. [33] In diesem Sinn gibt es folglich auch *nach* Nietzsche einen Sinn, von „Vernunft" zu sprechen: Als „große Vernunft" erscheint sie uns als organisierendes Moment des Leibes; als „kleine Vernunft" ist sie das bewusst organisierende Moment unseres Sprechens und Tuns, d. h. unseres Geistes.

Gesetzt, wir lassen uns – theoretisch wie praktisch – darauf ein, dass Wille und Vernunft nichts Substantielles, sondern nur etwas Funktionales bedeuten, können wir auch Nietzsches fünftem Einwand gegen die fundierenden Begriffe der Moral – gegen Subjekt und Wille, gegen Ursache und Wirkung – Rechnung tragen und somit feststellen, dass die immoralistische Kritik der Moral nicht zu deren endgültiger Zersetzung führt. Denn die mit „Wille" und „Vernunft" bezeichneten Einheiten brauchen wir nach wie vor, um uns als geistige Einheit, die der Einheit unseres Leibes korrespondiert, begreifen zu können. Auch wenn wir sagen können und sagen müssen, dass

---

32   N 1885/86; 2[165]; KSA 12, 149.
33   Vgl. JGB 36; KSA 5, 55.

es ein „Selbst" oder eine „Seele" nicht gibt (jedenfalls nicht so, wie es Gegenstände gibt), so können wir doch in der Verständigung über uns selbst weder auf das „Selbst" noch auf die „Seele" verzichten. Nietzsches Schriften liefern dafür so schlagende wie tiefgründige Beispiele.

Ein Beispiel muss hier für viele stehen: Im Aphorismus 59 der *Fröhlichen Wissenschaft* macht er deutlich, wie sehr ein personaler Affekt wie die Liebe darauf drängt, auch im Geliebten eine Person wahrzunehmen. Obgleich man weiß und immer wieder störend erfährt, dass der geliebte Andere ein Naturwesen ist, dessen organischer Prozess, für sich betrachtet, wenig Liebenswertes enthält, setzt man sich über dieses Wissen hinweg und gibt dem Anderen eine idealisierte, dem eigenen idealisierten Selbst entsprechende Gestalt: „Da macht man die Ohren zu gegen alle Physiologie und decretirt für sich insgeheim ,ich will davon, dass der Mensch noch etwas Anderes ist, ausser S e e l e u n d F o r m, Nichts hören!'"[34] Hier legt Nietzsche den Springpunkt moralischer Ansprüche frei: „ich will" (sic!) ein Gegenüber aus „Seele und Form"; und dies will ich, weil ich mich selbst als „Seele und Form" begreife. Moral, so könnte man im Anschluss an diese Stelle sagen, ist nichts anderes als der Wille, *nur* als „Seele und Form" wirksam zu sein.

Nietzsches Kritik destruiert die substantialistischen Illusionen der Moralphilosophie. Insofern sekundiert er Kants Kritik der praktischen Vernunft. Das Beispiel vom affektgeladenen Willen zur Seele und zur Form – in uns selbst und in anderen – aber zeigt, dass er auch Bedingungen für praktisches Handeln freilegt, die seiner eigenen Kritik standhalten. „Seele" und „Form" des individuellen Selbst gibt es nicht als selbständige Entitäten; es gibt sie auch nicht in der relativen Eigenständigkeit, in der es physische Objekte oder organische Vorgänge gibt. Aber es gibt sie *als Funktionen* des Verkehrs individuierter organischer Wesen, die im Medium von Sprache und Einsicht selbständig handeln. In der Aneignung und Zurechnung einer Sphäre, die über die Leibgrenzen hinausreicht, muss das den Individuen Zugehörige intellektualisiert werden. Dazu werden wiedererkennbare äußere Formen benötigt, die der Form entsprechen müssen, in der sich die Ausweitung der leiblichen Aktionssphäre vollzieht. Diese Form kann nicht mehr bloß körperlich sein, sondern wird als innere Form begriffen und erscheint damit als „Seele". Folglich präsentiert sich jeder Mensch, dessen Dasein sich nicht in seinen vegetativen Funktionen erschöpft, als beseeltes Wesen, das, sofern es Wert auf *seinen* Handlungserfolg legt, auch Anspruch auf Wahrung seiner inneren Form erhebt.

---

34 FW 59; KSA 3, 423.

Ethik, im klassischen Sinn der Tugendlehre, ist die Anweisung zur Wahrung der inneren und äußeren Form des Menschen. Und wenn ein Mensch unter ethischem Anspruch so weit geht, dass er sich individuell, als diese *eine* Person unter *einmaligen* Bedingungen zur Wahrung dessen, was er nach seinem Selbstverständnis eigentlich ist, herausgefordert sieht, dann ist er vor die moralische Frage gestellt. Dann gehorcht er *bereits in der Frage* einem *kategorischen Imperativ,* den Nietzsche so formuliert: „„Du solltest Herr über dich werden, Herr auch über die eigenen Tugenden. Früher waren sie deine Herren [...]"[35] Damit ist der Schritt von der allgemeinen Sittlichkeit zur Moral des freien Geistes markiert. Dass in diesem Übergang von der ethischen zur moralischen Frage eine Logik zum Tragen kommt, die in jedem eigenständigen Handeln angelegt ist, können wir ebenfalls von Nietzsche lernen: „Aus sich eine ganze P e r s o n machen und in Allem, was man thut, deren h ö c h s t e s W o h l in's Auge fassen – das bringt weiter, als jene mitleidigen Regungen und Handlungen zu Gunsten Anderer."[36]

Zu dieser „ganzen Person" wird man paradoxerweise aber nur, wenn man sich in sich selbst *teilt* und in der beobachtenden und prüfenden Abspaltung von sich selbst ein Formelement seiner selbst zum bestimmenden Teil und somit zum Ganzen macht. „In der Moral", so sagt Nietzsche, „behandelt sich der Mensch nicht als individuum, sondern als dividuum."[37] Doch diese Teilung wird akzeptiert und praktiziert, um durch sie nun auch *bewusst* Individuum zu werden. Durch diesen bewussten Willen zur eigenen Form, zum eigenen Selbst muss hindurch, wer wahrhaftig moralisch sein will: „Ach, meine Freunde! Dass e u e r Selbst in der Handlung sei, wie die Mutter im Kinde ist: das sei mir e u e r Wort von Tugend!"[38]

Man sieht also, auch in Fragen der Moral und der Moralkritik gilt Nietzsches Verdikt, demzufolge es ein „letztes Wort" nicht gibt. Auch *nach* Verkündigung des Immoralismus haben Tugend und Moral, haben Ethik und Moralphilosophie ihren Sinn noch nicht verloren. Nietzsches Kritik schärft den Blick für die spezifischen, überaus komplexen Bedingungen des selbst-bestimmten Handelns. Wenn wir uns von dieser Komplexität unseres eigenen Tuns nicht abschrecken lassen, müssen wir demnach die begrifflichen Ansprüche an eine philosophische Grundlegung der Moral beträchtlich erhöhen. Nietzsche erspart uns die Aufgabe einer Ethik keineswegs; er macht sie uns zwar um einiges schwerer, aber keineswegs unmöglich.

---

35 MA 1, Vorrede 6; KSA 2, 20.
36 MA 1, 95; KSA 2, 92.
37 MA 1, 57; KSA 2, 76.
38 Za 2, Von den Tugendhaften; KSA 4, 123.

Jedoch: Hat diese Erwartung auf eine Begründung der Moral tatsächlich noch etwas mit Nietzsche zu tun? Lassen sich die seinen prinzipiellen Einwänden korrespondierenden Kriterien für eine dem Leben verbundene, auf Situationen bezogene, dem Leib und dem Selbst adäquate Moral wirklich noch mit seiner ätzenden Kritik verbinden? Lässt sich nach dem Hohn, dem Spott und der scharfsinnigen Verachtung, die Nietzsche der Moral entgegengebracht hat, überhaupt noch erwarten, man komme mit ihm über ihn hinaus? Und wenn man es gleichwohl versucht: Wird dann nicht aus beiläufigen Bemerkungen eine Hauptsache gemacht, die der Intention des Immoralismus zuwiderläuft?

Selbst wenn man zugesteht, dass die fünf restriktiven Bedingungen der immoralistischen Kritik der Moral korrespondieren, wird der Zweifel bleiben, ob sie überhaupt mit Nietzsches kritischer Intention kompatibel sind. Diesen Zweifel verstehe ich gut, aber ich glaube, dass man ihn – *mit Nietzsche* – wirkungsvoll zerstreuen kann – und zwar mit dem Aufweis jener moralischen Einstellungen, die der Immoralist entweder selbst ausdrücklich praktiziert oder die er, nicht trotz, sondern im Bewusstsein seiner Moralkritik, selbst fordert. Auf der Grundlage seiner eigenen Einwände verlangt Nietzsche selbst nach neuen Tugenden, denen seine Moral des „freien Geistes" zugrundeliegt. Dies soll in den abschließenden Hinweisen wenigstens andeutungsweise sichtbar werden. Um meine These wirklich zu belegen, bedürfte es allerdings einer umfassenden monographischen Deutung.

3. Die Moral des freien Geistes

Ein Beispiel für die von Nietzsche selbst praktizierte Tugend wurde eingangs vorgeführt, ohne es bereits in seinem moralischen Charakter zu qualifizieren: Es ist Nietzsches eigene Kritik der Moral. Erinnern wir uns an den dritten Einwand, der besagte, dass die Moral an sich selbst zugrunde gehen muss, weil sie eben das prinzipiell negiert, worauf sie in ihrem Kern nicht verzichten kann, nämlich Verstellung und Täuschung. Sie erst lehrt uns das, was sie selber ist, als Lüge zu verabscheuen. Deshalb kann alles in letzter Konsequenz – sofern wir nur unsere moralische Lektion richtig lernen – allein auf eine Abschaffung der Moral hinauslaufen. Sie erzeugt und erzieht den Wahrheitswillen, an dem sie zugrundegehen muss.

Wir brauchen von hier nur auf Nietzsche selbst zu schauen und erkennen auch ohne die von ihm mehrfach ausdrücklich gegebene Erklärung, dass seine Kritik sich eben diesem Anspruch auf Wahrhaftigkeit, dieser Redlichkeit verdankt. Sein kritischer Impuls kann daher gar nicht anders als *moralisch* genannt werden. Und in der Tat versteht sich Nietzsche als Vollstrecker dieser inneren Konsequenz der Moral. Er kritisiert sie, bei aller Distanz gegenüber ihren einzelnen Erscheinungsformen, *von innen* her. Auch deshalb glaubt er, so unerbittlich auftreten zu müssen. Indem er der Moral Widersprüchlichkeit, Täuschung und Lüge vorrechnet, spricht er nicht nur als Anwalt des Lebens, sondern immer auch als Moralist. Es ist sein Moralismus, der ihn zum Immoralismus treibt. In seinem Plädoyer gegen die herrschende Moral stellt er die Tugenden der Wahrhaftigkeit, Redlichkeit und Verantwortlichkeit unter Beweis, nicht selten auch die der Gerechtigkeit und der Tapferkeit. Ihre Wurzel haben sie allesamt in der Selbständigkeit und Freiheit, die er als „freier Geist" konkret für sich in Anspruch nimmt. Hinter dem Pathos seiner Kritik steht das Ethos eines nach eigenen Vorstellungen geführten Lebens. Es ist der gesteigerte Selbstanspruch an die eigene, selbstbestimmte Lebensführung, die Nietzsche zu einem so unerbittlichen Richter der veräußerlichten Moral seines Jahrhunderts werden lässt. Und sein Urteil zeugt von höchster Moralität eben jener Art, die seine Kritik uns lehrt.

Aber Nietzsche gibt uns mehr als nur ein Beispiel – obgleich das eigene Beispiel das Höchste ist, was uns in der Moral je gegeben werden kann. Er entwickelt nämlich auch Begriffe und Begründungen für Tugenden, die, nach seinem Verständnis, zu einer künftigen Moral gehören. Bei ihm – und vor allem bei seinem Alter ego „Zarathustra" – finden sich zahlreiche Elemente einer philosophischen Tugendlehre, die freilich nur für „freie Geister" gelten kann, also für jene, die aus eigenem Anspruch ihrem Handeln einen für sie verbindlichen Sinn geben wollen. Von dieser exemplarischen Tugendlehre für „freie Geister" kann ich nun meinerseits abschließend nur ein Beispiel nennen, das wenigstens illustrieren soll, dass auch nach Nietzsche die Moral und ihre vernünftige Begründung ein philosophisches Thema ist.

Als Beispiel wähle ich das Ideal des *„vornehmen Menschen"*, das in *Jenseits von Gut und Böse* vorgestellt und in der *Genealogie der Moral* erläutert wird. Man braucht nicht zu betonen, dass es zentral für die Philosophie des Spätwerks ist.

Der „vornehme Mensch" ist der „n o t h w e n d i g aktive" Mensch, der sein Glück im Handeln findet. Für dieses „Ideal" – Zarathustras „Gegen-Ideal" – gilt die „aristokratische Wertgleichung", in der sich „gut", „vornehm", „mächtig", „schön", „glücklich" und „gottgeliebt" entsprechen.[39]

---

39   GM 1, 10; KSA 5, 272; GM 1, 7; KSA 5, 267.

Wer diesem Ideal folgt, der verhält sich im Umgang mit seinesgleichen ganz *selbstverständlich* tugendhaft. Hier wird Moral, worauf Friedrich Theodor Vischer so großen, wenngleich ironischen Nachdruck gelegt hat, zu dem, was sich von selbst versteht.[40]

Das Ideal der Vornehmheit gilt *„inter pares";* es hat also eine gewisse interindividuelle Allgemeinheit. Aber es basiert nicht auf einer universalistischen, sondern auf einer exklusiven, einer – wenn man so will – elitären Gleichheit. Nach außen hin, also gegenüber Fremden, hat der einzelne keine Rücksichten zu nehmen. Hier braucht er seinen Lüsten keine Zügel anzulegen und kann sie, wenn er es nötig hat, in Grausamkeit ausleben. Im Innenverhältnis aber benötigt er Ordnung und Übereinstimmung, die nur dann der Vornehmheit entsprechen, wenn sie im Medium der *Selbstdisziplin* aufrechterhalten werden. Der Mensch, so heißt es ausdrücklich, könne ohne „Einschließung und Einfriedung in den Frieden der Gemeinschaft" nicht leben; er braucht den Zwang und die Gewohnheit, um sich „seine" (zweite oder dritte) Natur, nämlich die *Kultur,* aufzubauen. Nicht auszudenken, was aus dieser Einsicht Nietzsches wird, wenn wir sie mit der uns heute dämmernden Erkenntnis zusammennehmen, dass *alle* Menschen zu *einer* Kultur zusammenwachsen und nur noch in ihr nach eigenen Vorstellungen leben und überleben können.

Mit dem Ideal der Vornehmheit spricht Nietzsche immer auch als *Anwalt der Kultur.* Nur in ihr, so meint er, könne der Mensch zu seinesgleichen finden und „Selbstbeherrschung, Zartsinn, Treue, Stolz und Freundschaft" beweisen.[41] Nur in der *Kultur* kann der Mensch sich selbst „b e r e c h e n b a r, r e g e l m ä s s i g   u n d   n o t h w e n d i g"[42] machen, alles Eigenschaften, die er braucht, um überhaupt einen *Willen* haben, *Versprechen* halten und eine Tat *verantworten* zu können. Erst am Ende des langen Prozesses kultureller Selbstdomestikation tritt „die Societät und ihre Sittlichkeit der Sitte" zutage, deren „reifste Frucht" das „s o u v e r a i n e   I n d i v i d u u m" ist. Und spätestens bei diesem Begriff wird die Rede zweifelsfrei moralisch! Das *souveräne Individuum* ist nämlich in seinem „eigentliche[n] Macht- und Freiheits-Bewusstsein" so unabhängig, dass es sich auch wieder, wie das moralische Subjekt Kants, von der „Sittlichkeit der Sitte" ablöst und zu eigenständiger Freiheit kommt. Dieser „Freigewordne", dieser „Herr des f r e i e n Willens", dieser wahrhaft „‚freie' Mensch" hat, so Nietzsche, das

---

40 Friedrich Theodor Vischer: Auch einer. Eine Reisebekanntschaft (1878). Frankfurt 1987, 25.
41 GM 1, 11; KSA 5, 274.
42 GM 2, 1; KSA 5, 292.

„stolze Wissen um das ausserordentliche Privilegium der Verantwortlichkeit, das Bewusstsein dieser seltenen Freiheit, dieser Macht über sich",
„dieser souveraine Mensch heisst ihn sein Gewissen …"[43]

Mit den Begriffen des *Willens,* der *Freiheit,* der *Verantwortlichkeit* und
des *Gewissens* sind die klassischen Grundbegriffe ethischen Verhaltens
versammelt. Nietzsche sieht ganz richtig, dass ohne Individualität, ohne
Bewusstsein seines *eigenen* Anspruchs, Selbstbestimmung nicht mehr ist als
ein bloßes Wort. Tugend und Individualität gehören daher zusammen:
„deine Tugend ist die Gesundheit deiner Seele" – so sollen wir zu sagen
lernen.[44] „Ach, meine Freunde!" – so haben wir bereits aus dem *Zarathustra*
zitiert, „Dass e u e r Selbst in der Handlung sei, wie die Mutter im Kinde ist:
das sei mir e u e r Wort von Tugend!"[45]

Die Tugend versucht Nietzsche allein aus dem *lebendigen Selbstbezug
des Menschen* zu gewinnen. Im Lebensvollzug liegen Anfang und Ende allen
Sinns. Es gibt keine Instanz *über* diesem Leben – „Nichts, was unser Sein
richten, messen, vergleichen, verurtheilen könnte, denn das hiesse das
Ganze richten, messen, vergleichen, verurtheilen […]."[46] Folglich ist der
Mensch auch niemandem Rechenschaft schuldig: „N i e m a n d ist dafür
verantwortlich, dass er uberhaupt da ist, dass er so und so beschaffen ist, dass
er unter diesen Umständen, in dieser Umgebung ist."[47] Insofern kann jeder
ursprünglich ein gutes Gewissen haben; insofern ist jeder durch den Nihilismus zu sich selbst befreit. Die von der modernen Astronomie ausgehende
Desillusionierung des Menschen könnte das bringen, was Nietzsche „die
grosse Befreiung" nennt.[48] In ihr wäre die „Unschuld des Werdens"
wiederhergestellt; *Gott* und die *alte Moral* wären als *Ablenkung von Leben*
erkannt und überwunden.[49]

Die damit gewonnene Freiheit ist aber auch in Nietzsches Verständnis
nicht regellos, obgleich sich der Mensch nunmehr ausschließlich aus sich
heraus zu bestimmen hat. Das aber heißt, dass er sich *seine* Ziele zu stecken,
seine Kräfte zu erproben und *seine* Möglichkeiten zu erkunden hat. Dem
Gesetz des Lebens gehorchend, muss und will er an sich selbst das Werden
erfahren. Dazu hat er bis an seine Grenzen zu gehen und sich selbst zu
überwinden. Nur so gewinnt er Vertrauen in sich selbst und erlebt die

43 Zu den zuletzt angeführten Stellen s. GM 2, 2; KSA 5, 293 f.
44 FW 120; KSA 3, 477.
45 Za 2, Von den Tugendhaften; KSA 4, 123.
46 GD, Die vier grossen Irrthümer 8; KSA 6, 96.
47 Ebd.
48 Ebd.; KSA 6, 97.
49 Ebd.

Freiheit eines selbst verantworteten Daseins. „Denn was ist Freiheit! Dass man den *Willen zur Selbstverantwortlichkeit* hat. […] Dass man gegen Mühsal, Härte, Entbehrung, selbst gegen das Leben gleichgültiger wird. Dass man bereit ist, seiner Sache Menschen zu opfern, sich selber nicht abgerechnet."[50]

Was aber heißt *Selbstverantwortlichkeit?* Vor *wem* und für *was* übernimmt hier *wer* die Verantwortung? Da es weder vorgegebene Instanzen noch bleibende Werte noch ein substantielles Subjekt gibt, kreist der Mensch hier gänzlich um sich selbst. In diesem Kreisen legt er sich aus und bestimmt sich selbst. Da es weder „gut" noch „böse" in einem vom Menschen unabhängigen Sinne gibt und auch die Natur vom Menschen keine verbindlichen Vorschriften macht, kann Verantwortung nur noch die *Selbstregulation des menschlichen Verhaltens* bedeuten. Was „Wille[…]" oder „F r e i h e i t" ist, kann sich nur in der „Lust und Kraft der Selbstbestimmung" erweisen.[51] In der Moral der Zukunft käme es demnach darauf an, dem Menschen seine „edelste Selbstsucht" nicht zu nehmen und ihm die „Kraft zur höchsten Obhut über sich selber" zu lassen.[52] Dazu freilich gehört eine „geistige[…] Diät", dazu gehören Stil und eine „Form der Stärke".[53] In der Moral der Zukunft darf man sein, wer man selbst sein will. Das allerdings geht nicht nur nach Kant, sondern auch nach Nietzsche nicht ohne *eigene Gesetzgebung:* „Wir aber wollen D i e w e r d e n, d i e w i r s i n d, – die Neuen, die Einmaligen, die Unvergleichbaren, die Sich-selber-Gesetzgebenden […]".[54]

Voraussetzung dieser Selbstgesetzgebung sind auch hier die *Selbsterkenntnis* und die *Achtung vor sich selbst.* Die „Ehrfurcht vor sich selbst", die der vornehmen Seele eigen ist, scheut Nietzsche sich nicht – auch hier Kant näher, als man glauben möchte –, mit dem Attribut des Göttlichen zu versehen. Die „Menschlichkeit", zu der es künftige Generationen vielleicht bringen werden, umschließt für ihn „eines Gottes Glück voller Macht und Liebe" und wird als ganze von einem „*göttlichen Gefühl*" getragen: „Dieses göttliche Gefühl hiesse dann – Menschlichkeit!"[55]

Für den Zusammenhang von Selbstgesetzgebung und Selbstachtung spricht auch Nietzsches Verdikt von der *Entwürdigung des Menschen* durch

50 GD, Streifzüge eines Unzeitgemässen 38; KSA 6, 139 (Hervorh. v. Verf.).
51 FW 347; KSA 3, 583.
52 FW 21; KSA 3, 392.
53 EH, Warum ich ein Schicksal bin 8; KSA 6, 374; GD, Streifzüge eines Unzeitgemässen 37; KSA 6, 137.
54 FW 335; KSA 3, 563.
55 FW 337; KSA 3, 565.

das Festhalten an der alten Moral. Es sind die „alte[n] Werthschätzungen, die uns entwürdigen im Besten und Stärksten", so heißt es in einer Nachlassnotiz aus dem Jahre 1887.[56] Und all die Tugenden, die in anderen Bemerkungen aus dieser Zeit angeführt werden, wie z. B. das *Standhalten*, das *Worthalten*, das *Versprechen-können*, das *dionysisch verzückte Jasagen zum Leben* einerseits und die *apollinische Freiheit unter dem Gesetz* andererseits,[57] machen deutlich, dass vom Handelnden eine Konsequenz gefordert ist, die nicht nur *logisch* begründet, sondern immer auch *ästhetisch* gemeint ist. Das Individuum bleibt ganz von sich aus, ganz und gar als freier Geist einem Begriff und Bild von sich selber treu. Es hat nicht nur den Mut und die Kraft, sondern auch die Lust zur Souveränität; es will – möglichst aus einem Affekt, der Leib, Gefühl und Begriff verbindet – gänzlich nur es selber sein.

Da Nietzsche diesem Affekt keine materiale Erfüllung verspricht, sondern ihn im Bewusstsein unausweichlichen Scheiterns propagiert, verbleibt er ganz im Bann eines Ideals, dessen wesentliche Leistung nur *moralisch* zu nennen ist. Die Tugend als „Gesundheit der Seele",[58] das Verlangen nach der schon von Schelling geforderten Einheit von „vertu est enthousiasme",[59] die Aufforderung, in allem „persönlich" zu werden und die Verantwortlichkeit des souveränen Individuums tatsächlich auf sich zu nehmen – alles dies steht im Zeichen eines letztlich nur moralisch zu fassenden Selbstbegriffs des seiner selbst bewussten Menschen. Wenn der einzelne über den in jedem Befehl und Gehorsam steckenden Zwang hinauswachsen soll, wenn es ihm gelingen soll, auch das „das Chaos" in sich selbst „zu organisiren", um endlich Macht über sich zu gewinnen,[60] dann geht dies nur über Maximen, die eine große Tradition ethischen Denkens hinter sich haben. Ursprung und Ziel moralischen Handelns ist also auch bei Nietzsche die Selbstbestimmung des selbständig gewordenen Individuums.[61]

Gelegentlich hat man den Eindruck, dass sich Nietzsche der impliziten Moralität seines Immoralismus sehr wohl bewusst ist. Als radikaler Kritiker

---

56 N 1887, 9[66]; KSA 12, 370.
57 N 1887, 10[103]; KSA 12, 513; N 1888, 14[14]; KSA 13, 224.
58 FW 120; KSA 3, 477.
59 JGB 288; KSA 5, 233; Friedrich Wilhelm Joseph Schelling: Philosophische Untersuchungen über das Wesen der menschlichen Freiheit und die damit zusammenhängenden Gegenstände. Hamburg 1997, 65: „Tugend als Enthusiasmus".
60 UB 2, 10; KSA 1, 333; JGB 260; KSA 5, 209 f.
61 Vgl. meinen Beitrag: Selbstbestimmung. Über Ursprung und Ziel moralischen Handelns. In: Metaphysik nach Kant? Hg. v. Dieter Henrich/Rolf-Peter Horstmann. Stuttgart 1988, 671–688.

wendet er sich gegen eine konventionelle Moral, die erst fallen muss, ehe eine Moral entstehen kann, die diesen Namen auch verdient, weil sie tatsächlich der Freiheit und Selbständigkeit des Individuums entspringt. Im Dienste einer Moral aus der souveränen Geistigkeit hält er sich die Maske des Immoralisten vor und scheut die damit verbundenen Missverständnisse nicht. Die Selbstbezeichnung unter dem Titel des Immoralismus scheint selbst schon ein vorsorglich provoziertes Missverständnis zu sein: „Die Moralisten müssen es sich jetzt gefallen lassen, Immoralisten gescholten zu werden, weil sie die Moral seciren."[62] Positiv gewendet heißt dies: Nur diejenigen, die die herrschende Moral kritisch betrachten und sie das Hindernis einer wirklichen Moral des freien Geistes bekämpfen und deshalb Immoralisten genannt werden, sind die wahren Moralisten.

Für sich selbst hat Nietzsche diese Konsequenz akzeptiert. Als Kritiker hat er sich der „umfänglichsten Verantwortung" gestellt und hat in allem redlich zu denken versucht. Dabei hat er den Widerspruch in eigenen Aussagen nicht gescheut, denn offenbar war es ihm wichtiger, seinem Selbstbegriff als freier Geist treu zu bleiben. Er hat sich auch in seinem alltäglichen Verhalten vom „souveräne[n] Gefühl von Distinktion"[63] leiten lassen und hat gegenüber anderen und sich selbst Mut und Tapferkeit bewiesen. Wer immer ihm persönlich begegnet ist, hat seine vornehme Zurückhaltung hervorgehoben. Und in den Ratschlägen gegenüber anderen dominiert die Aufforderung zur Selbständigkeit und Tapferkeit gegenüber dem Schicksal:

> „Redlich gegen uns selber und wer sonst uns freund ist, muthig gegen den Feind, großmüthig gegen den Besiegten, höflich gegen Alle – Friedrich Nietzsche."[64] – „Bleiben wir allesammt hübsch tapfer auf unserm Posten, auch mit einiger Nachsicht gegen einander: denn Eines schickt sich durchaus nicht für Zwei. Und vor allem: so wenig als möglich brummen."[65] – „Und vor Allem, seien und bleiben wir guter Dinge: es giebt hundert Gründe, in diesem Leben t a p f e r zu sein."[66]

Der Moralist Friedrich Nietzsche bleibt somit dem ältesten moralischen Gebot der europäischen Philosophie verbunden, so wie es uns von Hesiod überliefert ist: „Der ist von allen der Beste, der selber jegliches findet …"

---

62 MA 2, WS 19; KSA 2, 553.
63 EH, Warum ich so weise bin 3; KSA 6, 268.
64 Friedrich Nietzsche: Albumblatt für Fräulein Simon. Nizza, 6. Februar 1884; KSB 6, 476.
65 Brief an Heinrich von Stein vom 15. 10. 1885; KSB 7, 100.
66 Brief an Carl von Gersdorff vom 12. 2. 1885; KSB 7, 10.

Die Tugend des freien Geistes

Nietzsche auf dem Weg zum individuellen Gesetz der Moral

Im Rückblick auf das Jubiläumsjahr 1994 – Nietzsches Geburtstag jährte sich zum hundertfünfzigsten Mal – ist es gut, sich daran zu erinnern, dass es viele Formeln gibt, die Nietzsches Wirksamkeit auf einen Begriff bringen könnten. Alle großen Themen seiner *Experimentalphilosophie*, die *Umwertung der Werte, Nihilismus, Immoralismus* und *Übermensch*, der *Wille zur Macht* und die *ewige Wiederkehr*, bieten Anhaltspunkte für ein markantes Kennzeichen seines Wirkens. Da er in seinen Aphorismen und Gedichten und nicht zuletzt in seinem *Zarathustra* Zeugnis eines überragenden literarischen Talents ablegt, hat man früher das auszeichnende Merkmal gern in seiner Existenz als *Künstlerphilosoph* gesehen. Das sagt immerhin mehr als die entweder viel zu enge oder viel zu weite Formel vom „Leben als Literatur", die unter dem Einfluss der modernen Semiotik in Umlauf gekommen ist.[1] Mit guten Gründen gilt Nietzsche dagegen als ein *Aufklärer*, dem es gelingt, selbst noch über die Aufklärung aufzuklären. Wer das Wort versteht, mag in seinen Schriften daher auch eine „Dialektik der Aufklärung" am Werk sehen. Das ist aber nicht etwa, wie Georg Lukács meinte, eine „Zerstörung der Vernunft", sondern eher wohl das Gegenteil: eine Erweiterung der Vernunft durch Einsicht in ihre geschichtlichen, seelischen und leiblichen Bedingungen. Dass diese Bedingungen höchst begrenzt und überaus gefährdet sind, muss Vertreter einer totalitären Vernunftkonzeption natürlich verstören.

Zu Unrecht hat man Nietzsche auch den *letzten Metaphysiker* genannt. Mit ihm ist die Metaphysik ebenso wenig am Ende, wie sie das nach Kant oder Hegel war. Er hat im Gegenteil nicht eben wenig dazu beigetragen, dass sie auch heute, nach Wittgenstein und Heidegger, mit ihren radikalen Fragen gegenwärtig ist. Wer die Geschichte immer noch in Kategorien des Fortschritts misst, mag Nietzsche an die *Spitze der Moderne* stellen oder ihn, je nach Geschmack zusammen mit Baudelaire oder Goethe, zu den Vorboten der sogenannten *Postmoderne* rechnen. Etwas mehr Berechtigung hat es schon, ihn – wie Heidegger es getan hat – einen *zügellosen Platoniker* zu nennen, obgleich auch dieses Urteil nicht gerade viel Gespür für den ver-

---

1   Alexander Nehamas: Nietzsche. Leben als Literatur. Göttingen 1991.

zehrenden Ernst in Nietzsches ästhetisch-philosophischer Anstrengung verrät. In den früher gern gezogenen Vergleichen mit Karl Marx trifft es gewiss auch etwas Richtiges, ihn einen *konservativen Revolutionär* zu nennen. Paradoxien passen ohnehin gut zu diesem heiteren Tragiker und seiner heilig-nüchternen *Experimental-Philosophie*.

Im persönlichen Umgang friedfertig und verbindlich, freute er sich ungemein, als man eine seiner Schriften mit *Dynamit* verglich. Und seine kleinbürgerliche Herkunft hinderte ihn ebenso wenig wie seine bescheidene Lebensweise, sich richtig erkannt zu fühlen, als erste Leser seinen *aristokratischen Radikalismus* zu entdecken glaubten. Die einstige Freundin, Lou Andreas-Salomé, die einen genauen Blick für ihn bewiesen hat und eines der besten Bücher über ihn schrieb, auch wenn sie seine philosophische Größe noch nicht voll ermessen konnte, nannte ihn einen *Sado-Masochisten an sich selber.*

Mir selbst erscheint Nietzsche in den letzten Jahren zunehmend wie ein *moderner Sokrates*, der nur nicht mehr auf den Marktplatz gehen kann, sondern der sich im *Medium der Schrift* zu den verstreuten Anderen begibt und sie durch seine *radikalen Fragen* provoziert. In der Kosmopolis der Moderne kommt man nur über Schrift und Bild auf den Markt. Und selbst wenn man die leisen Töne schätzt, bedarf es offenbar der schrillen Dissonanzen, um überhaupt vernommen zu werden. Nietzsche gehört zu den Verächtern dieser Modernität und hat sich ihr doch in der Expressivität seines zerrissenen Werkes hemmungslos überlassen. Im Adel seines Geistes liegt ein Hang zur Gewöhnlichkeit, den wir auch bei Sokrates bemerken. Wenn man Nietzsche mit seinem von ihm verleugneten Lehrer Kant und Sokrates mit seinem sich im eigenen Werk versteckenden Schüler Platon vergleicht, dann springen die Gemeinsamkeiten ins Auge. Und wenn wir noch hinzunehmen, dass sich Nietzsche zur alten Tradition der *Philosophie* so verhält wie Sokrates zur damals jungen Tradition der *Sophistik*, dann brauchen wir nur die damit vollzogene Umkehrung auszudenken und sind schon bei dem *begriffsversessenen Künstler*, der seine *existentielle* Erfahrung als *Signum der Epoche* deutet, der die *Orte* seines Denkens *flieht*, der aber genauso unfertig, roh und so schön wie hässlich ist, aber wie kaum ein anderer nach Sokrates gerade auch die Widerstrebenden in das philosophische Denken zieht. Niemand hat die Philosophie im 20. Jahrhundert stärker belebt als Nietzsche. Mit größter Gelehrsamkeit eröffnet er einen unakademischen Zugang zum philosophischen Denken.

Doch nehmen wir Nietzsches überragende Bedeutung zum Maßstab, seine längst konsolidierte Stellung als „Klassiker" der Philosophie, so müssen alle diese Formeln als unzureichend angesehen werden. Sie erfassen

allenfalls einzelne Problemstellungen und Hypothesen oder bringen auffällige Einstellungen zum Ausdruck, sind aber kaum geeignet, die *Vielfalt*
und *Gegensätzlichkeit* seiner Themen auf den Nenner seiner philosophischen Größe zu bringen. Wenn es denn überhaupt möglich ist, den We-
senszug seines Denkens unter ein prägnantes Signum zu stellen, so bedarf es
dazu vielleicht einer größeren Distanz. Noch ist er uns mit seinen Problemen
viel zu nahe. Behelfen wir uns daher mit einem Prädikat, das sich Nietzsche
über den größten Zeitraum seines Schaffens hinweg *selbst* gegeben hat, das
wenig spezifisch zu sein scheint und auch nichts Spektakuläres hat, angesichts seiner radikalen Leibphilosophie mit ihrer Relativierung aller psy-
chischen und intellektuellen Leistungen aber nicht nur etwas Überra-
schendes, sondern auch etwas überaus Mutiges und wahrhaft Tiefes zum
Ausdruck bringt: Es ist seine Selbstauszeichnung als „freier Geist".

Mit der Ablösung von Richard Wagner bekennt sich Nietzsche offen
dazu, ein „freier Geist" zu sein. Im Herbst 1876 plant er eine fünfte *Unzeitgemäße Betrachtung*, die den Titel „Der Freigeist" tragen soll. Aus den
fragmentarischen Notizen wird schließlich im Jahre 1878 ein Buch für „freie
Geister", wie es im Untertitel von *Menschliches, Allzumenschliches* heißt.
Statt einer Vorrede stellt er ein Zitat aus Descartes' *Discours de la Méthode*
voran. Darin spricht der strenge Rationalist von seiner langen Suche nach
der für ihn besten Beschäftigung und teilt dann sein Ergebnis mit:

> „Aber es thut nicht noth, hier zu erzählen, auf was für Gedanken ich dabei kam:
> genug, dass für meinen Theil mir Nichts besser erschien, als wenn ich streng bei
> meinem Vorhaben verbliebe, das heisst: wenn ich die ganze Frist des Lebens
> darauf verwendete, meine *Vernunft* auszubilden und den Spuren der *Wahrheit*
> in der Art und Weise, welche ich mir vorgesetzt hatte, nachzugehen."[2]

Das ist das so einfach zu formulierende wie schwer zu realisierende Programm des freien Geistes. Nietzsche macht es sich ohne Abstriche zu eigen,
und seine Kritik an der Wahrheit ändert daran ebenso wenig wie seine
Abgrenzung von der herrschenden Moral. Seine Absage an absolute metaphysische Ansprüche steht nicht im Widerspruch zu seinem Verlangen
nach Wahrhaftigkeit und Redlichkeit. Im Gegenteil: Streng genommen ist
sie nur eine Konsequenz der entschieden *individuellen Intellektualität* des
„freien Geistes", die Nietzsche bis zum Ende seines bewussten Schaffens

---

2   MA 1, An Stelle einer Vorrede; KSA 2, 11. Hervorh. v. Verf. Nietzsche folgt der
    lateinischen Übersetzung des *Discours de la Méthode* von Étienne de Courcelles.
    In: Œuvres de Descartes. Hg. v. C. Adam/P. Tannery. Paris 1897–1910, Band VI,
    555. Dazu: Robert A. Rethy: The Descartes Motto to the first Edition of
    Menschliches, Allzumenschliches. In: Nietzsche-Studien 5 (1976), 289–297.

praktiziert. Und so kommt er 1886 in der Vorrede zur Neuausgabe von *Menschliches, Allzumenschliches* auch ausdrücklich auf sein gleichermaßen theoretisches wie praktisches Lebensideal zurück und entwirft sein im Leiden gereiftes *Programm des freien Geistes.* Dem Anschein nach hat es mit dem klaren Vorsatz des Descartes nichts mehr zu tun. Doch der Unterschied kommt wohl nur dadurch zustande, dass Nietzsche, anders als sein Vorgänger, sich genötigt sieht, sowohl den *individuellen* wie auch den *allgemeinen* Lebenshintergrund auszumalen.

Einstmals, so schreibt er im Rückblick, habe er sich die „freien Geister" als „tapfere Gesellen" erfunden, weil er in Krankheit und Vereinsamung Gesellschaft nötig gehabt habe – „als ein Schadenersatz für mangelnde Freunde".[3] Das klingt spielerisch. Doch der Ton wird merklich ernster, wenn Nietzsche im Anschluss an seine Vision künftiger menschlicher Größe von seiner *eigenen* Aufgabe spricht. Er hofft, ihr Kommen vorbereiten und beschleunigen zu können, und glaubt sich dazu, auch wenn er selbst nur „Schemen" und „Schattenspiel" sein sollte, durch die hinter ihm liegenden schweren Erfahrungen prädestiniert. Was er dann beschreibt, ist eine gleichermaßen *existentielle* wie *epochale* Deutung von Zarathustras erster Rede „Von den drei Verwandlungen". Es sind die Verwandlungen des „freien Geistes", der die Fesseln der Konvention in einer „grossen Loslösung" abwirft und sich in einem unbändigen Willen zu sich selbst befreit. Dieser Akt, Zarathustras Übergang vom „Kamel" zum „Löwen", folgt aus dem „Wille[n] zum f r e i e n Willen"; er ist der „erste Ausbruch von Kraft und Willen zur Selbstbestimmung, Selbst-Werthsetzung" und ist überaus riskant. Denn er bringt „Schlimmes und Schmerzliches" mit sich, birgt die Gefahr des Scheiterns und führt auch nur zu einem höchst „fragwürdigen", einsamen Sieg. Aber: „der e r s t e Sieg immerhin".[4]

Der „freie Geist" ist damit nicht am Ende. Er hat vielmehr noch einen langen Weg vor sich, ehe er zu „jener ungeheuren überströmenden Sicherheit und Gesundheit" gelangt, zu „jener r e i f e n Freiheit des Geistes, welche ebenso sehr Selbstbeherrschung und Zucht des Herzens ist".[5] Und was Nietzsche dann als weitere Folge beschreibt, ist die biographisch aufgeladene Vision eines *Glückszustandes,* den Zarathustra in großartiger Vereinfachung als das Stadium des „*Kindes*" bezeichnet, eines Kindes, das an alles in *naivem Weltvertrauen* herangeht und sein Leben – damit freilich auch sein Leiden – noch vor sich hat. Diese Bindung an einen tragischen

---

3   MA 1, Vorrede 2; KSA 2, 15.
4   MA 1, Vorrede 3; KSA 2, 16 f.
5   MA 1, Vorrede 4; KSA 2, 17 f.

Lebenshintergrund bleibt erhalten, wenn Nietzsche sich den weiteren Weg des „freien Geistes" ausmalt bis zu

> „jener inneren Umfänglichkeit und Verwöhnung des Ueberreichthums, welche die Gefahr ausschliesst, dass der Geist sich etwa selbst in die eignen Wege verlöre und verliebte und in irgend einem Winkel berauscht sitzen bliebe, bis zu jenem Ueberschuss an plastischen, ausheilenden, nachbildenden und wiederherstellenden Kräften, welcher eben das Zeichen der g r o s s e n Gesundheit ist, jener Ueberschuss, der dem freien Geiste das gefährliche Vorrecht giebt, a u f d e n V e r s u c h hin zu leben und sich dem Abenteuer anbieten zu dürfen: das Meisterschafts-Vorrecht des freien Geistes."[6]

Wichtig an dieser weitreichenden Erwartung ist zunächst das Vertrauen auf eine gelingende Einbindung in die *Natur*. Es ist ein *Pathos der Wirklichkeit*, ein Bekenntnis zur *Realität* in diesen Zeilen, das schlecht zu jenen Deutungen passt, die Nietzsche ganz in die *Sprache*, die *Schrift* oder gar nur in die *Zeichen* einzusperren suchen. Das *„Leben"* steht bei ihm nie in Gänsefüßchen! In allem, im *Denken*, *Sprechen* und *Wollen*, in *Gesundheit* und *Krankheit*, im *Dionysischen* wie im *Apollinischen* äußert sich ein *Drang zur Wirklichkeit* und *Wirksamkeit*, ein Wille zum *Leben,* dem es paradoxerweise nicht genügt, einfach Teil des Lebens zu sein: Er will auch *eben dies* und nicht mehr als das. Sein Wille will ein *leibhaftiges Moment des Lebens* sein!

Dafür steht die „grosse Gesundheit". In ihr erfährt man die eigene Lebendigkeit positiv; man weiß zwar – bis in die „Chemie der Begriffe und Empfindungen" hinein – von der elementaren Bindung an den Stoffwechsel der Natur, aber man akzeptiert sich als „Pflanze" oder „Thier" und schüttelt auch die Krankheit des Pessimismus ab. Die Gesundheit erlaubt, die eigenen Kräfte auszuleben; erst sie gewährt, das zu tun, was man will; sie führt schließlich ständig neue Lebensenergien zu, ohne die man nicht schöpferisch sein könnte. Hier liegt auch schon der zweite Akzent in der erweiterten Konzeption des „freien Geistes": Nietzsche hofft auf eine Freisetzung produktiver Kräfte, die neue Darstellungs- und Lebensformen schaffen. Der nach der „grossen Loslösung" wieder zu sich selbst zurückkehrende Wille – auch darin liegt eine dem Kreisprozess des Lebens entsprechende „Wiederkunft" – wird in der „grossen Gesundheit" zum künstlerischen Genius.

Dies ist ein dominierender Gedanke im Werk der achtziger Jahre. Der *freie Geist* hat zu seiner Sinnlichkeit zurückzufinden. Er hat sich seiner eigenen *Lebendigkeit* zu vergewissern und kann nur so *ästhetisch* werden. Obgleich die Kunst als eine Potenz des *freien Geistes* notwendig intellektuell

---

6   MA 1, Vorrede 4; KSA 2, 18.

verfasst ist, so schöpft sie doch ihre eigentümliche Kraft aus der Sinnlichkeit. Eben darin findet sie ihren individuellen Ausdruck und ihren elementaren Sinn. Im Rückgang auf den „Sinn der Erde" hat der eine *kosmische, geologische* und *biologische* Dimension. Die aber kann nur dann produktiv erschlossen werden, wenn wir uns in unserer Leiblichkeit selbst als ein Element des Lebens erfahren. Folglich muss der Ursprung der Kunst bis in unsere Physiologie hinein verfolgt werden. Genau dies versucht Nietzsche in jenen Jahren unter dem Titel einer „Physiologie der Kunst".

Man braucht sich nur daran zu erinnern, dass „Physiologie" von seiner griechischen Bedeutung her „Naturlehre" heißt, um den umfassenden Sinn dieses Vorhabens einzuschätzen. Nietzsche nimmt den Ausdruck zwar in der modernen, nur auf die *physis* des Leibes bezogenen Bedeutung und sucht nach den Reizen und Reaktionen des ganzen „Nerven-" und „Muskelsystems", um aus ihnen jene Rausch- und Traumzustände abzuleiten, in denen ein Mensch schöpferisch wird; er geht so weit, in der künstlerischen Produktivität einen „Reflex" der inneren Fülle, eine bloße „Entladung", eine „Exuberanz" aufgestauter Energien, letztlich sogar „eine Art Automatismus des ganzen Muskelsystems unter dem Impuls von Innen wirkender starker Reize" zu entdecken[7]. Aber er kommt in diesen späten Jahren auch verstärkt auf den Kunstgott Dionysos zurück, der die Griechen in einem ursprünglichen *Rausch der Sinne und des Sinns* mit dem Leben als Ganzem versöhnte. Mit Dionysos jedoch erlangt auch die ästhetische Physiologie eine tiefere Bedeutung. Der Gott holt den Menschen mitsamt seiner Kunst in den Kreislauf der Natur hinein. In seinem Zeichen kann sich der Mensch den Gegensätzen des Daseins überlassen, um gerade darin mit der Welt und mit sich selber eins zu sein. So erfährt er schließlich – in jeweils doppelter Bedeutung: in sich und außer sich – das Pulsieren von Werden und Vergehn. Nicht ohne Grund wird Dionysos, der Gott der Kunst, zum Gott der Wiederkunft.

Alles dies müsste dem *freien Geist* gegenwärtig sein, wenn er zur höchsten Kraftentfaltung kommt. Seine „Loslösung" entbindet ihn nicht von der tragenden Dynamik der Natur. Das heißt für Nietzsche: Er begreift sich selbst bewusst und ausdrücklich als „Wille zur Macht". Und erst wenn er gegenüber sich und anderen in aller Freiheit seines Wollens und Schaffens diesen letztlich unverfügbaren Impuls aus seinem Inneren *bejaht*, kommt er im vollen Sinne zu sich selbst. Dann vollendet sich sein „eigentliches Macht- und Freiheits-Bewusstsein", er wird tatsächlich „Herr des freien Willens" und erlangt das umfängliche Wissen der „Verantwortlichkeit".

---

7   N 1888, 14[170]; KSA 13, 356.

Den Menschen, den „freien Geist", der über ein solches Wissen verfügt, nennt Nietzsche ein „souveraines Individuum". Ihm schreibt er, wie wir bereits sahen, nicht nur alle unter anderen Voraussetzungen verworfenen Eigenschaften wie „Willen", „Freiheit" und „Selbst-Verantwortung" zu, sondern ihm spricht er sogar ein „Gewissen" nicht ab[8]. In ihm wird der Mensch auch nach Nietzsche zur „Person", genauer: er macht sich zur Person.

> „Aus sich eine ganze Person machen und in Allem, was man thut, deren höchstes Wohl in's Auge fassen – das bringt weiter, als jene mitleidigen Regungen und Handlungen zu Gunsten Anderer."[9]

Von hier aus kann es dann nicht mehr überraschen, dass der *freie Geist* auch *Tugenden* hat. Natürlich können dies nicht die *Konventionen* sein, von denen er sich in der „grossen Loslösung" befreit hat. Die überkommene Sittlichkeit kann, *nur weil sie besteht,* für ihn keine Verbindlichkeit haben; was natürlich nicht ausschließt, dass der souveräne Mensch sich aus *seinen eigenen Gründen* daran hält. Die Tugend kann auch nicht aus abstrakten Grundsätzen bestehen, die unterschiedslos für alle und alles gelten. Sie hat vielmehr sein *eigenes Gesetz*, das eigene Gesetz des Individuums zu vollziehen und muss verbindlicher Ausdruck seines eigenen Wollens sein. So wird das „souveraine Individuum" zum „autonomen übersittlichen Individuum", das seine höchste Tugend darin hat, auch noch „Herr" über die eigenen Tugenden zu sein.

Es ließe sich zeigen, dass Nietzsche auf diese Weise ganz unvermutet zur radikal verstandenen Ethik Kants zurückfindet, die den Menschen „als Person" zum „Zweck an sich selbst" erklärt. Man könnte beispielsweise den unbedingten „Befehl", den sich der zu sich selbst gekommene *freie Geist* erteilt, als einen kategorischen Imperativ verstehen:

> „Du solltest Herr über dich werden, Herr auch über die eigenen Tugenden. Früher waren sie deine Herren; aber sie dürfen nur deine Werkzeuge neben andren Werkzeugen sein. Du solltest Gewalt über dein Für und Wider bekommen und es verstehn lernen, sie aus- und wieder einzuhängen, je nach deinem höheren Zwecke."[10]

Doch lassen wir den Vergleich mit Kant auf sich beruhen.[11] Offenkundig ist, dass Nietzsche ein Ideal des „freien Geistes" entwirft, das ohne Tugenden

---

8   Ebd.
9   MA 1, 95; KSA 2, 92.
10 MA 1, Vorrede 6; KSA 2, 20.
11 Siehe dazu meinen Beitrag: Selbstbegründung. Nietzsches Moral der Individualität, in diesem Band, 169–192.

nicht gedacht werden kann. Dazu gehören *Redlichkeit* und *Wahrhaftigkeit*, *Mut* und *Tapferkeit*, die von Zarathustra gepredigte *Gerechtigkeit* sowie die in *Ecce homo* zum Exempel werdende *tragische Weisheit*. Damit ist der Kanon der antiken Tugenden beisammen. Nimmt man die „Religion der Liebe" hinzu, die im *amor fati* der Wiederkunft ihren Ausdruck findet, dann fehlt noch nicht einmal die *Frömmigkeit*. Das „souveraine Individuum" trägt somit alle Züge des „Megalopsychos", des Menschen von hoher Gesinnung, der bei Aristoteles die größten ethischen Vorzüge in sich vereinigt. Dazu kommen der erst vom neuzeitlichen Individuum ausdrücklich gemachte Freiheitsanspruch mit der erklärten Bereitschaft zur *Verantwortung*.

Dies ist der Punkt, an dem es für die Praktische Philosophie der Gegenwart mehr als bloß interessant zu werden beginnt: Hier tritt die ganze philosophische Produktivität Nietzsches hervor! Offenbar spürt er selbst, dass er sich auf eine Grenze zubewegt, denn er braucht *Begriffe*, die er in seiner Moralkritik längst verabschiedet hat, auf die er jetzt aber offenbar nicht verzichten kann. In dem von seiner radikalen Kritik aller Konventionen entkleideten Kontext erhalten sie freilich einen tieferen Sinn. Sie offenbaren eine *historische*, *biologische* und *individuelle* Bedeutung, die sie in der Tradition so nie – zumindest nie ausdrücklich – gehabt haben. Die tragenden Begriffe der Ethik: *Freiheit, Geistigkeit, Gerechtigkeit, Verantwortlichkeit, Wahrhaftigkeit* und *Gewissen*, seit Platon Garanten der unvergänglichen Gesetzlichkeit und bis heute die Eckpfeiler des Universalismus, werden zum Ausdruck und Träger des lebendigen geschichtlichen Wandels, ja sogar zum Gütezeichen einer auf die Spitze getriebenen Individualität. Hier scheint sich alles, was bislang ethisch verbindlich war, ins Gegenteil zu verkehren.

So scheint es – und Nietzsche hat sich nicht selten selbst diesem Anschein hingegeben! Doch die Tatsache, dass er seine Überlegungen nun in einer *Genealogie der Moral* vorträgt, spricht für die Kontinuität, ja, für einen in sich konsequenten Entwicklungszusammenhang. Nietzsche hat ihn in den drei Stadien der Moralentwicklung immer wieder skizziert[12] – hier, mit Blick auf das „souveraine Individuum", führt er ihn fort: Auf den harten Zwang der Nützlichkeit und des äußeren Erfolgs (1. Stadium), auf die gesellschaftliche Überhöhung in Rang- und Ehrvorstellungen (2. Stadium) und auf die Verinnerlichung der ethischen Werte zu selbstbestimmten Zwecken (3. Stadium) folgt nun (in der keineswegs „post-moralischen", sondern in

---

12 Erstmals in der „F a b e l v o n d e r i n t e l l i g i b e l e n F r e i h e i t" (MA 1, 39; KSA 2, 62–64) und dann in: MA 1, 94 u. 95; KSA 2, 91–93 u. MA 1, 99; KSA 2, 95 f.; JGB 32; KSA 5, 50 f. und GM 1, 1 ff.; KSA 5, 257 ff.

der die Moral zur vollen Entfaltung bringenden *Zukunft des freien Geistes*)
die *Tugend der singulären Selbstgesetzgebung*, die *Ethik der souveränen
Einzigartigkeit.* Der Zusammenhang mit den vorausgehenden Stadien ist
allein dadurch gegeben, dass sie *notwendig* durchlaufen werden müssen,
wenn man den äußersten Punkt der autonomen Selbstrechtfertigung erreichen will.[13]

Aber wie lässt sich der Zusammenhang sachlich verstehen? Ich glaube
am ehesten dadurch, dass wir uns endlich bewusst machen, worin denn
Leben und Geschichte ihre wesentliche Gemeinsamkeit haben und was sie,
so wie wir sie heute begreifen, am Menschen bewirken: *Leben* kommt
nämlich immer nur in *individuellen Formen* vor. Jedes Lebewesen lebt, auch
wenn es von noch so vielen anderen abhängig ist, *für sich.* Stets ist es ein Fall
von *Selbstorganisation*, die sich schon im Gang der Naturgeschichte steigert.
Wir können die Evolution als einen Prozess fortschreitender Individualisierung der Lernprozesse beschreiben, die beim Menschen so weit kommen,
dass er sogar aus seinen eigenen Vorstellungen und Gedankenexperimenten
lernen kann. Die Kulturgeschichte des Menschen beschleunigt diesen
Prozess erneut, und sie lehrt uns wiederum, dass die moderne Individualisierung des Menschen nicht etwa ein Verfallsprodukt, sondern ein Ertrag
des Wachstums, der Reifung des sich geschichtlich-ideographisch selbst
organisierenden Lebens ist.[14]

Wenn wir dies aber erkennen, dann zeigen sich schon die frühesten
Ansätze zu einer philosophischen Ethik als über sich hinauswirkende Momente einer sich differenzierenden Selbstorganisation. Selbstorganisation
in einem seiner selbst bewussten und sich willentlich steuernden Wesen aber
nennen wir *Selbstbestimmung*. Spätestens seit Sokrates ist „Ethik" nichts

---

13 Dies hat jüngst Werner Stegmaier in seinem Kommentar herausgearbeitet:
    Nietzsches „Genealogie der Moral". Darmstadt 1994.
14 Ernst Mayr: Eine neue Philosophie der Biologie. München/Zürich 1991; Günther
    Osche: Die Sonderstellung des Menschen in biologischer Sicht: Biologische und
    kulturelle Evolution. In: R. Siewing (Hg.): Evolution. Bedingungen – Resultate –
    Konsequenzen. 3. Auflage Stuttgart/New York 1987, 499–523; Richard Leakey:
    The Origin of Humankind. New York 1994. Zu den hier angedeuteten Schluss-
    folgerungen vgl. Volker Gerhardt: Leben und Geschichte. Menschliches Handeln
    und historischer Sinn in Nietzsches zweiter „Unzeitgemäßer Betrachtung". In:
    ders.: Pathos und Distanz. Studien zur Philosophie Friedrich Nietzsches. Stuttgart
    1988, 133–162; ders.: Moderne Zeiten. Zur philosophischen Ortsbestimmung der
    Gegenwart. In: Deutsche Zeitschrift für Philosophie 40:6 (1992), 597–609; ders.:
    Lebensführung und Politik. Anthropologische Elemente einer philosophischen
    Theorie der Politik. In: K. Bayertz (Hg.): Ökologie und Politik. Stuttgart 1996.

anderes als eine Lehre von eben dieser Selbstbestimmung, die in Kants Autonomiekonzeption ihren vorläufigen Höhepunkt erreicht.[15]

Doch Nietzsche geht noch einen Schritt weiter: Er macht bewusst, dass jede ethische Gesetzgebung immer nur *Selbstgesetzgebung* sein kann und daher jedes Gesetz seine Funktion und seinen erkennbaren Wert überhaupt *nur für das Individuum* haben kann, das sie benötigt. Kant hatte sich dem im Begriff der *Maxime* bereits weitgehend angenähert, aber nicht deutlich genug gemacht, dass die Gesetzgebung der Vernunft *nur* für Maximen Bedeutung haben kann. Das heißt: Der kategorische Imperativ gilt streng genommen nur unter ausdrücklich subjektiven Bedingungen; er ist also nur für selbstbewusste Individuen gültig, und zwar nur, sofern sie in einer bestimmten Lebenslage ein persönliches Lebensproblem haben. Denn Maximen sind nicht irgendwelche Grundsätze für beliebig-belanglose Fragen. Es sind Lebensregeln, die für ein Individuum existentielle Bedeutung haben. Nur weil man diesen subjektiv-individuellen Lebensbezug der Maximen als den einzigen Anwendungsbereich des kategorischen Imperativs nicht beachtete, konnte es zu dem Missverständnis kommen, das Sittengesetz der reinen Vernunft sei so etwas wie ein uniformes Generalreglement, an das sich alle immer in ein und derselben Weise zu halten haben.

Dagegen begehrt Nietzsche auf! Und er tut dies mit Recht. Denn moralisch kann nur etwas sein, das wirklich *aus Freiheit* geschieht und was somit allein der eigenen Einsicht gehorcht. Das so hilflos erscheinende stoische Theorem von der Freiheit als der *Einsicht in die Notwendigkeit*, das von Hegel aufgenommen und durch Engels populär geworden ist, hebt treffend hervor, dass es um ein gleichermaßen *individuelles* wie *intellektuelles Verhältnis* geht, wenn von Freiheit die Rede ist: Ein Individuum muss sich zu einem Vorgang in eine (zumindest für es selbst) *einsichtige Beziehung* setzen können, und zwar so, dass es *eigene Gründe* nennen kann, um seinen Vorsatz oder seine Handlung als frei begreifen zu können. Nur diese selbst anerkannten Gründe geben dem Begriff der Freiheit einen Sinn, nicht aber irgendwelche Lücken in der kausalen Ordnung der Natur. Im Gegenteil: Man wird eigene Handlungen nur dann überzeugend begründen können, wenn auf die lückenlose Geltung der Naturgesetze wirklich Verlass ist.

Es ist daher nicht die Kausalität, von der eine Einschränkung der Freiheit ausgeht. Was die Freiheit eines Menschen gefährdet, ist allein der Wille eines anderen Menschen. Der kann durch sein Gebot (und den damit angedrohten oder ausgeübten) Zwang tatsächlich abhängig machen. Un-

---

15 Volker Gerhardt: Selbstbestimmung. In: Historisches Wörterbuch der Philosophie. Hg. v. J. Ritter u. a. Bd. 9. Berlin/Basel 1996.

freiheit gibt es somit nur in Gesellschaft. Die Freiheit gehört gerade in ihrem ausgeprägten Individualitätsanspruch zu den sozialen Tatbeständen der menschlichen Natur. Das Bewusstsein, den eingesehenen Gründen tatsächlich *von selbst* folgen zu können, kann nur unter gesellschaftlichen Lebensbedingungen Bedeutung haben. Das ändert nichts daran, dass Freiheit und Verantwortung nur Individuen zukommt;[16] es ändert auch nichts daran, dass es in der Moral letztlich um ein *Selbstverhältnis* geht.

Darauf hat Nietzsche in einem häufig zitierten Diktum aufmerksam gemacht, dessen moralphilosophischer Gehalt gleichwohl immer wieder übersehen wird: „In der Moral behandelt sich der Mensch nicht als individuum, sondern als dividuum."[17] Üblicherweise wird dieser Satz als Beitrag zur psychologischen Entlarvung der Moral gewertet: Die Moralapostel präsentieren sich als integre Persönlichkeiten, die andere durch die Lauterkeit ihres Charakters und die Schlüssigkeit ihrer Handlungen zu beeindrucken suchen; sie tun so, als seien sie selbst ohne Widerspruch und als sei jede ihrer Taten gleichermaßen Ausdruck ihrer inneren Einheit. Nietzsches Diagnose aber zeige, dass es diese Einheit der Individualität gar nicht gibt; gerade der auf Moralität Anspruch erhebende Mensch sei eine in sich gespaltene Persönlichkeit. Folglich sei die Moral kaum mehr als die Lüge jener, denen Kraft und Mut fehlt, sich und anderen ihre innere Zerrissenheit einzugestehen.

Das alles lässt sich zwar aus Nietzsches zahlreichen Einwänden gegen das historisch gegebene Moralbewusstsein folgern. Dennoch kann es nicht als sein letztes Urteil über die Moral gelten. Vor allem aber: In dem zitierten Satz ist von solchen Konsequenzen gar nicht die Rede. Denn dieser Satz schließt eine psychologische Betrachtung ab, die wir auch schon bei Adam Smith finden und die nicht unwesentlich daran beteiligt war, Kant auf den Weg einer kritischen Ethik zu bringen.[18] Nietzsche macht sich im Apho-

---

16 Dazu mein Beitrag: Selbstbestimmung. Über Ursprung und Ziel moralischen Handelns. In: Dieter Henrich/Rolf-Peter Horstmann (Hgg.): Metaphysik nach Kant? Stuttgart 1988, 671–688.

17 MA 1, 57; KSA 2, 76.

18 Adam Smith führt den „unparteilichen Beobachter" (*impartial spectator*) als „den Mann in unserer Brust" ein (*the man within our breast*). Dabei beschränkt er sich nicht auf die These einer bloßen Selbstverdoppelung in uns selbst, sondern gibt dem „Mann in unserer Brust" eine Funktion, die in ihrer Distanz zu den eigenen Interessen konstitutiv sowohl für das Bewusstsein wie auch für die moralischen Urteile ist. Vgl. The Theory of Moral Sentiments. VII, II, 1.34. Hg. v. David Daiches Raphael/Alec Laurence Macfie. Oxford 1976, 287; ferner: 128–132; 293 f.); Immanuel Kant: Reflexionen zur Anthropologie. R 767, AA 15, 1, 334.

rismus 57 von *Menschliches, Allzumenschliches* an einer Reihe von Bei-
spielen klar, dass sich ein Mensch in der moralischen Selbstreflexion in ein
Verhältnis zu sich selber setzt. Dazu bedarf es einer *reflexiven Doppelung des
Ich:* Das wünschende, hoffende, fürchtende Ich setzt sich mit seinen Strebungen den eigenen Fragen aus und unterstellt sich so dem Urteil des
nachdenkenden Ich. „Ich und Mich", so heißt es später im *Zarathustra*, „sind
immer zu eifrig im Gespräche".[19]

Dieses zu jeder Selbstbetrachtung gehörende kooperative Binnenver-
hältnis von Ich und Ich (oder Ich und Mich) lässt sich mitunter bekanntlich
auch als Gegensatz zweier „Seelen" in einer Brust erleben. Und da moralische Probleme in der Regel wohl eben dann entstehen, wenn ein störender
Widerspruch in den eigenen Ansprüchen erfahren wird, ist es gar nicht
falsch, wenn Nietzsche hier das Gegeneinander von Ich und Ich in derselben
Person akzentuiert. Natürlich dramatisiert er, wenn er von der „Selbstzertheilung des Menschen" spricht; aber der Sache nach trifft seine Beschreibung zu:

> „Ist es nicht deutlich, dass in all diesen Fällen [moralischer Problemstellung;
> V.G.] der Mensch E t w a s v o n s i c h, einen Gedanken, ein Verlangen, ein
> Erzeugniss mehr liebt, als e t w a s A n d e r e s v o n s i c h, dass er also sein Wesen
> z e r t h e i l t und dem einen Theil den anderen zum Opfer bringt?"[20]

Die Frage kann man nur, wie Nietzsche es nahelegt, mit „ja" beantworten.
Also kann man auch seiner Schlussfolgerung schwerlich widersprechen:

> „Die N e i g u n g z u E t w a s (Wunsch, Trieb, Verlangen) ist in allen genannten
> Fällen vorhanden; ihr nachzugeben, mit allen Folgen, ist jedenfalls nicht
> ‚unegoistisch'."[21]

Das ist die eigentlich moralphilosophische Pointe seiner Kritik! In allen
Teilen und Rollen unseres Ich wirkt ein Trieb zur „Selbsterhaltung", besser
noch: zum „Selbstgenuss"[22]. Folglich ist auch die moralische Handlung nicht
frei von egoistischen Strebungen. Eine selbstlose Tat kann es nicht geben.

Doch allein, um als Psychologe eine solche Feststellung treffen zu
können, muss Nietzsche sich in sich selbst in die Rollen des Beobachters und
des Beobachteten zerteilen. Jede Selbsterkenntnis setzt die innere Doppelung des Ich voraus. Die Dividualität ist demnach mindestens eine epistemologische Bedingung der Selbsterfahrung. Und wenn es zutrifft, dass

---

19   Za 1, Vom Freunde; KSA 4, 71.
20   MA 1, 57; KSA 2, 76.
21   Ebd.
22   MA 1, 89; KSA 2, 88.

jede Erfahrung ein im Zweifelsfall auch selbstkritisch referierendes Ich voraussetzt, wird man die „Selbstzertheilung" wohl als eine Bedingung der Erfahrung überhaupt bezeichnen können. Also hätte schon für das Wissen zu gelten, was hier nur für die Moral gefolgert wird. Denn bereits als Wissender behandelt sich der Mensch „nicht als individuum, sondern als dividuum".

Im Fall eines moralischen Problems verbleibt die Doppelung des Ich freilich nicht auf einer epistemologischen Ebene. Denn wenn es zu einer moralischen Frage kommen soll, müssen den verschiedenen Rollen des Ich widerstreitende Triebe und Erwartungen zugrunde liegen. Es wird also ein praktischer Widerstreit zwischen Ich und Ich erlebt, der auch nur praktisch zu lösen ist. Die Lösung wird in der Regel wohl in einer Entscheidung für den einen und gegen den anderen Anspruch bestehen; jedenfalls ist das Nietzsches Unterstellung. Damit hat ein Anspruch dem anderen zu weichen; die „Selbstzerteilung" wird durch die Unterwerfung eines Teils durch den anderen besiegelt. Damit scheint es so zu sein, als bestehe die moralische Entscheidung in einer Selbstabtrennung eines Teils, einer Art geistiger Selbstamputation, die bei fortgesetzter Wiederholung nur in der Selbstauflösung enden kann. Am Ende einer Folge moralischer Entscheidungen bliebe danach vom *dividuum* nur noch ein unendlich kleiner Rest.

Doch das kann Nietzsche hier nicht meinen! Er weiß viel zu genau, dass der Widerspruch zwischen rivalisierenden Antrieben auch die moralneutralen Lebenslagen beherrscht. Und Entscheidungen verlangen auch von Künstlern, Gelehrten oder Politikern, die von Moral gar nichts wissen wollen, Härte gegenüber sich selbst. Sie alle erfahren also die „Selbstzertheilung" in theoretischer und praktischer Hinsicht. Der einzige Unterschied, der sich hier möglicherweise im Vergleich mit moralischen Individuen ergibt, könnte darin liegen, dass den einen weniger an ihrer personalen Einheit liegt als den anderen. Aber auch das ist nicht sehr wahrscheinlich.

Schließlich darf man Nietzsche nicht unterstellen, er habe ein Substanzmodell der menschlichen Person. Er glaubt daher auch gewiss nicht, dass bei der „Selbstzerteilung" etwas Unwiederbringliches verloren geht. Der Mensch fängt nicht als *individuum* an, um schließlich, nach dem Sündenfall des moralischen Handelns, als *dividuum* zu enden. Es ist vielmehr so, dass der Mensch immer wieder zu sich selber kommen kann, gerade dadurch, dass er sich entscheidet. Schon im Akt der Entscheidung stellt er die Individualität wieder her, und er lebt sie aus, wenn die Entscheidung die ihn zuvor beschwerende Last beseitigt und die Entfaltung seiner Kräfte begünstigt. In jeder selbstbestimmten Tat macht sich der Mensch auch in einem geistigen Sinn unverwechselbar. Und wenn es Tugenden gibt, die für die

Entfaltung seiner besten Kräfte sorgen, dann stehen eben auch diese Tugenden im Dienst der Individualität. Ausschlaggebend ist hier die *Freiheit und Geistigkeit* eines Individuums, das in Kenntnis seiner besten Kräfte alles tut, was seine Entfaltung, seine „grosse Gesundheit", also die beste Harmonie seiner individuellen Kräfte, fördert.

Alles, was über die Freiheit, Geistigkeit und Individualität gesagt werden kann, gilt implizit auch für die Moral. In ihrer entwickelten Form setzt sie die Selbständigkeit von Individuen voraus. Damit baut sie auf die Fähigkeit zur eigenen Einsicht und auf die Konsequenz, den eigenen Gründen auch von sich aus folgen zu können. Es muss jemand schon mit seiner „ganze[n] P e r s o n" dahinter stehen (oder stehen können), damit etwas Moralisches daraus wird.[23] Deshalb wendet Nietzsche sich im Namen des allein auf seine eigenen Kräfte bauenden *Individuums* gegen einen Universalismus, der die anderen – und eben nicht das Selbst – zur Instanz des moralischen Wollens macht. Das Individuum aber muss auf seine eigenen Kräfte bauen. Die kulminieren, wenn es um Entscheidungen geht, im eigenen Wissen, in der eigenen Einsicht.

So legt Nietzsche sowohl in seiner *Genealogie* wie auch in seiner *Kritik der Moral* die Bedingungen des moralischen Wollens frei, die – genaugenommen – bereits bei Sokrates erkennbar sind, deren Grund von Kant neu gelegt worden ist,[24] deren problematische Bedeutung aber erst unter den radikal individualisierten Lebensbedingungen der Moderne hervortreten: Die Moral basiert letztlich auf nichts anderem als auf der *eigenen Einsicht*. Ein Gesetz enthält es nur in jenen Regeln, die man selbst mit *eigenen Gründen* anerkennt. *Regeln* aber ergeben sich schon durch den *Charakter unserer Erkenntnis*. Denn die Erkenntnis zielt auf etwas Allgemeines. An den Situationen, in denen wir handeln müssen, wird das *Vergleichbare*, das mit anderen Handlungslagen *Gemeinsame* herausgelesen. Überdies vollzieht sie sich in *begrifflichen Schlüssen*. Also sucht sie nach *Bedingungen*, aus denen sie etwas *schlussfolgern* kann: Wenn *A* gegeben ist, dann sollte ich, der ich mich als die Person *B* verstehe, *C* tun. Das aber ist eine *Regel*, so situativ sie auch sein mag, und die Person hat darin ihr *Gesetz*. Da die Regel des Handelns für einsichtige Wesen letztlich allein in dem liegen kann, was individuell als eigener *Grund* akzeptiert wird, ist es tatsächlich ein *Gesetz*, das dem Handeln eines einsichtigen Wesens zugrunde liegt. Wir können es –

---

23 MA 1, 95; KSA 2, 92.
24 Siehe dazu den Abschnitt 8.1 „Moralität" in: Volker Gerhardt: Immanuel Kants Entwurf *Zum ewigen Frieden*. Eine Theorie der Politik. Darmstadt 1995.

nach der treffenden Wendung Georg Simmels – als *individuelles Gesetz* bezeichnen.[25]

Der freie Geist hat also *sein* Gesetz. Dem will er aus eigenem Antrieb und mit eigenen Gründen folgen, und es braucht ihn nicht zu kümmern, dass dieses Gesetz, weil es auf *Freiheit* und natürlich auf *Geist* beruht, auch das Gesetz anderer freier Geister sein kann. Für den Einzelnen hat es ja nicht deshalb Gültigkeit, weil es *auch* für andere gilt, sondern allein darum, dass er es *selbst* einleuchtend findet – und zwar: weil es in seinen eigenen Gründen hervortritt und keine andere Funktion hat, als diese eigenen Gründe *als Gründe* zu tragen. Da es jedoch nur in der selbständigen Begründung hervortritt, muss es nicht wundern, wenn dieses Gesetz auch die Gründe anderer Individuen bestimmt. Es sind dies übrigens dieselben Gründe, die auch die Moralkritik ermöglichen.

Diese Moralkritik ist aber eben keine Totalkritik aller möglichen Moralen überhaupt; dies würde auch schlecht zu der Mühe passen, die sich Nietzsche immer wieder mit der *Genealogie der Moral* gibt. „Genealogien" waren, zumindest zur Zeit Nietzsches, nur deshalb interessant, weil sie die Herkunft von etwas höchst Bedeutsamem aufklären sollten; sie sind damit nicht nur auf die Gegenwart bezogen, sondern haben einen *auf die Zukunft* gerichteten Anspruch zu legitimieren. Die *Genealogie der Moral* legt daher Ursprung und Entwicklung von etwas frei, das sich auch unter gewandelten Bedingungen in seinem überlegenen Wert behaupten soll. Das aber ist ohne Anteilnahme, ja, ohne Parteilichkeit für das, was sich da entfaltet, gar nicht denkbar. Wie die Adelsregister im Interesse des Adels lagen, so auch die *Genealogie der Moral* im Interesse der Moral.

So erweist sich Nietzsches Kritik der Moral als durch und durch *moralisch.* Nur das wird verworfen, was den neuen, strengeren, strikt individuellen Standards nicht genügt. Also tritt bereits in der Kritik an den

---

25 Georg Simmel: Das individuelle Gesetz. Ein Versuch über das Prinzip der Ethik (1913). In: ders.: Das Individuelle Gesetz. Philosophische Exkurse. Hg. v. M. Landmann. Frankfurt a.M. 1968, 174–230. Nach Simmel hat auch Paul Natorp den individuellen Kern der moralischen Verpflichtung hervorgehoben, ohne jedoch die Verbindung zu den natürlichen Strebungen des Ich kenntlich zu machen. So geraten die moralische „Heimkehr zu uns selbst" und die „Ichsucht" in einen unversöhnlichen Gegensatz. (Paul Natorp: Kant über Krieg und Frieden. Ein geschichtsphilosophischer Essay. Erlangen 1924, 54 ff.). Der Vorzug der Ethik Kants und in den Entwürfen von Nietzsche und Simmel aber besteht darin, dass hier eine Kontinuität der sowohl in der natürlich-geschichtlichen Entwicklung wie auch in der Selbstreflexion angenommen werden kann. Das „liebe Selbst" wird geläutert, aber nicht exkommuniziert.

Freiheit, Selbständigkeit und Geistigkeit einschränkenden Moralen die eigene Tugend des freien Geistes zutage. Und so wird auch deutlich, wie Nietzsches Moralkritik selbst *praktisch* wird. Sie ist nicht nur, wie in der Folge der strukturalistischen Nietzsche-Deutung immer wieder behauptet wird, bloßer Text oder reine Literatur,[26] sondern Teil seines *Lebensexperiments*. Im bloß theoretischen Nachvollzug ist diese Kritik fade; in der Nachahmung ist sie fatal. Erst in der individuellen Realisierung ihrer praktischen Bedeutung erhält sie ihr Gewicht. Das heißt: Nur wer selbst versucht, als souveränes Individuum, als „freier Geist" zu leben, wird ihren Wert erkennen. Und dies muss nicht derselbe sein, den Nietzsche damit verband. Man muss es nicht nötig haben, sich als „Antichrist" zu stilisieren, und kann gleichwohl nach seiner eigenen Einsicht leben. Man muss nicht gleich mit dem „Hammer philosophieren", wenn man subtile Fragen stellen und radikale Antworten geben möchte.[27] Man muss den Humanismus nicht verwerfen, ja, man sollte es vielleicht auch nicht, wenn man seine besten Kräfte entfalten und nach eigenem Gesetz leben will.

Nietzsches Kritik der Moral könnte also nicht überzeugen, wenn sie selbst moralneutral und rein literarisch wäre. Sie muss vielmehr selbst ihr Fundament in einem *souveränen Verhalten des Individuums haben,* wenn die Kritik der überlieferten Moralvorstellungen authentisch sein soll. Sie muss allein schon ihre eigene Praxis haben, wenn sie als Kritik überzeugen soll. Da sie als Kritik aber nur eine Funktion hat, um die Lebensform des freien Geistes zu sichern, ist ihr ganzer Sinn auf die Existenzweise des souveränen Individuums eingestellt. In ihr liegt die Tugend des freien Geistes.[28]

---

26 Siehe dazu Nehamas: Nietzsche. Göttingen 1991.

27 Zum unglücklichen Topos des mit dem Hammer Philosophierens vgl. Volker Gerhardt: Friedrich Nietzsche. München 1992.

28 Nietzsche hätte sich auch in seinen späten moralkritischen Schriften auf den „freien Geist" Descartes berufen können, der die ethische Anwendung der Vernunft durchaus individuell (man möchte fast sagen: existentiell) versteht: „[…] was die Lebensregeln angeht, so besteht jeder so sehr auf seinen eigenen Grundsätzen, dass man ebenso viele Reformatoren auf diesem Gebiet würde finden können wie Köpfe." (Discours VI, 2) Zwar glaubt Descartes, dass man letztlich allgemeine Handlungsprinzipien in der Seele entdecken kann; doch um diese aufzuspüren, konzentriert er sich vollkommen auf sich selbst: „Hier konnte ich", so schreibt er über sein der Forschung gewidmetes Leben in den Niederlanden, „inmitten eines großen und sehr tätigen Volkes […] ebenso einsam und zurückgezogen leben wie in der entlegensten Wildnis." (III, 7) Hier entdeckt er, dass die Vernunft ein „Universalinstrument" (*instrument universel*) ist, dessen besonderer Vorzug darin besteht, in „allen Lebensfällen" (*toutes les occurrences de la vie*) einsetzbar zu sein (V, 10). Aber was sie mit ihrer Einsicht empfiehlt, zielt letztlich darauf, konsequent bei

Damit ist deutlich, dass Nietzsches Moralkritik nur als Ausdruck einer individuellen Einstellung zum Dasein verständlich ist, die wir, wenn wir sie philosophisch orten und werten wollen, als eine *Tugendlehre* nachzubuchstabieren haben. Wir verfehlen daher die philosophische Pointe von Nietzsches Moralkritik, wenn wir sie nur als Kritik und nicht primär als Ausdruck einer Lebenspraxis begreifen. Diese Lebenspraxis ist so experimentell wie das Leben selbst, und sie ist so frei wie der Geist nun einmal ist. Aber sie hat, weil sie auf ihre Gründe nicht verzichten kann, auch ihr *eigenes Gesetz*, das *individuelle Gesetz der souveränen Individualität*. Von diesem Gesetz lässt sich zeigen, dass es bereits der sokratisch-platonischen Tugendkonzeption zugrunde liegt und dass Aristoteles, Augustinus, Spinoza und Kant, um nur die Innovatoren unter den Ethikern zu nennen, eben dieses individuelle Gesetz wirklich freier Individuen im Sinn hatten, als sie ihre anspruchsvollen Konzeptionen entwickelten.

Also gibt es auch historisch-systematische Gründe, die uns nahelegen, Nietzsches kritische Tugendlehre des freien Geistes zu beachten. Jeder, der nach ihm Moralphilosophie betreiben will, hat seinen extrem moralischen Einspruch gegenüber den Moralen zu bedenken. Auch wenn die von Nietzsche mehr praktisch als theoretisch angezeigte nächste Stufe einer fortgeführten Genealogie der Moral in vielem roh und gewaltsam, in der Konzeption der „Vornehmheit" auch kleinkariert und mit Sicherheit begrifflich mangelhaft ist: Wenn wir auf einen Fortschritt unserer Einsicht in die Bedingungen des moralischen Handelns hoffen, dann kommen wir um ihn nicht herum.

Gewiss ist die Vision des *„freien Geistes"* nur eine von vielen in Nietzsches Experimental-Philosophie. Aber neben den anderen großen Projektionen – von der *Unschuld des Werdens* bis zur *ewigen Wiederkehr* – ist sie gewiss diejenige, der Nietzsches eigene Lebensführung am nächsten kommt. Natürlich dürfen wir nicht darüber hinwegsehen, dass er sich selbst nur als „Schemen und Einsiedler-Schattenspiel", also als blassen und abseits wandelnden Vorboten des „freien Geistes" charakterisiert. Es gibt auch keinen Anlass, sein von Krankheit gezeichnetes, an sich selbst leidendes und so schrecklich auseinanderbrechendes Leben zu idealisieren. Und dennoch

---

der *eigenen Einsicht* zu bleiben: „Mein […] Grundsatz war, in meinen Handlungen so fest und entschlossen zu sein wie möglich und den zweifelhaftesten Ansichten, wenn ich mich einmal für sie entschieden hätte, nicht weniger beharrlich zu folgen, als wären sie ganz gewiss." (III, 3) Es folgt das berühmte Beispiel vom Reisenden, der sich im Wald verirrt und gut daran tut, *eine* Richtung einzuschlagen und beizubehalten. Die Vernunft empfiehlt hier nur die Konsequenz; die Entscheidung über das konkrete Tun liegt allein beim Individuum.

kommt er uns in seinem Versuch, als „freier Geist" zu leben, philosophisch und menschlich am nächsten. Deshalb dürfte sich über dieses Experiment, das im Übrigen jeder an sich selbst zu vollziehen hat, sein Werk auch am ehesten erschließen.

Vielleicht kann sogar Nietzsches wechselvolle Wirkungsgeschichte unter dem Signum des „freien Geistes" verständlich werden. Die „große Loslösung" ist schmerzhaft auch für jene, von denen das Individuum sich trennt. Und wenn sich die Verselbständigung so provokativ vollzieht wie bei diesem Denker, dann muss man mit den schärfsten Gegenreaktionen rechnen. Wer bei der Wissenschaft seiner Zeit nur „angeborene Grauhaarigkeit" entdeckt und kommen sieht, dass ihre „gediegene Mittelmäßigkeit" im „Ekel" vor sich selber endet[29]; wer die seine eigene Kultur tragende Religion als eine „f o l i e c i r c u l a i r e" beschreibt[30], die sich lediglich auf eine „Idioten-Formel" gründet[31] und letztlich nur die „Sklaven-Moral" unter der Herrschaft einer „parasitische[n] Art Mensch" begünstigt[32]; wer sich mit verletzendem Spott und schneidender Kritik von den leitenden Idealen seiner Epoche nicht nur einfach distanziert, sondern ihnen überhaupt den „Krieg" erklärt, der hat mit Gegnerschaft, ja mit Feindschaft zu rechnen. Also hat Nietzsche den Kampf eröffnet, und er konnte von Anfang an sicher sein, dass seine Widersacher in der Wahl ihrer Waffen nicht zimperlich sind. Sie greifen zur Wortverdrehung, Zitatverstümmelung und Vergewaltigung ganzer Texte und setzen in allem auf das bewusste Missverständnis. Es liegt jedem umso näher, je ferner er dem „freien Geist" steht.

Das Gleiche gilt für jene, die sich im Kampf geistlos auf Nietzsches Seite schlagen. Die rhetorische Übersteigerung seiner Kritik und das gewaltsame Pathos seiner Bilder und Formeln versprechen leichte Beute. Die Nachlaßverwalter, allen voran die Schwester, haben diese billige Erwartung geschürt und haben so den Ideologen des zwanzigsten Jahrhunderts Vorschub geleistet. Sie lieferten Munition für den Propagandakrieg, in dem es dann, ohne Rücksicht auf den Zusammenhang, genügte den „Willen zur Macht", den „Herrenmenschen" oder die „blonde Bestie" zu zitieren, und schon war für die Fortsetzung der Schlacht gesorgt. Nietzsche hat – daran kann trotz seiner Vorliebe für leise und zarte Töne kein Zweifel sein – den Kriegslärm gewollt. Also darf es auch nicht wundern, wenn seine Stimme darin zuweilen untergeht. Es gehört jedoch zur Ironie seiner Wirkungsge-

---

29 UB 2, 9; KSA 1, 315.
30 AC 51; KSA 6, 231.
31 AC 26; KSA 6, 196.
32 AC 26; KSA 6, 195.

schichte, dass sich auch der Widerstand gegen die totalitären Ideologien in seinem Namen artikulieren konnte.[33] So setzt sich seine Tragik nach seinem Tode fort.

Das philosophisch vorrangige Problem beim Verständnis Nietzsches ist jedoch, wie es überhaupt gelingen kann, diesen *individuellen Denker der Individualität* allgemein zu deuten. Eine für jeden verbindliche Auslegung kann es natürlich bei einem ganz auf sich selbst gestellten „freien Geist" nicht geben. Als Individuum kann er nur Exempel für andere Individuen sein. Dabei muss offen bleiben, inwieweit Nietzsche selbst ein Beispiel geben wollte. Im Leiden hat er sich gewiss selbst exemplarisch verstanden, wie sein *Ecce Homo* im Ganzen wie im Einzelnen zeigt. Im Handeln hat er dagegen die Unvergleichlichkeit einer jeden Lage, eines jeden Individuums, ja, eines jeden Glockenschlags betont. Dennoch ist auch bei ihm ein Anspruch auf das Verhalten Anderer unüberhörbar, wenn er das Ideal der Vornehmheit intoniert. Zwar ist das nicht an alle, aber doch immerhin an einige gerichtet, schließt also Vergleichbarkeit nicht aus. Und wie ist es mit der „Selbstgesetzgebung" seines *Zarathustra?* Hätte er hier nicht auch noch einmal Descartes, sein frühes Vorbild für freies Denken, zitieren können? *Jemand, der es auf sich nimmt, Vorschriften zu geben, muss sich für fähiger halten als die, denen er sie gibt, und wenn er nur im Geringsten fehlt, ist er dafür zu tadeln.* – Von diesem gleichermaßen sozialen wie individuellen Anspruch kann sich eine Moral der Individualität wohl nie befreien, wenn sie denn eine „Moral" oder „Tugend" genannt werden will.

---

33 Vgl. dazu mein Kapitel: Hundert Jahre nach Zarathustra. In: ders.: Pathos und Distanz. Stuttgart 1988, 188–216.

„Das Thier, das versprechen darf"

Mensch, Gesellschaft und Politik bei Friedrich Nietzsche

Man fügt Friedrich Nietzsche kein Unrecht zu, wenn man ihn als einen Philosophen behandelt.[1] Deshalb ist es auch legitim, ihn *philosophisch* zu interpretieren. Eine philosophische Interpretation aber zielt auf Erkenntnis des Weltzusammenhangs, in dem wir selber stehen. Und da dies heute offenbar nicht mehr selbstverständlich ist, füge ich gleich hinzu, dass eine solche Erkenntnis nicht nur auf Begriffen basiert, sondern auch auf einen systematischen Zusammenhang zielt. In diesem systematischen Sinn frage ich nach dem Verhältnis von Mensch, Gesellschaft und Politik bei Nietzsche und behaupte vorab, dass wir mit diesem Thema ins Zentrum seines Denkens vorstoßen. Nietzsche ist ein Theoretiker der Gesellschaftlichkeit der menschlichen Existenz.

Angesichts der üblichen Lesarten ist dies gewiss eine überaus befremdliche These, gilt doch Nietzsche von Anfang an als Aristokrat der Radikalität und als exemplarischer Individualist, als Prophet der Einsamkeit und literarischer Demonstrant gegen die Menge, der seine ostentativ unzeitgemäße, singuläre Existenz nicht nur theoretisch eingeklagt, sondern auch praktisch durchlitten hat. Für die aufkommende Soziologie hat er nur Verachtung, ebenso für alle von seinen Zeitgenossen praktizierten und favorisierten Formen der Vergesellschaftung, angefangen von der Familie und den geselligen Vereinigungen bis hin zur politischen Partei und zum modernen Staat – ganz zu schweigen vom Sozialismus oder Kommunismus.[2]

Dass Nietzsche seit der Trennung von Richard Wagner sowie mit dem Abschied von der Universität sich als *Psychologe* präsentiert, zeigt nicht nur sein Abrücken von der *Philologie*, auch nicht nur seine Gegnerschaft zur akademischen Philosophie, insbesondere zur *Metaphysik*. Dies ist auch eine Kampfansage an die zu seiner Zeit erstmals bewusst hervortretende So-

---

1 Dazu in der Reihe „Große Denker" (hg. von O. Höffe) mein Beitrag: Friedrich Nietzsche. München 1992.
2 Siehe dazu umfassend Henning Ottmann: Philosophie und Politik bei Nietzsche. Berlin/New York 1987.

ziologie.[3] Ihr unterstellt Nietzsche eine implizite methodologische Partei-
nahme für die Nivellierung sozialer Rangunterschiede und für die Egalisierung individueller Wertungen. In seinen Augen ist die Soziologie eine
Wissenschaft von und für die „letzten Menschen", denen er – vor allen
anderen – sein „Pathos der Distanz" entgegensetzt. Von daher kann man nur
beipflichten, wenn Nietzsches Denken – mit einem Begriff Helmut Schel-
skys – als „Anti-Soziologie" bezeichnet wird.[4]

Wie verträgt sich nun aber das anti-soziologische „Pathos der Distanz"
mit dem gleichwohl im Mittelpunkt stehenden Interesse am Menschen und
seiner gesellschaftlichen Daseinsform? Um kenntlich zu machen, dass hier
keineswegs ein Widerspruch vorliegt, braucht man nur auf jene Frage hin-
zuweisen, mit der Nietzsche das philosophische Denken in einer bis dahin
unerhörten Weise radikalisiert. Es ist die *Frage nach dem Sinn.*

I.

Bis heute ist es unbemerkt geblieben, dass Nietzsche der erste ist, der die seit
Kant in der Luft, seit Schopenhauer und Kierkegaard bereits auf der Zunge
liegende Formel vom „Sinne des Lebens" wörtlich verwendet.[5] Der geistesgeschichtliche Hintergrund der neuen Formel scheint im Zusammenhang ihres ersten Gebrauchs bei Nietzsche deutlich auf: Er wählt sie, um die
damals schon in Buchtiteln übliche Wendung vom „Werth des Lebens" zu
umschreiben. Diese Formel bringt Nietzsche auf seine, wie er ausdrücklich

---

3   Dazu mein Beitrag: Das Princip des Gleichgewichts. In: Nietzsche-Studien 12
     (1983), 111–133; Klaus Lichtblau: Das „Pathos der Distanz". Präliminarien zur
     Nietzsche-Rezeption bei Georg Simmel. In: Hans-Jürgen Dahme/Otthein
     Rammstedt (Hgg.): Georg Simmel und die Moderne. Frankfurt a. M. 1984, 231–
     281; Wilhelm Hennis: Max Webers Fragestellung. Studien zur Biographie des
     Werks. Tübingen 1987, 167 ff.
4   Helmut Schelsky: Die Arbeit tun die anderen. Klassenkampf und Priesterherr-
     schaft der Intellektuellen. Opladen 1975. Den Bezug zu Nietzsche stellt her: Horst
     Baier: Die Gesellschaft – ein langer Schatten des toten Gottes. Friedrich Nietzsche
     und die Entstehung der Soziologie aus dem Geist der décadence. In: Nietzsche-
     Studien 10/11 (1981/82), 6–22.
5   N 1875, 3[63]; KSA 8, 32. Hermann Lübbe hat zum wiederholten Mal, zuletzt in
     seiner *Religion nach der Aufklärung* (Graz/Wien/Köln 1986, 178 ff.) Wilhelm
     Dilthey zum Urheber der Formel vom „Sinne des Lebens" erklärt. Nietzsche hat
     aber diese Wendung schon früher gebraucht, und er steht damit sachlich in einer
     Tradition, die wortgeschichtlich bis ins 18. Jahrhundert, begriffsgeschichtlich aber
     gewiß noch viel weiter zurückreicht.

betont, durch und durch „moderne" Frage: „Was ist das Leben überhaupt werth?"[6] Dabei geht er davon aus, dass sich die so gestellte Frage – wenn überhaupt – nur im Lebenszusammenhang selbst beantworten lässt. Und ganz und gar in ihm, im Leben und in einer lebendigen Kultur möchte Nietzsche auch später verbleiben, wenn er die „Umwerthung aller Werthe" proklamiert.

Die Wertfrage steht von Anfang an unter einer Prämisse, die alle Aufmerksamkeit auf den Menschen konzentriert. Werte ‚gibt' es nämlich nicht, wie es seltene Güter gibt; sie gehören nicht zur Menge der Gegenstände, und es genügt auch nicht, sie als bloße Relationsgrößen anzusehen. Werte ‚gelten' und kommen so nur in Beziehung auf Wesen vor, die sie in irgendeiner Form nötig haben. Der Wert verweist auf einen Mangel. Er ist ein *Zeichen für die Bedürftigkeit des Menschen*, der sich mit ihrer Hilfe darüber verständigt, was er braucht oder zu brauchen meint. Folglich lenkt die Wertfrage letztlich immer auf den Menschen zurück, auf das, was er glaubt, zum Leben nötig zu haben. Damit aber bleibt sie in allem auf die Sinne und den Sinn des Menschen bezogen. Die Wertfrage wird zur Sinnfrage, die sich nicht auf einzelne Wahrnehmungen und Handlungen beschränken muss, sondern auf das Ganze des Daseins ausgreifen kann.

Einen Sinn aber kann ein Leben nur dann gewinnen, wenn es sich nicht von den Sinnen löst. Seine Bestimmung findet demnach der Mensch nur dort, wo er seine Sinnlichkeit nicht preisgibt. Allein der *sinnlich gegenwärtige Sinn* bleibt mit dem Lebensprozess, dem er Maß und Ziel, Takt und Stil geben soll, verbunden. Dies alles findet sich, wenn überhaupt, nur in der *Kunst*.

Vor diesem Hintergrund dürfte einsichtig sein, warum sich Nietzsche seiner philosophischen Aufgabe, die ganz in der großen Tradition des metaphysischen Denkens liegt, als Psychologe zu nähern sucht. Die elementare philosophische Frage nach dem Wesen und dem Zusammenhang der Dinge hat ja schon bei den Griechen auf den Menschen selbst zurückgeführt. Bekanntlich hat Sokrates in der Selbsterkenntnis die vornehmste Aufgabe der Philosophie gesehen. Platon ist ihm darin gefolgt und hat dabei ein Paradigma des philosophischen Denkens geschaffen, an das sich die Philosophie bis heute gehalten hat.

Auch Nietzsche bleibt dem *Paradigma der Selbsterkenntnis* verpflichtet. Seiner Ansicht nach stößt der Mensch bei aller Erkenntnis letztlich doch immer nur auf sich selbst und betreibt in allem nicht mehr, aber auch nicht weniger als eine „Anverwandlung", eine „Anmenschlichung" aller Dinge

---

6   PHG 1; KSA 1, 809.

an seine eigenen Bedingungen. Von seinem sinnkritischen Frageansatz her muss Nietzsche auf die anthropologische Ausgangsbasis alles Erkennens und Handelns zurückgehen, und er hat über seine Bindung an die unausweichliche Perspektive des Menschen stets redlich Rechenschaft gegeben – nicht selten freilich mit dem Ausdruck der Verzweiflung. In Übereinstimmung mit seinen Thesen in der kleinen Abhandlung *Ueber Wahrheit und Lüge im aussermoralischen Sinne* (1873) hat er insbesondere in den Aphorismen der frühen achtziger Jahre an unsere menschliche Selbstbefangenheit erinnert: „Der Mensch verhüllt uns die Dinge". „Warum sieht der Mensch die Dinge nicht? Er steht selber im Wege: er verdeckt die Dinge."[7] „Wir e r k e n n e n immer nur u n s   s e l b e r, in einer bestimmten Möglichkeit der Veränderung [...]."[8] „U n s e r e Gesetze und Gesetzmäßigkeiten sind es, die wir in die Welt hineinlegen [...]. Unser Auge wächst – und wir meinen, die Welt sei im Wachsen."[9] So ließen sich zahlreiche weitere Stellen insbesondere aus der mittleren Schaffensperiode zitieren. Die damit variierte Einsicht wird auch später nicht revidiert. Für Nietzsche ist „alles Geschehen [...] als ein *Geschehen für Auge und Getast*" festgelegt. Die Welt ist ein „I n v e n t a r i u m   d e r   m e n s c h l i c h e n   E r f a h r u n g e n".[10] „D i e D i n g e", so umschreibt er sehr schön, „r ü h r e n   u n s e r e   S a i t e n   a n ,   w i r a b e r   m a c h e n   d i e   M e l o d i e   d a r a u s."[11]

Eine leichte Verfremdung versucht Nietzsche in die zwangsläufige „Analogie des Menschen" zu bringen, wenn er, nicht zuletzt auch um seine prüden Zeitgenossen zu brüskieren, den Menschen als „Thier" apostrophiert. Es gibt zahllose Formeln dieser Art: Der Mensch ist ein *nachahmendes*, ein *oberflächliches*, ein *pathetisches* oder konstitutionell *krankes* Tier. Er ist das *mißratenste*, aber auch *interessanteste* und in allem *wahnsinnige* Tier. Der Mensch ist der „Affe Gottes", insofern ist er das „zwieträchtigste Wesen", ein sowohl *historisches* wie auch *unhistorisches* Tier, es ist das *lachende*, das *weinende* und, alles in allem, das *unglückseligste* Tier. Die rätselhafteste Eigenschaft besteht vielleicht darin, dass es sich bei ihm um ein „interpretierendes Wesen" handelt. Das *interpretierende* Tier sucht nämlich stets und in allem einen Sinn – auch dann noch, wenn es längst weiß, dass es den Sinn nicht so gibt, wie es etwa Widerstände oder Ereignisse gibt. „Instinktiv", wie Nietzsche sagt, legt es seinen Sinn in Dinge, Vorkommnisse

---

7   N 1880, 6[432]; KSA 9, 309. M 438; KSA 3, 268.
8   N 1880, 6[419]; KSA 9, 305.
9   N 1881, 15[9]; KSA 9, 637.
10   N 1883/84, 24[17]; KSA 10, 656.
11   N 1880; 6[440]; KSA 9, 311.

und Texte, macht aus allem Bedeutung und Zeichen und gibt sich in alledem noch selbst Werte, Zwecke und Ziele. Das ist das eigentlich Unheimliche am Menschen, etwas, das ihn selbst seiner Tierheit entfremdet. Er wird damit, nach Nietzsche, zum „Unthier" und „Überthier", das mit der Fähigkeit zu erkennen, nachzudenken, sich zu erinnern und aktiv zu vergessen zugleich die Fähigkeit zum Handeln hat. Auf diese Weise legt es sich nicht nur seine Welt nach dem eigenen Bilde zurecht, sondern schafft sich mit dieser Welt zugleich auch immer seine eigene Natur. Der Mensch ist das Wesen, das sich selber schafft, das sich keineswegs bloß erst in seiner „zweite[n] Natur" begegnet,[12] sondern das eine dritte, vierte, ja letztlich gar nicht abzählbare Natur hat, also durch und durch künstlich ist und gleichwohl – darauf besteht Nietzsche – immer noch durch und durch Naturwesen bleibt.

Es ist klar, dass zahlreiche dieser Selbstauslegungen bereits auf den *sozialen* Zusammenhang verweisen, in den das Tier, das sich Mensch nennt, gehört. Nietzsche hat den gesellschaftlichen Kontext, auf den der Mensch angewiesen ist, mit feinsten Innervationen wahrgenommen. Es wäre ihm nie in den Sinn gekommen, das Faktum der Sozialität zu leugnen. Denn wir würden weder gezeugt noch erzogen, wir könnten nicht nur die ersten Monate unseres Lebens nicht überstehen, sondern wären auch als zur Reife gelangte Wesen verloren, wenn wir uns nicht auf unseresgleichen beziehen könnten. Zum Menschen wird der Mensch immer erst im Umgang mit anderen Menschen. Die Evolution der Kultur ist eine sich in gesellschaftlichen Gegensätzen vollziehende Selbsterziehung des Menschen. Ihrem Funktionskreis können sich die „großen Individuen", die „Ausnahmemenschen" am allerwenigsten entziehen, denn gerade sie wirken als die „höchsten Exemplare[...]" ihrer Gattung.[13] Weil der Mensch sowohl in seinen durchschnittlichen wie auch in seinen äußersten Leistungen gesellschaftlich bestimmt *und* bestimmend bleibt, nennt Nietzsche ihn auch das „sociale[...] Thier".[14] Sogar den unausdenkbaren Grund seiner Existenz macht der Mensch in der „Person" Gottes noch zum Gegenstand seines gesellschaftlichen Verkehrs.

Wie weit Nietzsche in seiner Anerkennung der elementaren Gesellschaftlichkeit des Menschen geht, zeigt sich auch darin, dass er ihr eine konstitutive Rolle bei der Genese von Sinn zuschreibt. Die Welt, so sagt er, entstehe frühestens im Verhältnis von zwei Menschen. An anderer Stelle heißt es, die „Interpretation unserer Zustände" sei das von uns im-

---

12   UB 2, 3; KSA 1, 270.
13   UB 2, 9; KSA 1, 317.
14   FW 354; KSA 3, 592.

mer schon an geeignete „Werk der Anderen".[15] Und das „Bedürfnis nach Wahrheit" zeigt sich überhaupt erst mit der „Societät".[16] Wenn Nietzsche in einer tiefsinnigen Metapher unseren Leib als den „Gesellschaftsbau vieler Seelen" bezeichnen kann, dann darf man ihm zutrauen, dass er auch Einsichten in die komplexe Gesellschaftlichkeit der Seele hat.[17] Alle seine Reflexionen über das Ich, seine vielfältigen Aussagen über den Willen oder die immer wieder variierte These über das Ineinander von Befehl und Gehorsam geben zu erkennen, dass die Seele keine soziologische Exterritorialität beanspruchen kann. Die „innere Welt" unserer Psyche entsteht nach Nietzsche ja erst unter dem „Bann der Gesellschaft und des Friedens"; „wir haben", so heißt es in einer früheren Notiz, „die ‚Gesellschaft' in uns verlegt".[18] Das Tier, das sich „Mensch" nennt, ist also in jeder Hinsicht auf die Gesellschaft angewiesen. Deshalb gilt sie auch als „Großmandatar des Lebens".[19] Größeren Nachdruck kann man auf die Tatsache, dass der Mensch in jeder Hinsicht der Gesellschaft bedarf, wohl nicht legen.

Gleichwohl ist es nicht diese Tatsache, die Nietzsche interessiert. Schließlich handelt es sich hier um einen Gemeinplatz seines Jahrhunderts. Für ihn beginnt das philosophische Problem erst bei der Frage, *wie sich der Mensch zu diesem Faktum verhält*, also dort, wo er einen Sinn im Zusammensein mit den anderen sucht, wo er wertet und urteilt, um daraus Konsequenzen zu ziehen. Es ist der tätige Mensch im aktiven Bezug zu seinesgleichen, der Nietzsches Aufmerksamkeit weckt. Gesellschaft wird zum Thema, wo es um Einstellungen und Erwartungen geht, um *Selbsteinschätzung* im Lichte der anderen und um die Bewertung der anderen im Medium des eigenen Selbstgefühls. „Vielleicht", so heißt es in der *Genealogie der Moral*, „drückt noch unser Wort ‚Mensch' (manas) gerade etwas von d i e s e m Selbstgefühl aus: der Mensch bezeichnete sich als das Wesen, welches Werthe misst, werthet und misst, als das ‚abschätzende Thier an sich'."[20]

Es kommt hier nicht darauf an, ob die Etymologie zutrifft; entscheidend ist allein, dass Nietzsche glaubt, von den Leistungen des Wertens, Einschätzens und Abwägens, die alle einen Sinn und damit ein *aktives Auslegen* einschließen, einen Zugang zum gesellschaftlichen Verhalten des Menschen

---

15   N 1880, 6[350]; KSA 9, 286.
16   N 1872/73, 19[177]; KSA 7, 473. Vgl. FW 354; KSA 3, 590 ff.
17   JGB 19; KSA 5, 33.
18   GM 2, 16; KSA 5, 322. N 1880, 6[80]; KSA 9, 215.
19   N 1888, 23[1]; KSA 13, 599.
20   GM 2, 8; KSA 5, 306.

zu gewinnen: „Preise machen, Werthe abmessen, Äquivalente ausdenken, tauschen – das hat", seiner Meinung nach, „in einem solchen Maasse das allererste Denken des Menschen präoccupirt, dass es in einem gewissen Sinne d a s Denken ist: hier ist die älteste Art Scharfsinn herangezüchtet worden, hier möchte ebenfalls der erste Ansatz des menschlichen Stolzes, seines Vorrangs-Gefühls in Hinsicht auf anderes Gethier zu vermuthen sein."[21]

Aus dem Rechnen und Berechnen, Schätzen und Abschätzen entsteht allererst der ausdrückliche soziale Verkehr und damit die Gesellschafts-formen, die für den Menschen charakteristisch sind: „Kauf und Verkauf, sammt ihrem psychologischen Zubehör, sind älter als selbst die Anfänge irgend welcher gesellschaftlichen Organisationsformen und Verbände: aus der rudimentärsten Form des Personen-Rechts hat sich [...] das keimende Gefühl von Tausch, Vertrag, Schuld, Recht, Verpflichtung, Ausgleich erst auf die gröbsten und anfänglichsten Gemeinschafts-Complexe [...] ü b e r - t r a g e n [...]."[22] Die menschlichen Arten der Vergesellschaftung gehen somit aus aktiven Interpretationsleistungen hervor. Man gibt Handlungen, Dingen und Personen einen Wert, man legt einen *verbindlichen Sinn* hinein, der einen auch selbst festlegt, und schafft somit erst die ausdrückliche Ge-genseitigkeit, ohne die die Verkehrsformen größerer sozialer Verbände nicht denkbar sind: „jedes Ding hat seinen Preis; A l l e s kann abgezahlt werden". Das ist, nach Nietzsche, der „älteste[] und naivste[] Moral-Ka-non", der Anfang „aller ‚Gutmüthigkeit', aller ‚Billigkeit', alles ‚guten Willens', aller ‚Objektivität' auf Erden".[23]

Dass in dieser Aufzählung auch der Begriff der „Objektivität" Er-wähnung findet, belegt noch einmal, wie fundamental – eben konstitutiv – der Vorgang der kulturellen Sozialisation in Nietzsches Augen ist: Der Mensch *schafft sich* durch seine Interpretation (und durch den Glauben an sie) *seine spezifische Form* gesellschaftlicher Organisation und ermöglicht sich damit die höheren Leistungen der Kultur, insonderheit das Recht und die Wissenschaft, die ja beide auf einer Objektivitätsunterstellung beruhen. So gibt sich der Mensch erst in der Gesellschaft eine Form, in der er sich als kulturelles Wesen entwickeln und über sich hinauswachsen kann. Es ist ein immer schon *sozialer Akt tätiger Sinnfestlegungen*, in dem er sich *seine* Gesellschaft errichtet. Indem er nach Maßgabe seiner Wertschätzungen Unterschiede und Gemeinsamkeiten feststellt, grenzt er sich einen Raum

---

21 Ebd.
22 Ebd.
23 Ebd.

für gegenseitiges Handeln aus, in welchem dann auch die Institutionen entstehen, die uns längst zur zweiten, dritten oder x-ten Natur geworden sind. Insbesondere die Gleichförmigkeit von Recht und Staat hat hier ihren Ursprung.

Alles, was auf diese Weise entsteht, rechnet Nietzsche zur *Kultur*. Zwar gibt es in seinen späteren Notizen einen Reflex auf die Unterscheidung zwischen „Cultur" und „Civilisation"; er hebt dann den immoralistischen Aspekt kultureller Höhepunkte hervor, um sie von den „Epochen der gewollten und erzwungenen Thierzähmung" des Menschen in der Zivilisation zu unterscheiden.[24] Und natürlich differenziert er bereits in den frühen Schriften zwischen einem *engeren* („höheren") Kulturbegriff, der das Signum des künstlerischen Stils einer Epoche bezeichnet, und einem *weiten* Verständnis, das alle überhaupt in eine Form gebrachten Lebensäußerungen des Menschen umfasst. Doch diese umfassende Bedeutung von Kultur als Arbeit an der „Umschaffung der Ueberzeugungen"[25] ist grundlegend für Nietzsches Ansatz. Erst unter Bedingungen der Kultur kann die „Einhelligkeit zwischen Leben, Denken, Scheinen und Wollen" entstehen,[26] in der sich der Mensch selbst allererst als Einheit begreifen *und* entwerfen kann. Die von Individuen vorgeleistete, aber stets sozial gebundene und ausgeprägte Arbeit des Menschen an sich selbst gewinnt in der Kultur zumindest insofern Beständigkeit, als von ihr aus weitergegangen werden kann. Deshalb vollzieht sich in ihr – und nur in ihr – ein dem Menschen gemäßer Übergang vom Vergangenen ins Kommende.

Dies ist ein systematisch entscheidender Schritt: Alle menschlichen Leistungen wachsen in einer Kultur zusammen. Sie ist nicht nur das gedachte Integral der Sinnproduktion, sondern sie gibt dem Menschen tatsächlich die Stabilität, die er benötigt, um wirksam und schöpferisch auf Künftiges auszugreifen. In ihr hat er somit auch den epochalen Halt, um über sich hinauszugehen. Nur in ihr wird er stark genug für *seine* Zukunft. Kultur ist für Nietzsche „das System alles Dessen, was die Menschheit zu ihrem Fortbestehen nöthig hat". Und sie ist ihm in dieser Funktion so wichtig, dass er zuweilen sogar einen „Cultus der Cultur" für zulässig hält, um jeglichen Götzendienst vor Menschen oder Göttern Einhalt zu gebieten. Sofern es überhaupt in der Hand des Menschen liegt, den „Zusammen- und Fortklang

---

24 N 1888, 16[10]; KSA 13, 485 f.
25 MA 2, 323; KSA 2, 511.
26 UB 2, 10; KSA 1, 334.

alles Menschlichen"[27] zu sichern, hat er für den Bestand der Kultur einzu-
treten – notfalls sogar als deren „Soldat".[28]

II.

Ist der Zusammenhang zwischen Mensch und Gesellschaft bei Nietzsche
erst einmal so weit geklärt, kann man hoffen, dass eine seiner am häufigsten
zitierten Formeln ohne großen Aufwand verständlich wird. Gemeint ist jene
Wendung, die im Titel dieses Beitrags steht: *Das Thier, das versprechen darf.*
Die Formel findet sich zu Beginn des ersten Abschnitts der zweiten Abhandlung *Zur Genealogie der Moral* und ist allein schon durch ihre Stellung
deutlich ausgezeichnet. Im Zusammenhang lautet sie:

„Ein Thier heranzüchten, das v e r s p r e c h e n d a r f – ist das nicht gerade
jene paradoxe Aufgabe selbst, welche sich die Natur in Hinsicht auf den
Menschen gestellt hat? ist es nicht das eigentliche Problem v o m Menschen?"[29] Wo liegt hier die Paradoxie? Und warum kann darin das „eigentliche Problem vom Menschen" vermutet werden?

Die Paradoxie erklärt sich leicht: Nietzsche hat schon früh den Menschen als das Tier bezeichnet, das *nicht vergessen* kann. Der Mensch muss
sich erinnern. Er ist nicht an den „Pflock des Augenblicks" gebunden und hat
seine Freiheit, um an der langen Leine seiner Vorstellungen, die in Vergangenheit und Zukunft reichen, herumzulaufen. Ohne die Erinnerung und
ohne den sich damit zugleich öffnenden Blick in die Zukunft, ohne das
Vergleichen, Nachdenken und Überdenken käme der Mensch nicht zum
Handeln. Er braucht sein Bewußtsein für die Tat. Doch der Entschluss zur
Tat, die eigentliche Entscheidung und das Tun selbst kommen wiederum
nicht ohne ein partielles Vergessen zustande. Das historische Tier muss den
in der Erinnerung ausgeweiteten Horizont selbst wieder begrenzen, muss
sich zum „unhistorischen Thier" machen, um wirklich handeln zu können.

Diese „aktive[…] Vergesslichkeit" ist es nun, durch die der Mensch
allererst zum Menschen wird. Denn sie ist eine „Thürwärterin", eine
„Aufrechterhalterin der seelischen Ordnung, der Ruhe, der Etiquette:
womit sofort abzusehn ist, inwiefern es kein Glück, keine Heiterkeit, keine
Hoffnung, keinen Stolz, keine G e g e n w a r t geben könnte ohne Vergess-

---

27   MA 2, 186; KSA 2, 461.
28   MA 2, 183; KSA 2, 459.
29   GM 2, 1; KSA 5, 291.

lichkeit."[30] Die „aktive Vergesslichkeit" diszipliniert den Menschen zu einem tätigen und verlässlichen Wesen. Durch sie erschließt er sich nicht nur die Dimension der Zeit, sondern auch die der *Gesellschaft*. Erst durch sie wird er fähig zur – *Politik*. Das „vergessliche Thier", das sich selbst dazu erzieht, *versprechen zu können* – und es damit auch zu dürfen-, ist das ursprünglich politische Wesen. Denn es ist das Versprechen-Dürfen, das allererst den politischen Handlungsraum eröffnet.

Das wird offenkundig, sobald man auf die Voraussetzungen achtet, die, nach Nietzsches eigenen Worten, im „Thier, das versprechen darf", erfüllt sind: „Wie muss der Mensch, um dermaassen über die Zukunft voraus zu verfügen, erst gelernt haben, das nothwendige vom zufälligen Geschehen scheiden, causal denken, das Ferne wie gegenwärtig sehn und vorwegnehmen, was Zweck ist, was Mittel dazu ist, mit Sicherheit ansetzen, überhaupt rechnen, berechnen können, – wie muss dazu der Mensch selbst vorerst b e r e c h e n b a r, r e g e l m ä s s i g, n o t h w e n d i g geworden sein, auch sich selbst für seine eigne Vorstellung, um endlich dergestalt, wie es ein Versprechender thut, für sich a l s Z u k u n f t gut sagen zu können!"[31] – Diese Sätze lassen erkennen, wie Nietzsche selbst um eine Lösung für das elementare Problem des menschlichen Handelns ringt: Wie nämlich der Mensch sich selbst und andere auf *künftiges Geschehen* festlegen kann. Die Antwort hat insbesondere für das *politische Handeln* Bedeutung, denn in der Politik wird – mit welchen Mitteln auch immer – gemeinschaftlich nach einer Zukunft gesucht. Und für diese willentliche Festlegung auf das Kommende gibt Nietzsche eine elementare anthropologische Bedingung an: Ihre Zukunft können Menschen nur dann verläßlich angehen, wenn es *Individuen* gibt, die über das Vertrauen, die Macht und die Selbstdisziplin verfügen, die es ihnen erlauben, wirklich versprechen zu können.

Um zu erkennen, welche Konsequenz diese These für Nietzsches Politikverständnis hat, sind zwei in ihr enthaltene Momente hervorzuheben: *Erstens* findet das Versprechen *zwischen Individuen* statt, die schon eine *lange gesellschaftliche Entwicklung* hinter sich haben. Eine gewisse, hochentwickelte Form des gesellschaftlichen Zusammenhangs ist also vorausgesetzt. Die Individuen wissen, wie sehr sie aufeinander angewiesen sind, und sie begreifen sich bereits als ihresgleichen. Versprechen *darf* in diesem Verhältnis nur jemand, der auch versprechen *kann*, weil er seiner selbst und seiner Mittel so mächtig ist, dass sein Wort Vertrauen verdient. *Zweitens:* Mit dem Versprechen, in dem jemand sich auf seine eigene Vorstellung von

---

30 GM 2, 1; KSA 5, 291 f.
31 Ebd.; KSA 5, 292.

sich und seinen Möglichkeiten festlegt, geschieht eine *langfristige Sinnge-bung des eigenen Tuns*. Wer etwas verspricht, der gibt nicht nur sich selbst einen Wert, sondern er bewertet auch eine künftige Handlung, auf die er sich verpflichtet und von anderen verpflichten lässt. Der Versprechende richtet sich an seinen eigenen Handlungsmöglichkeiten aus, und indem er sich für seinen künftigen Willen verbürgt, setzt er sich (d. h. seinem „Willen") einen weit vorauseilenden Zweck, der zwar vor allen Dingen sein eigenes Tun bestimmt, aber auch den anderen nicht nur die Möglichkeit, sondern gerade auch das *Recht* gibt, ihre Handlungen entsprechend einzurichten. *Im Ver-sprechen wird somit ein Sinn festgestellt, der beiden Seiten zum Maßstab werden kann.* Im Versprechen, genauer: in der Kraft und Zuversicht des Versprechen-Könnens macht sich der Mensch zum Subjekt künftiger Taten und erschließt sich durch den machtvoll gewollten Sinn sein eigenes Leben. Der versprochene Sinn generiert ein verantwortetes Dasein, das aber heißt: sowohl die Herrschaft über sich selbst wie auch die Ordnung in der Ge-meinschaft mit anderen.

Was Nietzsche beschreibt, ist eine *Selbsterziehung des Menschen*; eine Selbsterziehung durch langfristige Festlegungen von Werten und Zielen, die aber nicht auf den beschränkt bleibt, der ein Versprechen gibt, sondern auch die, denen es gegeben wird, einbezieht. Ein auf Zukunft gegebenes Wort kann, wie es heißt, nur „inter pares" gelten.[32] Insofern wird Gleichheit be-nötigt und gefestigt. Die sich als gleich ansehenden Seiten können das ge-gebene Wort als verbindlich auffassen, es auch unter wechselnden Um-ständen als gültig erachten und es notfalls einklagen. So entsteht das *Recht* und mit ihm – dies können wir insbesondere aus Nietzsches früheren Schriften folgern – auch der *politische Körper*.

In der *Genealogie* wird aber zunächst ein anderer Effekt betont, nämlich die Konsolidierung starker Individuen unter dem selbsterzeugten Druck des sozialen Verbandes. Die Selbstdisziplinierung durch ein geäußertes Ver-sprechen wird zum Kristallisationspunkt sozialer Entwicklung zwischen denen, die sich immerhin insofern wechselseitig als gleich anerkennen, dass sie sich eines Versprechens für wert halten. Ein seiner selbst mächtiges In-dividuum fordert somit auch die Verantwortlichkeit *der anderen* heraus.

---

32 GM 1, 11; KSA 5, 274. In GM 2, 2 wird betont, daß der Versprechende „gleich unter Gleichen" zu sein hat (KSA 5, 293); später (GM 2, 5; KSA 5, 299) wird noch einmal die Bedingung der „Äquivalenz" betont. Bezogen auf das Versprechen (und ver-gleichbare gesellschaftliche Leistungen) nimmt Nietzsche das Gleichheitsprinzip sehr ernst. Gleichheit unter den Menschen betrachtet er nicht als gegeben, wohl aber als funktional begründbar.

Sein Handlungs- und Lebenssinn mag inhaltlich nur für es selber gelten; der Form nach aber fordert der individuelle Sinn des einen auch den des anderen heraus, vorausgesetzt, der andere will sich entsprechend verhalten.

Nietzsche knüpft große Erwartungen an diese Selbststeigerung des versprechenden Subjekts durch einen weit in die Zukunft ausgreifenden Sinn. Er hält es für möglich, auf diesem Wege die außengeleitete Moral, die, wie er es nennt, „Sittlichkeit der Sitte", also die „sociale Zwangsjacke" der Konformität, zu überwinden und das höchste denkbare Stadium menschlicher Kultur zu erreichen, nämlich den selbständigen, ganz auf seine Sinnlichkeit und seinen Sinn vertrauenden individuellen Menschen. Er spricht vom *souveränen Individuum:*

> „Stellen wir uns dagegen an's Ende des ungeheuren Prozesses, dorthin, wo der Baum endlich seine Früchte zeitigt, wo die Societät und ihre Sittlichkeit der Sitte endlich zu Tage bringt, w o z u sie nur das Mittel war: so finden wir als reifste Frucht an ihrem Baum das s o u v e r a i n e I n d i v i d u u m, das nur sich selbst gleiche, das von der Sittlichkeit der Sitte wieder losgekommene, das autonome übersittliche Individuum (denn ‚autonom' und ‚sittlich' schliesst sich aus), kurz den Menschen des eignen unabhängigen langen Willens, der v e r s p r e c h e n d a r f – und in ihm ein stolzes, in allen Muskeln zuckendes Bewusstsein davon, w a s da endlich errungen und in ihm leibhaft geworden ist, ein eigentliches Macht- und Freiheits-Bewusstsein, ein Vollendungs-Gefühl des Menschen überhaupt."[33]

III.

Gesetzt, wir können Nietzsches Konzeption von *Mensch und Gesellschaft* bis zu dieser Stelle nachvollziehen, dann haben wir auch die Chance, den leitenden Gedanken seiner versprengten, keineswegs einheitlichen und in vielem maßlosen Äußerungen zur *Politik* zu erschließen. Wenn der Mensch (als interpretierendes Tier) Ausgangspunkt aller Sinnproduktion ist; wenn er (als soziales Tier) auf Mitteilung und Teilnahme im gesellschaftlichen Feld gerade dort angewiesen ist, wo er sich als Individuum entfalten, darstellen und steigern will; wenn er unter den Bedingungen der Kultur sogar „mit B e w u s s t s e i n beschliessen [kann], sich zu einer neuen Cultur fortzuentwickeln",[34] um so die Zukunft in seinem Sinne zu bestimmen; wenn er diese Fähigkeit der verlässlichen Maßgabe für künftiges Handeln aber erst

---

33　GM 2, 2; KSA 5, 293.
34　MA 1, 24; KSA 2, 45.

am Ende eines langen Weges erreicht, und zwar nur als selbständiges Individuum, das seiner selbst so mächtig geworden ist, dass es versprechen darf
– dann haben wir den systematischen Ort erreicht, den Nietzsche der *Politik*
zuweist.

Politik im Sinne Nietzsches wird überall dort möglich, wo sich die Kräfte
einer Kultur in souveränen Individuen konzentrieren. Und sie wird überall
dort gemacht, wo diese Individuen im bewussten Vorgriff ihre Zukunft
organisieren. *Die Politik basiert so auf dem Versprechen, das man Personen
mit starkem Willen abnimmt.* Ihnen traut man es zu, über die inneren und
äußeren Machtmittel zu verfügen, durch die sich künftige Handlungen
bestimmen lassen. In ihnen artikuliert sich das Selbstvertrauen einer Gesellschaft, über ihr eigenes Geschick entscheiden zu können. Da dies
zwangsläufig Erfolgserwartungen einschließt (wer den Erfolg seines Wollens nicht will, der will gar nicht), ergeben sich notwendig Hoffnungen auf
Optimierung der Verfügung über sich und andere. Damit aber setzt man auf
eine Zunahme der eigenen Kraft und auf eine Verdeutlichung des organisierenden Willens. Kurz: Das politische Versprechen impliziert einen Zugewinn an Macht und Gestalt. Und wenn dies ins Große geht, so sind damit,
dem systematischen Ausgangspunkt entsprechend, „allmähliche Um-
schaffungen des Sinnes" nötig.[35] Also ist die Politik das Medium, in dem sich
die *bewusste Steigerung der Kultur* vollzieht.

Diese Grundkonzeption der Politik hält sich, von einigen Irritationen in
der Werkperiode zwischen 1878 und 1882 abgesehen,[36] mit bemerkens-
werter Konstanz in allen Schriften Nietzsches durch. Das gilt insbesondere
für die Einbindung der Politik in die *Kultur* und für die damit verbundene
ästhetische Stilisierung politischer Mittel und Ziele; es zeigt sich ferner an der
dominierenden Funktion *exzeptioneller Individuen*; und es tritt in allen
Äußerungen Nietzsches zur *politischen Ordnung* hervor – seien sie nun als
Kritik formuliert oder als Vision entworfen. Dies soll in den abschließenden
Bemerkungen wenigstens im Umriss deutlich werden. Dabei darf man

---

35   MA 1, 452; KSA 2, 294.
36   Henning Ottmann bemerkt völlig zu Recht, daß sich nicht alle Äußerungen
      Nietzsches unter die erst in den späten Schriften gebrauchte Formel von der
      „großen Politik" subsumieren lassen (Ottmann: Philosophie, 239; vgl. Karl Jaspers:
      Nietzsche. Berlin 1936, 222 ff.). Ottmann stellt die Entwicklungsphasen von
      Nietzsches politischem Denken anschaulich und überzeugend dar. Gleichwohl ist
      die begriffliche Kohärenz in dieser Entwicklung größer, als Ottmann dies zuge-
      steht. Das sollen die vorliegenden Ausführungen sowohl mit Blick auf die an-
      thropologischen Voraussetzungen wie auch in Hinsicht auf das Konzept der Politik
      deutlich machen.

letztlich nicht verschweigen, dass Nietzsche dem *Bewusstsein*, auch dem Bewusstsein „großer Individuen", nicht viel zutraut. Der Politik als *bewusster* Steigerung der Kultur sind daher enge Grenzen gesetzt. An ihnen tritt ein wesentliches, in der politischen Theorie immer wieder vergessenes Moment der Politik hervor. Das mangelnde Vertrauen in rationale Kalküle führt aber zugleich zu einer Unterbewertung politischer Institutionen. So werden an der von Nietzsche selbst gezogenen Grenze gleichermaßen die Stärke und die eklatante Schwäche seiner politischen Reflexionen offenbar.

Die Einbindung der Politik in die Kultur hat Nietzsche bereits in seinen ersten philosophischen Notizen zur *Geburt der Tragödie* mit provozierender Schärfe exponiert.[37] Die höchste und stärkste Kultur, die in seinen Augen bislang entstehen konnte, nämlich die Kultur der Griechen, ist „schon a priori" (!) von einem Menschentypus geschaffen worden, den Nietzsche als den „politischen Menschen an sich" apostrophiert.[38] Abgesehen von den Griechen kenne die Geschichte „kein zweites Beispiel einer so furchtbaren Entfesselung des politischen Triebes, einer so unbedingten Hinopferung aller anderen Interessen im Dienste dieses Staateninstinktes". Die einzige Ausnahme, die Nietzsche hier allenfalls einräumen möchte, nämlich die der Renaissance in Italien, unterstreicht nur die originäre Einheit von kultureller und politischer Hochleistung. Staat und Kunst sind so eng miteinander verknüpft, dass selbst noch zwischen „politischer Gier und künstlerischer Zeugung", zwischen „Schlachtfeld und Kunstwerk" ein „geheimnisvolle[r] Zusammenhang" hergestellt wird. Entsprechend werden Staatsmann und Feldherr zu Künstlern stilisiert; der Staat selbst erscheint als ein in Kriegen erschaffenes Kunstwerk. Das Ganze gipfelt in der Behauptung, Platons *Politeia* sei „die wunderbar große Hieroglyphe einer tiefsinnigen und ewig zu deutenden G e h e i m l e h r e v o m Z u s a m m e n h a n g z w i s c h e n S t a a t und G e n i u s".[39]

Dieser provokativ herausgestellte Konnex zwischen Kultur und Politik wird in späteren Schriften zwar gelockert, aber nirgendwo angekündigt. Nietzsche relativiert nunmehr die Politik zu einem *Mittel der Kultur* und lässt deutlich werden, dass sie lediglich *ein* Mittel unter anderen ist. Mitunter wirkt sie sogar *via negationis*, d. h., sie zeitigt dort die größten kulturellen Effekte, wo sie versagt. Trotz seiner nie aufgekündigten Ausrichtung auf das

---

37 CV 3; KSA 1, 764–777. Dieser zu Weihnachten 1872 Cosima Wagner geschenkte Text geht auf Skizzen zurück, die Nietzsche bereits zu Beginn des Jahres 1871 in Lugano verfertigt hatte. Siehe dazu KSA 14, 106.

38 CV 3; KSA 1, 771.

39 CV 3; KSA 1, 777.

Ideal der frühen Griechen geht auch an Nietzsche die Leistungsdifferen-
zierung der modernen Welt nicht vorüber, und so trennt er schärfer zwischen
dem der Kunst ergebenen Künstler und dem staatshörigen Politiker. Er
beklagt mit Jacob Burckhardt den Substanzverlust der politischen Welt
seines Jahrhunderts und reklamiert für den freien Geist das Recht, der
Politik fernzubleiben.[40] Der Staat gilt ihm nun nicht mehr als das *Gesamt-*
organ einer menschlichen Gemeinschaft,[41] und er sieht im Niedergang der
Politik sogar eine Chance für den Geist: „Die Cultur verdankt das Aller-
höchste den politisch geschwächten Zeiten."[42]

Das ist der Punkt äußerster theoretischer Entfernung von der Politik,
von dem aus auch Nietzsches Zarathustra noch redet. Der Staat figuriert als
der „neue Götze", als das „kälteste aller kalten Ungeheuer": „Viel zu Viele
werden geboren: für die Überflüssigen ward der Staat erfunden!"[43] Das
klingt ein für allemal vernichtend. Auch wenn Jacob Burckhardts Kritik an
der Verselbständigung des modernen Staates herauszuhören ist, so scheint
Zarathustras Bannfluch doch auf die Politik als Ganze zu zielen. Aber wenn
sich Nietzsche in den letzten vier Jahren seines bewussten Schaffens der
Politik wieder annähert und die „große Politik" proklamiert, wird erkennbar, wie zeitkritisch und somit zeitgebunden seine Abwertung politischer
Mittel gewesen ist. Er hat sich von Verfallserscheinungen der Politik distanziert, die er von seiner antiken Warte aus zu erkennen glaubte, aber nicht
von der kulturstiftenden Leistung der Politik überhaupt. Denn nun tauchen
die frühen Formeln vom „Künstler-Tyrannen" wieder auf. Es werden
„umfänglichere Herrschafts-Gebilde" in Aussicht gestellt, eine Erdherrschaft bisher unbekannten Ausmaßes, der alle Errungenschaften des „demokratischen Europas" bloß dazu dienen, „uns am ‚Menschen' selbst als
Künstler zu gestalten".[44] Mensch und Kultur sollen zu einer neuen Synthese
gebracht werden. Und das Mittel ist hier erneut: die Politik. Deshalb verheißt Nietzsche *seiner* Epoche: „[…] die Zeit kommt, wo man über Politik
umlernen wird."[45]

Diese neue Lektion hat im Kern eben das zum Inhalt, was der junge
Nietzsche am griechischen Staat zu demonstrieren suchte. Alle Lebensäu-

---

40   MA 1, 438, 440 u. 469; KSA 2, 285–287 u. 301.
41   MA 1, 473; KSA 2, 307. In früheren Äußerungen hat Nietzsche diese romantische
     Formel von der Politik als „Gesamtorgan der Gesellschaft" (Novalis) zustimmend
     zitiert.
42   MA 1, 465; KSA 2, 300.
43   Za 1, Vom neuen Götzen; KSA 4, 61 f.
44   N 1885/86, 2[57]; KSA 12, 87 f.
45   Ebd.; KSA 12, 88.

ßerungen der Menschen werden zum Material *eines* Willens, der ein kulturelles „Gleichgewicht" von Leib und Seele herstellt und der gleichermaßen ästhetisch wie politisch ist. Der geschichtliche Vollzug dieses Willens wird jetzt als „große Politik" verkündet. In ihr sind alle Elemente der frühen Politik-Konzeption enthalten: Es wiederholt sich die These vom „pyramidalen Aufbau"[46] politischer Herrschaft, die geradezu trotzig festgehaltene Ansicht, dass nur *hierarchische Gebilde* mit deutlichen Standes- oder Klassengrenzen die Zukunft meistern können. Damit verbunden ist der Glaube an die Organisationskraft *großer Individuen*, die durch ihren Willen dem Ganzen Ordnung und Richtung geben. Sie stiften – als einzelne oder als führende Elite – überhaupt erst einen ernstzunehmenden *Sinn politischen Handelns*. Es sind caesarische Naturen, und sie haben, so kann man im Anlass an Max Webers Wortgebrauch, der nicht unabhängig von Nietzsche entstanden ist, sagen, *charismatischen Charakter*. Themistokles, Alexander der Große und der Imperator Caesar sind die immer wieder genannten antiken Beispiele.

Napoleon beweist für Nietzsche, dass auch unter modernen Bedingungen ein politisches Genie möglich ist. Wie sehr er es vom großen Künstler neuzeitlicher Prägung zu unterscheiden vermag, belegt sein Urteil über Napoleons Zeitgenossen Goethe. Goethe ist ein Paradigma des „großen Individuums". Aber die Tatsache, dass Nietzsche in seinen Spekulationen wiederholt Goethe und Napoleon – etwa im Kampf gegen die demokratischen Tendenzen des 18. Jahrhunderts – zusammenspannt,[47] belegt, wie sehr er Politik und Kultur nach wie vor aufeinander bezieht. Hier tritt auch in den späten Notizen der Funktionskreis zwischen historischer Menschwerdung, Sinnproduktion, Politik und Kultur am deutlichsten hervor. Man könnte freilich auch auf jene zahlreichen Stellen verweisen, an denen Nietzsche ganz generell vom Philosophen als einem „Gesetzgeber" spricht. Auch wenn diese Gesetzgebung nicht im engeren Sinn politisch gemeint ist, so hängt ihr Zukunftserfolg doch wesentlich von dem ab, was durch „große Politik" erreichbar ist.[48]

Doch selbst in der idealisierten Paarung von Napoleon und Goethe sowie im visionären Zusammenspiel einer gesetzgeberischen Philosophie mit der Politik bleibt eine Differenz zwischen Politik und Kultur sichtbar. Sie tritt insbesondere an der (oft mit verräterischer Härte) betonten *Grau-*

---

46 CV 3; KSA 1, 769.
47 Vgl. N 1887, 10[5]; KSA 12, 456.
48 Zum Verständnis des Begriffs der „großen Politik" verweise ich auf das vorzügliche entsprechende Kapitel bei Ottmann: Philosophie, 239–292.

samkeit physischer Mittel hervor. Drohung, Waffengebrauch und Kriege bleiben für Nietzsche unverzichtbar. Letztlich kann er sich eine politische Herrschaft nicht anders als tyrannisch vorstellen. So sehr er das Charisma großer Menschen, die wirklich versprechen können, auch ästhetisiert; so sehr er auch in den letzten Notizen von Synthesen zwischen Caesar und Christus phantasiert; und obgleich er eine umspannende Idee der „grossen Gerechtigkeit" entwickelt, so geht doch das *Gewaltmoment* bei ihm nicht verloren. Es bleibt vielmehr, wie schon in den ersten Überlegungen zum griechischen Staat, das auszeichnende Charakteristikum der Politik, das sie, vor allem wenn sie gelingt, von anderen großen Leistungen der Kultur definitiv unterscheidet.

In Zeiten, in denen der materiale Gehalt der Politik vollständig in universalistischen Illusionen zu verdampfen scheint, kann es heilsam sein, sich an Nietzsches fragmentarische Äußerungen zur Politik zu erinnern. Die Elemente des *Zwangs* und der *Gewalt* gehören der Politik, nach allem, was wir wissen, notwendig zu. Sie kann, selbst unter den Bedingungen des Rechts und des Friedens, auf *Herrschaft* nicht verzichten, die, zusammen mit den differenzierten sachlichen Anforderungen bei der Organisation hochentwickelter Gesellschaften, auch auf Rangordnungen zwischen menschlichen Leistungen angewiesen bleibt. Dabei wird man wohl immer auch auf die exzeptionelle Wirksamkeit einzelner Individuen hoffen müssen, an denen sich der Richtungssinn politischen Handelns kristallisiert. Die exponierte Stellung des Individuums – sei es nun ‚groß' oder ‚klein' – hat darüber hinaus den unschätzbaren philosophischen Vorteil, an den *tragischen Untergrund alles menschlichen Handelns* zu erinnern. Anlass dafür gibt die Politik genug.

Die unabweisbaren Schwächen in Nietzsches politischer Aphoristik haben ihren Grund vor allem in der *notorischen Unterschätzung der Leistungen politischer Institutionen.* Darin kommt nicht nur ein historisches Fehlurteil über die Vorzüge des Rechts und den Wert politischer Verfassungen zum Ausdruck, sondern es zeigt sich auch, dass Nietzsche selbst keinen eigenen praktischen Zugang zum politischen Handeln hat. So muss ihm entgehen, dass das Vertrauen in die politischen Einrichtungen selbst eine Realität im politischen Leben ist. In diesem Punkt hat er seine anthropologisch verfahrende Psychologie einfach nicht weit genug getrieben.

Nietzsches Geringschätzung der politischen Institutionen entbehrt selbst nicht der Tragik. Dies weniger wegen der Missverständnisse, die seine verbale Kraftmeierei im 20. Jahrhundert nach sich gezogen hat, sondern vornehmlich wegen seiner eigenen Einsicht in die Genese und in die elementare Funktion, die Gleichheitsprinzip und rechtliche Ordnung im Aufbau der Gesellschaften haben. Nietzsche verfügt über eine weitreichende Einsicht in den Zusammenhang von menschlichem Handeln, Gesellschaftlichkeit und juridischer Kodifizierung. Daran kann nach der Textlage kein Zweifel sein; unser systematisierender Überblick sollte dies kenntlich machen. Um so bedauerlicher ist es, dass Nietzsche aus seinen eindringenden anthropologischen Reflexionen keine schlüssige Konsequenz für eine Lehre von der Politik zu ziehen vermag. Wohl hat er wie kein anderer vor ihm die basale Bedeutung des Versprechens für die Selbstgeneration des Individuums und der Gesellschaft erkannt, aber ihm ist entgangen, in welchem Umfang die Fähigkeit zu versprechen in der modernen Zivilisation nicht nur nötig, sondern tatsächlich möglich ist.

Das Denken eines Individuums

Erneutes Nachdenken über Nietzsches zweite *Unzeitgemäße Betrachtung*

1.

Warum sollte uns eine 125 Jahre alte Streitschrift gegen eine abgelebte Geschichtswissenschaft heute noch interessieren? Eine Schrift, die mit dem Titel des „Unzeitgemäßen" kokettiert, ohne wirklich unzeitgemäß zu sein, die keine wirkliche Alternative kenntlich macht, sondern nur ein rhetorisch zwar ziemlich aufgeblähtes, aber sachlich doch reichlich dürftiges Entwe-der-Oder bietet und die überdies noch mit schwer erträglichen Widersprüchen belastet ist?

Das ist keine rhetorische Frage! Ich meine es wirklich ernst: Wer nicht an den Sensationen der Philosophie- und Literaturgeschichte interessiert ist, sondern an der Lösung systematischer Probleme, der muss sich diese Frage mit Blick auf Nietzsches zweite *Unzeitgemäße Betrachtung* stellen.

Hat nicht dieser Nietzsche noch ein, zwei Jahre zuvor, mit spektakulärem Aufwand der *Wahrheit* die Gefolgschaft gekündigt? Und jetzt braucht er, um seine Argumentation zu stützen, so elementare „Wahrheiten" wie die, dass „zum Leben alles Organischen nicht nur Licht, sondern auch Dunkel" gehöre[1]. Jetzt benötigt er sogar eine viermal beschworene „N o t h w a h r h e i t", um der „Nothlüge" von der real existierenden deutschen „Cultur" entgegenzutreten[2]. Letztlich läuft denn auch sein aufgeputschtes Plädoyer für einen kulturellen Wandel auf die „Wahrheit" hinaus, dass zu allem Handeln nicht nur Erinnerung, sondern auch Vergessen gehört. Wer hätte das gedacht!

Oder: Was ist davon zu halten, dass Nietzsche in dieser Schrift eine scharfe Attacke gegen den *Egoismus* reitet[3], ohne zu merken, dass er eben diesen *Egoismus* dringend benötigt, um am Ende seine Forderung nach einer geschichtsträchtigen Gestaltung der Gegenwart durch eigenständige Menschen plausibel zu machen[4]?

---

1   UB 2, 1; KSA 1, 250.
2   UB 2, 10; KSA 1, 328.
3   UB 2, 9; KSA 1, 321.
4   UB 2, 10; KSA 1, 331.

Einen ebenfalls das Fundament betreffenden *Widerspruch* müssen wir darin sehen, dass Nietzsche so tut, als sei die von ihm der Geschichtswissenschaft entgegengesetzte *Tat* gleichsam *bewusstlos* und habe die Urkraft des *Instinktes* für sich. Tatsächlich aber muss er in einer extrem verklausulierten Passage eingestehen, dass keine menschliche Handlung ohne *Bewusstsein*, dass keine zielgerichtete menschliche Selbstbewegung ohne das helle, ja, geradezu blitzartige *Licht einer Einsicht* gedacht werden kann.

Wer könnte schließlich über den tiefen Widerspruch in Nietzsches *Begriff der Kultur* hinwegsehen, der alle Vorzüge der rousseauistischen Direktheit für sich reklamiert, der den Unterschied zwischen *Innen und Außen* aufheben soll[5], und dennoch auf nichts mehr beruht als auf der unerbittlichen *Härte eines jeden einzelnen gegen sich selbst.* Eben in dieser Härte besteht die *Konsequenz* jener *Notwahrheit*, dass *sich jeder selbst erziehen muss* – „und zwar sich selbst gegen sich selbst"[6]. Der „Schmuck" (der eigenen Anstrengung) verdeckt hier notwendig das „Geschmückte", nämlich die eigene Schwäche. Ohne Verstellung ist auch diese Kultur nicht zu haben – und soll doch von jeder Verstellung befreien.

Für einen Philosophen müssten diese vier Punkte ausreichen, um Nietzsches Schrift ihrem literarischen Schicksal zu überlassen. Wer Zeit und Interesse hat, kann natürlich an ihrem Beispiel studieren, wie es so zugeht in der Welt – auch und gerade in der Welt des Geistes: Der *Stil* triumphiert nach wie vor über den *Gehalt*, insbesondere dort, wo es um Stilbrüche geht; die Fragen des *Geschmacks* rangieren allemal vor denen des *Begriffs*, und dennoch ist die Welt noch immer *moralisch* genug, um sich durch einen selbsternannten *Immoralisten* provozieren zu lassen. Natürlich wird sich niemand weigern wollen, Friedrich Nietzsche als hoch begabten, im Überfluss der Gedanken schwelgenden Schriftsteller zu bewundern. Aber für den Philosophen kann hier nur das *sic tacuisses* gelten.

Ich betone noch einmal, dass ich hier ernsthaft rede. Und zum Beleg meines philosophischen Befremdens über den nachhaltigen Erfolg dieser dröhnend-aufgeblasenen Schrift verweise ich nur auf jene degoutante Passage, in der Nietzsche die uneinholbare Differenz zwischen den großen und den kleinen Menschen vor Augen führt: Da gibt es auf der einen Seite die „Riese[n]"[7], die „grossen Männer"[8], die schlechthin „Grossen"[9], die

---

5   UB 2, 10; KSA 1, 334.
6   Ebd.; KSA 1, 328.
7   UB 2, 9; KSA 1, 317.
8   Ebd.; KSA 1, 320.
9   Ebd.

wahren „Persönlichkeiten", die „großen Individuen", die als die „höchsten Exemplare[]" der Menschheit gelten sollen. Ihnen steht auf der anderen Seite jenes „muthwillig[…] lärmende[…] Gezwerge"[10] gegenüber: die „Mittelmäßigen", die „Legionäre des Augenblicks"[11], das „kleine[…] Menschengewürm[…]"[12], das nur da zu sein scheint, um die Niederung auszufüllen, über die hinweg sich die „grossen Individuen" zeitlos-ewig verständigen können.

Damit nur ja kein Zweifel aufkommt: Hier expliziert der Autor den Unterschied zwischen sich und seinen Lesern! Hier werden wir selbst in die Niederungen des Daseins verwiesen. Gesetzt, man ist kein Masochist, gesetzt natürlich auch, man befindet sich nicht in einer Position selbstgewählter Leibeigenschaft: Dann kann man die Darstellung nur ertragen, wenn man von vornherein unterstellt, dass Nietzsche *nicht* recht hat. Man kann zwar zugeben, dass an dieser Opposition im Großen und Ganzen etwas dran ist, dass es im Rückblick auf die Leistungen einer Kultur große und größte Unterschiede gibt.

Aber man kann die Art, in der hier eine rückblickende Differenzierung kultureller Leistungen in eine aktuelle, normativ gültige Abgrenzung transponiert wird, nicht akzeptieren. Strenggenommen kann man in den peinlich-haltlosen und zutiefst inhumanen Äußerungen nur ein frühes Vorzeichen seiner Krankheit sehen.

Denn wer – außer einem Gott oder seinem Teufel – könnte so sprechen und dafür auch noch ein Motiv aufbieten? Wie ließe sich eine solche Ansicht aus der Perspektive eines Menschen begründen? Versucht man es aus der „Niederung" heraus, weiß man *a priori* nicht, wovon man spricht; denn man muss ja doch wohl *selbst* auf einem Gipfel stehen, um dieses schauerliche Menschheitspanorama überhaupt in den Blick zu bekommen. Und glaubt jemand wirklich, er befinde sich *selbst* in der exemplarischen Höchstlage, dann hat er sich, so denke ich, allererst zu fragen, warum er es überhaupt nötig hat, eine solche Wahrheit auszusprechen. Und wenn er es überflüssigerweise dennoch getan hat, wie kann er dann noch einem Zwerg oder einer Zwergin in der Niederung in die Augen schauen? Wer schreibt aus einer solchen Gipfellage noch an die eigene Mutter – bittet sie gar um Thüringer Wurst oder um einen warmen Ofen?

Und dennoch, so scheint mir, gibt es eine *philosophische Aussage* in dieser Schrift, von der ich den Eindruck habe, dass sie so von niemand an-

---

10   UB 2, 9; KSA 1, 317.
11   UB 2, 8; KSA 1, 310.
12   UB 2, 9; KSA 1, 319.

derem zuvor in dieser Klarheit gemacht worden ist. Ihr habe ich vor 15 Jahren schon einmal systematisch nachgespürt und will es heute erneut mit einer schärferen Pointe versuchen. Zumindest glaube ich, dass man den grundstürzenden Gedanken, der Nietzsche in das theoretische Delirium seiner *2. UB* zieht, genauer kennzeichnen kann, als ich es 1985 vermocht habe.[13]

2.

In einem Brief an Schiller (19. Dezember 1798) lobt Goethe die soeben erschienenen Vorlesungen Kants über *Anthropologie in pragmatischer Hinsicht*, hält es aber für ratsam, das Buch nur in „geringen Dosen" zu genießen, „denn im ganzen, wie es da steht, ist es nicht erquicklich". Vom Kantischen Standpunkt aus sehe sich „der Mensch immer im pathologischen Zustande, und da man, wie der alte Herr selbst versichert, vor dem 60sten Jahr nicht vernünftig werden kann, so ist es ein schlechter Spaß, sich die übrige Zeit seines Lebens für einen Narren zu erklären".

Nachdem Goethe noch einmal den Reiz gelegentlicher Lektüre in Kants geistreicher Schrift hervorgehoben hat, schließt er mit den Worten: „Übrigens ist mir alles verhaßt, was mich bloß belehrt, ohne meine Tätigkeit zu vermehren oder unmittelbar zu beleben." Daraus macht Nietzsche sein „Ceterum censeo" bei aller Beschäftigung mit der Geschichte. Keine „Belehrung ohne Belebung", kein „Wissen, bei dem die Thätigkeit erschlafft"! „Gewiss, wir brauchen die Historie, aber wir brauchen sie anders, als sie der verwöhnte Müssiggänger im Garten des Wissens braucht [...]. Das heisst, wir brauchen sie zum Leben und zur That [...]."[14]

Damit ist der Bezugsrahmen genannt, in den sich alle Geschichtsbetrachtung soll einfügen lassen: Nur das *Leben* gibt der Geschichte Bedeutung; nur als *lebendiges Wissen* hat die Historie einen Sinn. Als „reine Wissenschaft" kommt sie einem „Lebens-Abschluss" gleich: „Ein historisches Phänomen, rein und vollständig erkannt und in ein Erkenntnissphänomen aufgelöst, ist für den, der es erkannt hat, todt"[15]. Das Kriterium, mit dessen Hilfe über „Nutzen und Nachteil" der Geschichtswissenschaft ge-

---

13 Volker Gerhardt: Leben und Geschichte. Menschliches Handeln und historischer Sinn in Nietzsches zweiter *Unzeitgemäßer Betrachtung*. In: Volker Gerhardt/ Norbert Herold (Hgg.): Wahrheit und Begründung. Würzburg 1985, 183–205; wieder in: Volker Gerhardt: Pathos und Distanz. Stuttgart 1988, 133–162.
14 UB 2, Vorwort; KSA 1, 245.
15 UB 2, 1; KSA 1, 257.

urteilt werden soll, ist, wie ja auch der Titel erwarten läßt, ihr *Bezug zum Leben*. Die mit dem „Ceterum censeo" zur Prämisse erhobene Forderung verlangt mit eben der gebieterischen Subjektivität, mit der Goethe gesprochen hatte, „Historie zum Zweck des L e b e n s zu treiben"[16].

Die Trivialität einer solchen Forderung wäre nicht zu unterbieten, wenn *Leben* hier nur als Gegenbegriff zum toten Stoff fungierte und lediglich das Naturphänomen des Lebens, eben die spezifische Verfassung organischer Wesen, bezeichnete. In diesem weiten Sinn bleibt auch das reine, hoch abstrakte Wissen dem Leben verhaftet. Dem Leben, sofern es besteht, gehört alles zu und kommt alles zugute.

In der ausdrücklichen Zurechnung zum Leben liegt aber schon dann ein spezifischer Sinn, wenn damit die *Abkehr von übernatürlichen, göttlich-vernünftigen Zwecksetzungen* vollzogen werden soll. Allein dadurch würde ihr das *Ideal unverrückbarer Wahrheit* genommen, und selbst ihre größten Absichten würden auf *endliche*, letztlich *nicht begründbare* Ziele eingegrenzt. Eingeräumt wäre ferner die Möglichkeit, dass sie, wie alles, das dem Leben zugehört, auch selbst vergeht.

Die Beobachtung der natürlichen Lebensprozesse erlaubt überdies die Einsicht in *fundamentale Lebensbedingungen* und damit auch die *Normierung* durchschnittlicher Abläufe. Damit ergibt sich die Möglichkeit, im Hinblick auf bestimmte Gattungen und Individuen Kriterien für das ihnen Nützliche oder Nachteilige aufzustellen. Mit ihrer Hilfe wird z. B. zwischen normalem oder anormalem Verhalten oder zwischen Gesundheit und Krankheit unterschieden. In diesem Sinn kann Nietzsche von einem „allgemeinen Gesetz" sprechen, demzufolge „jedes Lebendige […] nur innerhalb eines Horizontes gesund, stark und fruchtbar werden" könne: „ist es unvermögend einen Horizont um sich zu ziehen und zu selbstisch wiederum, innerhalb eines fremden den eigenen Blick einzuschliessen, so siecht es matt oder überhastig zu zeitigem Untergange dahin"[17]. So gesehen ist die „h i s t o r i s c h e [...] K r a n k h e i t"[18] eine Abweichung und damit Ausdruck einer gefährdenden Störung.

Die Aussagekraft derartiger Diagnosen ist wesentlich durch den Funktionszusammenhang bestimmt, in dem die Kriterien gewonnen sind. Es kommt darauf an, *welches* Leben man meint, wenn Nutzen oder Nachteil von Einflüssen angemessen beurteilt werden soll. Ob etwas förderlich oder schädlich ist, hängt sowohl von der *Art des Lebens* (und den *zugehörigen*

---

16   Ebd.
17   UB 2, 1; KSA 1, 251.
18   UB 2, 10; KSA 1, 329.

allgemeinen Umständen) wie auch von *situativen Bedingungen* ab. Was im Augenblick gut ist, kann gerade deswegen schon im nächsten Augenblick bedrohlich sein; die Krankheit des einen impliziert nicht selten die Gesundheit des anderen; und was als Krankheit erscheint, kann sich als Vorstufe einer robusten Gesundheit erweisen. Die allgemeinen Vorgaben des Lebens (Werden und Vergehn, Verletzlichkeit und Stoffwechsel) reichen daher für sich noch nicht aus, um über das jeweils Lebensdienliche zu befinden. Die Varietät des Lebens fordert *aus sich heraus* die Spezifikation der Kriterien. Die Vernachlässigung dieser Konkretisierung ist es zumeist, die mit dem missverständlichen Vorwurf des „Biologismus" gerügt wird.

Nun machen aber schon die ersten Absätze der Historienschrift klar, dass Nietzsche vom *Leben* in einem *sehr spezifischen Sinne* spricht. Wenn er gelegentlich über diese engere Bedeutung hinausgreift, liegt auch darin keine biologistische Reduktion, sondern die begrifflich unumgängliche Zuordnung des Besonderen zum Allgemeinen.

Die Besonderheit, um die es hier geht, ist der *Mensch*. Das *Tier* lebt „unhistorisch: denn es geht auf in der Gegenwart, wie eine Zahl, ohne dass ein wunderlicher Bruch übrig bleibt"[19]. An den „Pflock des Augenblicks" gebunden, wird es von keiner Erinnerung schwermütig und durch keine Voraussicht überdrüssig gemacht, kann es sich nicht bewusst verstellen und hat vor allem – dies dürfte uns auch heute noch überzeugen – keine Sprache, oder genauer: Es spricht nicht *mit uns*. Was immer wir auch fragen: das Tier antwortet uns nicht. Eben das gilt auch für alle anderen Lebewesen, mit Ausnahme des *Menschen*. Der Mensch hat Sprache; durch sie wissen wir von seiner Erinnerung; Erinnerung aber besagt, dass der Mensch vom Vergangenen nicht loskommt – „mag er noch so weit, noch so schnell laufen, die Kette läuft mit"[20]. Nietzsche unternimmt in seinen späteren Werken zahlreiche Anläufe, den Menschen als ein Tier mit besonderen Funktionen zu beschreiben, als Tier, das versprechen oder lachen kann, als soziales, pathetisches, interpretierendes oder wahnsinnig gewordenes Tier. In der Historienschrift ist der Mensch *das Tier, das nicht vergessen kann*, das sich vergeblich gegen die Last des Vergangenen stemmt und das allenfalls zum Schein von der Erinnerung loskommt. Der Mensch ist das historische Tier. Seine Existenz ist ein „ununterbrochenes Gewesensein", sein Leben infolgedessen ein „nie zu vollendendes Imperfectum"[21].

---

19   UB 2, 1; KSA 1, 249.
20   Ebd.; KSA 1, 248.
21   Ebd.; KSA 1, 249.

Von diesem *anthropologisch eingegrenzten Begriff des Lebens* ist die Rede, wenn Nietzsche daran geht, das Verhältnis zur Geschichte näher zu bestimmen. Greift er auf allgemeinere Bedingungen, wie z. B. den Wechsel von Licht und Dunkel aus, dann nur, um auf Fundamente auch des menschlichen Lebens aufmerksam zu machen. Holt er dagegen komplexe, einzelne Leistungen überwölbende Organisationsformen wie z. B. das „Volk" oder die „Cultur" in die Betrachtung ein, dann bleibt die menschliche Lebensverfassung der Ausgangspunkt. Volk und Kultur kommen nur insofern in Betracht, als sich auch bei ihnen die Last der Erinnerung zeigt und sofern sie begriffen werden können, *als ob* sie einem einzigen Wesen zugehörten. Im Übrigen beweist die formelhafte Reihung von Mensch, Volk und Kultur, dass zwischen ihnen keine Unterschiede gesucht werden, sondern dass sie im Gegenteil nur unter dem Aspekt möglicher Förderung des menschlichen Lebens betrachtet werden. Das Maß der Geschichte ist in jedem Fall der *Mensch.*

Von einem „anthropologischen" Größenmaß wird man jedoch nur unter Vorbehalt sprechen dürfen, denn die den Menschen auszeichnende Besonderheit ist der Lebensvielfalt nicht in distanzierter Beobachtung abgesehen. Am Anfang steht keine wissenschaftlich gesicherte These, sondern eine *humane Selbsterfahrung:* die Frage nach dem Ursprung des menschlichen Unglücks. Und wenn Nietzsche mit Hilfe poetischer Introspektion einer beständigen Störungsquelle des Glücks nachgeht, dann verhindert sowohl die Fragestellung wie auch das Untersuchungsverfahren, dass er mit der Antwort auf eine objektive Naturtatsache stößt. Freilich ist es schwer, bei einem an methodologischen Fragen so offenkundig desinteressierten Autor den systematischen Status seiner Aussagen zu bestimmen. Aber man kann sicher sein, dass sein Begriff des Menschen *nicht* in den Kontext gegenständlicher Naturerfahrung gehört, obgleich der Mensch *immer auch* als Naturwesen, als ein in verschiedener Hinsicht verunsichertes Tier, verstanden wird. Das *Nachdenken* über die *eigene* Existenz, welches gleichermaßen als Ursache und Folge des Ekels vor dem Dasein anzusehen ist, gehört wesentlich zum Begriff des menschlichen Lebens hinzu, und da die Anlässe für die Nachdenklichkeit der elementaren Lebensbewältigung zugehören – wer das Glück nicht wenigstens in Augenblicken findet, geht, wie das Beispiel der „schwermüthigen Etrurier" zeigt[22], zugrunde –, hat der Begriff auch eine *praktische Dimension.*

Das Leben, in dessen Dienst Nietzsche die Historie gestellt wissen möchte, gewinnt seine Besonderheit also erst durch die *Notwendigkeit einer*

---

22   GT 3; KSA 1, 36.

praktischen Selbstbezüglichkeit. Die Kritik am Historismus bezieht ihre Wahrheit aus der Selbsterfahrung eines zu seiner Zeit in (partiellem) Widerspruch stehenden Subjekts. In diesem Widerspruch weiß sich das Subjekt in Übereinstimmung mit in ihm selbst aktuell werdenden, allgemeinen Bedingungen des Lebens. Die Wahrheit beansprucht insofern einen Grund, der nicht bloß subjektiv ist, wenn auch von einer „Objektivität" in methodisch gesichertem Sinn nicht gesprochen werden darf. Die Geschichte wird an einer möglichen, individuell aktualisierten Form des *menschlichen Daseins* gemessen. Was bereits in der frühen Gedankenfigur der „ästhetischen Rechtfertigung des Daseins" mit Deutlichkeit hervortritt und schließlich die fragmentarische Endform der Lehre vom *Willen zur Macht* bestimmt, das ist auch in der Kritik des Historismus maßgebend: eine Metaphysik des endlichen Lebens, eine „Metaphysik des Daseins", wie sie historisch erstmals bei Kant Konturen gewinnt.

Bedenken wir nun, dass die Erfahrung des Unglücks an eine nur dem Menschen zugeschriebene Eigentümlichkeit gebunden ist, nämlich an den *Erinnerungszwang,* d. h. an die Unfähigkeit, wirklich vergessen zu können, dann ergibt sich für die Beziehung zwischen Historie und Leben eine überraschende Konsequenz: Das Leben, um das es hier geht, enthält durch die notwendig eingebundene Erinnerung bereits die Voraussetzung der *Geschichtlichkeit,* die ihr unter dem Titel der Historie expressis verbis zugeführt werden soll. *Die Zeitlichkeit, zumindest im Rückgriff auf das Vergangene, gehört zur inneren Verfassung des (menschlichen) Lebens.* Folglich wird ihm in der Zuordnung der Geschichte auch nichts gänzlich Fremdes zugemutet. Im Gegenteil: Nur unter der Prämisse der immanenten Zeitlichkeit des (menschlichen) Lebens kann verständlich werden, dass dieses Leben die Geschichte *braucht.*

Vor diesem Hintergrund bedarf es nun freilich keiner aufwendigen Argumentation, um darzutun, wie menschliches Leben die Historie *braucht:* Als Sammlung, Ordnung, Deutung dessen, was ohnehin von unserer Existenz nicht zu trennen ist, gehört die *Geschichtsschreibung* zu den elementaren Formen kollektiven Realitätsbezugs, der auch, wenn die Geltungsansprüche der Epoche es fordern, mit *wissenschaftlichen Mitteln* hergestellt werden kann. Solange die szientifischen Verfahren nicht dazu führen, die historischen Ereignisse aus ihrer Bindung an die Zeitlichkeit des sich erinnernden Daseins herauszulösen, hat auch die wissenschaftliche Historie nach Nietzsches Entwurf ihren Platz. Mit anderen Worten: Wenn die Vielfalt der Interessen einerseits sowie die Techniken des Bewahrens und die Differenzierung der überlieferten Bestände andererseits es erfordern, dann hat das hoch organisierte gesellschaftliche Leben auch eine

Geschichts*wissenschaft* nötig, die aber nur dann der in sie gesetzten Erwartung entsprechen kann, wenn sie ihren Ursprung aus dem Bedürfnis nach Geschichte nicht verdrängt. Dazu gehört, dass sie dem „modernen Schlacht- und Opferruf ‚Theilung der Arbeit!' In Reih' und Glied'" nicht folgt, sich nicht in „wissenschaftlichen Fabriken" organisiert und versucht, von einer „e r h ö h t e [n] P r a x i s" auf die äußere Welt Einfluss zu nehmen²³.

Die Gefahr der Verdrängung hält Nietzsche allerdings für außerordentlich groß. Das Objektivitätsideal der Wissenschaft verführt zur Verleugnung des Lebens, „jene[r] dunkle[n], treibende[n], unersättlich sich selbst begehrende[n] Macht"²⁴; im Anspruch auf das reine Wissen sucht sie zu verbergen, dass auch sie zu dieser Macht gehört, und entäußert sich so eben jener Kräfte, die zum abgrenzenden und auswählenden Umgang mit dem historischen Stoff unerlässlich sind. Die Folge ist die *historische „Übersättigung"*, deren verhängnisvolle Konsequenzen (Schwächung der *Persönlichkeit*, Verlust der *Urteilskraft*, Störung der *Instinkte*, *epigonales Bewusstsein* und Flucht in die *Ironie*) in den Abschnitten 5 bis 8 der zweiten Unzeitgemäßen Betrachtung auf unnachahmliche Weise beschrieben sind. Aus der ihn dabei leitenden Sorge macht Nietzsche keinen Hehl:

> „Wer aber erst gelernt hat, vor der ‚Macht der Geschichte' den Rücken zu krümmen und den Kopf zu beugen, der nickt zuletzt chinesenhaft-mechanisch sein ‚Ja' zu jeder Macht, sei dies nun eine Regierung oder eine öffentliche Meinung oder eine Zahlen-Majorität, und bewegt seine Glieder genau in dem Takte, in welchem irgend eine ‚Macht' am Faden zieht."²⁵

In *systematischer* Perspektive – und darum geht es mir hier allein – ist Nietzsches Kritik an der zeitgenössischen Geschichtswissenschaft deshalb interessant, weil sichtbar wird, dass er den unterstellten *Lebensbegriff* offenbar *noch enger* fasst, als bisher dargestellt. Auch die von ihm entworfenen drei Arten der Historie, die *monumentalische*, *antiquarische* und *kritische* Einstellung zur Geschichte, zeigen an, dass die Bestimmung des menschlichen, zeitlich verfassten Lebens für sich noch nicht ausreicht, um daraus so entschiedene Forderungen an die Historie abzuleiten. Nur auf dem Fundament eines mit hohen Selbsterwartungen ausgestatteten Lebens haben Nietzsches Kritik sowie sein Entwurf einer eigenen Typologie die Chance einer nachvollziehbaren Begründung.

Nietzsches Kritik an der Hypertrophie des wissenschaftlichen Bewusstseins schließt vor allem die geistige Potenz aus dem Funktionskreis des

---

23 UB 2, 7; KSA 1, 301.
24 UB 2, 3; KSA 1, 269.
25 UB 2, 8; KSA 1, 309.

menschlichen Lebens nicht aus. Wer Descartes' *cogito, ergo sum* mit einem *vivo, ergo cogito* entgegentritt, lädt sich zwar eine schwere Beweispflicht auf, will auf Erkenntnis aber offenbar nicht verzichten[26]. Man darf auch nicht übersehen, dass in der Historienschrift die „Humanität" und die großen Ziele der „Menschheit" emphatisch beschworen werden[27], deren höchstes, die „Gerechtigkeit"[28], in welcher wiederum die „Wahrheit" gründet, eine in umfänglicher „Bildung" gepflanzte „Urtheilskraft"[29] erfordert. Größeres Gewicht kann man den intellektuellen Kräften kaum geben, und es ist ein ganz anderes Problem, dass Nietzsche dieses Gewicht *nicht* in die den *Sinnen*, dem *Leib* und dem *Leben entgegengesetzte* Waagschale wirft.

Fragen wir schließlich, auf welcher Basis die Urteilskraft ihre Einheit erlangt, stoßen wir auf das letzte und entscheidende Kriterium für das menschliche Leben: auf die *Persönlichkeit*. In diesem Merkmal treffen alle anderen zusammen: elementare *Lebendigkeit* und *Ausstrahlungskraft*, *Geistesgegenwart*, *Ernsthaftigkeit* und *Urteilsvermögen*. Der Begriff der Persönlichkeit steht für die gelingende Überwindung des „Gegensatzes zwischen innen und außen"[30] und damit für die *Einheit* des gestalteten Lebens. Das Einmalige des menschlichen Daseins tritt erst unter diesem Titel hervor. Mut, Männlichkeit, Wahrhaftigkeit, Entschlossenheit und Selbstbeherrschung sind die hervorstechenden Charakterzüge des *großen Individuums*, mit dessen Portrait Nietzsche die „Denk-, Schreib- und Redemaschinen" seines Jahrhunderts[31] konterkariert. Während er seinen ‚blutleeren' Zeitgenossen die rhetorische Frage stellt, ob sie eigentlich noch Menschen seien,[32] und ihnen eine ursprüngliche Wirksamkeit abspricht, schreibt er die Geschichtlichkeit im vollen Sinn des Worts allein dem großen Individuum zu. Denn die Geschichte wird nicht nur von der „starken Persönlichkeit" *gemacht* – es gehört auch eine starke Persönlichkeit dazu, die Geschichte zu *ertragen*.[33] Nur ein „großes Individuum" macht Geschichte, und es macht sie nur, sofern es sie auch erträgt.

Diese durch ihre politische Indienstnahme wohl zwangsläufig in Verruf geratene These bringt die Aussage der zweiten *Unzeitgemäßen Betrachtung* auf eine knappe Formel. Welches gedankliche Element in ihr steckt, kann

---

26 UB 2, 10; KSA 1, 329.
27 UB 2, 2 u. 9; KSA 1, 259 u. 315.
28 UB 2, 6; KSA 1, 286.
29 UB 2, 6; KSA 1, 286 f.
30 UB 2, 4; KSA 1, 278.
31 UB 2, 5; KSA 1, 282.
32 Ebd.
33 Ebd.; KSA 1, 283.

vor der nun etwas genauer ausgeleuchteten Kulisse des Lebens deutlich werden. Das Stichwort liefert ein bisher möglichst vermiedener, bei Nietzsche ständig vorkommender Begriff, der Begriff der „Tat".

Menschliches Dasein zeigt sich in der *Tätigkeit*, es ist *Handlung*, *Wirksamkeit*, *Äußerung* der „p l a s t i s c h e n K r a f t"[34], die ins Sichtbare und Vernehmliche drängt. Mit Blick auf die menschliche Existenz sind „Leben" und „Tat" für Nietzsche *ein* Begriff.[35] Die Tat ist der einzig gültige Ausweis der *Persönlichkeit*.

Die Persönlichkeit unterwirft sich weder der vermeintlichen Eigenständigkeit der Dinge, noch macht sie die Welt zum „ästhetischen Phänomen", das sie dann, losgebunden von allem „persönlichen Interesse"[36], betrachtet, so als ginge sie gar nichts an. Dem widerspricht in Nietzsches Augen nicht die Forderung nach einer „grossen künstlerischen Potenz" des Individuums, die sich gleichermaßen in der Organisation von Stoffen und Ideen äußern soll, zu der auch „ein schaffendes Darüberschweben, ein liebendes Versenktsein in die empirischen Data"[37] gehören können. Der Persönlichkeit und den wie eine Persönlichkeit auftretenden Völkern oder Staaten gelingt es, den „Zaun einer grossen und umfänglichen Hoffnung"[38] um sich zu ziehen und aus dieser Hoffnung heraus auch zu großen Taten zu kommen. Nur dort, wo sich der Mensch *als eine Macht* begreift, wo er ursprünglich wirkt und nicht bloß kopiert, wo er sich selbst in seinen Taten sucht und fähig ist, das Nächste und Natürliche zu ergreifen, da wird er zum Menschen und hört auf, nur ein „menschlichenähnliche[s] Aggregat" zu sein.[39]

In der Zuspitzung auf die *Tat* sieht man, was Nietzsche eigentlich unter jenem Leben versteht, das Geschichte nötig hat: Es ist das im Bewusstsein der *Endlichkeit*, *Entscheidbarkeit* und *Unwiederholbarkeit* vollzogene *tätige Leben*, das sich nur dann entwickelt und erhält, wenn es seine *eigene* Kraft entfaltet. Die spezifische Fruchtbarkeit dieses Lebens liegt im *schöpferischen Werk*, das heißt in einer der Individualität des Urhebers korrespondierenden produktiven Leistung. An dieser Leistung sind auch die geistigen Potenzen des Menschen beteiligt, Kräfte also, die aus sich heraus nichts vermögen und die auch versagen, wenn es um die Erkenntnis der ersten

---

34   UB 2, 1; KSA 1, 251.
35   Vgl. UB 2, Vorwort; ; KSA 1, 245.
36   UB 2, 6; KSA 1, 290.
37   Ebd.; KSA 1, 292.
38   Ebd.; KSA 1, 295.
39   UB 2, 10; KSA 1, 332.

Gründe oder letzten Zwecke des Lebens geht. Der Ursprung des Lebens, auch des einzelnen Lebens, liegt *vor* aller Vernunft. Also ist es müßig, nach einem von den individuellen Leistungen unabhängigen Sinn des Lebens zu suchen: „Wozu die Menschen da sind, wozu ‚der Mensch' da ist, soll uns gar nicht kümmern: aber wozu Du da bist, das frage Dich: und wenn Du es nicht erfahren kannst, nun so stecke Dir selber Ziele, h o h e und e d l e Z i e l e und gehe an ihnen zu Grunde! Ich weiss keinen besseren Lebenszweck als am Grossen und Unmöglichen zu Grunde zu gehen: animae magnae prodi-gus"[40].

Dieses Leben, das sich in selbstgesetzten hohen Aufgaben verbraucht und das seine Einheit nicht im äußeren Erfolg, sondern durch innere Konsequenz gewinnt, hat sein Paradigma im *Leben des großen Individuums*, etwa so wie Jacob Burckhardt es schildert und wie Nietzsche es mit gele-gentlicher Akzentuierung der tragischen Komponente übernimmt. Sinn-fällig wird der Grundtypus des hier mit *normierendem Anspruch* zum Fundament erklärten Lebens, wenn man auf jenen vorbildlich Großen verweist, der erklärt hatte, ihm sei alles verhaßt, was ihn bloß belehre, ohne seine Tätigkeit zu vermehren: *Goethes Leben*, so wie Nietzsche es sich im Spiegel von Goethes Selbsterfahrung vorstellt,[41] gibt das Maß, mit dem über Nutzen und Nachteil der Historie geurteilt werden soll.

Dieser von der exemplarischen Existenz des großen Individuums ab-gezogene Begriff des Lebens kann nützlich sein, wenn man nach Anhalts-punkten für Nietzsches Modernität, für seine frühe Emanzipation von Schopenhauers Pessimismus oder für seine von Anfang an befestigte Op-position gegen einen universalisierten Darwinismus sucht. Doch für die Beurteilung der Geschichte scheint dieser Begriff dennoch *nichts* herzu-geben: Denn wie sollen zwei Daseinsweisen in ein positives Verhältnis treten, wenn sie sich gegenseitig ausschließen? Welchen Vorteil soll die Historie einem Leben verschaffen, das sich nur entfaltet, sofern es sich von der Historie befreit? Alle von Nietzsche herangezogenen Bestimmungen der Tätigkeit heben – so scheint es – deren unhistorischen Charakter hervor. Das tätige Leben entsteht und entwickelt sich offenbar nur, indem es sich

---

40 N 1873, 29[54]; KSA 7, 651; vgl. UB 2, 9; KSA 1, 319.
41 Eine Nachlassnotiz aus der Entstehungszeit der 2. UB muß hier zur Illustration genügen: „Goethe sodann ist vorbildlich: der ungestüme Naturalismus: der all-mählich zur strengen Würde wird. Er ist, als stilisierter Mensch, höher als je irgend ein Deutscher gekommen. Jetzt ist man so borniert, daraus ihm einen Vorwurf zu machen und gar sein Altwerden anzuklagen. Man lese Eckermann und frage sich, ob je ein Mensch in Deutschland so weit in einer edlen Form gekommen ist." (N 1873, 29[119]; KSA 7, 686.)

von der Geschichte abstößt. Der „Geburtsschooss" jeder Tat, der gerechten wie der ungerechten, ist „ein kleiner lebendiger Wirbel in einem todten Meere von Nacht und Vergessen"[42]. Der Handelnde ist sowohl „gewissenlos" wie auch „wissenlos": „er vergisst das Meiste, um Eins zu thun, er ist ungerecht gegen das, was hinter ihm liegt und kennt nur Ein Recht, das Recht dessen, was jetzt werden soll."[43]

Damit ergibt sich nun doch die aporetische Situation, die durch den Aufweis der immanenten Zeitlichkeit der menschlichen Existenz vermieden schien. Der Widerspruch ist um so gravierender, als er sich in der Verfolgung der spezifisch menschlichen Implikate des Lebens auftut: Das für die höchste Ausprägung des humanen Daseins entscheidende Kriterium, die aus dem Anspruch der Persönlichkeit folgende *Tätigkeit*, steht *als solche* im Gegensatz zur Geschichte. Nachdem man Geschichte und Leben bereits prinzipiell in dem durch die Erinnerung eingeschleusten Zeitstrom verbunden glaubt, wird die Verbindlichkeit eben dort unterbrochen, wo sie sich zeigen müßte: wo wirklich *gelebt* und Geschichte *gemacht* wird, wo die *menschliche Tat* zugleich auch das *historische Ereignis* ist. Zwischen menschlichem Handeln und historischem Sinn scheint es demnach keine Beziehung zu geben. Die Wirksamkeit, wie Nietzsche sie meint, setzt erst in der Abkehr von der Geschichte ein. Folglich kann die Historie für die höchste Lebensform des Menschen nur von Nachteil sein. Hätte Nietzsche deduziert, wie Erwin Rohde es von ihm verlangte, hätte er entweder die Rede vom Nutzen der Historie unterlassen müssen oder aber das Eigentümliche der menschlichen Existenz nicht in die Tätigkeit verlegen dürfen.

Doch die Konsequenz ist voreilig, so sehr sie auch dem Wortlaut der zweiten Unzeitgemäßen Betrachtung entspricht. Wäre die Handlung, wie Nietzsche immer wieder betont, ganz und gar „unhistorisch", dann befände sie sich tatsächlich in einem unversöhnlichen Gegensatz zur Geschichte. Sieht man jedoch genauer hin, dann zeigt sich, dass es gar nicht die Handlung als Ganze, sondern nur *eine Bedingung* der Handlung ist, die „unhistorisch" genannt wird. Die Tatsache, dass *überhaupt* gehandelt wird, lässt sich aus keinem Wissen herleiten. Die erste Kraft zur Handlung kommt nicht aus der Geschichte. Es ist die unhistorische Macht des Lebens – Nietzsche spricht von ‚dynamis'[44] – aus der die Notwendigkeit zur Handlung folgt und aus der

---

42 UB 2, 1; KSA 1, 253.

43 Ebd.; KSA 1, 254.

44 „Die Historie ist freilich sehr gefährlich, indem sie alle Conventionen n e b e n e i n a n d e r z u r V e r g l e i c h u n g stellt und damit das Urtheil dort aufruft, wo die *dynamis* alles entscheidet." (N 1873, 29[121]; KSA 7, 686.)

auch die in ihr freigesetzten Kräfte stammen. Die einzelne Handlung selbst aber gehört bereits zum geschichtlichen Geschehen, ja mehr noch: sie ist das *Element der Geschichte*, der Träger des *historischen Sinns*. Erst mit der Handlung wird aus der *Zeitlichkeit* die *Geschichtlichkeit des Daseins*.

Die vorherrschende Lesart der zweiten *Unzeitgemäßen Betrachtung* scheint damit in ihr Gegenteil verkehrt. Selbst diejenigen, die in Nietzsches publizistischer Attacke gegen die Geschichtsgläubigkeit des 19. Jahrhunderts einen Beitrag zur geschichtswissenschaftlichen Grundlagendiskussion anerkennen, würden, wenn ich recht sehe, so weit nicht gehen. Aber sie *müssten* so weit gehen, wenn sie überhaupt ein Argument für den möglichen Nutzen der Historie aus Nietzsches Darlegung gewinnen wollen. Denn dass die Historie dem Leben soll dienen können, ist in Nietzsches Konzept nur begreiflich zu machen, wenn die Historie *als Organ des Lebens* fungiert, und das kann sie wiederum nur, wenn sie dem Leben in einer wesentlichen Funktion entspricht. Das aber ist nur dann der Fall, wenn auch das, was dem menschlichen Leben wesentlich ist, nämlich das Handeln, die Tätigkeit, *in seinem Wesen geschichtlich* ist.

Meine These von der geschichtlichen Verfassung der menschlichen Existenz ist also nicht als extreme Antwort auf ein extremes Missverständnis angelegt, um schließlich in der Mitte einen Ausgleich zwischen Nutzen und Nachteil der Historie zu ermöglichen, sondern sie formuliert die Bedingung dafür, dass überhaupt von einem Nutzen die Rede sein kann. Sie liefert darüber hinaus ein genaueres Kriterium für das von Nietzsche perhorreszierte „Uebermaass", das zur historischen Krankheit führt.

Die Begründung der These folgt aus Nietzsches knapper Umschreibung dessen, was im Akt der Handlung eigentlich passiert: Gegeben ist die Selbstproduktivität des Lebens. Wird sie unter historische Bedingungen gestellt, wie Nietzsche es bereits als für das menschliche Leben selbstverständlich voraussetzt, dann braucht sie einen Schutz vor der Zudringlichkeit des Gewesenen: „Das Unhistorische", so heißt es, sei „einer umhüllenden Atmosphäre ähnlich, in der sich Leben allein erzeugt, um mit der Vernichtung dieser Atmosphäre wieder zu verschwinden."[45] Die umhüllende Atmosphäre schafft aber nur die *erste* Voraussetzung. Damit sich tatsächlich *menschliches* Leben erzeugt, muss eine *zweite* hinzukommen, der man in der Regel keine Aufmerksamkeit widmet, auf die aber im Hinblick auf den Zusammenhang zwischen Leben und Geschichte alles ankommt. Auch Nietzsche schenkt ihr kaum Beachtung; offenbar hält er sie für selbstver-

---

45   UB 2, 1; KSA 1, 252.

ständlich. „Es ist wahr", so räumt er nach seiner Behauptung über die Lebensnotwendigkeit einer Atmosphäre des Unhistorischen ein:

> „Es ist wahr: erst dadurch, dass der Mensch denkend, überdenkend, vergleichend, trennend, zusammenschliessend jenes unhistorische Element einschränkt, erst dadurch dass innerhalb jener umschliessenden Dunstwolke ein heller, blitzender Lichtschein entsteht, also erst durch die Kraft, das Vergangene zum Leben zu gebrauchen und aus dem Geschehenen wieder Geschichte zu machen, wird der Mensch zum Menschen"[46].

Das in sich unhistorische Geschehen des Lebens bedarf also des *Bewusstseins*, um zur Tat zu werden, und indem es *Tat* wird, ist es auch schon *Geschichte* – Geschichte, die dem Leben nicht entgegensteht, sondern aus der „Kraft, das Vergangene zum Leben zu gebrauchen" allererst entsteht. Diesem aus dem Leben kommenden und wieder in es zurückführenden Kreislauf kann auch die *Historie* nicht gänzlich äußerlich sein, denn die genannten Leistungen des Bewusstseins – Denken, Überdenken, Vergleichen, Trennen und Zusammenschließen – sind es, die auch nach Nietzsche den Historiker auszeichnen. Vorausgesetzt die Historie verbleibt im Funktionskreis von Natur, Bewusstsein und Geschichte, dann gehört sie sogar zu jener „Kraft, das Vergangene zum Leben zu gebrauchen"[47]. Sie kann, wie insbesondere das Beispiel der monumentalischen Historie illustriert, selbst als das erscheinen, was Nietzsche in der Gewitter-Metaphorik von Dunstwolke und blitzendem Licht eigentlich umschreibt, nämlich als *Tat*, als *menschliche Handlung*.

Das aber ist nur möglich, weil *die Tat selbst bereits geschichtlichen Charakter* hat. Die Handlung braucht zwar die unhistorische Atmosphäre, sie braucht die im Prozess des Lebens sich immer neu erzeugende Spannung; deren spezifisch menschliche Entladung wird aber erst durch den Funken des Bewusstseins gezündet. Folglich gehört nicht nur das Denken, sondern auch das *Erinnern*, jene genuin menschliche Quelle des Unglücks, zu den Bedingungen der Tat. Die ihr somit immanente *Zeitlichkeit* wird in der Äußerung zur *Geschichtlichkeit*, denn das, was geschieht, geschieht in mitbewusster Verbindung zu etwas anderem, was bereits geschehen ist. Das Verhältnis zu vorausliegenden Ereignissen ist trotz der umhüllenden unhistorischen Atmosphäre konstitutiv für die aus dem unmittelbaren Lebensimpuls initiierte Handlung. *Folglich gehört der Bezug zur Vergangenheit zur inneren Voraussetzung der menschlichen Tat.* Die Tat als der Inbegriff dessen, was geschieht, ist es deshalb auch, was sich zum „Es war"

---

46   UB 2, 1; KSA 1, 252 f.
47   Ebd.; KSA 1, 253.

verfestigt und in der Erinnerung als das vergangene Ereignis erscheint. Damit ist die Handlung nicht nur in sich immer auch historisch bestimmt, sondern sie ist zugleich die äußere Bestimmung dessen, was als geschichtlicher Bestand angesehen werden kann. Für das auf diese Weise, das heißt von außen wie von innen, immer schon durch historische Prozesse vermittelte Leben gebraucht Nietzsche den in anderen Zusammenhängen zum Terminus technicus avancierten Begriff der „zweite[n] Natur"[48].

Um seiner Warnung vor der angeblichen Wissenschaftshörigkeit seines Jahrhunderts Nachdruck zu geben, mag Nietzsche noch so sehr die Abhängigkeit der Handlung von spontanen, unhistorischen Impulsen des Lebens betonen; so wie er die Handlung versteht, fällt sie nicht aus der Geschichte heraus. Nach seiner Darstellung wird in ihr vielmehr die Verbindung zwischen Leben und Geschichte allererst hergestellt, denn nur in ihr treten der elementare Naturtrieb und die vergleichende Erinnerung zusammen, um als *Einheit* zur Geschichte zu werden. Die menschliche Tat ist jenes Geschehen, in dem das Leben sich stets von Neuem in Geschichte übersetzt. Also ist die Geschichte kein dem Menschen fremdes Element; man wird sie vielmehr als *die* Form des Lebens bezeichnen müssen, die dem Tier, das nicht vergessen kann, angemessen ist. Oder – um es in einer anderen, heute weniger beargwöhnten Wendung zu sagen: *Zur Umwelt des Menschen gehört auch die Geschichte.* Am Aufbau dieser Umwelt ist der Mensch entscheidend beteiligt; sie bleibt aber trotzdem ein Teil seiner Natur, so wie auch er – noch in seiner höchsten Selbstentfaltung – nichts anderes ist als ein Stück Natur.

3.

Auf diese Einsicht, so denke ich, gründet Nietzsche seinen schrillen Angriff auf das Geschichtsdenken seines Jahrhunderts. Wer ohnehin nicht davon ausgeht, dass der Gang der Ereignisse aus historischen Erfahrungen abgeleitet werden kann, wird darin kaum mehr als eine Trivialität entdecken, und es wird auch nicht überraschen, dass es Nietzsche nicht gelingt, angesichts der von ihm anerkannten engen Beziehung zwischen menschlichem Leben und Geschichte ein überzeugendes Kriterium für den Nachteil der Historie anzugeben. Im Grunde kann er nur wie ein *Arzt* vor übertriebener Einseitigkeit warnen, das heißt in diesem Fall vor einer Überschätzung der historischen Wissenschaft. Die Vermehrung des historischen Wissens als

---

48   UB 2, 3; KSA 1, 270.

solches macht das Handeln nicht leichter, falls nicht eigene, ursprüngliche Motive dazu drängen. Man wird den Eindruck nicht los, dass Nietzsche diese gewiß richtige Einsicht einer Wissenschaft entgegenhält, deren Vertreter vielleicht zuletzt auf den Gedanken kommen, etwas anderes könnte der Fall sein. Im 19. Jahrhundert gibt es aber mindestens eine wirkungsmächtige Theorie, die gut daran getan hätte, sich an die Unableitbarkeit gewisser Lebensbedingungen auch für das Handeln zu erinnern. Ich denke dabei weniger, wie Nietzsche es getan hat, an Hegel, als an diejenigen, die Hegel schon gewaltsam auf den Kopf stellen müssen, wenn es überzeugen soll, dass sie selbst mit den Füßen auf dem Boden stehen.

Nietzsche belastet seine Aussage mit der rhetorischen Opposition von Geschichte und Leben, die jedoch, wie sich gezeigt hat, in der Sache von ihm selbst gar nicht vertreten wird. Der Begriff des hier gemeinten *Lebens* ist über das Exempel des tätigen Individuums bereits geschichtlich befrachtet, und die hier apostrophierte Geschichte erweist sich als Zusammenhang des sich ständig in und durch menschliche Handlungen übersetzenden Lebens. Ob dieses unter den Maßlosigkeiten des Autors versteckte Fundament eine darauf bauende *Theorie der Geschichte* tragen könnte, vermag ich nicht zu sagen. Es wäre aber schon viel, wenn sich von diesem Boden aus einige neue Perspektiven eröffnen ließen.

Eine Perspektive ergibt sich zum Beispiel aus dem exponierten Zusammenhang von Erinnerung und Geschichte. Auf den ersten Blick muss es gänzlich unverständlich bleiben, wie aus dem Unglück des Nicht-vergessen-Könnens überhaupt ein positives Verhältnis zur Geschichte folgen kann. Vom Fluch der Erinnerung her gedacht, müsste die Historie einem kollektiven Sado-Masochismus entspringen. Doch sie befriedigt auch nach Nietzsche mehr als bloß die Lust am eigenen Unglück; sie kann, wie die drei Typen der Historie zeigen, als eine Bereicherung und Verstärkung der Glückserwartung erfahren werden. Das ist möglich, weil uns die Erinnerung für das entschädigt, was sie uns nimmt. Sie macht uns unzufrieden, indem sie uns den ruhigen Genuss der Gegenwart verdirbt. Aber sie bringt uns auch Eindrücke zurück, die uns erlauben, das Verlorene nunmehr in der Zukunft zu suchen. Denn zum Ausgleich des Nicht-Vergessen-Könnens ist dem Menschen die *Hoffnung* gegeben. In der Hoffnung löst er sich vom Vergangenen, um mit den *aus der Erinnerung stammenden Eindrücken* das Kommende zu bebildern. Erst mit dieser Wendung entsteht nach Nietzsche der „historische Mensch": „der Blick in die Vergangenheit drängt sie zur Zukunft hin, feuert ihren Muth an, es noch länger mit dem Leben aufzu-

nehmen, entzündet die Hoffnung, dass das Rechte noch komme [...]"[49].
Dasselbe Vermögen, das uns das Glück des Augenblicks beständig nimmt,
vermag uns über den Verlust hinwegzutrösten, vorausgesetzt wir lassen uns
aus Gründen, die selbst freilich nicht in der Geschichte liegen, überhaupt auf
die Zukunft ein. Dieses Einlassen erfüllt bereits die Bedingungen der
Handlung, die allerdings erst dann als große Tat gewertet werden kann,
wenn einer kommt, der Einmaliges schafft und sich dabei der Vergangenheit
„wie einer kräftigen Nahrung" bedient[50].

Angesichts der bis zur Gegenständlichkeit verhärteten Grenzen zwi-
schen Natur, Geschichte, Moral oder Kunst scheint es mir nicht unwe-
sentlich, dass Nietzsche in seiner gesucht einfachen, nach Mythen spürenden
These biologische, anthropologische, moralisch-praktische und ästhetische
Momente mischt und eine Geschichtskonzeption entwirft, in der *Konti-
nuität* nicht das Gegebene, sondern das *von Zeit zu Zeit Benötigte* darstellt.
Die Historie entsteht aus einer Not; man kann sie nur bedingt zu einer
Tugend machen.

Für die damit aufgeworfenen systematischen Probleme findet sich in der
zweiten *Unzeitgemäßen Betrachtung* keine Lösung. Der Autor „deduziert"
eben nicht, auch wenn er, wie ich zu zeigen versucht habe, eine beachtliche
innere Konsequenz besitzt. Wer enttäuscht ist, sollte sich vor Augen halten,
dass Nietzsche sich mit seiner Untersuchung keine leichte Aufgabe stellt. Er
fragt nicht, wie dies zum Beispiel kurze Zeit nach ihm Dilthey tut, am
Leitfaden Kants: Wie ist Geschichtsschreibung als Wissenschaft möglich?,
sondern setzt eine Erfahrung, die wie ein Schock gewirkt haben muss, in eine
Frage um, die er selbst als Notschrei charakterisiert: Wie ist unter den Bedingungen wissenschaftlicher Geschichtsschreibung menschliches Leben
möglich? Es ist auch Nietzsches Verdienst, wenn wir diese Frage heute etwas
gelassener stellen können, obgleich wir allen Grund haben, sie immer noch
für wichtig zu halten.

Die Pointe ist, dass die *Einheit der Individualität* in der von Nietzsche
verlangten Form nur ästhetisch zu sichern ist. Die Form, die hier die kulturelle Produktivität gewährleisten soll, aber nicht durch eine allgemeine,
begrifflich ausgewiesene Leistung zur Geltung kommen soll, kann nur ästhetisch ausgezeichnet werden. Ihre Bedeutung hat sie in der Einzigartigkeit
einer geschlossenen und dennoch über den verstehenden Betrachter über
sich hinaus wirkenden Produktion. Die Kunst wird zum Paradigma der vom
Menschen organisierten Geschichte.

---

49   UB 2, 1; KSA 1, 255.
50   UB 2, 10; KSA 1, 329.

Der Polemik dieser Schrift liegt, wie ich zu zeigen versuchte, keineswegs nur der elementare Lebensbegriff im Sinne des „Organischen" zugrunde. Nietzsche geht letztlich von einer hochentwickelten, exemplarischen Lebensform aus: Er stellt sie unübersehbar in der ausdifferenzierten *Individualität* einer zu höchster Produktivität entfalteten *Persönlichkeit* vor. Und es ist niemand anderes als *Goethe*, der im Kontext dieser Schrift als das Musterexemplar an Lebendigkeit vorgeführt wird. Strenggenommen ist die ganze Schrift nur ein wüst ausschweifender Kommentar zu dem gleich im ersten Absatz zitierten Goethe-Wort, demzufolge *der Handelnde immer gewissenlos* ist.[51]

Was aber steht systematisch dahinter? Man braucht sich nur daran zu erinnern, dass Nietzsche noch 1868 die Absicht hatte, eine Dissertation über Kants *Kritik der Urteilskraft* zu schreiben. Das ist ein Versuch, das *Leben* mit der *Vernunft* zu verbinden. *Das Schöne* hat *belebende* Wirkung. Alles kommt auf die *Begeisterung* an, die selbst wiederum eine Steigerung des „Lebensgefühls" anzeigt. Und in den höchsten Leistungen diesen Gefühls ist es mit einem Mal die Natur selbst, die der höchsten kulturellen Leistung des Menschen – wie es bei Kant heißt – die *Regel* gibt: „G e n i e ist das Talent (Naturgabe), welche der Kunst die Regel giebt. Da das Talent als angebornes productives Vermögen des Künstlers selbst zur Natur gehört, so könnte man sich auch so ausdrücken: G e n i e ist die angeborne Gemüthslage (*ingenium*), d u r c h w e l c h e die Natur der Kunst die Regel giebt."[52]

Das ist es, was Nietzsche als belebendes Prinzip der Geschichte sucht. Und er sucht es mit eben dem Ernst, in dem es bereits Schiller für die Erziehung zur Kultur fruchtbar zu machen suchte. Damit haben wir das *zweite große Individuum*, das hier hinter dem ersten verschwindet: In der *Geburt der Tragödie* war Schiller noch der am meisten zitierte Autor. Hier tritt nun er gänzlich hinter Goethe zurück. Gleichwohl ist er der Ideengeber für das systematische Problem dieser Schrift, wie denn Geschichte *als Kunst* gedacht und gemacht werden kann.

Nietzsche versucht in dieser Schrift, die große Liebe seiner Jugend, nämlich *Schiller*, mit der gerade entdeckten Größe *Goethes* zu verknüpfen, und nimmt sich ein Problem vor, das erstmals von *Kant* gestellt worden ist. In

---

51 Vgl. UB 2, 1; KSA 1, 254.
52 Kant: Kritik der Urteilskraft, (§ 46); AA 5, 307. Entsprechend: „G e i s t in ästhetischer Betrachtung heißt das belebende Princip im Gemüthe. Dasjenige aber, wodurch dieses Princip die Seele belebt, der Stoff, den es dazu anwendet, ist das, was die Gemüthskräfte zweckmäßig in Schwung versetzt, d. i. ein solches Spiel, welches sich von selbst erhält und selbst die Kräfte dazu stärkt." (KdU § 49; AA 5, 313.)

diesem Dreieck tritt der philosophisch-künstlerische Anspruch Nietzsches auch *historisch* hervor. Es illustriert, welche neue Aufgabe er sah. Die gleichzeitige Orientierung an Kant, Schiller und Goethe erklärt auch die krankhafte Maßlosigkeit, die uns nicht nur den Ton dieser Schrift, sondern auch den in ihr vertretenen Elitarismus unerträglich macht. Es ist eine Form des Wahns, sich nicht nur den bedeutendsten Philosophen und die beiden größten Dichter deutscher Sprache gemeinsam zum Vorbild zu nehmen, sondern sie auch noch in einer *philosophierenden Dichtung der Tat* übertreffen zu wollen. Das alles läßt uns augenblicklich verstehen, warum Nietzsche in der Sache nicht weiter kam, ja, gar nicht weiterkommen konnte.

Und dennoch enthält die zweite *Unzeitgemäße Betrachtung* etwas Neues, dass es lohnt, sich dem Ärgernis ihrer Lektüre auszusetzen: Nietzsche macht wohl als erster Ernst mit dem Gedanken, die Geschichte ganz und gar auf die Leistung von *Individuen* zu setzen. Sein Text ist die Programmschrift eines vorher so nie dagewesenen *Individualismus*. Denn er verlangt nicht mehr und nicht weniger, als die gesamte Betrachtung der Geschichte allein auf die Fähigkeit von *Individuen* zuzuspitzen.

Das ist in der Tat ein großer und – wie ich glaube – tragfähiger Gedanke, den man systematisch ausbauen kann, ja, ausbauen muss, um Leben und Geschichte zu verstehen.[53] Dabei wäre es freilich verhängnisvoll, allein auf die Leistung der „grossen Individuen" zu setzen. Man muss vielmehr erkennen, dass sich *alles* Leben individuell ausprägt und dass die Geschichte in *jedem* Fall nur von Individuen gemacht und verstanden wird. Davon vermittelt, wenn ich recht sehe, Nietzsche als erster nicht nur eine *Idee*, sondern er gibt ihr mit der Orientierung an der Persönlichkeit auch eine *systematische Perspektive*. Beides, so scheint mir, ist so wichtig, dass man über die Maßlosigkeiten, Geschmacksverirrungen und Widersprüche seiner *Unzeitgemäßen Betrachtung* getrost hinwegsehen kann.

---

53 Siehe dazu Volker Gerhardt: Individualität. Das Element der Welt. München 2000.

Nietzsches Alter-Ego

Über die Wiederkehr des Sokrates

1. Die Wiederkehr des Gleichen

Wie kann man einen Gedenktag, der ja eine Wiederholung darstellt, besser begehen als durch das Gedenken an eine Wiederholung? Und dies bei einem Denker, für den die „ewige Wiederkehr" der zentrale Gedanke ist? Also wäre das Beste, hundert Jahre nach Nietzsches Tod über den *Gedanken der ewigen Wiederkehr* zu sprechen, über den sich – nach hundert Jahren der Interpretation – vielleicht sogar etwas Neues sagen lässt – zu all dem, was bislang hierüber bemerkt worden ist: (1.) radikalste Absage an einen *Endzweck der Geschichte* oder einen möglichen *Sinn gesellschaftlichen Handelns*, (2.) Rückbindung aller Vorgänge an den *Kreislauf des Lebens* und der *Natur* (weswegen es auch die Tiere sind, die diesen Gedanken äußern), (3.) Auszeichnung des *Augenblicks*, so dass die *jetzt* geschehene Tat eine unausdenkbare *existentielle* Bedeutung erhält, (4.) die äußerste Referenz für alle *individuellen* und *kulturellen Zyklen*, die dem *Schaffen* die freie Bahn immer neuer *Renaissancen* eröffnen und (5.) die unübersehbar *theatralische Bedeutung* des Gedankens, den nur ein *Künstler* denken kann, der sein Stück immer von neuem interpretiert und aufgeführt sehen möchte und dabei die *Wiederholung als Steigerung* denken muss.

Heute, in größerem Abstand zu Person und Werk, muss auch der *individuelle Charakter* der ewigen Wiederkehr mitgedacht werden. Denn wir erkennen Friedrich Nietzsche als eine tief gespaltene, ihre eigenen Gegensätze ausbuchstabierende, um ihre Identität fürchtende und auch noch die stillsten Stunden ihrer Existenz als Sensation offerierende Person. Der *Denker des Augenblicks* versteckt sich hinter der Maske eines mit seiner eigenen *Geschichte* beladenen und weit in die *Zukunft* ausgreifenden Propheten, den er *rachsüchtig* gegen die *Rache*, voller *Bosheit* gegen das *Böse*, *gütig* gegen das *Gute*, *mitleidig* gegen das *Mitleid*, *grundlos* gegen *Gründe* und *mit Gründen* für den Abschied von aller *Begründung* predigen lässt. In Zarathustra schafft sich Nietzsche das literarische Widerspiel, in dem sich alle Widersprüche seines eigenen Daseins wie in einer abnormen Vergrößerung betrachten lassen.

Wenn nun der Gedanke der Wiederkehr diesen Zarathustra zugleich entsetzt *und* beruhigt, dann erkennen wir den Grund in nichts anderem als in der Wiederkehr des *Gleichen*. Denn dass er, Zarathustra-Nietzsche, kosmisch als ein mit *sich selbst Gleicher* ausgezeichnet sein soll, muss diesem jederzeit *mit sich selbst in Widerspruch* lebenden Denker als größte *Bedrohung* – und zugleich – wie eine *Erlösung* erscheinen …

Dass Nietzsches innerer Gegensatz, zu dessen Steigerung *und* Beschwichtigung er den ganzen Kreislauf der Dinge heraufbeschwört, keineswegs nur ein Thema für Psychologen ist, will ich mit der folgenden Betrachtung zeigen. Ich spreche von Nietzsches *Alter-Ego* – und bitte den Ausdruck wörtlich zu nehmen: Es ist das *Doppel* des *eigenen Ich* und dennoch ein *anderes* Ich. Und so, wie es bei Nietzsche nicht nur *ein* Ich ist, so ist auch das *Alter-Ego* auf verschiedene Personen aufgeteilt.

2. Ein weltgeschichtliches Verbrechen

Urteilen wir nach Friedrich Nietzsches erstem Buch, dann ist Sokrates der größte Übeltäter der Weltgeschichte. Denn Sokrates hat das Größte zerstört, was die Menschheit in ihrer schönsten kulturellen Blüte hervorzutreiben vermochte: die *Tragödie*. Zum Ersatz hat er uns die *Weltgeschichte* hinterlassen.

Sokrates, den Nietzsche sich nicht scheut, einen „Verbrecher" zu nennen, hat seinesgleichen, den bloßen Zuschauer, auf die Bühne geholt, und damit den Abstand zwischen der hohen Kunst und dem Publikum eingeebnet. Mit seinem Freund Euripides, dem er beim Dichten geholfen haben soll, hat er alles hochsinnige Bühnengeschehen zur bloßen Handlung verflacht und damit das Pathos ausgetrieben, von dem die klassische Tragödie lebte. Mit seinem notorischen Mangel an Musikalität fehlte ihm angeblich auch der Sinn für Mythos und Kunst. Damit hat er den „Urschoß", aus dem das Tragische stammt und in dem es allein erträglich sein soll, ausgetrocknet. Sokrates ist der „Typus" des modernen Menschen,[1] der alles auf *Begriff* und *Theorie* abstellt und der damit dem wirklichen Geschehen keinen Raum mehr lässt. So bleibt am Ende von der ursprünglichen Vielfalt des Daseins nur ein dürrer Begriff, eben der Begriff der „Weltgeschichte", und Sokrates erscheint als ein Vorläufer Hegels, dem der junge Baseler Professor den

---

1   Dazu: Volker Gerhardt: „Die Moderne beginnt mit Sokrates". In: Frank Grunert/ Friedrich Vollhardt (Hgg.): Aufklärung als praktische Philosophie. Tübingen 1998, 2–20.

Kampf angesagt hat. Darin fühlt er sich seinem älteren Baseler Kollegen, Jacob Burckhardt, verbunden.

Es ist für die Sache, die ich entwickeln will, nicht unerheblich, dass Nietzsche sich auch in seiner Opposition gegen Hegel in eine *Wahlverwandtschaft* mit einem älteren Mann hineinphantasiert, einem Gelehrten und Künstler, den er grenzenlos bewundert und den er gleichwohl in seiner Leistung überbieten möchte – eben: Jacob Burckhardt. Neben Schopenhauer und Wagner ist Burckhardt einer jener langen Schatten, aus denen Nietzsche heraustreten möchte: Daher fällt auch seine Hegel-Kritik viel schärfer aus als die ironische Distanzierung Burckhardts; und dessen kunsthistorische Idealisierung der Renaissance steigert Nietzsche zum kulturphilosophischen Renaissancismus, um sie in ihrem entscheidenden Akt gut zweitausend Jahre ins vorsokratische Griechenland vorzuverlegen, so dass Sokrates kommen und ihr angeblich durch theoretische Distanzierung das Pathos nehmen konnte.

Weil Sokrates das „Pathos", also den aus dem Leiden geborenen theatralischen *Ausdruck,* durch die vergleichsweise nüchtern-rationale „Handlung" ersetzt, wird er in der *Geburt der Tragödie* zum paradigmatischen Gegner dessen stilisiert, was Nietzsche im unmittelbaren Rückgriff auf die frühen Hellenen und im Verein mit Wagner wiederbeleben will. Dass dies nicht ohne innere Widersprüche möglich ist, wird augenblicklich klar, wenn wir sehen, dass auch Nietzsche ohne *Handlung* nicht auskommen kann. Er stellt sie lediglich unter den pathetischen Titel der „Tat" und weiß genau, dass es keine größere „Tat" in der Geschichte des Denkens gegeben hat als das Sterben des Sokrates, von dem wir in Platons *Phaidon* die eindringlichste Schilderung haben, in der Philosophie und Kunst unauflöslich verbunden sind. Und dennoch wird Sokrates als Banause dargestellt, der die Philosophie auf einen über zweitausendjährigen Abweg ins bloß theoretische Denken geführt hat.

In den auf die *Geburt der Tragödie* folgenden Schriften kommt Sokrates nur zeitweilig ein bisschen besser weg. Zwar hat Nietzsche in den Aphorismenbüchern der so genannten mittleren Werkperiode gelegentlich ein anerkennendes Wort für den Märtyrer des philosophischen Denkens übrig. Aber auch diese Wertungen kommen von oben herab; da ist er der „weiseste Schwätzer, den es gegeben hat"[2], ein „Gassen-Dialektiker"[3] oder ein Weiser „v o l l e r   S c h e l m e n s t r e i c h e"[4]; immerhin wird ihm der Ehrentitel eines

---

2   FW 340; KSA 3, 569.
3   MA 1, 433; KSA 2, 282.
4   MA 2, WS 86; KSA 2, 592.

„Freigeistes"[5] verliehen, und es bleibt bewusst, dass er ein „Zweifler" und „Neuerer"[6] ist.

3. Sokrates und Zarathustra

Nietzsche-Kenner müssen aufhorchen, wenn da jemand als „Neuerer" bezeichnet wird. Für einen Renaissancisten und habituellen Sensationalisten wie Nietzsche kann es eigentlich keine höhere Auszeichnung geben als die, *etwas Neues* in Gang gebracht zu haben. Doch bei Sokrates versetzt das Nietzsche nicht in die Begeisterung, die er mit Blick auf andere Neuerer, wie etwa Heraklit, Thukydides oder Machiavelli, zum Ausdruck bringt.

Gleichwohl hört man zwischen 1882 und 1885, in den Jahren, in denen *Also sprach Zarathustra* entsteht, so gut wie nichts von Sokrates, obgleich natürlich klar ist, dass er in diesem Buch der ewige Zuschauer ist. Denn Zarathustra ist der Gegentyp zu Sokrates, der ihm in vielem noch so nahe bleibt, dass man ihn auf dem Weg des altpersischen Neutestamentlers ständig mitdenken muss: *Zarathustra* sucht die Einsamkeit, um dort seine Selbsterkenntnis zu vollenden; *Sokrates* hingegen geht zu den anderen, um sich in ihnen zu erkennen. *Zarathustra* scheitert schon beim ersten Versuch, seine Botschaft in die *Städte* zu bringen; auf dem *Marktplatz* findet er nur „Possenreisser", die ihn immerhin vor den Gefahren warnen, die einem wahrhaft Weisen in den Städten drohen.

Das hat *Sokrates,* der von seiner *Stadt* zum Tode verurteilt wird, nicht beachtet; gewiss, er hätte das Todesurteil noch abwenden können, wenn er bereit gewesen wäre, nicht länger auf dem *Markt* zu lehren. Aber er ist zu einer giftigen „Fliege des Marktes"[7] geworden, hat sich mit dem Pöbel gemein gemacht und musste schließlich, da die Menge alles falsch versteht, dem herrschenden Missverständnis zum Opfer fallen. Dass sich der Vorwurf der Menge auf das *nächste,* aber *scheinbar fernste Problem des Menschen,* nämlich Gott, bezieht und Sokrates wegen „Gottlosigkeit" verurteilt wird, hat einen tiefen Sinn, der damit zusammenhängt, dass die Selbsterkenntnis ohne den Horizont der Welt, der den Namen Gottes trägt, nicht zu haben ist.

Das weiß Sokrates, dem ein Gott das *gnothi sauton* zur Aufgabe macht; und das weiß niemand besser als Nietzsche, für den das Koordinatenkreuz der Weltorientierung an einem himmlischen Faden hängt, der das Selbst

---

5   MA 1, 437; KSA 2, 284.
6   M 116; KSA 3, 108.
7   Vgl. Za 1, Von den Fliegen des Marktes; KSA 4, 67 f.

direkt mit Gott verbindet. Doch eben deshalb hätte Sokrates wissen müssen, dass man auf dem Markt nur an Götter glaubt, „die grossen Lärm in der Welt machen"[8]. Entsprechend erklärt Zarathustra schon zu Beginn seines Weges zu den Menschen, dass „Gott tot" sei, bemüht sich um eine kleine Schar von Jüngern, mit denen er gleichwohl nicht *argumentiert,* wie Sokrates es tat, sondern denen er *predigt.* Dabei sucht Zarathustra, der *mania* des Sokrates nicht unähnlich, nach einem ekstatischen Selbst, das an einen Gott glauben möchte, der tanzen kann[9]. Und wie Platon das Göttliche in dem erkennt, was uns das Nächste ist[10], so lässt auch Nietzsche seinen Zarathustra durch nichts als ihn selbst gläubig werden: „jetzt", so ruft er aus, „tanzt ein Gott durch mich"[11].

4. Umkehr des Höhlengleichnisses

Kein Zweifel: Zarathustra soll der bessere Sokrates sein. Er verliert sich nicht in den Selbstwiderspruch des Nicht-Wissens, er meidet die Seichtigkeit der öffentlichen Plätze, er *spricht* nur „vom Freunde", ohne ihn zu haben, und zieht für die entscheidenden Gespräche sogar die Tiere vor.

Natürlich wissen wir auch bei Sokrates nicht, inwieweit er sich von seinen Schülern verstanden fühlt. Der Abstand zwischen ihm und seinen Gesprächspartnern ist erheblich und am deutlichsten dort, wo er zum Sterben gezwungen ist. Zwar sind, mit Ausnahme von einem (!), die treuen Freunde versammelt, aber niemand versteht, wie es ihm möglich ist, so furchtlos auf den Tod zuzugehen. Denn wenn sie ihn verstünden, brauchten sie sich keine „Beweise" und „Geschichten" von der Unsterblichkeit der Seele erzählen zu lassen; dann sähen sie allein an seinem Verhalten, was die Unsterblichkeit bedeutet. So aber ist er genötigt, logische Fabeln zu erzählen, die wenigstens einen Schein von Unendlichkeit erzeugen, der die Erwartung stützen kann, sie auch im eigenen Dasein auszufüllen. Darin ist die Seele ganz bei sich selbst.

Zarathustra hat seine Apotheose in einer Höhle, in der die ganze Welt versammelt ist, um ihr „Eselsfest" zu feiern. Natürlich ist das primär die Wiederkehr des Tanzes um das goldene Kalb und eine derbe Alternative zu Golgatha, die dem nunmehr allein bleibenden Zarathustra die Hoffnung zu geben scheint, dass er bei einer erneuten Erdenfahrt auf gleich gesinnte

---

8 Ebd.; KSA 4, 66.
9 Za 1, Vom Lesen und Schreiben; KSA 4, 49.
10 Nomoi 726a.
11 Za l, Vom Lesen und Schreiben; KSA 4, 50.

Andere stoßen wird. Aber wenn man weiß, dass Nietzsche Sokrates zum Vorläufer des Jesus von Nazareth macht, dann sieht man, dass der Schlussteil von *Also sprach Zarathustra* auch ein Gegenstück zur Gefängnisszene des *Phaidon* ist.

In der für *Also sprach Zarathustra* typischen Bilder- und Metaphernflut ist hier schließlich wohl auch die Absicht im Spiel, an die Stelle des alten „Höhlengleichnisses" ein neues zu setzen. Schon in der ersten Szene des Buches ist nicht etwa Zarathustra – gut platonisch – aus seiner Höhle zur Sonne empor gestiegen, sondern die Sonne ist zur Höhle des Zarathustra gekommen, so dass er sie gnädig begrüßen kann: „Du grosses Gestirn! Was wäre dein Glück, wenn du nicht Die hättest, welchen du leuchtest!"[12]

Hier wird die „kopernikanische Wende" unmittelbar vor Zarathustras Höhle inszeniert. Es ist, *sit venia verbo,* eine gezielte philosophiegeschichtliche Blasphemie.

5. Maskenspiel

Doch, wie gesagt, von Sokrates selbst ist gar nicht die Rede. Er, der bei Platon die Gespräche führt, kommt in Nietzsches wichtigstem Werk nicht zu Wort – auch wenn er ständig gegenwärtig ist. So liest man staunend an jener Stelle, an der nicht einfach nur der Mensch, sondern seine „Tugend" zum „Sinn der Erde" erklärt wird: „Wissend reinigt sich der Leib; mit Wissen versuchend erhöht er sich; dem Erkennenden heiligen sich alle Triebe; dem Erhöhten wird die Seele fröhlich."[13]

Das könnte sokratischer nicht sein. Aber erst in den letzten Aphorismenbüchern, in *Jenseits von Gut und Böse* und in der *Götzen-Dämmerung,* also schon kurz vor dem Zusammenbruch, findet Sokrates namentlich Erwähnung[14]: Der in der *Geburt der Tragödie* als Ahnherr des theoretischen Optimismus vorgeführte Denker wird nun zum pessimistischen Maulwurf[15], zum Advokaten des „Heerden-Instinkt[s]"[16], zum „Plebejer[...]"[17] und „Pöbelmann[...]"[18], ohne Rücksicht darauf, dass Sokrates als Bildhauer immerhin ein geachtetes Handwerk gelernt hat. Schließlich verliert Nietz-

---

12 Za l, Vorrede 1; KSA 4, 11.
13 Za l, Von der schenkenden Tugend 2; KSA 4, 100.
14 GD, Das Problem des Sokrates; KSA 6, 67–73.
15 Vgl. JGB 208; KSA 5, 137.
16 JGB 202; KSA 5, 124.
17 JGB 191; KSA 5, 112.
18 JGB 212; KSA 5, 146.

sche jede Hemmung, sieht im Scharfsinn des Sokrates eine „R h a c h i t i k e r -
B o s h e i t" [19], vermutet in der Dialektik „nur eine Form der R a c h e" [20], nennt
ihn einen „Hanswurst" und „unanständig" obendrein [21] und fragt – so als
könnte über die Antwort kein Zweifel bestehen: „War Sokrates ein typi-
scher Verbrecher?" [22]

Das alles hat mit dem historischen Sokrates natürlich nichts mehr zu tun,
wohl aber mit dem Maskenspiel Friedrich Nietzsches, der sein wahres
philosophisches Gesicht verdecken muss, um nicht zu erkennen zu geben,
wie alt und gespalten er tatsächlich ist.

Sollte uns ein Blick hinter Nietzsches Masken gelingen, können wir
vielleicht erkennen, wie groß sein Leiden an seinen Gegensätzen wirklich ist
und wie tief es in die Geschichte des Denkens reicht. Dabei erweisen sich die
ihm üblicherweise zugesprochenen Verdienste – sagen wir abkürzend: sein
„Anti-Essentialismus" und sein „Ästhetizismus" – selbst als vertraute
Wiederholungen alter Positionen, die schon einmal nach allen Regeln der
Kunst und ohne Anleihen bei einer Wesens-Metaphysik überwunden
worden sind. Wir erkennen in Nietzsche den Sophisten, der wie Sokrates, der
ja auch ein Sophist gewesen ist, über den Sophismus hinaus gelangen
möchte. Dieses Verlangen Nietzsches ist am Beginn eines neuen Jahrhunderts der wohl wichtigste Fingerzeig einer Philosophie der Zukunft.

6. Sokrates und Alkibiades

Kehren wir zu Nietzsches Anfängen zurück: Kurz vor dem Schulabschluss in
der Pforte bittet der neunzehnjährige Musterschüler seinen Griechisch-
lehrer, einen Hausaufsatz „Ueber das Verhältniß der Rede des Alcibiades
zu den übrigen Reden des platonischen Symposions" schreiben zu dürfen.
Der Aufsatz, der noch heute in der Bibliothek von Schulpforta liegt, liest sich
wie das Dokument eines zelebrierten Abschieds von der Schule: Nach der
Theorie kommt nun die Praxis des Lebens. Nachdem in den sechs Reden des
Symposions, die der junge Nietzsche souverän in ihrer gedanklichen Einheit
erfasst, die *Idee* des Eros entwickelt worden sei, erfolge mit dem Auftritt des
trunkenen Alkibiades die Selbstdarstellung der *Realität:* Bis hin zu der von
Sokrates vorgetragenen Rede der Diotima bleibe, so Nietzsche, alles

---

19 GD, Das Problem des Sokrates 4; KSA 6, 69.
20 GD, Das Problem des Sokrates 7; KSA 6, 70.
21 GD, Das Problem des Sokrates 5; KSA 6, 70.
22 GD, Das Problem des Sokrates 3; KSA 6, 69.

Theorie. Erst mit Alkibiades zeige sich „die Liebe zum Urschönen in ihrer Wirkung auf das praktische Leben des Menschen", und zwar, wie Nietzsche fortfährt, „die Wirkung dieser Liebe im einzelnen Menschen".[23]

Dieser Umschlag von der bloßen Philosophie zum wirklichen Leben falle deshalb so deutlich aus, weil Alkibiades „ein vom Sokrates ganz abgefallner, der Philosophie völlig entfremdeter Jüngling"[24] sei. Gleichwohl steht dieser Jüngling unter dem übermächtigen Einfluss des Sokrates: „Die Einwirkung des Sokrates auf einen […] so genialen Menschen [nämlich Alkibiades] ist die wunderbarste, die Plato als Beweis jener erwähnten Rückwirkung hätte anführen können."[25] Die „erwähnte Rückwirkung" sei eben der Eindruck, den der mit seiner Liebe zum Schönen erfüllte Sokrates auf andere mache. Platons überlegene Kunst aber liege nun darin, dass er den im Umschlag auftretenden Gegensatz in seiner Einheit sichtbar mache. Damit kommt Nietzsche auf die „künstlerische Anlage des Dialogs"[26]:

> „Hierbei ist zu beachten, daß mit dem Auftreten des Alcibiades ein Umschwung des Tones eintritt; es ist der kühnste künstlerische Griff, daß in dem Augenblick, wo die Rede des Sokrates die Hörer gleichsam auf das hohe Meer des Schönen geführt hat, die Schaar der Trunkenen und Schwärmenden eindringt, und doch die Wirkung der Rede des Sokrates nicht vernichtet, sondern gesteigert wird. Die Rede des Alcibiades ist das Werk des Eros, ebenso wie es die Rede des Sokrates ist. Aber die Rede des Alcibiades wirkt durch Thatsachen, wie die des Sokrates durch Ideen; und die Thatsachen wirken kräftiger und überzeugender als die ausgesprochnen Ideen."[27]

Und schließlich:

> „Durch den Gegensatz des Sokrates und Alcibiades kommt endlich jene dämonische Doppelnatur des Eros selbst zur Anschauung, jenes Mitteninnen zwischen Göttlichem und Menschlichen, Geistigem und Sinnlichem […]."[28]

Man ist geneigt, in der von Nietzsche hervorgehobenen „wundersame[n] Vereinigung philosophischer Reden mit dem Genusse des Weines"[29], in der sich Idee und Wirklichkeit, Form und Stoff verbinden sollen, ein Vorzeichen der acht Jahre später behaupteten Dialektik der beiden Kunstgottheiten, Apollon und Dionysos, auszumachen. Doch für unseren Zusammenhang

---

23   Friedrich Nietzsche: „Ueber das Verhältniß der Rede des Alcibiades zu den übrigen Reden des platonischen Symposions". BAW 2, 421 f.
24   Ebd., 422.
25   Ebd.
26   Ebd.
27   Ebd., 422 f.
28   Ebd., 423.
29   Ebd.

sind die Personen wichtiger: Der junge und doch schon so altkluge Nietzsche
bringt für beide größtes Verständnis auf, er sieht das Geschehen sowohl von
Sokrates wie auch von Alkibiades her. Seine Sympathie gilt beiden gleichermaßen. Da er Alkibiades einen „genialen Menschen" nennt, ist sogar
eine *Identifikation* nicht ausgeschlossen. Die aber ist gewiss nicht gegen
Sokrates gerichtet. Denn der wird für seine, alle vorausgehenden Reden
aufnehmende und auf das Höchste steigernde Rede mit einem *Künstler*
verglichen, der das von den anderen „allmählich aufgeführte Gebäude [...]
zu einer Kuppel rundet"[30].

Dieses Lob auf Sokrates zielt natürlich auf Platon, der das Ganze ja
literarisch in Szene setzt. Mit der Würdigung seiner Leistung schließt der
Schulaufsatz ab. Um die Parallele zur späteren Bewertung von Sokrates und
Platon sichtbar zu machen, kommt es hier noch einmal auf den Wortlaut an:

> „So erscheint das Auftreten des Alkibiades als der Wendepunkt des kunst-
> vollen Dramas und zugleich der Philosophie nach der Seite der Wirklichkeit
> hin; und, wenn es mir erlaubt ist, einen Vergleich zu wagen, so hat Plato alle
> Theile des Dialogs in diesen Knotenpunkt zusammengeschnürt, nicht anders
> als wie Zeus die verschiedenen Seiten und Häute des Menschen mit der Na-
> belschnur zusammenband und in einem Knoten vereinigte."[31]

Platon als Gott, der mit seiner Kunst den Menschen macht – das ist die
höchste denkbare Auszeichnung. Nietzsche hält zeit seines Lebens an ihr
fest. Da Sokrates aber nicht nur als Kunstfigur in Platons Dialogen auftritt,
sondern ein wirklicher Mensch gewesen ist, der Platon allererst zu seinen
göttlichen Leistungen stimuliert, also im historischen Athen zu Platon nicht
grundsätzlich anders steht als zu dem von Nietzsche im *Symposion* ge-
rühmten Alkibiades, muss Platons Stellung zu Sokrates im wirklichen Leben
geklärt werden. Und das geschieht in der *Geburt der Tragödie,* der ich mich
nun ein wenig gründlicher zuwende.

7. Ein Philosoph des Lebens

Bevor dies aber geschieht, muss beiläufig erwähnt werden, dass Nietzsche
noch vor der Abfassung der *Geburt der Tragödie* eine Vorlesung hält, die
erste, die er überhaupt anbietet und die er drei Semester später, zeitgleich
mit der Publikation der *Geburt,* im Sommer 1872 wiederholt. Zwei weitere
Wiederholungen im Winter 1875/76 und im Sommer 1876 folgen. Diese

---

30 Ebd., 420.
31 Ebd., 423 f.

Vorlesung steht unter dem Titel *Die vorplatonischen Philosophen,* und sie endet, wie es nicht anders sein kann, mit Sokrates.[32]

Es gibt aber noch eine weitere Vorlesung, die er im Winter 1871/72 hält, also in eben den Monaten, in denen *Die Geburt der Tragödie* geschrieben wird. Ihr Titel lautet *Einleitung in das Studium der platonischen Dialoge.* Es ist eine großangelegte Platon-Vorlesung, die Nietzsche in seiner vergleichsweise kurzen Baseler Lehrtätigkeit insgesamt viermal hält.[33]

In dieser *Einleitung* nähert Nietzsche sich Platon so behutsam, aufwendig und ehrfurchtsvoll, als habe er es tatsächlich mit einem Gott der Philosophen zu tun. Er trägt Aufbau und Inhalt aller Dialoge vor, erörtert die philosophischen Grundprobleme, bemüht sich insbesondere um die Konzeption der Tugenden und die Deutung der Ideenlehre, außerdem behandelt er mit sichtlichem Fleiß die Fragen der Echtheit, der Datierung, des Lebensalters der erwähnten Personen, der geschichtlichen Quellen sowie der Rezeption im neunzehnten Jahrhundert. Man merkt, dass Nietzsche Eduard Zeller nach Kräften nutzt, aber er nimmt auch Ansichten anderer Interpreten auf. Als Beispiel erwähne ich nur Karl Friedrich Hermanns *Geschichte und System der Platonischen Philosophie* von 1839. Hermann sieht die „geistige Einheit" der platonischen Werke „weder in einer methodischen Verknüpfung, noch in einer durchgehends gleichen Weltanschauung, sondern in dem i n d i v i d u e l l e n G e i s t e s l e b e n d e s U r h e b e r s"[34]. Es ist also die *Person* des Philosophen, aus der die Einheit seines Denkens entspringt.

In diesem Sinn sucht Nietzsche die *Individualität Platons* zu erfassen: Als „Mittelpunkt des platonischen Wollens" sei seine „l e g i s l a t o r i s c h e M i s s i o n" zu begreifen[35]. Er verwerfe „die gesammte antike Kultur" und stelle sich dem „Homer gegenüber"[36]. Seine „Lebensweise" zeige, „wie er das nachzuahmende Vorbild" sein wolle[37]. Platon wolle tätig sein wie Solon und Lykurg; er möchte so wirken, wie er es im *Siebenten Brief* beschrieben habe, und er wolle das realisieren, was er in den *Nomoi* entworfen habe. Jedoch: „Ein ungeheurer Schmerz begleitet ihn immer: nie etwas Ähnliches

32 Nietzsches Aufzeichnungen finden sich in: Nietzsche, Werke. Kritische Gesamtausgabe (KGW), Bd. II, 4. Berlin/New York 1995, 211–362.
33 KGW II, 4, 7–188.
34 KGW II, 4, 17. Karl Friedrich Hermann: Geschichte und System der Platonischen Philosophie. Erster Theil, die historisch-kritische Grundlegung enthaltend. Heidelberg 1839 (Sperrung von Nietzsche; keine Sperrung bei Hermann).
35 KGW II, 4, 54.
36 KGW II, 4, 55.
37 KGW II, 4, 54.

zu erreichen."[38] Platon, dem Gesetzgeber, der hier mit einer Absicht vorgestellt wird, die später Zarathustra leitet, wird also ein existentielles Versagen unterstellt.[39] Dass Platon in den *Nomoi* drei oder vier Stufen der Realisierung unterscheidet, die ihn keineswegs als Versager erscheinen lassen, bleibt unerwähnt.

Doch wie dem auch sei: Aus seiner Betrachtung Platons zieht Nietzsche einen Schluss, den wir uns merken müssen: „Voraussetzung für eine solche Mission [als Gesetzgeber einer Kultur; Anm. d. Verf.] ist der u n b e d i n g t e G l a u b e a n s i c h. Dies zeigt sich z. B. darin, daß er Socrates nicht anders zu idealisieren weiß als indem er ihn sich gleichmacht."[40]

Platon also glaubt unbedingt an sich selbst und identifiziert sich mit Sokrates. Diese These macht neugierig darauf, wie Nietzsche in der im Semester zuvor gehaltenen Vorlesung über die vorplatonische Philosophie denn eigentlich den Sokrates darstellt. Nachdem die Entwicklung von Thales bis Zenon mit Kennerschaft, aber auch mit deutlichen Anleihen bei Schopenhauer geschildert ist, setzt die Würdigung des letzten Vorplatonikers mit unfreiwilliger Komik ein: Sokrates sei, so heißt es, „ein ethischer Autodidakt"[41]. Was soll der Begründer der Ethik auch anderes sein? Doch wir verstehen schon: Nietzsche will kenntlich machen, dass Sokrates selbst ein *ungeheurer Anfang* ist, ein originärer Impuls, der aus einem schier unglaublichen Akt der *Selbsterziehung* stammt:

> Sokrates „[...] ist ein ethischer Autodidakt: ein moralischer Strom geht von ihm aus. Ungeheure Willenskraft auf eine ethische Reform gerichtet. [...] Er ist der erste L e b e n s philosoph und alle von ihm ausgehenden Schulen sind zunächst Lebensphilosophien. Ein vom Denken beherrschtes Leben! Das Denken dient dem Leben, während bei allen früheren Philosophen das Leben dem Denken u. Erkennen diente [...]. So ist die sokrat. Philosophie absolut p r a k t i s c h : sie ist feindselig gegen alles nicht mit ethischen Folgen verknüpfte Erkennen. Sie ist f ü r J e d e r m a n n u. populär: denn sie hält die Tugend für lehrbar."[42]

Das ist ein bemerkenswertes Urteil, auch was die implizite demokratische Konsequenz des Philosophierens angeht. Tatsächlich gibt es die auf *jeder-*

---

38 KGW II, 4, 55.
39 In der „Vorrede" zum ungeschriebenen Buch über den „Griechischen Staat" heißt es, dass Platon die „ganze Inbrunst und Erhabenheit seiner politischen Leidenschaft" auf den Glauben an die Machbarkeit eines idealen Staates warf und – „an dieser Gluth verbrannte" (CV 3; KSA l, 776).
40 KGW II, 4, 55.
41 KGW II, 4, 353.
42 KGW II, 4, 353 f.

mann bezogene innere Logik des Philosophierens: Denn jedes *ausdrück-liche Denken* setzt *aus eigenem Anspruch* auf die mögliche Wirksamkeit des *Gedankens,* den *als Gedanken* immer nur *Einzelne* haben können, die *als Denkende* nur durch *Gedanken,* also durch das *Argument,* überzeugt werden können. Das Argument aber gilt ohne Ansehen der Person, kann also prinzipiell von jedem vorgebracht werden.

Nietzsches Tragik hat auch damit zu tun, dass er diese Dynamik des Denkens zwar an Sokrates erkennt, sie aber für sich selbst nicht zu akzeptieren vermag. Er glaubt, der Aristokratismus des Denkens gehe mit einem sachlichen Vorbehalt gegenüber der Menge einher; doch an Sokrates hätte er lernen können, dass man zur exemplarischen Ausnahme nur wird, indem man sich konsequent an allgemeine Einsichten hält.

8. Das Denken wird existentiell

Es mag sein, dass die Philosophie als solche schon eine Absurdität darstellt. Aber wer so naiv ist, es mit dem Philosophieren zu versuchen, der setzt notwendig auf *seine eigene Einsicht* und muss diese Unterstellung notwendig auch bei jedem anderen gelten lassen, der ihm seinerseits mit einer eigenen Einsicht entgegentritt.

Das wird an Sokrates exemplarisch, denn er setzt keine für sich bestehenden Texte in die Welt, er hält auch keine allgemeinen Reden in die Öffentlichkeit des menschlichen Daseins hinein, sondern er sucht jeden, der ihm gegenübertritt, *als Individuum* zu überzeugen. Er weiß, dass die Allgemeinheit der philosophischen Einsicht ihr Element in jedem Einzelnen hat. Das Individuum ist das *Moment des Denkens,* das alles, was es in Gedanken fasst, selbst nur *als Individuelles* begreifen kann. Es begreift nicht nur sich, sondern auch seinesgleichen notwendig im Medium der Individualität.

Deshalb bezeichne ich das Individuum auch als das „Element der Welt" – und stelle mich sowohl dem *Doppelsinn dieser Formel* wie auch ihrem *metaphysischen Gehalt.* Und die Größe des Sokrates besteht für mich darin, dass er diese der Natur des Denkens eingeschriebene Individualität an sich selber exekutiert. Er denkt nicht nur *selbst,* er führt nicht nur vor, was das *Selberdenken* für ihn selber heißt, sondern er bringt es in seinem Leben und Sterben auch zur äußersten Konsequenz. In Sokrates wird das Denken *existentiell.* – Davon hat Nietzsche eine Ahnung; aber mehr leider auch nicht.

Für Nietzsche zeigt sich die Individualität des Sokrates darin, dass er gegen sophistische Tendenzen seiner Zeit opponiert: Die „Polemik gegen die S o p h i s t e n " war „eine kühne Stellung eines Einzelnen"[43]. Schließlich erweise er sich in seiner Überwindung der Todesfurcht als der „letzte Typus des Weisen, den wir kennen lernen"[44].

9. Ästhetischer Sokratismus

Dass Nietzsche am Text seiner Vorlesungen über Platon und über die vorplatonische Philosophie gearbeitet hat, so lange er sie anbot, zeigt ein unscheinbarer Zusatz aus dem Jahre 1876. Darin zitiert er die Ansicht eines Autors; der in seinem 1875 veröffentlichten Buch über *Sokrates und Xenophon*[45] die Ansicht vertritt, Sokrates sei in dem „Prof. Lotze zu Göttingen" „wiedergeboren"[46]. Nietzsches Spott ist unüberhörbar, gleichwohl dürfte er höchst bewusst zur Kenntnis genommen haben, dass seine philosophierenden Zeitgenossen mit einer Wiederkehr des Sokrates rechneten. Und wenn wir nun die *Geburt der Tragödie* genauer lesen, erkennen wir, dass Sokrates nicht in Göttingen, sondern in Basel wiederkehrt.

Von den 25 Abschnitten der *Geburt der Tragödie* sind der 12., 13., 14. und 15. dem Sokrates gewidmet. Sie stehen im Mittel- und Wendepunkt der Schrift, denn hier vollzieht sich der Übergang von der antiken Tragödie zum modernen Musikdrama, das Wagner – aus dem Geiste Schopenhauers – zu schaffen vermag und das Nietzsche schon hier als Vorspiel seiner eigenen epochalen Wirksamkeit präsentiert. Hätte Wagner die (ja nur an ihn gerichtete) Vorrede der Schrift aufmerksam gelesen, er hätte schon 1872 wissen können, dass der ehrgeizige Jüngling, ihn lediglich als einen „Vorkämpfer" seiner eigenen Mission begreift.

Im zwölften Abschnitt wird Sokrates als Gehilfe des Euripides vorgeführt, dem Dichter, der angeblich keinen Sinn mehr für das Dionysische hat und dem es nicht gelingt, das Drama „allein auf das Apollinische zu gründen"[47]. Diese künstlerische Verirrung wird als „a e s t h e t i s c h e [r] S o k - r a t i s m u s " bezeichnet, dessen „oberstes Gesetz", wie Nietzsche sagt, „ungefähr so lautet: ‚alles muss verständig sein, um schön zu sein'". Dies sei

---

43   KGW II, 4, 357.
44   KGW II, 4, 360.
45   August Krohn: Sokrates und Xenophon. Halle 1875.
46   KGW II, 4, 27.
47   GT 12; KSA l, 85.

der „Parallelsatz" zu der sokratischen These „nur der Wissende ist tugendhaft."[48] Zur Erläuterung heißt es, dass die Wirkung der Tragödie „niemals auf der epischen Spannung, auf der anreizenden Ungewissheit" beruhte, sondern „auf jenen grossen rhetorisch-lyrischen Scenen, in denen die Leidenschaft und die Dialektik des Haupthelden zu einem breiten und mächtigen Strome anschwoll". Und dann folgt der für das Verständnis Nietzsches schlechthin entscheidende Satz: „Zum Pathos, nicht zur Handlung bereitete Alles vor: und was nicht zum Pathos vorbereitete, das galt als verwerflich."[49]

Damit ist dann auch das schneidende Verdikt motiviert, mit dem der zwölfte Abschnitt endet: „so ist also der aesthetische Sokratismus das mörderische Princip". Sokrates ist der „Gegner" des Dionysos, er ist der „neue[...] Orpheus, der sich gegen Dionysus erhebt" und „den übermächtigen Gott selbst zur Flucht nöthigt"[50].

So vernichtend das Urteil des Dionysikers Friedrich Nietzsche über den „mörderischen" Apolliniker Sokrates ausfällt: Die Macht des Sokrates könnte größer kaum sein. Er vertreibt einen Gott und steht damit im Bunde mit einem anderen Gott, auf den Nietzsche, wie wir wissen, auch nicht verzichten kann. Denn die Lyrik und Tragödie der frühen Griechen entsteht nur aus der Dialektik von Dionysos und Apoll.

Ganz so vernichtend ist das Urteil also nicht; außerdem muss uns zu denken geben, dass der Sokrates, den Nietzsche hier kritisiert, einen Schüler hat, der zum wirkungsmächtigen Anwalt des „ästhetischen Sokratismus" wird und sich die Gleichung zwischen Wissen und Tugend zu eigen macht. Dieser Schüler wird als „der göttliche Plato" bezeichnet, der von den unbewusst-dionysischen Quellen der ästhetischen Inspiration gewusst hat und sich zum ästhetischen Programm seines Lehrers bekennt. Dennoch erscheint Platon nicht als Exekutor eines „mörderische[n] Princip[s]"[51]. Er wird unverändert als eine Art Zeus verehrt, weil er ein *Künstler* ist, der etwas Neues geschaffen hat. Er hat der Nachwelt das „Vorbild einer neuen Kunstform gegeben, das Vorbild des R o m a n ' s"[52]. – Und Sokrates? Warum fällt das Urteil über ihn so vernichtend aus?

---

48 Ebd.
49 Ebd.; KSA 1, 85 f.
50 Ebd.; KSA 1, 87 f.
51 Ebd.; KSA 1, 87.
52 GT 14; KSA 1, 94. Platon ist für Nietzsche vor allem der Künstler, der sich der „starre[n] Consequenz des sokratischen Urtheils über die Kunst" nur unterwirft, um „im Kampfe gegen sich selbst" bestehen zu können (CV 3; KSA 1, 776 f.). Platon ist also entschuldigt. Er braucht den ethischen Rigorismus des Sokrates, um als

10. Die Identifikation mit zweien

Hat man sich diese Frage am Ende des zwölften Abschnitts gestellt, wird man im nachfolgenden Text nicht wenig überrascht. Denn die Rede über Sokrates ist ein einziger Superlativ – und dies keineswegs, um die Abgründigkeit seines Verbrechens auszuloten.

Gewiss: Sokrates ist eine „gänzlich abnorme[...] Natur", eine „wahre Monstrosität" und damit eine sensationelle Existenz, die gleich einer „Naturgewalt", mit den „allergrössten instinctiven Kräften", aus „göttliche[r] Naivetät und Sicherheit" heraus alles in ihren Bann zieht. Doch das durch ihn in Gang gesetzte „ungeheure Triebrad des logischen Sokratismus" verbreitet keineswegs nur die Helle des Bewusstsein, sondern lässt ihn „als etwas durchaus Räthselhaftes, Unrubricirbares, Unaufklärbares" erscheinen.[53]

Das aber nicht, weil Sokrates sich selbst in den Schatten einer bloß auf andere und anderes gerichteten Vernunfterkenntnis stellte. Im Gegenteil: Durch den „monstrosen defectus" seines bestimmenden Bewusstseins wird er genötigt, den „logischen Trieb[...]" auch „gegen sich selbst zu kehren". Erst dadurch kann er den Widerspruch in seiner Seele, den die Berufung auf das *daimonion* anzeigt, austragen, kann er die logische Tätigkeit der Philosophie als seine „Musik" ansehen und darf als der Prototyp des „theoretischen Menschen" gleichwohl als der „wahrhafte[...] Erotiker" wirken. Erst in diesem zum Austrag gebrachten Widerspruch zu seiner eigenen Vernunft kommt es zu dem „würdevollen Ernste", mit dem Sokrates „seine göttliche Berufung überall und noch vor seinen Richtern geltend" macht.[54]

Sokrates, so hebt Nietzsche schon in seiner ersten Äußerung hervor, hat sich als „de[r] Einzige[...]" vorgefunden, der sich eingestehen musste, „nichts zu wissen"[55]. Er hat es „als ein Einzelner" gewagt, „das griechische Wesen zu verneinen"[56]. Sein „ungeheurer Charakter" hat auch noch dort gewirkt, wo er gar nicht wirken wollte. Aber das, was sein „Cyklop-

---

Künstler in ein Gleichgewicht zu finden. Und dass er dabei Großartiges schafft, belegt nicht nur die romanhafte Kunstform der Dialoge, sondern auch sein Entwurf eines „vollkommnen Staate[s]", in dem der junge Nietzsche eine der höchsten Schöpfungen der platonischen Philosophie erkennt (ebd.; KSA 1, 776).

53   GT 13; KSA l, 90 f.
54   Ebd.
55   Ebd.; KSA 1, 89.
56   Ebd.; KSA 1, 90.

enauge"[57] bewusst in den Blick nahm, wird zwangsläufig einem Wandel unterworfen:

> „[…] er [Sokrates], der Einzelne [!], tritt mit der Miene der Nichtachtung und der Ueberlegenheit, als der Vorläufer einer ganz anders gearteten Cultur, Kunst und Moral, in eine Welt hinein, deren Zipfel mit Ehrfurcht zu erhaschen wir uns zum grössten Glücke rechnen würden."[58]

Das ist eine kaum zu überbietende Auszeichnung. Aber es ist nicht alles: Sokrates wird von Nietzsche als der „Wendepunkt und Wirbel der sogenannten Weltgeschichte" bezeichnet[59]. Aus der Vorrede zur *Geburt der Tragödie* wissen wir, dass sich Nietzsche – im erhofften Verein mit Richard Wagner – selbst in einem solchen „Wirbel und Wendepunkt" der Geschichte wähnt. Deshalb fällt es auch nicht schwer, das, was er in einer hymnischen Passage über Sokrates und Platon sagt, *auf ihn selber* zu beziehen. Ja, wir verstehen nichts von der Eloge auf die in ihren inneren und äußeren Sensationen so überbordende, einzigartige Existenz des Sokrates, wenn wir sie nicht als eine Selbstprojektion des jungen Friedrich Nietzsche enträtseln. Und das wahrhaft Monströse dieser Identifikation über zwei Jahrtausende hinweg liegt nicht allein in der Benennung der Widersprüche in dieser „fragwürdigsten Erscheinung des Alterthums", die eine „ungeheuere Bedenklichkeit"[60] freisetzt, sondern wohl darin, dass Nietzsche sich in *einem* Akt mit Sokrates *und* seinem Schüler Platon identifiziert:

> „D e r s t e r b e n d e S o k r a t e s wurde das neue, noch nie sonst geschaute Ideal der edlen griechischen Jugend: vor allen hat sich der typische hellenische Jüngling, Plato, mit aller inbrünstigen Hingebung seiner Schwärmerseele vor diesem Bilde niedergeworfen."[61]

Was Nietzsche hier Platon attestiert, das hat er als Schüler in seinem aus eigenem Anrieb geschriebenen Aufsatz über Alkibiades selber getan. Und er wiederholt es als junger Baseler Professor, nachdem ihm bewusst geworden ist, dass Sokrates den Typus des theoretischen (und damit auch des „modernen") Menschen repräsentiert.[62] Denn auch darin ist Sokrates ein Neuerer, „ein ganz neugeborner Dämon"[63], dem der „göttliche Plato"[64] zu

---

57 GT 14; KSA 1, 92.
58 GT 13; KSA 1, 89 f.
59 GT 15; KSA 1, 100.
60 GT 13; KSA 1, 90.
61 Ebd.; KSA 1, 91.
62 GT 15 u. 18; KSA 1, 97–102 und 115–120.
63 GT 12; KSA 1, 83.
64 Ebd.; KSA 1, 87.

einer literarischen Wiedergeburt verhilft. Dieses Produkt höchster künstlerischer Stilisierung erscheint dann als

> „[…] Lehrer einer ganz neuen Form der ‚griechischen Heiterkeit‘ und Daseinsseligkeit, welche sich in Handlungen zu entladen sucht und diese Entladung zumeist in maeeutischen und erziehenden Einwirkungen auf edle Jünglinge, zum Zweck der endlichen Erzeugung des Genius, finden wird.“[65]

Man braucht nur einen Seitenblick auf die in den ersten Baseler Jahren gehaltenen Vorträge *Ueber die Zukunft unserer Bildungsanstalten*[66] zu werfen, um zu erkennen, dass Nietzsche von der deutschen Jugend fordert, was die „Schwärmerseele“ Platons in ihrer „inbrünstigen Hingabe“ vorgemacht hat. In dem, was über Platon gesagt wird, liegt also eine gehörige Portion Selbsterkenntnis der Schwärmerseele Nietzsches, der sich selbst für den Genius hält, der nach Möglichkeiten sucht, maieutisch und pädagogisch auf „edle Jünglinge“ einzuwirken. Lesen wir die Passage im Licht der Baseler Hoffnungen Nietzsches, dann erfahren Sokrates und Platon ihre Wiedergeburt in *einer* Person – und die trägt den Namen Friedrich Nietzsche.[67]

11. Sokrates als Retter

In der gemeinsamen Leistung von Sokrates *und* Platon haben wir alles beisammen, was Nietzsche sich 1872 als seine eigene Aufgabe erträumt. Ob er geahnt hat, dass er mindestens zwei Leben hätte haben müssen, um seinem hohen Ziele auch nur nahe zu kommen, wissen wir nicht. Aber wir dürfen es vermuten und müssen darin einen Schlüssel zu seinem Leiden sehen: Er hätte sein eigener Lehrer *und* Schüler sein müssen, er hätte seine exemplarische Existenz unbeirrt *leben* und sie zugleich in höchster künstlerischer Vollendung *darstellen* müssen, um sein Ziel zu erreichen.

Welche Leistung unter diesen Bedingungen möglich gewesen wäre, hat uns Nietzsche noch in der *Geburt der Tragödie* verraten. Und es wird nun gewiss niemanden mehr überraschen, dass es *Sokrates* ist, an dem Nietzsche die exemplarische Wirkung einer Philosophie illustriert, die Leben zu retten vermag, so wie er es sich von seinem eigenen Denken erhofft.

---

65 GT 15; KSA 1, 101.
66 BA; KSA 1, 641–752.
67 In *Der griechische Staat* (CV 3; KSA 1, 776) sagt Nietzsche, dass er auch noch die glühendsten Platon-Verehrer in der Deutung des Idealstaats übertreffen werde.

Nach Nietzsches Darstellung ist Sokrates der Ahnherr der welthistorischen Kehre zur wissenschaftlichen Kultur. Er nennt ihn mit der Lust an jenem Gegensatz, den er selber aushalten möchte, einen „Mystagogen der Wissenschaft"; Sokrates soll die „Universalität der Wissensgier" erzeugt haben[68], in deren Folge die Wissenschaft zur alles andere beherrschenden Macht werden konnte. In seinem Leben und Sterben habe Sokrates die „Universalität" exemplarisch gemacht, die erst von da an als „ein gemeinsames Netz des Gedankens über den gesammten Erdball, ja mit Ausblicken auf die Gesetzlichkeit eines ganzen Sonnensystems, gespannt wurde."[69]

An diese Schilderung, in der Sokrates als Denker der Globalität (um nicht zu sagen: der Globalisierung) erscheint, knüpft Nietzsche die Schlussfolgerung:

> „[...] wer dies Alles, sammt der erstaunlich hohen Wissenspyramide der Gegenwart, sich vergegenwärtigt, der kann sich nicht entbrechen, in Sokrates den einen Wendepunkt und Wirbel der sogenannten Weltgeschichte zu sehen."[70]

Das Erstaunliche an dieser Diagnose ist, dass Nietzsche die geradezu schicksalhafte *Notwendigkeit* der epochalen Kehre anerkennt. Und ich brauche nur zu zitieren, um kenntlich zu machen, dass Sokrates hier nicht mehr und nicht weniger als die *Rettung der Menschheit vor sich selbst* inauguriert:

> „Denn [so schließt Nietzsche an die These von Sokrates als dem „Wendepunkt und Wirbel" der Weltgeschichte an; Anm. d. Verf.] dächte man sich einmal diese ganze unbezifferbare Summe von Kraft, die für jene Welttendenz [der sokratischen Erkenntnis] verbraucht worden ist, n i c h t im Dienste des Erkennens, sondern auf die praktischen d. h. egoistischen Ziele der Individuen und Völker verwendet, so wäre wahrscheinlich in allgemeinen Vernichtungskämpfen und fortdauernden Völkerwanderungen die instinctive Lust zum Leben so abgeschwächt, dass, bei der Gewohnheit des Selbstmordes, der Einzelne vielleicht den letzten Rest von Pflichtgefühl empfinden müßte, wenn er, wie der Bewohner der Fidschi-Inseln, als Sohn seine Eltern, als Freund seinen Freund erdrosselt: ein praktischer Pessimismus, der selbst eine grausenhafte Ethik des Völkermordes aus Mitleid erzeugen könnte."[71]

Sokrates ist also eine „Welttendenz"! Hätte es sie *nicht* gegeben, hätte sie nicht dafür gesorgt, dass die destruktiven Energien der Menschheit durch Erkenntnis und Wissenschaft absorbiert werden, gäbe es nichts anderes als – den Tod dem Leben vorzuziehen. Denn der „Pesthauch[...]" des Lebens

---

68 GT 15; KSA 1, 99.
69 GT 15; KSA 1, 100.
70 Ebd.
71 Ebd.

wäre unerträglich[72]. So ist Sokrates, wohl gemerkt: allein durch die Widersprüche, die er hervorzubringen und auszuhalten vermochte, zum Retter der menschlichen Kultur geworden. – Ich kenne keinen Philosophen nach Platon, der Sokrates Größeres zugetraut hat als Friedrich Nietzsche. Aber auch niemanden nach Sokrates, der sich stärker auf das Unmögliche geworfen hätte als dieser Nietzsche. Auch darin haben wir einen Reflex auf ein Zeitalter zu sehen, dem alles möglich zu sein schien.

12. Der verkannte Sokrates

Wie kommt es dann zu der extremen Abwertung des Denkers, der ihm, nach seinem eigenen Urteil, so nahe steht und den er sich keineswegs, wie wir gesehen haben, als einen rationalistischen Simpel zurechtlegt? Wie kann er den Sokrates, der sich selbst eine „Stechfliege" *(myōps)* nannte[73], um kenntlich zu machen, dass er auf dem Marktplatz jeden an sich selbst erinnert, umstandslos zur gemeinen „Fliege des Marktes" erklären, die nur aus „Rache" sticht?[74]

Um eine überzeugende Antwort zu geben, müsste ich zu einer grundlegenden Kritik ansetzen.[75] Hier will ich mich mit *drei Bemerkungen* begnügen, deren Absicht es ist, Sokrates und Nietzsche wenigstens so zu kontrastieren, dass jeder selbst entscheiden kann, wer von beiden ihm näher steht:

Die *erste* Bemerkung bezieht sich auf Nietzsches *Identifikation* mit Sokrates. Für sie gibt es eine Bestätigung aus der Zeit, in der Nietzsche sich definitiv *für* die Philosophie und *gegen* die Philologie entscheidet. Es ist eine Nachlass-Notiz aus dem Sommer 1875, die mit einem Schlag eine philosophische und persönliche Kontinuität über zwei Jahrtausende hinweg deutlich macht: „S o k r a t e s, um es nur zu bekennen, steht mir so nahe, dass ich fast immer einen Kampf mit ihm kämpfe."[76]

Nietzsche sieht sich in unmittelbarer Nachbarschaft des Sokrates. Er ist gleichsam ein wiedergeborener Platon; aber er kann das Schwergewicht der Wiederkehr nicht ertragen. Er muss das abwehren, was ihm am nächsten

---

72 Ebd.
73 Apologie 30e.
74 Za 1, Von den Fliegen des Marktes; KSA 4, 66.
75 Vgl. meinen Beitrag: Sensation und Existenz. Friedrich Nietzsche nach hundert Jahren, in diesem Band, 130–168.
76 N 1875, 6[3]; KSA 8, 97.

kommt. Tatsächlich lassen sich frappierende Parallelen zwischen Sokrates und Nietzsche nennen, die wiederum unsere eigene existentielle Nähe zur Antike erkennen lassen.

Dem gegenüber fallen die kleinen Modifikationen der Moderne, die sich mit dem behaupteten Abstand wichtig macht, nicht ins Gewicht. Die Antike ist uns näher als wir glauben, und sie bleibt dies trotz des Aufwands an Hermeneutik, die den Abstand so groß wie möglich erscheinen lassen möchte. Je größer die behaupteten historischen Distanzen sind, um so gewaltiger nimmt sich die Leistung der Hermeneutiker aus, die aber zu keiner ihrer Aussagen gelangen könnten, wenn sich die Vergangenheit uns wirklich entfremdet hätte.

Was ich meine, zeigt sich an Sokrates. Er *ist* uns nahe, und in der *existentiellen Nähe* erfahren wir zugleich die uns bindende, uns tragende Kraft der *Sachlichkeit*. Seine Existentialität gewinnt ihre Kraft aus der *Allgemeinheit des Wissens* und der sie stützenden *Gründe*. Ihre Leistung führt uns Sokrates in seinem ihn selbst tragenden *Vertrauen in das Wissen* vor. Nietzsche hat dieses Vertrauen verloren, und sein Verhängnis ist, dass er darin auch noch eine Errungenschaft sieht.

Tatsächlich aber ist seine Modernität nur ein romantisch verbrämter Schritt hinter Sokrates zurück. Dies um so mehr, als er die Individualität und Existentialität des Sokrates erkennt. Er wusste von seiner Gegenwart, hat aber nicht auf das Medium geachtet, in dem sie möglich wurde: Er hat sich *im Wissen* bewegt und zugleich der darin gewonnenen Sicherheit misstraut. Er hat, völlig zu recht, die *Individualität* forciert, aber übersehen, dass er sich nicht gleichzeitig von der *Universalität* distanzieren kann. Ich zitiere nur eine auf Sokrates gemünzte Bemerkung aus dem Sommer 1875. Sie ist auch deshalb so aufschlussreich, weil sie einen Gegensatz zwischen Philosophie und Wissenschaft behauptet, der weder für Sokrates noch für uns selber gelten kann: Sokrates ist „[d]as Individuum, welches auf sich selbst stehen will. Da braucht es letzte Erkenntnisse, Philosophie. Die andern Menschen brauchen langsam anwachsende Wissenschaft."[77]

Die Eigenständigkeit des Sokrates ist richtig gesehen; auch dass es in der Ethik eine letzte Verbindlichkeit geben muss. Die aber kann für ein selbstbewusstes Wesen nicht frei von (begrifflichem) Wissen sein. Folglich muss sie auch eine Beziehung zur Wissenschaft haben können, was schließlich auch bedeutet, dass Sokrates, anders als Nietzsche, keine prinzipielle Differenz zwischen sich und dem Volk installieren muss.

---

77   N 1875, 6[7]; KSA 8; 99.

Die *zweite* Bemerkung ist auf die gravierende Folge des Verlusts an Sachlichkeit bezogen und hat mit dem *Begriff der Philosophie* zu tun, den wir Sokrates verdanken, dem Nietzsche aber nicht gewachsen ist. Auch hier nehme ich eine Notiz aus dem Nachlass von 1875 auf, die das Leiden an Sokrates verrät, ein Leiden, das sich Nietzsche im Pathos der Distanz erträglich und produktiv zu machen versucht. „Socrates: da bleibt mir nichts als ich mir selbst; Angst um sich selbst wird die Seele der Philosophie."[78]

Das ist zunächst ein kaum zu überbietendes, tief bewegendes Zeugnis existentieller Nähe. Sokrates ist ihm so nahe wie er sich selbst. Eine Distanz ist nicht erkennbar: Denkt er an ihn, dann ist er bei sich selbst. Aber in dieser Nähe verwechselt Nietzsche sich mit seinem Vorbild: Er hält die Furcht (*deos*),[79] die den Sterblichen befällt und gegen die Sokrates alle Tugenden, vor allem aber die *Tapferkeit* aufbietet, für die „Angst", die der Nihilismus sich selbst erzeugt. Im Zeichen des Nihilismus wird die „„Angst um sich" tatsächlich zur Seele der Philosophie.

Die sokratische *epimeleia*, die „Sorge um sich selbst", aber ist von ganz anderer Art: Sie stammt aus dem Ernst *(spoudē)*, in dem sich das Individuum (als der Teil, der es in seiner Unteilbarkeit ist) mit dem Ganzen verbunden weiß und mit dem es seinen Platz stellvertretend für jeden anderen Teil der Ordnung, zu der es gehört, behauptet. Die Unsterblichkeit des Sokrates ist das Zeugnis der unverbrüchlichen Beziehung des Einzelnen zum Ganzen, dem er allein deshalb verpflichtet ist, weil er von ihm *weiß*. Dieses *Wissen*, das ja stets das *eigene* Wissen ist, enthält die Verbindlichkeit zu einem ihm entsprechenden *Handeln*. Wer nicht in Widerspruch zu sich selbst geraten will, wer auch nur Interesse an seiner *Einheit als Einzelner* hat, der sucht seiner Einsicht zu folgen. Die befolgte Einsicht aber ist die *Tugend*.

Zarathustra predigt die Tugend, als sei sie seine eigene Erfindung. Er verlangt „Tapferkeit", „Gerechtigkeit", „Treue", Wahrhaftigkeit" und „Redlichkeit". Die „Angst" überlässt er den „letzten Menschen", die allemal froh sind, dass sie mit dem Leben davon kommen. Der Übermensch hingegen beweist seinen „Mut" gerade auch gegenüber dem Tod. So greift auch Zarathustra im Medium des Wissens über die Lebensgrenze des Individuums hinweg. Weit davon entfernt, die „Angst" zur „Seele der Philo-

---

78 N 1875, 6[21]; KSA 8, 106.
79 In der Eröffnungsszene der *Politeia* lässt Platon den alten Kephalos die Befindlichkeit eines Menschen vor dem Tod beschreiben. Kephalos verwendet die Ausdrücke *hypopsia* (Argwohn, Verdacht), *deima* (Furcht, Schrecken; Schrecknis, Schreckbild), *phrontis* (Sorge, Besorgnis, Kummer) und *deos* (Furcht, Scheu, Angst vor einer Gefahr) (*Politeia* 330d/e). In anderen Zusammenhängen ist auch von *phobos* (Scheu, Furcht, Schrecken, Angst; Ehrfurcht) die Rede.

sophie" zu machen, gründet er das Schicksal der großen Seele auf die „Tapferkeit" und auf das, was Nietzsche *amor fati* nennt. Es ist eben das, was Sokrates in der These über die „Unsterblichkeit der Seele" zu beweisen sucht.

Indem Nietzsche auf die „Liebe", auf die „Tapferkeit" und die anderen Tugenden setzt, glaubt er auf das Wissen verzichten zu können. Für ihn ist mit dem „Erkennen" der Untergang des Menschen besiegelt.[80] Was dem Sokrates die individuelle Sicherheit des Handelns gibt, gilt Nietzsche als Anzeichen für die größte Gefahr. Auf diese Diskrepanz bezieht sich meine *dritte* und letzte Bemerkung.

13. Sokrates treibt Musik

Nietzsche spielt seine musikalische Begabung gegen Sokrates aus, und da für ihn, als Schüler Schopenhauers, die Musik das Tragische schlechthin zur Darstellung bringt, spricht er dem angeblich unmusikalischen Sokrates das tragische Bewusstsein ab. Das klingt nur so lange schlüssig, wie man nichts von Sokrates und Platon weiß – ja vielleicht auch nur, so lange man an die kompositorische Begabung Nietzsches glaubt.

Für Platon kann es als erwiesen gelten, dass er aus tragischem Bewusstsein philosophiert. Denn warum will er als politischer Gesetzgeber die Aufführung von Tragödien einer besonders strengen Prüfung unterziehen? Weil die Gesetzgebung allemal das größere Drama darstellt! Kein Geschehen auf der Bühne kann die Tragödie dessen, der sich mitten im Leben an die Gestaltung des Lebens wagt, übertreffen[81].

Und Sokrates? Hat er nicht die Tragik seiner eigenen Lebensleistung vor Augen, wenn er nur an Alkibiades denkt? Und wie steht es mit Charmides oder gar mit Kritias, dem Wortführer der Tyrannen, der sich einst als sein Schüler gebärdete? Welche Lehre erteilen die personifizierten Gesetze, wenn sie Sokrates anhalten, sein Todesurteil als rechtmäßig hinzunehmen? Von der Tragik dieses Todesurteils will ich gar nicht sprechen. Hätte nicht

---

80 „In irgend einem abgelegnen Winkel des in zahllosen Sonnensystemen flimmernd ausgegossenen Weltalls gab es einmal ein Gestirn, auf dem kluge Thiere das E r - k e n n e n erfanden. Es war die hochmüthigste und verlogenste Minute der Weltgeschichte, aber doch nur eine Minute. Nach wenigen Athemzügen der Natur erstarrte das Gestirn, und die klugen Thiere mußten sterben." (CV 1; KSA 1, 759 f.; später entsprechend in *Ueber Wahrheit und Lüge im aussermoralischen Sinne*; KSA 1, 875.)
81 Nomoi 817b/c.

Platon allen Grund zu der These gehabt, dass *nach* diesem Urteil keine Philosophie mehr möglich ist? Und Sokrates selbst? Was mag er empfunden haben, als er noch an seinem Todestag erfahren muss, dass die um ihn versammelten Schüler, trotz der aktuell nachhelfenden Unterweisung, seine Lebenslehre nicht verstehen? Sie begreifen noch nicht einmal angesichts seines Todes, dass Philosophieren sterben lernen heißt.

Die Modernen sind darin nicht besser als die anwesenden Schüler des Sokrates. Dafür aber haben sie, zumindest seit der Romantik, so viel von Ironie gehört, dass sie wenigstens in der sokratischen *Ironie* den tragischen Untergrund erkennen könnten. Außerdem hat sich das Verständnis der Kunst so beträchtlich erweitert, dass heute niemand mehr erwarten wird, Sokrates müsse ein Musikinstrument spielen oder Verse schmieden, um als Künstler gelten zu können.

Dass nun ausgerechnet Nietzsche der Ironie des Sokrates auf den Leim geht und glaubt, es habe erst einer poetischen Bearbeitung Äsopischer Fabeln bedurft, um den Beweis seiner musischen Begabung zu erbringen, kann man nur als ein fatales Missverständnis bezeichnen, zu dem er freilich durch sein Vorurteil gegenüber dem Wissen disponiert ist: Sokrates hat ja Recht darin, sein Philosophieren als seine „Musik" zu bezeichnen. Auch das Erkennen hat eine Melodie; das Denken ist dem Tanz verwandter, als Zarathustra zu wissen scheint. Wie musikalisch Sokrates nicht nur im bloßen Denken, sondern auch in dessen Darstellung ist, zeigt er in dem mit Leichtigkeit erzählten Mythos vom Kreislauf der Seelen im Kreislauf der Welt, die in einem Kreislauf aller Elemente besteht.[82] Die Unsterblichkeit liegt schon darin, eine solche Dichtung unmittelbar vor dem eigenen Tod erzählen zu können.

So gehorcht Sokrates seinem Gott. Seine über die Jahrtausende hinausragende Größe haben wir nicht zuletzt darin zu sehen, dass er, ohne das Wissen zu schmähen, *gläubig* bleibt und an den Grenzen des Wissens zum *Dichter* wird. Es ist bekannt, dass Sokrates schon alle wesentlichen Einsichten der Religionskritik zur Verfügung stehen; schon den frühen Dialogen Platons ist zu entnehmen, welche Distanz zu den Dichtern, Rhapsoden und Rhetoren möglich und nötig ist. Denn das Wissen ist und bleibt das Element, auf das der Mensch alles beziehen können muss, wenn es für ihn eine mitteilbare Bedeutung haben soll.

Davon ist Sokrates trotz seiner unübertroffenen Einsicht in die Grenzen des Wissens nicht abgerückt. Im Gegenteil: Er erkennt, dass die Grenzen des Wissens uns nur deshalb auf die Kunst und auf das Vertrauen in die Götter

---

82 Phaidon 107d ff.

verweisen, weil wir sie *nur wissend* schätzen können. Die mögliche Einheit von Selbst und Welt, die uns in Kunst und Gott gegenwärtig ist, haben ihren mitteilbaren Wert nur im Medium des Erkennens. Nur im begrifflich vermittelten Wissen kann sich der Mensch seines eigenen Werts versichern. Nur in seinem Licht lassen sich alte Tugenden und neue Werte fordern.

Also hat auch Nietzsche in allem, was wir von ihm wissen, auf das Wissen gesetzt. Auch er hat sich in seinem Verlangen nach der Kunst, in der verzweifelten Suche nach neuen Horizonten und in seinem Wunsch, dem Ganzen des Daseins einen neuen Wert zu geben, faktisch auf sein Wissen gegründet. Es ist das Rätsel seiner Wirksamkeit, dass er sich in diesem Punkt nicht eingestehen konnte, was er tat. Vielleicht wollte er nicht zu erkennen geben, wie nahe er Sokrates wirklich stand und: dass er den Kampf gegen ihn nicht gewinnen konnte.

Aber sein Kampf hat nunmehr den Vorteil, dass uns Sokrates heute noch näher sein kann. Wir wissen nun genauer, wofür wir mit ihm zu kämpfen haben. Dazu gehören nicht nur – mit Nietzsche – die Vernunft, die Tugend und die Wissenschaft, sondern auch – gegen Nietzsche – das Recht und die Menschlichkeit. Allein darin verdanken wir Nietzsche mehr als jedem anderen Philosophen nach Kant und Hegel. Der Wert alles dessen, was er preiszugeben versuchte, kann und muss uns größer erscheinen, als dies aus der Optik des neunzehnten Jahrhunderts zu erkennen möglich war. Das zwanzigste Jahrhundert hat uns vor Augen geführt, welch verheerende Folgen es haben muss, auf *Recht* und *Demokratie,* auf *Menschlichkeit* und *Vernunft* zu verzichten.

Im einundzwanzigsten Jahrhundert kann uns Nietzsche immerhin lehren, dass der Mensch seine großen Aufgaben nur im Bewusstsein seiner *Individualität* angehen kann. Die *Individualität* aber kann weder von ihrem *Leib,* noch von der „großen Vernunft" dieses Leibes abgetrennt werden. Also gehören auch die *Sinnlichkeit* und die *Kunst* zu ihren Elementen. Aber wir verstehen weder den Leib noch die Sinnlichkeit noch die Kunst, wenn wir uns nicht *selbst* verstehen. Und dieses *Selbstverständnis* vollzieht sich, wie Sokrates wusste, im Medium von *Begriffen,* in denen wir niemals bloß bei uns selber sind. Wenn wir diese kleine Einsicht in die *Komplementarität von Individualität und Universalität* in der Lektüre Nietzsches nicht vergessen, wenn wir seine *Nähe zu Sokrates begrifflich* einlösen, dann werden seine Schriften auch im einundzwanzigsten Jahrhundert unverzichtbar sein.

Nietzsche, Goethe und die Humanität

I. Als dieser Kongress noch ein in der Zukunft liegendes Ereignis war, hatte ich vor, über *Goethe und Nietzsche* zu sprechen – und dies mit der freundlichen Unterstützung von *Johann Peter Eckermann*. Im Übergang vom Goethe- zum Nietzsche-Jahr erschien mir dies als angemessenes Thema – zumal wir in Naumburg auf halbem Weg zwischen Röcken und Weimar sind.[1]

Das Thema hätte sich gut begründen lassen. Denn keinen historischen Autor zitiert Nietzsche so oft und so anerkennend wie Goethe, keinen hat er überzeugender und beharrlicher als Exempel eines „großen Individuums" empfohlen, bei keinem anderen waren derart Philosophie und Literatur zu gleichen Teilen verbunden, kein anderer stand mit der ganzen Präsenz seines Geistes den historischen Ereignissen so nahe und blieb ihnen gegenüber doch so distanziert. Goethe war „unzeitgemäß" und gleichwohl ein bewegendes Element seiner Epoche; er ist „historisch" *und* „überhistorisch"; er ist „monumental", ist aber auch „kritisch" und wirkt inmitten seiner Sammlungen, ausgestattet mit einer unentwegt ausgreifenden Erinnerung, wohltuend „antiquarisch". Goethe *war*, wie Nietzsche *sein wollte:* romantisch, als man noch *klassisch* orientiert war, *klassisch*, als alle *romantisch* dachten. Im Effekt hat er Klassik und Romantik gleichermaßen auf Distanz gebracht und ist gerade dadurch zum „Klassiker" geworden.

Goethe, so könnten wir mit Nietzsche sagen, ist ein „autonome[s] übersittliche[s]", ein „s o u v e r a i n e [s] I n d i v i d u u m"[2]; er unterwirft sich dem „asketischen Ideal" – und gebraucht es doch nach eigener Einsicht im Dienst von Kunst und Wissenschaft; bei ihm steht die Vernunft nicht im

---

1   Der erwünschte Gehilfe Eckermann ist der Repräsentant aller jener, die sich historischen Größen nähern, um sich an ihnen zu bilden. Wer 100 Jahre nach dem Tod eines Menschen noch sein Gedenken pflegt, der will selber in Erinnerung bleiben. Im rituellen Gedächtnis, das man zu den Jubiläen zelebriert, ruft man in die Vergangenheit, um sich am eigenen Echo zu bestätigen. In der Aufmerksamkeit auf das längst vergangene Andere stärkt man sich selbst. Es gibt also keinen Grund zu der Sorge, dass man sich an den Gedenktagen, in der Hinwendung zu einem anderen, selbst verliert.

2   GM 2, 2; KSA 5, 293.

Widerspruch zum Leben. Hier schneidet sich der Geist wohlweislich nicht ins eigene Fleisch.

Eine einzige Gestalt, der Goethe neues Leben gegeben hat und die Nietzsche erneut zu beleben versucht, kann anschaulich machen, dass sich auf engstem geschichtlichen Raum mindestens zwei *Renaissancen* ereignen: Gemeint ist die Figur des *Prometheus*, die den jungen Goethe begeistert und ihn in der Gestalt des *Faust* bis zum Lebensende begleitet. In der um 1795 geplanten *Befreiung des Prometheus* skizziert der Weimarer Geheimrat, was geschieht, wenn sich der Heros aus seinen Ketten löst; der Baseler Professor wählt 1872 den „entfesselten Prometheus" als Titelvignette der *Geburt der Tragödie*.[3] In diesem Halbgott, der von Zeus dafür bestraft worden ist, dass er dem Menschen den (göttlichen) Geist und das (göttliche) Feuer gebracht hat (so dass er werden konnte wie Gott), sind die Motive für den „Tod Gottes", für die „Umwertung der Werte", den „Immoralismus" und den „Übermenschen" angelegt.

In Goethes „Festspiel" *Pandora* ringt Prometheus mit seinem Bruder Epimetheus um die Zukunft des Menschen und erreicht, dass ihn „des Lebens eignes, reines,/ Unverwüstliches Bestreben/ Neugeboren" wieder bringt.[4] Und in der Weltenfeier nach der Wiederkehr des Menschen reicht ihm ein „Bacchusähnlicher" mit dem Lob auf „Leben", „Lust" und „Spiel" den Wein. So ausgezeichnet mit der „schönsten Schale" des Dionysos, schreitet der Wiedergeborne als Jünger des Gottes, der ihn gerettet hat: „Pantherfelle von den Schultern/ Schlagen schon um seine Hüften,/ Und den Thyrsus in den Händen/ schreitet er heran […]" Dazu spricht der befreite Prometheus, der dieses Fest durch seinen Mut ermöglicht hat, den Kommentar: „Des echten Mannes wahre Feier ist die Tat."[5]

Das nimmt Nietzsche in der *Geburt der Tragödie* auf: Panter und Tiger sind im Zeichen des Thyrsus vereint, das „narkotische Getränk" tut seine Wirkung, und es ist, als ob der Schleier der Maja „nur noch in Fetzen vor dem geheimnissvollen Ur-Einen herumflattere".[6]

In seinen späten Schriften rückt Nietzsche sich selbst in diese Szene ein, um mit seinem aus verzücktem Leiden hervorgetriebenen epistemischen Tanz die Menschheit für ihre eigene Zukunft zu retten. Längst ist es nicht

---

3   Dazu sehr aufschlussreich: Reinhard Brandt: Die Titelvignette von Nietzsches „Geburt der Tragödie aus dem Geiste der Musik". In: Nietzsche-Studien 20 (1991), 314–328.
4   Goethe, Pandora 990–995 (Artemis-Ausgabe Bd. 6, 440).
5   Ebd. 1033–39 u. 1046 (6, 441 f.).
6   GT 1; KSA 1, 28–30.

mehr allein die *Kunst*, durch die das Leben sich den Menschen rettet[7]. Jetzt wird die Hoffnung auf die Kunst durch das Verlangen nach *Freundschaft* und *Liebe* verstärkt. Deshalb brauche ich nur nachzutragen, dass der wiedergeborene Mensch in Goethes *Pandora* auf den Namen „Phileros" hört. Der Kundige weiß dann von selbst, wie viel *ursprünglicher Platonismus* in dieser auf *Liebe* und *Freundschaft* setzenden *Welterziehungslehre* enthalten ist.[8]

In den *Gesprächen mit Eckermann*, nach Nietzsche das „beste[…] deutsche[…] Buch[…], das es giebt"[9], singt Goethe das Lied auf den *Genius*, den eigentlichen Träger der Kultur. Alle großen Motive in Nietzsches Werk haben hier ihr Vorspiel: die *ästhetische Sicht* auf die Dinge, die gleichwohl im *Umfeld möglicher Taten* stehen; die Lehre vom *Werden und Vergehen*, vom *Vernichten und Neuerrichten*[10], die *Achtung des Leibes*, über die Eckermann den Alten sogar beim Bogenschießen belehren kann; das *Verständnis für alles*, sogar für die *Grausamkeit*; die Distanzierung gegenüber der *Menge* und die Idealisierung des *Vornehmen*, wenn es sich in Taten äußert[11]; oder die Durchdringung von *Innen und Außen*[12], an der sich Nietzsche bei der Überwindung des *physikalischen Begriffs der Kraft* orientiert. Goethes *Opposition gegen Newton* wiederholt sich in Nietzsches Versuch, den *Positivismus der Naturwissenschaften* zu überwinden. Damit ergibt sich eine Parallele zwischen *Farbenlehre* und *Wille zur Macht*, auf die man nicht kommt, wenn man nur der forcierten Sensation des Kampfbegriffes folgt.[13]

II. In den *Gesprächen mit Eckermann* ist aber auch die *psychologische* und *politische* Dimension des *Willens zur Macht* vorgebildet; dabei ist die für Nietzsche letztlich entscheidende Bindung an den *Genius* offenkundig. Was wir beim einen erst durch aufwendige Interpretation ans Licht befördern müssen: dass nämlich der Lehre vom *Willen zur Macht* eine *Ästhetik der Selbsterfahrung* zu Grunde liegt, tritt beim anderen, dem Weltmann und Politiker Goethe ganz ungeniert hervor.

7 GT 7; KSA 1, 56.
8 Dazu vom Verfasser: Sokrates ist mir so nah. Die unbewältigte Gegenwart Nietzsches. In: Kurt Seelmann (Hg.): Nietzsche und das Recht. Stuttgart 2001, 181–194.
9 MA 2, WS 109; KSA 2, 599.
10 Goethes Gespräche mit J. P. Eckermann. Hg. v. Franz Deibel. 1. Band. Leipzig 1908, 194.
11 Ebd., 2. Band, 76.
12 Ebd., 1. Band, 334.
13 Siehe dazu meinen Beitrag: Sensation und Existenz. Nietzsche nach hundert Jahren, in diesem Band, 130–168.

Aber das ist nicht alles: Im Gespräch zwischen Goethe und Eckermann erfahren wir, wie ernst man das *Spiel*[14] und die *Träume* nimmt; der achtzigjährige Dichter respektiert die *seelischen Impulse*, lange bevor sie zur Sprache kommen. Dazu passt Goethes sokratische Achtung vor dem *Dämonischen* und seine staunenswerte Bewunderung der *nomadischen Lebensform*[15]. Wir haben die Hochschätzung der *Individualität*[16], des *Lebens*, der *Natur*[17] und der *Kunst*; da ist der Respekt vor der *Wissenschaft*, insbesondere der *Naturwissenschaft*, und dies in dem Bewusstsein, dass Physik und Chemie nicht zum Kern der Dinge vorstoßen, wenn sie sich nicht mit der *Selbsterkenntnis des Menschen* verbinden.

Schließlich wird man erwähnen müssen, dass Eckermanns schier unglaublicher Aufstieg vom Kuhhirten aus Winsen an der Luhe zum Vertrauten des Weimarer Weltgeistes selbst etwas Phantastisches hat. Und wer so sehr in genealogischen Vorstellungen befangen ist wie Nietzsche, wer auch noch als „freier Geist" so unter seiner niederen Herkunft leidet, dass er sich eine adelige Abstammung zulegt, der hat ein Gespür für den kometenhaften Aufstieg, der sich in Goethes Gravitationsfeld vollzieht: Da kommt ein Autodidakt aus kleinsten Verhältnissen und wird, getragen von der Bewunderung für den großen Menschen, selber – wenn nicht groß, so doch bemerkenswert. Eckermann ist exemplarisch für die alle Schranken überwindende Wirkung des Wissens, wenn es denn aus dem Enthusiasmus für den Geist des Menschen kommt, der sich, auch darin stimmt Nietzsche mit Goethe überein, nur im einzelnen Menschen zeigt.

Deshalb ist Goethes Gespräch mit dem zunächst nur seine *Begeisterung* mitbringenden Eckermann auch mehr als ein literarisches Dokument. Es ist weit mehr als das, was eine Weile lang als bloßer „Text" ausgegeben und für Nietzsches primäres Interesse gehalten wurde: Eckermann gibt Zeugnis von einem „Ereignis", von einer „großen Loslösung", seiner unerhörten Ausbildung zum „freien Geist", in welcher der Genius selbst auf kongeniale Weise wirksam ist: Denn nur der Genius erzieht einen Jüngling zur eigenen Größe.

Das ist Nietzsches Überzeugung.[18] Er hat sich die Großen seiner persönlichen Philosophiegeschichte, Schopenhauer, Platon oder Heraklit, stets

---

14 Goethes Gespräche mit J. P. Eckermann. Hg. v. Franz Deibel. Erster Band. Leipzig 1908, 211.

15 Ebd., Zweiter Band, 286 f.

16 Ebd., 1. Band, 211.

17 Ebd., 339.

18 Vgl. BA 3 u. 4; KSA 1, 710 f., 723, 729.

als „Erzieher" vorgestellt.[19] Und wenn er beklagt, dass selbst „die besten unserer Staatsmänner und Künstler" allesamt „Goethe nicht zum Erzieher" gehabt haben[20], dann wissen wir, welches Ideal ihm für seine eigene Wirksamkeit vor Augen stand.

III. Diese Sicht auf die stupende Gemeinsamkeit zwischen Goethe und Nietzsche mildert vieles ab, was bizarr, extrem und nicht selten brachial erscheint, wenn wir *nur* auf Nietzsche blicken. In der von ihm gesuchten Gemeinsamkeit mit dem Dichter und Denker stellt er sich selbst in eine Tradition, in der er offenbar (anders als in der Geschichte der Philosophie) keine rabiate Abgrenzung braucht. Zwar wissen wir längst, dass er auch zu einem anderen Dichter und Denker, nämlich zu Platon, ein schwärmerisches Verhältnis hat. Aber zwischen Platon und ihm steht nicht nur die den Ästheten gleichermaßen anziehende wie abschreckende Figur des Sokrates, sondern jenes schulmäßige Missverständnis des Platonismus, das Nietzsche immer wieder zu schärfster Ausgrenzung nötigt. Zu seiner Ehre muss gesagt werden, dass er den (vielen heute immer noch verborgenen) Unterschied zwischen Platon und dem Platonismus nicht nur kennt, sondern auch benennt.[21]

Doch wie dem auch sei: Was mit Blick auf Sokrates oder Platon die Nietzscheaner jederzeit entzweien kann, ist im Vergleich mit Goethe ausgeschlossen: Hier liegen nicht nur die Wirkungslinien offen zu Tage, sondern, was das Wichtigste ist, Nietzsche bekennt sich durchgängig zur Person wie zur Leistung Goethes. Das ist einmalig in seinem Werk. Natürlich gibt es einige Dichter oder Komponisten, in deren Wertschätzung er nicht schwankt. Wir brauchen nur an Hölderlin, Bach oder Shakespeare zu denken. Gleichwohl stehen sie im philosophischen Werk am Rand.

Das ist bei Goethe anders. Er wird, ohne dass ihm selbst ein Werk gewidmet ist, so oft erwähnt wie Wagner. Beide liegen um das Mehrfache vor allen anderen. Aber im scharfen Kontrast zu Wagner ist Goethe sakro-

---

19 Siehe dazu etwa die 3. *Unzeitgemäße Betrachtung: Schopenhauer als Erzieher* oder *Die Philosophie im tragischen Zeitalter der Griechen.*

20 MA 2, WS 107; KSA 2, 599.

21 Siehe die groß angelegte Platon-Vorlesung *Einleitung in das Studium der platonischen Dialoge.* Nietzsche bietet sie in seiner vergleichsweise kurzen Baseler Lehrtätigkeit insgesamt viermal an. Nietzsches Aufzeichnungen finden sich in: KGW, Bd. II, 4, 7–188; dazu vgl. auch die ebenfalls viermal gehaltene Vorlesung über *Die vorplatonischen Philosophen*, KGW II, 4, 211–362.

sankt.[22] In ihm hat Nietzsche ein Maß, das er nie in Frage stellt; mit ihm schafft er sich selbst eine Tradition, die bis in die Anfänge der alteuropäischen Kultur zurückreicht; und mit Goethe fügt er sich selbst in eine Wirkungsgeschichte ein, die dem *Menschen* als dem ganz der Natur und ganz dem Geist zugehörigen Wesen verpflichtet ist.

In der Treue gegenüber Goethe bewahrt Nietzsche seinen *menschlichen*, ja, sagen wir ruhig: seinen *humanen* Ausgangspunkt. Ganz gleich, zu welcher Distanz ihn der philosophische Selbstversuch mit dem Menschen nötigt: Das Interesse am Menschen lässt ihn nicht los. Dabei weiß er, wie sehr es alle anderen Interessen trägt, dass es sich ständig zwischen den Polen von *Sympathie* und *Aversion* bewegt und von der Wahrnehmung des *eigenen Selbstwerts* nicht zu trennen ist. Wer keinen Gott mehr hat, dem bleibt nur noch seinesgleichen, sobald er nach Anhaltspunkten für die eigene Wertschätzung sucht. Den Ausgleich dafür verschafft sich Nietzsche im „Pathos der Distanz", mit dem er nicht nur über konkrete Lebenslagen, sondern über den Menschen insgesamt hinauszugelangen versucht. Von Goethe her können wir noch am ehesten verstehen, warum Nietzsches Neigung, die *Grenzen des Humanen* zu sprengen, keine Aufhebung der Humanität impliziert.

IV. Aber ich will gar nicht über Goethe und Nietzsche sprechen! Denn je näher die Wiederkehr des Todestages rückte, um so deutlicher wurde mir, dass man Nietzsche nach hundert Jahren durch eine *historische Betrachtung* nicht angemessen ehren kann. Ihm, der uns das *Selbstdenken* vorgelebt und vorgelitten hat, sind wir es schuldig, ein *eigenes* Urteil zu fällen. Wir müssen sagen, was er *uns* bedeutet, und welche Erwartung wir *für unsere eigene Zukunft* mit seinem Werk verbinden. Auf der Schwelle zu einem Jahrhundert, von dem sich niemand auch nur zu sagen traut, was es uns bringen könnte, haben wir eine Bilanz der „Philosophie der Zukunft" zu ziehen. Wir haben zu prüfen, ob Nietzsche weiterhin als der „Prophet" gelten kann, der er zu sein versuchte.

Das soll im Folgenden – wenigstens in *fünf grundsätzlichen Punkten* – geschehen. Dabei bediene ich mich einer knappen und dezidierten Sprache, wie man sie bei Nietzsche lernen kann. Die Rhetorik der Umständlichkeit, die man heute als vornehm erachtet, ist eine Sache der Schulen und der

---

22 Eine der wenigen kritischen Bemerkungen über Goethe findet sich in MA 2, VM
    227; KSA 2, 482 f.: „Goethe's Irrungen". Die Pointe ist, dass Goethe auch in
    seinen Irrtümern groß ist. – Im Übrigen verweise ich hier nur auf Eckhard Heftrich:
    Nietzsches Goethe. Eine Annäherung. In: Nietzsche-Studien 16 (1987), 1–20.

Zirkel. Sie wird die Philosophie nicht aus ihrer Rätsel-, Bastel-, Schmoll- und Meckerecke befreien.

V. Nach der Erinnerung an den Goetheanismus Nietzsches kann der *erste* Punkt bereits als erwiesen gelten: Nietzsche ist nicht der *singuläre Komet* über der Zeitenwende; er markiert keine neue Stunde Null, sondern er hat *große und größte Vorgänger*, schließt ausdrücklich an sie an und ist längst selbst zu einem *Klassiker* geworden, den wir als Brücke in die Vergangenheit nicht missen möchten. Die Lieblingsidee der Nietzscheaner, dass ihr Protagonist ein „Wirbel und Wendepunkt" der Geschichte ist, gehört zur Revolutionsmetaphorik des 19. Jahrhunderts. Im 20. Jahrhundert verdeckte sie nur die eigene Einfallslosigkeit.

Dabei gab und gibt es besonders Gewitzte, die Nietzsche lediglich als „Vorkämpfer" jener Revolution ansehen, die sie selber zu vollziehen glauben.[23] Die *Epigonen* deuteten sich selbst in eine *Avantgarde* um. So ist Heidegger verfahren, und ihm sind nicht nur Levinas, Derrida und Foucault gefolgt: Nietzsches Rezeptions-Karriere nach 1968 hängt auch damit zusammen, dass man im Wechsel von Marx zu ihm weiterhin glauben konnte, „revolutionär" zu sein. Es ist längst an der Zeit, mit dieser *Geschichtskonstruktion nach dem Auktionsmodell* (wo der jeweils letzte den Zuschlag erhält) Schluss zu machen. Das vergangene Jahrhundert hat sich um so stärker mit Revolutionen und Paradigmen, *turns* und Kehren geschmückt, je weniger es in der Sache zu bieten hatte.

Verfehlt ist damit auch die vergleichsweise bescheidene Erwartung auf *definitive Fortschritte*. Da wird bis heute geglaubt, Nietzsche habe das *Christentum* erledigt, die *Metaphysik* endgültig aufs Altenteil gesetzt und *Gott auf ewig für tot* erklärt. Da sieht man in ihm den *finalen Immoralisten*, den Schöpfer vollkommen *neuer Werte*, den ersten Optiker des *Perspektivismus* und den Märtyrer eines neuen *Sinns der Erde*. Morgen wird Peter Sloterdijk die Medien mit der (nur für den Ahnungslosen neuen) Botschaft überraschen, dass Nietzsche glaubte, mit dem *Zarathustra* ein neues „Evangelium" verfasst zu haben.

Gewiss kann man sich in alledem auf exaltierte Äußerungen Nietzsches stützen. Doch man muss gleich dreifach Einspruch erheben, *erstens* weil die Innovationen Nietzsches so neu nicht sind, *zweitens* weil sie sich nicht als so tragfähig erwiesen haben, wie ihr Autor vielleicht meinte, und *drittens* weil

---

23 Zu Nietzsches eigenem Spiel mit dem Begriff des „Vorkämpfers" siehe meinen Beitrag: Die Moderne beginnt mit Sokrates. In: Frank Grunert/Friedrich Vollhardt (Hgg.): Aufklärung als praktische Philosophie. Tübingen 1998, 2–20.

Nietzsche, wenn er tatsächlich an ein historisches Ende der *Wahrheit*, der *Moral*, der *Religion* oder der *Vernunft* geglaubt haben sollte, im Widerspruch zu seiner eigenen Kritik des geschichtlichen Denkens steht. Denn wenn die Kultur eine Abfolge von Renaissancen ist, die auf der Produktivität von Individuen beruht, dann kann *alles* wiederkehren – noch längst bevor es „ewig" wiederkehrt.

Der prophetische Nietzsche einer „Philosophie der Zukunft" fällt somit hinter die Einsichten seiner Kritik an der teleologischen Geschichtskonstruktion zurück. Entsprechendes gilt für die das 20. Jahrhundert dominierende geschichtsphilosophische Deutung von Nietzsches Leistung: Wer in ihr ein *Ende* oder einen *Anfang*, die *Wende*, den *Gipfel* oder die einsame *Spitze* einer Entwicklung sieht, setzt sich in Widerspruch zu Nietzsches eigenen Einsichten, wie sie schon früh in seiner *Kritik des Historismus*, in seiner genialen *Integration von Natur und Kultur* und schließlich in der abgründigen Vision der *Wiederkehr* zum Ausdruck kommen.

Deshalb sollten wir Nietzsche in der bis weit in die Antike zurückreichenden Tradition belassen, die sich immer wieder erneuert und seit ihrer letzten Renaissance in der europäischen Aufklärung in eine *sich selbst steigernde Beschleunigung* übergegangen ist. Daran hat Nietzsche durch seinen entschiedenen Rückgriff auf die *Sophistik*, durch die Erneuerung der *platonischen Verbindung von Wissen und Kunst* sowie durch die Verehrung der beiden vorausliegenden *griechischen Naturphilosophie* einen eigenen Anteil.

VI. Damit bin ich bei meinem *zweiten* Punkt: der *Bedeutung Nietzsches für die Gegenwart*. Es versteht sich, dass man zahlreiche *Beispiel gebende Leistungen* aufzählen könnte, allen voran die *einfach praktizierte Alternative zur Schulphilosophie*, in der Nietzsche der Philosophie das *Terrain des Lebens*, der *Weisheit* und der *Kunst* zurückerobert hat und ihr eine unerhörte Wirkung über alle akademischen Grenzen hinweg eröffnete. Dass dies nicht ohne Ressentiments gegen *System* und *Methode* abgehen konnte, lasse ich unerwähnt und bleibe für meinen Teil dabei, dass auch ein *System* nicht mehr als die *Vermessung einer Perspektive* sein kann – und als solche unverzichtbar ist.

Mich interessiert, was wir von Nietzsche bei der *Bewältigung des größten Problems der Menschheit* lernen können, dem Problem, das sich gegenwärtig in einer technisch spektakulär verschärften Weise stellt. Es ist das Problem, wie der *Mensch als Mensch überleben* kann, wie er sich *nach eigenen Vorstellungen entfalten* und auch unter *extremen Bedingungen er selber bleiben* kann.

Natürlich ist dieses Problem nicht neu, denn es steht hinter den ältesten Schöpfungsmythen, beschäftigt die lebensmüden oder ungerecht behandelten Oasenmänner im alten Ägypten,[24] es treibt den homerischen Odysseus um und führt nach dem Tod des Sokrates zur Institutionalisierung der Philosophie. Das Problem war auch nie vergessen, wie uns die Debatten über die Legitimität politischer Macht, die Kritik an der Entfremdung und am Totalitarismus oder das Nachdenken über die Zukunft des Menschen im Schatten der atomaren Waffen zeigen.[25]

Aber alle diese Erörterungen standen im Zeichen einer mehrheitlich erfahrenen *Katastrophe*; heute hingegen scheint es die schiere Glückserwartung zu sein, in deren Erfüllung sich der Mensch bis zur Unkenntlichkeit verändert. Unter dem Kostendruck einer alles verrechnenden Ökonomie hat die wissenschaftlich-technische Zivilisation eine Eigendynamik entfaltet, in der sich der Mensch mit der Erleichterung seiner Daseinsbedingungen selbst abzuschaffen droht. So jedenfalls reden die Auguren der Biotechnologie nach der weitgehenden Entschlüsselung des menschlichen Genoms.[26]

Als Leser Nietzsches können wir ihnen entgegenhalten, dass wir mit dieser Perspektive längst vertraut sind. Denn Zarathustra setzt da ein, wo die Spektakularisten von heute nicht mehr weiter wissen. In Kenntnis des Ineinander von Natur- und Kulturgeschichte am Menschen können wir vor dem Alarmismus der medialen Meinungsmacher nur warnen. Aber was ist damit für die *Diskussion* gewonnen? Und vor allem: Was ist für die Bewältigung des *Problems*, das es ja gibt, erreicht? – Hier glaube ich nun, dass Nietzsche uns wirklich helfen kann:

VII. Seit der Romantik leben die Nachfahren der Priester, die sich nun „Intellektuelle" nennen, mit dem Verdacht, der ehemals *verzauberten Welt* werde durch *Wissenschaft*, *Technik* und *Bürokratie* der *Zauber* genommen. Und wir können in allen von Intellektuellen in Szene gesetzten Bewegungen des 19. und 20. Jahrhunderts den Versuch erkennen, entweder einen *neuen Zauber* zu erzeugen oder einen angeblich *alten* festzuhalten.

---

24 Siehe dazu: Die Gedichte des Lebensmüden und Der redekundige Oasenmann. In: Altägyptische Dichtung. Hg. v. Erik Hornung. Stuttgart 1996, 106–109 u. 9–5. Zum Ganzen: Jan Assmann: Ma'at. Gerechtigkeit und Unsterblichkeit im Alten Ägypten. München 1990; ders.: Stein und Zeit. Mensch und Gesellschaft im Alten Ägypten. München 2. Auflage 1995.

25 Erinnert sei an Karl Jaspers' großes Buch: Die Atombombe und die Zukunft des Menschen. München 1956.

26 Bill Joy: Warum die Zukunft uns nicht braucht. FAZ Nr. 130, 6.6.2000, 49 u. 51.

Nietzsche ist nicht frei von dem narzisstischen Herrschaftsanspruch der selbsternannten geistigen Elite. Deshalb ist sein Zarathustra, praktisch-politisch gesehen, auch eine durch und durch fragwürdige Figur. Aber die Einsichten, die er *in der Sache* vorträgt – ich nenne nur die von jedem jederzeit zu vollziehenden „Verwandlungen des Geistes", die unerhörte These von der „großen Vernunft des Leibes" oder die Konzeption der individuellen Tugend –, sind ganz und gar *epochenunabhängig*. Und wenn wir sehen, wie Nietzsche über die frühen Griechen, über die Römer oder die Menschen des *Quatrocento* urteilt, dann ist klar, dass die „Entzauberung" *schon immer* der Zustand des kultivierten Menschen war und dass dieser sich *jederzeit* die *Illusion* verschaffen musste, ohne die sich nicht selbstbewusst handeln lässt.

Darin liegt Nietzsches Einspruch gegen die auf fortgesetzte Überbietung rechnende Geschichtskonstruktion der Moderne, und er könnte kühner und weiser nicht sein. *Weise* ist, wie immer, die Beschränkung, indem man weder auf *Massen* noch auf *Substanzen* (die heute so genannten „Strukturen") setzt, sondern allein auf den *Einzelnen*. Nietzsche vertraut allein auf das *Individuum*, dem im Zustand des Wissens ohnehin nichts anderes übrig bleibt, als auf *seine eigenen Kräfte* zu bauen.[27] *Kühn* ist, dass er den Rückzug des Menschen auf sich selber als einen Akt der Konzentration versteht, als eine Selbstformung vor selbstbestimmten Aufgaben.

Nietzsche legt also den *philosophischen Ausgangspunkt* frei, von dem aus wir die Zukunft durch Bewältigung der Gegenwart angehen müssen: Wir haben uns von den (ohnehin nicht zu klärenden) geschichtsphilosophischen Optionen zu befreien, um uns ganz der *vor uns liegenden Aufgabe* widmen zu können. Denn nur in ihr erkennen wir uns und unsere Welt. Es ist der *Selbstwert des Individuums*, von dem aus wir unsere Kräfte und unsere Aussichten einzuschätzen haben.

Um es an einem prominenten Beispiel deutlich zu machen: Der berüchtigte „Übermensch" ist in der Tat nicht mehr als eine spekulative Sackgasse, wenn wir ihn – nach dem Vorbild einer geschichtsphilosophisch

---

27 Wenn wir genau lesen, hält Nietzsche sogar an der platonischen Einsicht fest, dass nur ein *seine eigene Vernunft ernsthaft gebrauchender Mensch* einen Grund hat, sich an seinen Gott zu wenden. Damit hat seine Kritik des Christentums eine Pointe, die mit der Trivialität positivistisch-hedonistischer Himmelsstürmerei nichts zu tun hat. Vgl. dazu: Platon: Nomoi 687e. Man betet darum, dass man *Vernunft* hat. Man will von den Göttern seine eigene Selbstständigkeit. Das ist das tiefste und selbstbewussteste Wort über den Glauben, das ich kenne. Dahinter steht die These, der zufolge alles, was geschieht, „gemäß dem Befehl der eigenen Seele" geschehen soll (Nomoi 687c). Diese These wird mehrfach variiert (Nomoi 688c-d, 694b, 702).

ausgebauten Evolutionstheorie – als unsere Zukunft deuten. Er ist hingegen
eine praktische Herausforderung, wenn wir ihn, wie schon Goethe es tat, zur
Selbstkritik unserer eigenen Schwäche verwenden. Also haben wir auch mit
Blick auf den „Übermenschen" von der heilsgeschichtlichen Ortsbestim-
mung Nietzsches Abstand zu nehmen, um möglichst vorbehaltlos von seiner
kritisch-diagnostischen Leistung zu profitieren.[28]

VIII. Doch damit ist zunächst nur ein theoriebeladenes Hindernis aus dem
Weg geräumt. Etwas anderes kommt hinzu, das auf die *dritte* Leistung
Nietzsches führt: Die Philosophie hat an der die gegenwärtige Debatte über
die Zukunft des Menschen auslösenden *Dynamik* so gut wie keinen Anteil.
Sie hat sich, mit wenigen Ausnahmen, auf die *Kompensation der Zivilisa-
tionsverluste* beschränkt, die jetzt den Menschen selbst zu verdrängen
scheinen. Zu den Ausnahmen rechne ich die *sprachanalytische Philosophie*,
die sich, zusammen mit *Mathematik*, *Logik* und *Linguistik*, zu einer *Hilfs-
wissenschaft der Informationstechnologie* gemacht hat. Alle anderen haben
durch *Historisierung*, *Methodologisierung* oder *Kulturkritik* das aus sich
rollende Rad der globalen Zivilisierung nur auf irgendeine Weise *aufzu-
halten*, *erträglich zu machen* oder *zu leugnen* versucht.

Besonders rührend sind die mit dem Neukantianismus einsetzenden
Bemühungen, durch *Grenzziehung innerhalb der Wissenschaften* ein eigenes Terrain für den Geist zu reklamieren. Durch die Unterscheidung angeblich typisch *geistes-* oder typisch *naturwissenschaftlicher Verfahren* sowie
durch den ideologischen Mauerbau zwischen „instrumentellen" oder
„kritischen" Methoden hat man auf neue Weise sicherzustellen versucht,
dass die modernen Plebejer nicht mit den hyper- oder postmodernen Pa-
triziern verwechselt werden. Die letzten Ausläufer dieser methodologischen Selbstveredelung des Geistes sind die *Hermeneutik*, die *Diskurspraxis*
und die *Dekonstruktion*. Doch während sie mit immer feineren Mitteln den
Geist durch *Abgrenzung* zu retten suchen, sind die Naturwissenschaften
dabei, uns allen zu erklären, wie alles das funktioniert, was angeblich nur der
Geist verstehen kann.

Nietzsches Größe erkennt man darin, dass er sich für all diese Versuche
zur methodologischen Selbstauszeichnung des Geistes nicht interessiert. Er
kümmert sich weder um den Dünkel der Gebildeten noch um die Eitelkeit
der Schulen. Es ist ihm offenkundig egal, ob man eine geisteswissen-

---

28 Es ist das Verdienst von Rüdiger Safranski, diese phänomenologische Leistung
     Nietzsches wieder ins Bewusstsein gerückt zu haben: Nietzsche. Biographie seines
     Denkens. München/Wien 2000.

schaftlich „verstehende" oder eine naturwissenschaftlich „erklärende" Methode wählt. Der Erkennende geht *jeden* Weg, der ihm aussichtsreich erscheint; deshalb kann die Vielfalt wissenschaftlicher Interessen nur von Vorteil sein.

Nietzsche hat diese Pluralität in sich selbst vereinigt: Er ist ein produktiver Philologe, beweist in seinen Vorlesungen, dass er philosophiegeschichtlich zu arbeiten versteht, beherrscht die Klaviatur der Kritik, bemüht sich neugierig um die Erkenntnisse der zeitgenössischen Physik, Astronomie und Physiologie und ist nie verlegen um ein Lob der Wissenschaft, wann immer sie kritisch und konsequent betrieben wird. Das Wichtigste aber ist für ihn, dass die Wissenschaft ein *Mittel* bleibt, über dessen *Wert* der Mensch selbst befindet.

Die Bewertung durch den Menschen beruht letztlich auf der im Gelingen gegründeten *Selbstschätzung des Einzelnen.* Die Wertschöpfung der individuellen Existenz, die sich „im Schaffen", wie Nietzsche sagt, also in produktiv gestaltender Leistung *in der Welt* bewährt, entscheidet über den Wert der Wissenschaft. Damit ist eben das, was auch über die *Organisation der leiblichen Gestalt* entscheidet, zum Kriterium des Erkennens erhoben. Die Formung und Gestaltung der *eigenen Welt* wird zur Bewährungsprobe auch für den Geist, der freilich einen ganz anderen Rahmen der Welt- und Selbstverständigung setzt als der rein mechanische Konnex der Kräfte. Der entspricht einer weitgehend veräußerlichten *technischen Perspektive,* aus der sich der Mensch künstlich herauszuhalten sucht. Je mehr er sich aber mit seinem Selbst von der Konstruktion der bloßen Außenwelt separiert, um so bedrohlicher wird sie für ihn.

IX. Die Bedingungen für das aus der Selbstproduktion lebendiger Wesen stammende, sich in gelingender Gestaltung bewährende Selbst- und Weltverständnis hat Nietzsche im Begriff des „Willens zur Macht" zu fassen gesucht. Der führt mich auf den *vierten* Punkt der Bedeutung Nietzsches für die Debatte über die Zukunft des Menschen: Im Begriff des „Willens zur Macht" wird „die Analogie des Menschen zu Ende gedacht". Das heißt: Der Mensch, der sich selbst als *schöpferisch* und damit als ein Wesen erfährt, das *in Tat und Werk Innen und Außen zur Einheit* bringt, begreift die Welt aus eben *dem* Impuls, der sie *in allem* gestaltet. So wird die schiere Äußerlichkeit des physikalischen Begriffs der Kraft überwunden, und alles kann nach dem Modell der *Selbstgestaltung der eigenen Kräfte* gedacht werden.

Um die Besonderheit dieses Zugangs zur Natur zu akzentuieren, gesteht Nietzsche *nur dem „Genie"* ein adäquates Verständnis des Machtwillens zu. Das ist wichtig, um den Willen zur Macht vor flacher politischer Vereinnahmung zu schützen, kann aber nur verständlich werden, wenn wir uns eingestehen, dass auch der Leib diese „Genialität" besitzt, von der wir aber eben nur eine Ahnung bekommen, wenn wir selber produktiv sind.

In dieser Konzeption wird die Wissenschaft nicht vom Leben gelöst, das Leben aber auch nicht von Technik und Kunst. Nietzsche bringt Wissen, Können und artistische Produktion in eine *von innen her* bestimmte Beziehung. Die dynamische Einheit in den produktiven Prozessen, die sich unablässig differenzieren, die aber in ihrem Ursprung immer auch dasselbe sind: Das zu erschließen, ist das Ziel des Erkennens und Erlebens, um das es Nietzsche geht. Deshalb ist letztlich für ihn *alles* Leben, *alles* Natur – so viel Gesellschaft, Kultur und Geschichte auch gewesen sein mögen. Wenn dieses „kleine Gestirn", wie er die Erde gelegentlich nennt, in dessen Haut der Mensch eine kurze Weile wie eine Infektion gewütet haben mag, untergeht, dann war eben alles, was hier stattgefunden hat: *Natur.*

Damit sind schon im 19. Jahrhundert die philosophischen Hürden zwischen Natur- und Geisteswissenschaften aus dem Weg geräumt. Hundert Jahre später wird es zur Absurdität, wenn sich die Philosophie im Gespräch mit den Biologen oder Physiologen weiterhin auf methodologische Gegensätze beruft. Sie hat sich einfach entschiedener um die Sache des Lebens zu bemühen und muss den naturwissenschaftlichen Problemen auf deren eigenem Terrain entgegenkommen. Und dabei kann sie dann im Bezug auf einzelne Fragen zeigen, dass in jedes konkrete Verständnis eines sachlichen oder technischen Problems ein *Selbstverständnis des Individuums* eingeht, das sich als tätig und wirksam erfahren können muss, um auch nur zu verstehen, was „Ursache", „Kraft", „Wirkung" oder „Gesetz" heißen soll.

Mit einem Wort: Nietzsche hat neue Voraussetzungen nicht nur für das *kritische*, sondern auch für das *konstruktive Gespräch* mit den Wissenschaften des Lebens und der Natur geschaffen. Die darin liegende Chance ist endlich zu nutzen.

X. Aber warum sollten wir das überhaupt versuchen? Was geht uns die Biologie an, wenn wir gar keine Biologen sind? Warum sollten wir uns mit Physiologen abgeben, ohne selber krank zu sein? – Wir brauchen uns nur klarzumachen, warum wir diese oder ähnliche Fragen als rein rhetorisch empfinden, und schon sind wir bei Nietzsches entscheidender Leistung. Sie ist in der Tat so naheliegend und so elementar, dass nur Intellektuelle in der Nachfolge priesterlicher Repräsentation sie übersehen können: Denn die Fragen liegen im Interesse unserer eigenen *Existenz*. Wer für sich *selbst* verantwortlich ist, wer weiß, dass er *aus eigenen Impulsen* zu leben hat und nur *aus eigener Kompetenz* versprechen darf, der weiß bereits, dass er alle

Ansprüche, die ihm selber wichtig sind, aus den *Bedingungen der eigenen Existenz* zu schöpfen hat. In diesen Ansprüchen, wenn sie denn stimmig sind, gibt er seinem Leben eine *Gestalt*, er praktiziert eine *Form*, einen *Stil*, wenn er nicht zulassen will, dass man ihn von außen bestimmt, ihm vorschreibt, was er zu tun hat, und ihm mit alledem die Freiheit raubt. Ich streite mit Nietzsche nicht darüber, ob der Mensch die Freiheit „hat" oder gar: ob es sie „gibt"; praktisch-philosophisch reicht es aus, dass der Mensch die Freiheit *will*.

Wenn also die Naturwissenschaften darüber verfügen können, wie ich *lebe* oder gar: wie ich *bin* oder *sein werde*, dann habe ich ein *existentielles Interesse*, darüber mit zu entscheiden. Insofern kann, ja muss mir das Gespräch mit den Wissenschaftlern aus anderen Disziplinen wichtig sein. Es braucht auch nicht zu scheitern, weil der Informatiker, Physiker oder Biologe, wenn er für die Zukunft seiner Erkenntnisse eintritt, letztlich auch nur sein *existentielles Interesse* am Sinn seiner Tätigkeit ins Feld führen kann.

An diese *Existenzbedingung* unseres Denkens hat Nietzsche mit jedem Impuls seines Denken erinnert. Sein Denken ist ein Selbstversuch mit dem eigenen Leben. Es ist ein unter eigenen Formansprüchen stehender *Ausdruck seines Daseins*, darin hat es seine *Wahrhaftigkeit*. Und seine *Wahrheit* liegt darin, dass es andere in ihrem eigenen Lebensanspruch erreicht. Also hat es einen guten Sinn, Nietzsches Philosophieren als *Existenzphilosophie* zu bezeichnen – das nicht zuletzt auch deshalb, weil wir damit dem leider etwas verwahrlosten Begriff der *Existenzphilosophie* seine treffende Bedeutung zurückgeben können. Jedenfalls können wir an Nietzsche lernen, was es heißt, dem eigenen Leben einen erkennbaren und von innen her verständlichen *Ausdruck*, damit einen gleichermaßen ästhetischen und intellektuellen *Sinn* zu geben.

Und selbst wenn Nietzsche in seinem Selbstversuch dabei bis an die Grenzen des Zumutbaren geht, wenn er sich aus experimenteller Neugier einfach totstellen möchte, wenn er seinesgleichen den Daseinswert bestreitet oder – *horribile dictu* – davon schwärmt, wie „Dynamit" zu sein: Dann erweitert er gleichwohl, so unerträglich uns sein literarisches Imponiergehabe auch ist, den *Rahmen des Menschlichen*. Denn er sucht – mit Gründen – nach den Grenzbedingungen eines Lebens, das von Nietzsches eigenem Anspruch her gar kein anderes als das *menschliche Leben* sein kann. Der philosophische Versuch, der *Existenz eine begriffliche* Form zu geben, ist somit von der bereits unser Selbstverständnis tragenden *Humanität* nicht abzulösen.

Diese konstitutive Verbindung zwischen der als Aufgabe erfahrenen *Existenz* und der stets gefährdeten *Humanität* ist mein *fünfter* und letzter

Punkt. Über ihn habe ich mit meiner einleitenden Bemerkung über Goethes Wiederkehr in Nietzsches Denken fürs Erste genug gesagt. Mit Blick auf Goethe dürfte deutlich geworden sein, dass sich Nietzsche in seiner Bindung an einen großen Menschen nicht leichtfertig von den humanen Bedingungen löst. Nach hundert Jahren Nietzsche-Forschung wissen wir, dass er sich auch von den allgemeinen Konditionen des Menschlichen nicht lösen kann. Und unser eigenes Interesse an Nietzsches Leben und Werk beweist, dass es uns in diesem Punkt nicht anders geht als ihm.

So widersprüchlich dieses Werk und dieses Leben auch sind; so aberwitzig die Rezeption in hundert Jahren auch war: Das literarische, musische, philosophische und biographische Interesse an Friedrich Nietzsche ist ein ermutigendes Zeichen dafür, dass der Mensch nach wie vor mehr über sich und seine *Existenz* erfahren will. Und das ist die erste Bedingung der *Humanität*.

Ressentiment und Apokalypse

Nietzsches Kritik endzeitlicher Visionen

Wenn man nach der Häufigkeit von Äußerungen zum Komplex der Apokalypse gehen wollte, dann gehörte Friedrich Nietzsche nicht in den Zusammenhang dieses Themas. Er spricht von der Apokalypse sowohl im theologischen wie auch im geschichtsphilosophischen Sinn überaus selten, so selten, dass der Begriff im Register von Richard Oehler erst gar nicht zu finden ist.[1] Karl Schlechta verzeichnet in den von Nietzsche selbst publizierten Schriften nur eine einzige Stelle, in der von der „Johanneischen Apokalypse" die Rede ist.[2] Der Befund ändert sich auch nicht, wenn man den Nachlass und die Briefe zu Rate zieht. Die Apokalypse ist für Nietzsche kein Thema. Die neutestamentarische Überlieferung kommt genauso wenig zur Sprache wie die mit dieser Überlieferung immer wieder aktualisierte Vision eines katastrophischen Weltgerichts, dem schließlich alles, außer der kleinen Schar der Gerechten, zum Opfer fällt.

Mit dieser Feststellung könnte ich meinen Beitrag beschließen. Wollte ich mich strikt an das Verfahren jener halten, die Nietzsche nur lesen und wörtlich wiedergeben wollen, bliebe mir bloß noch übrig, die erwähnte Stelle zu zitieren und alles Weitere offenzulassen. Doch eine solche ostentative Gedankenlosigkeit wird dem gedankenreichen Nietzsche nicht gerecht. Wir können ihn nicht behandeln wie einen bloßen Text. Wir müssen auch auf das achten, was er ihm und – vor allem – was er uns bedeutet. Und dabei dürfen wir davon ausgehen, dass wir Nietzsche kein Unrecht antun, wenn wir ihn auch als einen Philosophen ernstnehmen. Gewiss ist er mehr als ein Philosoph im akademischen Sinn. Nach der Arbeitsteilung der modernen Kultur haben wir in ihm auch den Philologen, Psychologen und Künstler zu respektieren. Aber er ist bei aller philologischen, psychologischen, literarischen und musikalischen Virtuosität doch immer auch ein begrifflich analysierender und konstruierender Denker, bei dem sich sogar beachtliche

---

1 Richard Oehler: Nietzsche-Register. Alphabetisch-systematische Übersicht über Friedrich Nietzsches Gedankenwelt nach Begriffen und Namen. Stuttgart 1978 (4. Aufl.).
2 Karl Schlechta: Nietzsche-Index (im Anhang der von K. Schlechta herausgegebenen Werke Nietzsches). München 1965.

systematische Anstrengungen erkennen lassen. Überdies gibt es keinen Zweifel, dass er sich selbst auch als Philosoph verstanden hat.[3] Als „freier Geist", der er vor allem anderen sein wollte, hat er sich immer wieder nachdrücklich den Philosophen zugerechnet.

Deshalb nehme ich mir die Freiheit, ihn als einen Philosophen zu verstehen. Folglich kann ich ihn auch mit begrifflichen Mitteln auslegen und einem Gedanken nachgehen, der an jener einen Stelle, an der er die „Apokalypse" erwähnt, hinreichend klar zum Ausdruck kommt. Wir haben, philologisch gesehen, also nur eine sehr schmale Basis (genau genommen: nur eine Stelle); vielleicht reicht sie aber aus, uns eine Einsicht zu vermitteln, die uns erkennen lässt, was Nietzsche von der Apokalypse hält. Möglicherweise erlaubt sie uns sogar ein These darüber, warum er so selten von ihr spricht.

Die nun schon mehrfach erwähnte Textstelle findet sich im vorletzten Abschnitt der ersten Abhandlung der *Genealogie der Moral*. Diese erste Abhandlung steht unter dem lapidaren Titel: ‚Gut und Böse', ‚Gut und Schlecht'. Auf ihn kommt Nietzsche am Ende seiner Überlegungen ausdrücklich zurück:

> „Kommen wir zum Schluss: Die beiden e n t g e g e n g e s e t z t e n Werthe ‚gut und schlecht', ‚gut und böse' haben einen furchtbaren, Jahrtausende langen Kampf auf Erden gekämpft; und so gewiss auch der zweite Werth seit langem im Übergewichte ist, so fehlt es doch auch jetzt noch nicht an Stellen, wo der Kampf unentschieden fortgekämpft wird. Man könnte selbst sagen, dass er inzwischen immer höher hinauf getragen und eben damit immer tiefer, immer geistiger geworden sei: so dass es heute vielleicht kein entscheidenderes Abzeichen der ‚h ö h e r e n N a t u r', der geistigeren Natur giebt, als zwiespältig in jenem Sinne und wirklich noch ein Kampfplatz für jene Gegensätze zu sein."[4]

Hier kommt der gesuchte Ausdruck noch nicht vor. Aber die Passage ist bemerkenswert, weil Nietzsche in ihr die Entwicklung der menschlichen Kultur aus dem fortgesetzten, im Gang der Jahrtausende immer subtiler werdenden Kampf zwischen individueller Tugend und abstrakter Moral erklärt.[5] Nebenbei verrät er uns hier auch, was er eigentlich unter dem von ihm so oft gebrauchten und nicht selten so geheimnisvoll klingenden Begriff

---

3   Siehe dazu meine Beiträge: Friedrich Nietzsche. Reihe „Große Denker", hg. von Otfried Höffe. München 1992; ders.: „Experimental-Philosophie". Versuch einer Rekonstruktion. In: Pathos und Distanz. Stuttgart 1988, 163–187.
4   GM 1, 16; KSA 5, 285 f.
5   Siehe dazu meinen Beitrag: Genealogische Ethik. In: Annemarie Pieper (Hg.): Geschichte der neueren Ethik 1. Band. Tübingen/Basel 1992, 284–313.

der „Tiefe" versteht, nämlich nichts anderes als das Geistige selbst. Und dieses Geistige verdankt sich nicht zuletzt diesem Kampf zwischen individueller und allgemeiner Wertung.

Die beiläufige Bemerkung mag hier nur als ein Indiz dafür gewertet werden, dass dieser so scharf über die abstrakte Moral urteilende Nietzsche ihr historisch gleichwohl Gerechtigkeit widerfahren zu lassen versucht. Die Sklavenmoral mag noch so verlogen und verwerflich sein: Sie hat doch auch ihren Anteil an der Geistigkeit der menschlichen Kultur. – Für das Folgende ist es nicht unwichtig, diese Anerkennung der historischen Verdienste des jüdischen und des christlichen Glaubens im Auge zu behalten.

Im Anschluss an die zitierten Sätze fährt Nietzsche fort:

> „Das Symbol dieses Kampfes, in einer Schrift geschrieben, die über alle Menschengeschichte hinweg bisher lesbar blieb, heisst ‚Rom gegen Judäa, Judäa gegen Rom': – es gab bisher kein grösseres Ereigniss als d i e s e n Kampf, d i e s e Fragestellung, d i e s e n todfeindlichen Widerspruch. Rom empfand im Juden Etwas wie die Widernatur selbst, gleichsam sein antipodisches Monstrum; in Rom galt der Jude ‚des Hasses gegen das ganze Menschengeschlecht ü b e r f ü h r t': mit Recht, sofern man ein Recht hat, das Heil und die Zukunft des Menschengeschlechts an die unbedingte Herrschaft der aristokratischen Werthe, der römischen Werthe anzuknüpfen."[6]

Hier also wird der Gegensatz zwischen der individuell-aristokratischen Tugend und der abstrakt-allgemeinen Moral historisch konkretisiert. Für das erste steht das monumentale Herrschaftsideal der römischen Welt, das auch die Erbschaft der griechischen Antike in sich aufnimmt. Für das zweite steht das Judentum, und wir können aus der zuvor gemachten Feststellung über die fortschreitende Steigerung des Kampfes zwischen den beiden Gegnern bereits schließen, dass der Kampf zwischen Rom und Judäa auch heute noch nicht entschieden ist. Deshalb ist es nicht nur von historischem Interesse zu erfahren, dass die Römer den Juden als die Inkarnation des Hasses erlebten, sondern wir wollen auch wissen, wie denn die Juden Rom einschätzten. Denn nur, wenn wir auch das Urteil der anderen Seite kennen, können wir den angeblich ja auch heute noch – wenngleich mit subtileren Mitteln – ausgetragenen Gegensatz einschätzen.

Nietzsche bleibt uns die Auskunft nicht schuldig. Er fragt umgehend, was denn die Juden „gegen Rom empfunden" haben, und ist der Ansicht, dass die Antwort eigentlich auf der Hand liege; zumindest lasse sie sich „aus tausend Anzeichen" erraten.

---

6 GM 1, 16; KSA 5, 286.

„Man erräth es aus tausend Anzeichen; aber es genügt, sich einmal wieder die Johanneische Apokalypse zu Gemüthe zu führen, jenen wüstesten aller geschriebenen Ausbrüche, welche die Rache auf dem Gewissen hat."[7]

Da haben wir die angekündigte Stelle! Die dem Jünger Johannes zugeschriebene „Apokalypse", also das neutestamentarische Buch der „Offenbarung", wird als das alle anderen Anzeichen in den Schatten stellende Dokument des Hasses der Juden gegen die römische Kultur gewertet. Der Ausdruck könnte nicht stärker sein. Man höre: Das Buch wird als der „wüsteste […] aller geschriebenen Ausbrüche", den je die Rachlust hervorgebracht hat, bezeichnet. Der denkbar niedrigste Instinkt soll in diesem Buch am Werke sein, und er wirkt nicht mit direkter Brutalität, sondern bedient sich der arglistigsten Täuschungsmittel. Denn in Nietzsches Augen kommt erschwerend hinzu, dass man diesen Ausbruch des Hasses nachträglich dem Jünger zugeschrieben hat, der als der sanfteste in die Geschichtsschreibung eingegangen ist:

„Unterschätze man übrigens", so fügt er der eben zitierten Äußerung in Klammern hinzu, „die tiefe Folgerichtigkeit des christlichen Instinktes nicht, als er gerade dieses Buch des Hasses mit dem Namen des Jüngers der Liebe überschrieb, desselben, dem er [gemeint ist hier immer noch der „christliche Instinkt"; V. G.] jenes verliebt-schwärmerische Evangelium zu eigen gab –: darin steckt ein Stück Wahrheit, wie viel literarische Falschmünzerei auch zu diesem Zwecke nöthig gewesen sein mag."[8]

Dieser Zusatz lässt erkennen, dass Nietzsche die im 19. Jahrhundert in aller Breite geführte textkritische Debatte um die Offenbarung des Johannes nicht unbekannt ist.[9]

Aus einem während des Studiums in Leipzig geschriebenen Brief vom 10. Oktober 1866 wissen wir, dass er sich mit seinen Studienkollegen auch mit dem ja stark im Geist der antiken Philosophie verfassten Prolog zum Johannesevangelium auseinandergesetzt hat.[10] Außerdem war er durch seine Lektüre der Schriften von David Friedrich Strauss auch mit der po-

---

7   Ebd.
8   Ebd.
9   Vgl. dazu aus der Zeit Nietzsches: Ferdinand Christian Baur: Kritische Untersuchungen über die kanonischen Evangelien. Tübingen 1847; Adolf Hilgenfeld: Das Evangelium und die Briefe Johannis nach ihrem Lehrbegriff. Halle 1849; ders.: Die jüdische Apokalyptik. Jena 1857; Albrecht Thoma: Die Genesis des Johannes-Evangeliums. Berlin 1882.
10 Brief Nietzsches an Hermann Mushacke vom 10. 10. 1866; KSB 2, 165 ff. Der Studienkollege Wilhelm Wisser hat nach Nietzsches Bericht im „philologischen Verein über den Johannesprolog" referiert.

pulären „Leben Jesu"-Forschung seiner Zeitgenossen vertraut.[11] Er kannte
also die These, derzufolge der Autor des Johannesevangeliums nicht mit
dem der Offenbarung identisch sein soll.

Ein Beleg dazu findet sich in einer Nachlass-Notiz aus dem Jahr 1870
oder 1871. Darin hält Nietzsche für sich Folgendes fest:

> „Das Johannesevangelium aus griechischer Atmosphaere, aus dem Bo-
> den des Dionysischen geboren: sein Einfluss auf das Christenthum, im Ge-
> gensatz zum Jüdischen."[12]

Mit dieser Notiz werden auch zwei andere Nachlass-Fragmente aus der-
selben Zeit verständlich, in denen Nietzsche die Gliederung für geplante
Abhandlungen notiert hat. Da ist zum einen der Vorsatz gefasst, über
„Alexandrinismus der Erkenntniß, Zug nach Indien. Wildes Hervorbre-
chen des Dionysischen" zu arbeiten und anschließend einen Text über
„Johannes" zu schreiben.[13] Wenig später nimmt Nietzsche sich vor, eine
Abhandlung zu verfassen, die sich zunächst (I) mit der „Geburt des tragi-
schen Gedankens" befasst, dann (II) „Die Tragoedie selbst", (III) den
„Untergang der Tragoedie" und schließlich (IV) „Johannes" vorstellt[14].

Zur Ausführung dieser einzelnen Pläne ist es nicht gekommen. Allerdings sind hier unschwer die ersten Ansätze zur Konzeption einer anderen
Schrift zu erkennen, nämlich der *Geburt der Tragödie aus dem Geiste der
Musik*, die dann 1872 erschien. Dort finden wir die in den Entwürfen avi-
sierten Überlegungen zur Tragödie und zum Dionysischen, auch Ausführungen über den Alexandrinismus und den Zug nach Indien kommen vor.
Jedoch kein Wort über das Evangelium des Johannes.

Wir dürfen nur vermuten, dass Nietzsche, wenn er ausgeführt hätte, über
welche historische Brücke es zu der beschworenen Verbindung zwischen
griechischer und deutscher Kultur kommen könnte, das Johannesevangelium wohl einer genaueren Betrachtung hätte unterziehen müssen. Das
hätte dann gewiss ein milderes Licht auf seine radikale Kritik des Christentums geworfen. Was er später an Verständnis für den „Hebräer Jesus"
aufbringt, wäre dann auch auf wenigstens ein Buch des Neuen Testaments
ausgeweitet worden, und er hätte unter Umständen Gründe gehabt, das

---

11   David Friedrich Strauß: Das Leben Jesu. 2 Bde. Tübingen 1835, 4. Aufl. 1840; ders.:
     Der alte und der neue Glaube. Ein Bekenntnis. Leipzig 1872 (mit diesem Buch setzt
     sich Nietzsche in seiner ersten *Unzeitgemäßen Betrachtung* polemisch auseinan-
     der.).
12   N 1870/71, 7[13]; KSA 7, 139.
13   N 1870/71, 6[14]; KSA 7, 134.
14   N 1870/71, 7[14]; KSA 7, 139.

Urchristentum von seinen Bannflüchen auszunehmen. Doch er ist nun einmal nicht auf die Leistung und Gestalt des Evangelisten Johannes zurückgekommen, und so bleiben diese Erwägungen Spekulation.

Dafür aber hat er sich in seinen späten Schriften um so ausführlicher über den Geist der Rache geäußert, den er in der „Johanneiischen Apokalypse" am Werke sieht. Diesen Geist der Rache nennt er „Ressentiment". Damit ist, in wörtlicher Übersetzung, ein reaktives Gefühl gemeint, in dem und mit dem jemand von seiner eigenen Schwäche abzulenken versucht. Mit dem Ressentiment wird das Gefühl der eigenen Unterlegenheit durch Abwertung der Überlegenen kompensiert. Der Schwache hält sich schadlos am Starken.

Die Unterscheidung zwischen den „Schwachen" und den „Starken", genauer: zwischen einem „schwachen" und einem „starken Willen" gehört zu den Grundelementen der Moral- und Sozialkritik Nietzsches. Sie wird auch in seinen eigenen Bemühungen, eine Tugend des „freien Geistes" und damit eine Verantwortlichkeit des „souverainen Individuums" zu entwickeln, vorausgesetzt. Dabei ist offenkundig, dass „Stärke" und „Schwäche" nicht im Sinne eines physischen Kräfteverhältnisses verstanden sind, sondern es geht um eine genuine Machtausübung in der sich selbst verständlichen Einheit innerer und äußerer Kräfte. Im „starken Willen" eines Menschen liegt immer auch das Selbstvertrauen in die eigenen Möglichkeiten. Folglich ist der „starke Wille" die sich in diesem Selbstvertrauen offen und direkt äußernde Kraft.

Dem „schwachen Willen" fehlt dagegen dieses Zutrauen in die eigenen Fähigkeiten. Die im Leben stets gegebene Begrenzung eigener Möglichkeiten erfährt er als Versagen, das er aber nicht sich selbst und auch nicht den Gegebenheiten der Natur und der Geschichte anlastet. Stattdessen stilisiert er sein Versagen als Leiden an den anderen. Die Ursache seiner Unfähigkeit wird im Handeln anderer gesehen, das natürlich, weil es Ursache des eigenen Leidens ist, als Anmaßung und als empörende Ungerechtigkeit erscheint. So entsteht der moralische Schuldvorwurf gegen jene, mit denen der Schwache sich nicht in seinem Leiden einig weiß. Folglich grenzt er sie als die Gewalttätigen und Brutalen aus, denn ihren Mangel an Geist geben sie den Leidenden ja dadurch zu erkennen, dass sie des Leidens angeblich nicht fähig sind. Und abgesehen davon, dass man die von den Schwachen als überlegen und stark erfahrenen Anderen als geistlos und machtbesessen abwerten kann, gelten sie nun auch noch als moralisch böse. Sie sind also nicht einfach nur „schlecht", weil sie etwas, auf das sich die einen etwas zu gute halten, angeblich nicht können, sondern sie werden jetzt als abgrundtief „böse" dargestellt. So kommt, nach Nietzsche, das sogenannte „Böse" auf die Welt, und es entsteht aus nichts anderem als aus dem Gefühl der Rache, also aus dem Geist des Ressentiments.

An welche historische Konstellation man bei der Entstehung dieses Gefühls denken kann, wird gleich im Anschluss an die zitierte Stelle in der „Genealogie" erkennbar:

> „Die Römer waren ja die Starken und Vornehmen, wie sie stärker und vornehmer bisher auf Erden nie dagewesen, selbst niemals geträumt worden sind; jeder Überrest von ihnen, jede Inschrift entzückt, gesetzt, dass man erräth, w a s da schreibt. Die Juden umgekehrt waren jenes priesterliche Volk des Ressentiment par excellence, dem eine volksthümlich-moralische Genialität sonder Gleichen innewohnte [...]."[15]

Und daran schließt sich die rhetorische Frage an:

> „Wer von ihnen einstweilen g e s i e g t hat, Rom oder Judäa? Aber es ist ja gar kein Zweifel: man erwäge doch, vor wem man sich heute in Rom selber als vor dem Inbegriff aller höchsten Werthe beugt – und nicht nur in Rom, sondern fast auf der halben Erde, überall wo nur der Mensch zahm geworden ist oder zahm werden will, – vor d r e i J u d e n, wie man weiss, und E i n e r J ü d i n (vor Jesus von Nazareth, dem Fischer Petrus, dem Teppichwirker Paulus und der Mutter des anfangs genannten Jesus, genannt Maria). Dies ist sehr merkwürdig: Rom ist ohne allen Zweifel unterlegen."[16]

An dieser historischen Diagnose zu zweifeln, wird man auch am Ende des 20. Jahrhunderts wenig Anlass haben. Wenn uns aber interessiert, warum Nietzsche dazu kommt, die „Johanneiische Apokalypse" als die auffälligste Form des jüdisch-christlichen Ressentiments zu verwerfen, müssen wir zu verstehen suchen, welche Wertung er mit dem geschichtlichen Sieg des christlichen über das antike Rom verknüpft. Der Versuch lohnt aber auch unabhängig von unserem Thema, denn wir erkennen dabei zugleich, was Nietzsche eigentlich unter dem von ihm populär gemachten Begriff des Nihilismus versteht. Letztlich ist es nämlich der Nihilismus, der die ihm gemäße Erfüllung nur unter dem katastrophischen Weltensturz der Apokalypse finden kann.

Nietzsches Urteil über „Judäa" entspringt keinem rassistischen Vorurteil und ist auch weit davon entfernt, antisemitisch zu sein. Für den gerade in seiner Lebenszeit und in seiner unmittelbaren Umgebung um sich grei-

---

15   GM 1, 16; KSA 5, 286.
16   GM 1, 16; KSA 5, 286 f. Zur Einschätzung der eigenen Hoffnungen Nietzsches beachte man den hier nicht mehr zitierten folgenden Satz: „Allerdings gab es in der Renaissance ein glanzvoll-unheimliches Wiederaufwachen des klassischen Ideals, der vornehmen Werthungsweise aller Dinge [...]" GM 1, 16; KSA 5, 287.

fenden Antisemitismus hatte er nur Verachtung.[17] Wenn er das historische Judentum der testamentarischen Epochen bewertet, dann spricht er genaugenommen nur über einen zunächst kulturell, schließlich auch politisch zur Macht kommenden Herrschaftstypus: Dies ist der Typus des asketischen Priesters. Er kommt zur Macht, indem er die Macht verneint; er gebietet über die Welt, indem er die Welt verwirft. Er macht die Macht und die Welt so schlecht, dass sie als das Böse schlechthin erscheint, um sich dann als einzige Instanz zu empfehlen, die das Übel überwinden kann.

Die Spezies des „asketischen Priesters" gibt es, nach Nietzsche, in vielen Kulturen. Im „Anti-Christ" führt er näher aus, warum beispielsweise auch der Buddhismus unter dem Ideal der Weltverneinung steht.[18] Er vermutet darüberhinaus, die Erde müsse – von einem „fernen Gestirn" aus gesehen – als der „eigentlich a s k e t i s c h e S t e r n" erscheinen.[19] Demnach gibt es vielfältige Formen des Asketismus, die keineswegs alle als gleich schrecklich und in gleichem Maße verheerend angesehen werden müssen.

Darunter ist aber eine, die es zum Exzess kommen lässt, die alles bisher Dagewesene überbietet und der daher Nietzsches schärfster Angriff gilt. Dies ist die jüdisch-christliche Priesterherrschaft. Sie führt den „Sklavenaufstand der Moral" herbei, setzt ihre „Heerdenmoral" weltweit durch und bedroht in ihrem inzwischen etablierten Bündnis mit der neuzeitlichen Wissenschaft die Zukunft des Menschen. So gelangen wir mit Nietzsche zu der paradoxen Feststellung, dass ausgerechnet die wirkungsmächtigste aller monotheistischen Religionen, der Jahrtausende überdauernde, weltweit missionierende Glaube der Juden und der Christen, den modernen Nihilismus heraufgeführt hat.

Von der komplexen Beweisführung, die Nietzsche vor allem in der *Genealogie der Moral* und im *Anti-Christ* entwickelt, zu der es überdies zahlreiche Nachlassfragmente aus den Jahren 1886 bis 1888 gibt, können hier nur wenige Schritte Erwähnung finden: Danach beruht schon die alttestamentarische Überlieferung auf einer Verfälschung des ursprünglichen Volksglaubens der Israeliten, der Ausdruck der „Selbstbejahung" und des „Macht-Bewusstseins" eines Wüstenvolkes war. Sein Gott „Javeh" war noch das Zeichen der „Freude an sich" und der „Hoffnung auf sich": „in ihm erwartete man Sieg und Heil, mit ihm vertraute man der Natur, dass sie giebt,

---

17   Siehe dazu Gerhardt: Friedrich Nietzsche, 1992, 22 f.
18   AC 20–23; KSA 6, 186–191.
19   GM 3, 11; KSA 5, 362.

was das Volk nöthig hat – vor allem Regen."[20] Lange Zeit hielt dieser Gott, was man sich von ihm versprach.

Dann aber trat in der Zeit der Könige ein Niedergang ein; im Innern herrschte „Anarchie", von außen drohte beständig die Übermacht der Assyrer. Die in den alten Gott gesetzten Erwartungen erfüllten sich nicht mehr. Aber anstatt nun von ihm abzulassen, hielt man mit aller Hartnäckigkeit an ihm fest, was jedoch nur durch eine Veränderung seines Begriffs gelingen konnte. Und die war das Werk der Priester. Der Begriff Gottes war damit nur noch „ein Werkzeug in den Händen priesterlicher Agitatoren, welche alles Glück nunmehr als Lohn, alles Unglück als Strafe für Ungehorsam gegen Gott, für ‚Sünde', interpretiren"[21].

So kommt es zu jenem „Wunderwerk von Fälschung", als deren Dokument Nietzsche das Alte Testament ansieht. Die Welt wird am Leitfaden einer „widernatürlichen Causalität" ausgelegt, alle Natur wird zur „Unnatur" und aus dem gebenden, helfenden, zum Leben verführenden Gott, wird ein „Gott, der fordert". Unter seinem Anspruch – hinter dem aber nichts anderes als die List der Priester steht – schlägt dann auch der Charakter der Moral in sein Gegenteil um:

> „Die Moral, nicht mehr der Ausdruck der Lebens- und Wachsthums-Bedingungen eines Volk[s], nicht mehr sein unterster Instinkt des Lebens, sondern abstrakt geworden, Gegensatz zum Leben geworden, – Moral als grundsätzliche Verschlechterung der Phantasie, als ‚böser Blick' für alle Dinge."[22]

Auf die unmittelbar anschließende grundsätzliche Frage: „Was ist jüdische, was ist christliche Moral?" kann somit nur eine negative Antwort gegeben werden. Moral ist:

> „Der Zufall um seine Unschuld gebracht; das Unglück mit dem Begriff ‚Sünde' beschmutzt; das Wohlbefinden als Gefahr, als ‚Versuchung'; das physiologische Übelbefinden mit dem Gewissens-Wurm vergiftet…"[23]

Mit dem Auftritt des „Hebräers Jesus" hätte sich daran etwas ändern können. Denn in Nietzsches Augen ist Jesus von Nazareth ein Aufrührer gegen die jüdische Kirche. Er hat den Aufstand gegen die Kaste der Schriftgelehrten versucht und ein „Nein gesprochen gegen Alles, was Priester und Theologe war"[24]. Er hat die „Ausgestossnen und ‚Sünder'" zum

20 AC 25; KSA 6, 193.
21 AC 25; KSA 6, 194.
22 Ebd.
23 Ebd.
24 AC 27; KSA 6, 198.

Widerspruch gegen die herrschende Ordnung aufgerufen und kommt deshalb ans Kreuz.

Soviel ist allein schon in der politischen Außenansicht vom Wirken des Jesus von Nazareth zu sagen. Der Gegensatz verschärft sich nach Nietzsche jedoch beträchtlich, blickt man auf die sittlich-religiöse Alternative, die dieser Mensch tatsächlich lebte. Sie enthält einen viel radikaleren Angriff auf die jüdische Orthodoxie. Doch der wurde zu seiner Zeit allenfalls von den Pharisäern und hohen Priestern verstanden; die Jünger jedenfalls begriffen davon nichts. Für die Einzigartigkeit der „evangelischen Praktik", den existentiellen Ausnahmecharakter dieser wirklich gelebten „frohen Botschaft" der Liebe, hatten gerade jene keinen Sinn, die daraus eine christliche Lehre machten.

In Anerkennung der schwierigen Quellenlage ist das für Nietzsche allein schon dadurch bewiesen, dass sie auch nur versucht haben, aus dem Leben Jesu eine neue Religion zu entwickeln. Denn für ihn ist Jesus „- Ein neuer Wandel, n i c h t ein neuer Glaube…"[25] Dass man ausgerechnet auf die „ins Geistige zurückgetretene Kindlichkeit" dieses alle Gegensätze ausgleichenden Menschen eine neue Kirche gebaut hat, erscheint ihm als die größte Form „w e l t h i s t o r i s c h e r I r o n i e"[26]:

> „Das Wort schon ‚Christenthum' ist ein Missverständniss –, im Grunde gab es nur Einen Christen, und der starb am Kreuz."[27]

Das damit bereits über die ersten Christen gesprochene Urteil ist vernichtend. Die Evangelisten und insbesondere der Apostel Paulus – der „Fleisch-, der Genie-gewordne Tschandala-Hass gegen Rom, gegen ‚die Welt'"[28], dieser „grösste aller Apostel der Rache"[29] – vollenden den in der Kreuzigung vollzogenen Sieg der jüdischen Orthodoxie. Indem sie in die heilsgeschichtliche Position der Juden nunmehr gleich alle Mühsamen und Beladenen einrücken, machen sie das Ressentiment universell. Durch die Verlagerung aller Hoffnungen auf ein Dasein hinter dem Dasein entziehen sie jedem Tatsachensinn den Boden. Die Folge ist eine die ganze Natur umfassende Entwertung der Realität:

> „In der Vorstellungs-Welt des Christen kommt Nichts vor, was die Wirklichkeit auch nur anrührte: dagegen erkannten wir im Instinkt-Hass g e g e n jede

---

25 AC 33; KSA 6, 206.
26 AC 32 u. 36; KSA 6, 203 f. u. 208.
27 AC 39; KSA 6, 211.
28 AC 58; KSA 6, 246.
29 AC 45; KSA 6, 223.

Wirklichkeit das treibende, das einzig treibende Element in der Wurzel des Christenthums."[30]

In letzter Konsequenz führt die ressentimentgeladene Grundstimmung der christlichen Religion zu einer nihilistischen Einstellung zum eigenen Leben: „So zu leben, dass es keinen Sinn mehr hat, zu leben, das wird jetzt zum ‚Sinn' des Lebens…"[31] „Nihilist und Christ: das reimt sich, das reimt sich nicht bloss…"[32]

Zu einer äußersten Steigerung gelangt dieses weltgeschichtliche Krankheitssyndrom, indem es schließlich auch noch einen anfänglichen Widersacher, nämlich die wissenschaftliche Erkenntnis infiziert. Eigentlich besteht zwischen Wissenschaft und Glaube der schärfste Gegensatz – „es ist mit Priestern und Göttern zu Ende, wenn der Mensch wissenschaftlich wird!"[33] „‚Glaube' heisst Nicht-wissen-wollen, was wahr ist."[34] Schon deshalb waren – Nietzsche zufolge – antiker Geist und christliche Botschaft unvereinbar. Aber in der langen Geschichte der Unterwerfung heidnischer Kulturen durch die Kirche wurde schließlich auch die Wissenschaft domestiziert. Ihr wurde das freie Bewusstsein der Erkenntnis genommen; sie verlor den Mut der Wahrhaftigkeit und den Stolz der Redlichkeit; als „moderne Wissenschaft" wird sie nunmehr selbst unter dem Anspruch des „asketischen Ideals" betrieben, ja, mehr noch: sie ist „dessen jüngste und vornehmste Form"[35].

Die neuzeitlichen Forscher gehören längst auch, wie die Priester, zu den an sich selbst Leidenden. Auch sie haben es nötig, von sich selbst abzulenken. Deshalb betreiben sie ihre Wissenschaft als ein Mittel zur „Selbst-Betäubung". Sie denken und entdecken in einer gewissen Besinnungslosigkeit, weil sie eins vor allem fürchten, nämlich „zum Bewusstsein zu kommen…"[36] So sind sie zu „Hektiker[n] des Geistes"[37] geworden, die nicht mehr wahrnehmen, dass ihr Streben nach Wissen mit ihnen selbst gar nichts mehr zu tun hat. Wichtig für das Verständnis der Diagnose des modernen Nihilismus ist nun allerdings, dass Nietzsche sich auch selbst dem kritisierten Zusammenhang zurechnet:

---

30   AC 39; KSA 6, 212.
31   AC 43; KSA 6, 217.
32   AC 58; KSA 6, 247.
33   AC 48; KSA 6, 227.
34   AC 52; KSA 6, 233.
35   GM 3, 23; KSA 5, 396 f.
36   GM 3, 23; KSA 5, 398.
37   GM 3, 24; KSA 5, 398.

„ – auch wir Erkennenden von Heute, wir Gottlosen und Antimetaphysiker, auch wir nehmen u n s e r Feuer noch von jenem Brande, den ein Jahrtausende alter Glaube entzündet hat, jener Christen-Glaube, der auch der Glaube Plato's war, dass Gott die Wahrheit ist, dass die Wahrheit g ö t t l i c h ist…"[38]

Trotz aller ursprünglichen Gegnerschaft zwischen Überzeugung und Wissen, Glauben und Erkennen ist es dem asketischen Ideal gelungen, auch die Wissenschaft in Bann zu schlagen. Die von Nietzsche in der dritten Abhandlung der „Genealogie" skizzierte Psychologie wissenschaftlicher (und künstlerischer) Größe[39] macht diese Abhängigkeit sogar plausibel. Wie eng der Zusammenhang werden konnte, zeigt sich darin, dass beide inzwischen ihr Schicksal teilen: Die Abwertung des asketischen Ideals zieht notwendig auch einen Bedeutungsverlust der Wissenschaft nach sich.[40] Dies ist das Verhängnis des modernen Menschen, der, wenn er eine Zukunft haben will, vom asketischen Ideal loskommen muss – freilich ohne Verzicht auf die Wissenschaft.

Das Verhängnis wird nach Nietzsche in der nihilistischen Konsequenz der neuzeitlichen Wissenschaft allgemein bewusst. Die Überwindung des alten theologischen Weltbildes durch Kopernikus hat eben nicht, wie zu erwarten gewesen wäre, zur Verwerfung der „Jenseitigkeits-Lösung"[41] des Daseinsrätsels geführt. Der Mensch hat es unterlassen, den Wert seines Daseins im selbstbewussten Vertrauen auf sein erworbenes Wissen neu zu bestimmen. Er war seiner Erkenntnis nicht gewachsen. Und so hat er es schließlich dahin kommen lassen, zum „Eckensteher" in seiner eigenen Erfahrungswelt zu werden. Die Folge ist nicht nur ein unermesslicher Wertverlust des Erkenntniswillens, sondern auch eine Selbstentwertung des Menschen, die überall da Platz greift, wo die Wissenschaft herrscht – also nahezu überall. Der Sieg des Nihilismus ist damit vollendet:

„Seit Kopernikus scheint der Mensch auf eine schiefe Ebene gerathen, – er rollt immer schneller nunmehr aus dem Mittelpunkte weg – wohin? in's Nichts? in's ‚d u r c h b o h r e n d e Gefühl seines Nichts'?… Wohlan! dies eben wäre der gerade Weg – in's alte [scil. asketische, V.G.] Ideal?"[42]

Es wurde schon erwähnt, dass Nietzsche seine Diagnose auch auf sich bezieht. Üblicherweise verwirft die moderne Kulturkritik nur die Lebensform der anderen und nimmt ihre eigene Herkunft aus. Das ist hier anders.

38 GM 3, 24; KSA 5, 401.
39 Vgl. GM 3, 2–9; KSA 5, 340 ff.
40 GM 3, 25; KSA 5, 402–405.
41 GM 3, 25; KSA 5, 404.
42 GM 3, 25; KSA 5, 404.

Nietzsche rechnet sein eigenes Denken ganz und gar dem epochalen
Komplex des Nihilismus zu, der mit der modernen Wissenschaft zum
Durchbruch gekommen ist. Er weiß überdies genau, was er – nicht nur als
Pfarrerssohn und Philologe, sondern gerade auch als radikaler Kritiker – der
asketischen Priesterherrschaft und insbesondere dem paulinischen Christentum verdankt. Die christliche Lehre war es beispielsweise, die im Laufe
der Jahrhunderte den Wert der Innerlichkeit derart gesteigert hat, dass sie
zum absoluten Kriterium individueller Überzeugungen werden konnte.
Dadurch wurde die jeweilige Einsicht von Personen, wurden Erfahrungs-
urteile und logische Gründe zum alles andere richtenden Maßstab. Also war
es die durch das Christentum perfektionierte Kultur der Innerlichkeit, die
den neuzeitlichen Aufstieg der Wissenschaften förderte. Damit hat der
Glaube indirekt auch die Kritik am Glauben gefördert und es schließlich
dahin gebracht, dass sich der mit den Naturwissenschaften erstarkende
Geist der Positivität gegen Gottesbeweise und Offenbarungszeugnisse
sperren konnte. So wird der frühe jüdisch-christliche Nihilismus zur Ursache
für den „radikalen Nihilismus" der Gegenwart, in der er erstmals zu einem
Begriff seiner selbst gelangt:

> „Der Nihilism ein **normaler** Zustand.
> Nihilism: es fehlt das Ziel; es fehlt die Antwort auf das ,Warum?' was be-
> deutet Nihilism? – daß die obersten Werthe sich entwerthen."[43]

Nihilismus also heißt, dass es auf die ins große gerechneten Sinnfragen keine
Antwort mehr gibt. Schon daran erkennen wir, wie eng die Epochendiagnose mit Nietzsches eigenem Denken verbunden ist; schließlich ist er es,
der wie kein zweiter in seinem Jahrhundert die Sinnfragen stellt. Und in der
Tat gibt es Anzeichen dafür, dass ihn seine Einsicht in die Unausweich-
lichkeit des Nihilismus tief erschüttert.

Ein Indiz dafür ist die Präsentation jener Erkenntnis, in der die Diagnose
des Nihilismus ihren markantesten Ausdruck findet: in der These vom „Tod
Gottes". Niemand hat die theoretische wie praktische Tragweite des modernen Atheismus eindringlicher zur Sprache gebracht als Nietzsche; niemand hat die Geschichtlichkeit des Ereignisses so schlagend formuliert,
indem er einfach den „Tod" eines ehemals lebendigen Gottes verkündet;
kaum jemand hat seinen eigenen Anteil an diesem Vorgang so deutlich
herausgestellt; und gewiss gibt es keinen anderen, der so viel Scheu hatte,
diese als unumgänglich angesehene Erkenntnis auch selbst auszusprechen.

---

43   N 1887, 9[35]; KSA 12, 350.

Deshalb legt er sie seinem Zarathustra in den Mund[44] und führt sie das erste
Mal sogar wie den verzweifelten Notschrei eines Narren vor.

Alle genannten Elemente finden sich in dem berühmten Aphorismus
125 der „Fröhlichen Wissenschaft", von dem hier nur ein Abschnitt zitiert
werden kann. Wer etwas von Nietzsche wissen will, der lese diesen Aphorismus Wort für Wort, achte auf jedes Satzzeichen und lasse sich keine
Bedeutung der Szene entgehen:

> „Der tolle Mensch. – Habt ihr nicht von jenem tollen Menschen gehört, der
> am hellen Vormittage eine Laterne anzündete, auf den Markt lief und un-
> aufhörlich schrie: ‚Ich suche Gott! Ich suche Gott!' – Da dort gerade Viele von
> Denen zusammen standen, welche nicht an Gott glaubten, so erregte er ein
> grosses Gelächter. Ist er denn verloren gegangen? sagte der Eine. Hat er sich
> verlaufen wie ein Kind? sagte der Andere. Oder hält er sich versteckt?
> Fürchtet er sich vor uns? Ist er zu Schiff gegangen? ausgewandert? – so
> schrieen und lachten sie durcheinander. Der tolle Mensch sprang mitten unter
> sie und durchbohrte sie mit seinen Blicken. ‚Wohin ist Gott? rief er, ich will es
> euch sagen! Wir haben ihn getödtet, – ihr und ich! Wir Alle sind seine
> Mörder! Aber wie haben wir diess gemacht? Wie vermochten wir das Meer
> auszutrinken? Wer gab uns den Schwamm, um den ganzen Horizont wegzu-
> wischen? Was thaten wir, als wir diese Erde von ihrer Sonne losketteten?
> Wohin bewegt sie sich nun? Wohin bewegen wir uns?"[45]

Das sind Fragen, die Nietzsche nicht einfach einem beliebigen Sprecher,
etwa einem Gelehrten, in den Mund legt. Es sind Fragen, die er selber hat
und denen er sich selber stellt. Seine historische Analyse lässt ihn überdies
sicher sein, dass die nach dem Tod Gottes einzig und allein dem Menschen
überantwortete Frage nach dem Ort und Ziel der menschlichen Existenz
keine Rückkehr zu den alten Antworten erlaubt. Der moderne Nihilismus
ist ein Wendepunkt der europäischen Kultur, eine Zeit der Krise, die mit
historischer Notwendigkeit gekommen ist und die, wenn der Mensch noch
eine Zukunft haben soll, aus eigener Kraft überwunden werden muss. Die
von den Priesterreligionen im Laufe von Jahrhunderten vollzogene „Umwertung der Werte" muss mit aller Konsequenz an ihr Ende gebracht werden, um aus dem so erreichten nihilistischen Tiefpunkt heraus, eine erneute
– gegen den ressentimentgeladenen Asketismus gerichtete – „Umwertung
der Werte" möglich zu machen. Das könnte dann die „grosse Genesung" der
Kultur bedeuten, die Befreiung von der Knechtschaft der „Heerdenmoral"
und die Morgenröte der Epoche des „freien Geistes". Die „freien Geister"

---

44 Za 1, Vorr. 2; KSA 4, 14.
45 FW 125; KSA 3, 480 f.

könnten dann erkennen, bis zu welchem Grade sie die Schöpfer neuer Werte sein und damit ihren „Sinn" in die Geschichte zu legen vermögen[46].

Zur Realisierung dieses Ziels sind zunächst die alten Werte schonungslos zu destruieren. Deshalb präsentiert Nietzsche sich als Vollstrecker aller bisherigen Religionskritik und meint so entschlossen wie hoffnungsvoll, er sei der „erste vollkommene Nihilist Europas, der aber den Nihilismus selbst schon in sich zu Ende gelebt hat, – der ihn hinter sich, unter sich, außer sich hat…"[47] In dieser Überzeugung nimmt er einen „active[n] Nihilism" für sich in Anspruch, der im Vollbewußtsein gesteigerter geistiger Kraft die bisherigen Werte kritisiert, der sich aber nicht damit abfindet, dass es gar keinen Sinn mehr gibt[48]. Vielmehr setzt er alles daran, die erstmals von Schopenhauer ausdrücklich gestellte und nun alle Menschen „auf eine furchtbare Weise" treffende Frage: „hat denn das Dasein überhaupt einen Sinn?" bis in ihre Tiefe hinein verstehen und in einer nicht mehr vom Leben und von den Sinnen abführenden Art beantworten zu können.[49] Kurz: Als konsequentester Nihilist möchte Nietzsche den Nihilismus überwinden und zumindest bis an die Schwelle einer neuen „Umwertung der Werte" führen.

Und wenn es denn mit dieser „Umwertung der Werte" doch wieder einen Sinn des Lebens geben können sollte, so kann er nur daraus entspringen, dass der Mensch sich nicht erneut von sich entfernt, dass er sich nicht, wie es unter dem „asketischen Ideal" des „schwachen Willens" der Fall war, verleugnet, sondern endlich zu sich selber steht. Er hat sich als „freier Geist" – und damit als anspruchsvolles endliches Wesen – zu begreifen und darf sich eben darin seiner Leiblichkeit und seiner irdischen Herkunft nicht schämen. Dann kann es ihm vielleicht auch gelingen, ohne die Welt und ihre Geschichte zu verlassen, über sich hinauszugehen. Eben dies ist die Botschaft Zarathustras:

> „„Seht, ich lehre euch den Übermenschen!
> Der Übermensch ist der Sinn der Erde. Euer Wille sage: der Übermensch s e i der Sinn der Erde!""

Und er setzt erläuternd hinzu:

---

46   N 1886/87, 6[25]; KSA 12, 243.
47   N 1887/88, 11[411]; KSA 13, 190.
48   N 1887, 9[35]; KSA 12, 350 ff.
49   Vgl. FW 357; KSA 3, 600.

„‚Ich beschwöre euch, meine Brüder, bleibt der Erde treu und glaubt
Denen nicht, welche euch von überirdischen Hoffnungen reden! Giftmischer
sind es, ob sie es wissen oder nicht!‘“[50]

Diese Botschaft Zarathustras verstehen wir am besten, wenn wir erkennen,
wogegen sie gerichtet ist: nämlich offenkundig und genau gegen nichts
anderes als gegen eine apokalyptische Vision vom Ende der Geschichte.
Zarathustra, der wiederkehrende Prophet, der vor mehr als zweitausend
Jahren die Unterscheidung zwischen „gut“ und „böse“ unter die Menschen
gebracht hat, kommt nun erneut zu den Menschen, um eben diesen moralischen Gegensatz aufzuheben. Damit aber entfällt der Sinn eines end-
zeitlichen Strafgerichts, und deshalb kann davon nur noch polemisch die
Rede sein. Die absoluten Maßstäbe, nach denen alle gleichermaßen gerichtet werden können, gibt es nicht mehr. Darüber hinaus fehlt mit dem
Tode Gottes auch die alles überbietende Macht des Richters. Und wenn wir
nicht länger auf die Maß und Zweck gebende Leistung eines Schöpfers
vertrauen können, gibt es auch keinen Sinn mehr, von einem Zweck oder
Ziel der Geschichte zu sprechen.

Deshalb findet Zarathustra in der Lehre von der ewigen Wiederkehr des
Gleichen seinen „abgründlichsten Gedanken“, der ihn von allem „Ekel“
befreit, den er noch empfinden musste, solange er den Gang der Dinge an
einem Ziel der Geschichte zu messen versuchte. Von allem „Hass“ auf die
Menschen hatte er sich schon in den zehn Jahren der Einsamkeit gelöst; so
konnte er vor seiner Rückkehr zu den Menschen erklären, dass er nun mit
seiner „Liebe“ und dem Überfluss seiner Weisheit zu ihnen hinabsteige. Mit
seiner Botschaft will er nun den Menschen ein Ziel auf Erden setzen; aber
dies soll nicht in eine ferne Zukunft weisen, sondern ihm jetzt Bedeutung
und Kraft zum Handeln geben.

Der Mensch darf seinen Kopf nicht länger in den „Sand der himmlischen
Dinge“[51] stecken, sondern soll zu diesem Leben, zu den jetzt bestehenden
Aufgaben sein „Ja“ zu sagen lernen. Und indem er sich selbst große Auf-
gaben setzt, sich in der Vollendung eines Werkes selbst gestaltet und in der
Selbstüberwindung über sich hinauswächst, lernt er es auch, ohne einen
absoluten Sinn des Ganzen zu leben. Ja, er wächst letztlich sogar mit der
Einsicht in das tragische Scheitern alles menschlichen Wollens. Dies ist der
Sinn jener fatalen Verheißung des „Übermenschen“, und es ist zugleich die
humane Konsequenz aus der so martialisch klingenden, tatsächlich aber von
tiefem spekulativen Ernst erfüllten Lehre vom „Willen zur Macht“.

---

50 Za 1, Vorr. 3; KSA 4, 14 f.
51 Za 1, Von den Hinterweltlern; KSA 4, 37.

Alles dies ist dezidiert gegen jede Vision von einem Ende der Geschichte gerichtet. Vornehmlich stehen Zeitdiagnose und Religionskritik natürlich in Opposition gegen die von Nietzsches Zeitgenossen so hingebungsvoll und mit großem wissenschaftlichen und politischen Ernst geglaubte Idee eines Fortschritts in der Geschichte. Da letztlich aber jede hochgespannte Erwartung an einen positiven Abschluss unserer Zukunft enttäuscht werden muss, folgt gerade den Fortschrittshoffnungen die Katastrophe auf dem Fuße. Wer an ein Ziel der Geschichte glaubt, kann es schließlich nur scheitern sehen. Und so wird er, wenn er es vorher nicht schon war, zumindest am Ende notwendig auch zum Apokalyptiker. Und solche Visionäre des Unheils möchte Nietzsche sich und uns ersparen.

Damit, so hoffe ich, erkennen wir auch den tieferen Sinn in seinem Verdikt gegen die „Johanneische Apokalypse": Sie soll den geschichtsphilosophischen Rückzug auf die Gegenwart, unsere Konzentration auf den lebendigen Augenblick der Welt- und Selbstgestaltung und somit auf den schöpferischen Vollzug unseres eigenen Daseins verstärken. Deshalb darf man wohl Nietzsche als einen philosophischen Anti-Apokalyptiker bezeichnen, und sein „Also sprach Zarathustra" ist das anti-apokalyptische Buch schlechthin.

Nietzsches philosophische Abkehr von einer apokalyptischen Abwertung der eigenen Gegenwart lässt sich auch philologisch erhärten, obgleich, wie wir eingangs gehört haben, die Fundstellen mehr als dürftig sind. Gleichwohl gibt es Hinweise auf eine bewusste Frontstellung seines Werks gegen die neutestamentarische Offenbarung des Johannnes. Die Indizien konzentrieren sich auf seinen „Zarathustra", den er möglicherweise auch als eine Gegenfigur zu dem vermuteten Autor der Apokalypse angelegt hat. Mit einigen Hinweisen auf diese Indizien möchte ich schließen:[52]

---

52   In diesem Zusammenhang beschränke ich mich auf einige anschauliche inhaltliche Parallelen zwischen beiden Büchern. In der neueren Nietzsche-Interpretation ist auch auf formale Gemeinsamkeiten aufmerksam gemacht worden. So hat Lawrence Lampert (Nietzsche's Teaching. An Interpretation of Thus Spoke Zarathustra. New Haven/London 1986, 240 f.) zu belegen versucht, dass die Gliederung von „Also sprach Zarathustra" den Aufbau der Bibel wiederholt. Den 66 biblischen Büchern entsprechen 66 Kapitel (bzw. Reden) im „Zarathustra". Auf diese Zahl kommt man in der Tat, wenn man die sieben Abschnitte des letzten Kapitels im dritten Teil („Die sieben Siegel") als selbständige Einheiten wertet. Die jeweils 22 Kapitel der Teile 1 und 2 des „Zarathustra" verweisen nach Lampert auf die 22 Kapitel der Apokalypse. Der Anspruch Nietzsches, als „Anti-Christ" der platonisch-christlichen Lehre mit den aus ihr selbst erwachsenen Einsichten entgegenzutreten, wäre damit untermauert. – In einem noch unveröffentlichten Vortrag im Oktober 1990 (in der Villa Vigoni) hat Henning Ottmann die These von

Aus der *Genealogie der Moral* kennen wir Nietzsches Ansicht, die Prophetie eines nahen oder fernen Strafgerichts am Ende der Geschichte entspringe aus dem lähmenden Gefühl des Ressentiments. Die „Johanne-ische Apokalypse" ist nach seinem Urteil im Geiste des Paulus, eben des „grössten Apostels der Rache" geschrieben. Durch sie wolle der Wille der Schwachen zur endgültigen Herrschaft gelangen. Wenn sich der Mensch von der Last der Selbstverleugnung und von der fortgesetzten Selbstablenkung befreien will, dann hat er sich auch zu seinen Stärken und Schwächen zu bekennen und muss in Anerkennung seiner (endlichen) Kräfte leben. Dafür gibt Zarathustra ein Beispiel. Er ist in allem der Gegentypus zu jenem „Apostel der Rache". Deshalb darf es auch nicht wundern, wenn er in seiner Wanderschaft unverkennbare Züge jenes „Hebräers Jesus" zu erkennen gibt. Zarathustra lehrt im Geist der individuellen Liebe zu den Menschen und schart „Brüder" um sich, als seien sie seine Jünger.

In einer Nachlass-Notiz aus dem Sommer 1881 notiert Nietzsche, dass er sich vorstellen könne, so über sich und die umgebende Natur hinauswachsen zu können, dass selbst die scheuen Adler zu ihm aufblicken – wie in der Legende des heiligen Johannes[53]. Diesen an sich selbst wahrgenommenen Zug gibt er dann wenig später seiner literarischen Kunstfigur, dem Zara-thustra. Der versammelt bekanntlich Adler und Schlange um sich; sie bli-cken zu ihm auf und reden vertraulich mit ihm. In die Figur Zarathustra gehen also zumindest Elemente jener Person ein, in der Nietzsche in frü-heren Jahren die Fortsetzung der dionysischen Exaltation der antiken Welt zu erkennen glaubte. Unter Johannes versteht er zwar nur den Lieblings-jünger Jesu, den – wie er sagt – „Jünger der Liebe" und nicht den Autor der Apokalypse, gleichwohl treten auch auf dem Weg des Zarathustra einige charakteristische Momente aus der Offenbarung des Johannes hervor.

Da sind zunächst Adler und Schlange. Es sind die Tiere Zarathustras, die ihm vertraulich zugetan sind. Sie sind es, wenn man genau liest, die ihm den Gedanken der ewigen Wiederkehr eingeben. Auf diese Weise sind die beiden feindlichen Symboltiere der Offenbarung, eben der himmlische Adler und die drachenförmige, der verfallenden Erde angehörige Schlange versöhnt. Der Engel, der im neuen Testament wie ein „Löwe" brüllt, um den

---

Lawrence Lamprecht näher geprüft und sie als mindestens ebenso plausibel be-funden wie die von anderen Autoren erwogenen Hypothesen über den sinfonischen oder mathematischen Aufbau des Buches. Vgl. dazu: Curt Paul Janz: Friedrich Nietzsche, 2. Band. München 1993, 211 ff.; Claus-Artur Scheier: Nietzsches La-byrinth. Das ursprüngliche Denken und die Seele. Freiburg/München 1985, 167 ff.

53 N 1881, 12[72]; KSA 9, 588.

Inhalt des „Büchleins" zu verkünden, in welchem geschrieben steht: „Es soll hinfort keine Zeit mehr sein" (Of. 10, 6), ist in Zarathustras Reden ein Löwe geblieben, dem die Zukunft (und damit alle Zeit) gehört, wenn er sich zum engelgleichen „Kinde" wandelt, das in naiver Hingebung nur noch dem Schaffen lebt.

Zarathustras Löwe überwindet sich selbst und findet so in die Unschuld des Kindes zurück. Damit haben wir ein zentrales Thema in Nietzsches Spätwerk: die Selbst-Überwindung. Ohne sie kommt keine wahrhaft menschlich-große Leistung zustande. In der Offenbarung des Johannes ist aber ebenfalls diese Überwindung ein zentrales Motiv in der Nachfolge des Herrn. So wie die Brüder Zarathustras sich „überwinden" müssen, wenn sie dem Meister folgen wollen, so wird auch in der Apokalypse (in der Nachfolge Christi) nur dem gegeben, der „überwindet" (Of. 3, 219).

Dazu aber gehören im einen wie im anderen Fall elementare Tugenden. In der Bibel werden von den Gläubigen „Treue", „Wahrhaftigkeit" und „Gerechtigkeit" gefordert. Eben dies sind auch die zentralen Selbstwertschätzungen des „freien Geistes": nämlich „Verantwortlichkeit" als die Treue gegenüber Sachen und Personen, ferner die „Redlichkeit" oder „Wahrhaftigkeit" und schließlich die von Zarathustra gegen alle Kleinmütigkeit und Rechenhaftigkeit gepredigte „Gerechtigkeit". Es sind dies Tugenden, die aus Einsichten stammen, die er nach seinem Aufenthalt auf der „Insel der Glückseeligen" verkündigt. Der Autor der Offenbarung wurde, wie die Legende überliefert, auf der Insel „Patmos" vom Geist ergriffen und erhielt dort den Auftrag, seine Vision den Gläubigen nahezubringen. Nur muss er von dem Schrecklichen reden, was ihm mit den Vorzeichen von Adler und Schlange aus dem „Brunnen des Abgrunds" (Of. 9, 2) aufgestiegen ist, während Zarathustra seinen „abgründlichsten Gedanken", den Gedanken der ewigen Wiederkehr, weitergeben kann.

Dies möchte er am liebsten lachend und singend tun, nachdem ihn zunächst der Ekel am Dasein besinnungslos niedergeworfen hatte: Er stürzte nieder „gleich einem Todten und blieb lange wie ein Todter"[54]. Als der Erzähler der Offenbarung vom Geist ergriffen wird und ihm der Engel des Herrn erscheint, da fällt er „zu seinen Füßen wie tot". Da spricht der Engel zu ihm: „Fürchte dich nicht! Ich bin der Erste und Letzte und der Lebendige. Ich war tot, und siehe ich bin lebendig von Ewigkeit zu Ewigkeit und habe die Schlüssel des Todes und der Hölle." (Of. 1, 17 u. 18) Adler und Schlange aber sagen zu dem „nach sieben Tagen" wiedererwachenden Zarathustra:

---

54   Za 3, Der Genesende, 2; KSA 4, 271.

> „„Oh Zarathustra, […] nun liegst du schon sieben Tage so, mit schweren Augen:
> willst du dich nicht endlich wieder auf deine Füsse stellen?
> Tritt hinaus aus deiner Höhle: die Welt wartet dein wie ein Garten. Der Wind
> spielt mit schweren Wohlgerüchen, die zu dir wollen; und alle Bäche möchten
> dir nachlaufen.
> Alle Dinge sehnen sich nach dir, dieweil du sieben Tage allein bliebst, – tritt
> hinaus aus deiner Höhle! Alle Dinge wollen deine Ärzte sein!
> Kam wohl eine neue Erkenntniss zu dir, eine saure, schwere? Gleich ange-
> säuertem Teige lagst du, deine Seele gieng auf und schwoll über alle ihre
> Ränder. –"[55]

Die Erkenntnis, die Zarathustra in seiner Ohnmacht überfiel und die ihn nun
mit aller Macht zurück ins Leben zieht, wird wenig später von seinen Tieren
umschrieben:

> „Alles geht, Alles kommt zurück; ewig rollt das Rad des Seins. Alles stirbt,
> Alles blüht wieder auf, ewig läuft das Jahr des Seins."[56]

Das ist der Gedanke der ewigen Wiederkehr. Er überkommt Zarathustra
unter Bedingungen, die denen der Offenbarung des Johannes überaus
ähnlich sind. Aber er enthält eine Botschaft, die der Apokalypse diametral
entgegensteht, eine durch und durch frohe Botschaft, sofern sie nämlich alle
Furcht vor einem schrecklichen Ende der Geschichte als grundlos erweist.
Zwar ist es nicht zu leugnen, dass – wohin wir auch sehen – alles geht und alles
stirbt. Doch jeder Tod und jedes Ende schließt einen neuen Anfang ein:
„Alles kommt zurück", „Alles blüht wieder auf", „Alles wird neu gefügt"[57].
Demnach wird es kein definitives Ende und schon gar kein fürchterliches
Strafgericht geben. Die apokalyptische Vision des Weltenendes ist nur eine
Erfindung des Ressentiments, eine giftige List der Priester, die den Starken
ein schlechtes Gewissen machen soll und es den Schwachen erlaubt, sich
selbst schon vorab als die endgültigen Sieger aufzuspielen.

Doch auch sie verbleiben unter dem Bann der Furcht. Denn ihnen gilt
die „mit großer Stimme" des Engels verkündigte Botschaft: „Fürchtet Gott
und gebt ihm die Ehre; denn die Stunde seines Gerichts ist gekommen."
(Of. 14, 7) Zarathustra dagegen ist nach einer ersten Enttäuschung, die aus
der Einsicht folgt, dass – wenn alles wiederkehrt – auch das Niedrige,
Kleinliche und Leidvolle wiederkehrt, durch die von seinen Tieren ver-
kündete Botschaft mit sich versöhnt. Der Lebensekel ist überwunden.
Zarathustra ist der „Genesende". Er lächelt wieder; er liegt schließlich still,

---

55   Za 3, Der Genesende, 2; KSA 4, 271 f.
56   Za 3, Der Genesende, 2; KSA 4, 272.
57   Ebd.

„einem Schlafenden ähnlich", unterredet sich „mit seiner Seele" und gewinnt die Kraft zu singen, zu tanzen und zu lachen[58]. Das Lachen ist Zarathustras sicherste und hier wohl wirklich eindeutige Antwort auf die Schreckensvision der Apokalypse.

---

[58] Za 3, Der Genesende 2; KSA 4, 275 ff.

Der Sinn der Erde

Zur Kritik von Nietzsches Religionskritik

1. *Himmel und Erde.* Himmel und Erde sind näher beieinander, als ihre theologische Behandlung es nahe legt: Das Lieblingsgericht meiner kargen, aber glücklichen Kindheit war *Himmel und Erde*, ein mit Apfelkompott angereichertes Kartoffelpüree, auf das ein Esslöffel mit zerlassener Butter gehörte. Es störte mich nicht, dass diese Zutat meistens fehlte, obgleich die Grube, die man für die Butter vorbereiten, und die Kanäle, über die man sie abfließen lassen konnte, den Genuss des Essens beträchtlich in die Länge zog.

Die Äpfel waren der *Himmel* und die Kartoffeln waren die *Erde*. Ihnen verdankte die Köstlichkeit ihren Namen. So konnte schon das Kind begreifen, wie nahe sich beides kommen kann, obgleich es doch in den Erzählungen von Gott und den Engeln die Vorstellung von einer riesengroßen Entfernung erhielt. Da spielte sich allmählich die Vorstellung ein, dass die sichtbaren Erscheinungen über uns *am* Himmel zu sehen sind, das himmlische Geschehen dagegen *im* Himmel zu denken ist. Wolken, Sonne, Mond und Sterne waren nur die Unterseite der himmlischen Gemächer.

Irgendwann im Religionsunterricht brach diese sinnfällige kosmologische Konstruktion zusammen. Angeleitet durch eine vom Pfarrer angeregte Lektüre Feuerbachs, verstärkt durch Bertrand Russells Beichte vom Verlust seines Glaubens,[1] und schließlich besiegelt durch die mit der Zeit durchdringenden Leeren des Marxismus, machte ich mir klar, dass es keine fest installierte Unterseite der Himmels geben könne. Vielmehr war alles ein endloser Raum, der uns nach Witterung, nach Tages- und Jahreszeit lediglich unterschiedliche Gegenstände zur Betrachtung bietet. Alles war gleichsam nur *am* Himmel zu sehen, und streng genommen gehörte die Erde selbst dazu. Jenen sagenhaften Ort *im* Himmel gab es ebenso wenig wie *den* Himmel selbst.

2. *„Am" oder „im" Himmel.* In dieser Zeit muss es auch gewesen sein, dass mir die Lust auf mein Lieblingsgericht innerhalb weniger Wochen verloren ging. Plötzlich mochte ich *Himmel und Erde* nicht mehr. Es war mir zu süß.

---

1   Bertrand Russell: Warum ich kein Christ bin. München 1963.

Dieser jähe Wandel einer Gewohnheit, die bereits zum festen Bestandteil meines Charakters geworden zu sein schien und die den Umgang mit dem sonst im Essen äußerst mäkeligen Kind erleichtert hatte, verringerte nicht nur die Freude auf das Essen, sondern führte auch zu einer nachhaltigen Enttäuschung über mich selbst. Aber ich hatte Ersatz. Bald gefiel mir der epikureische Trotz, mit der ein Heidedichter der Nachkriegsjahre schrieb, ein „Himmel ohne Götter" sei ihm lieber als ein „Himmel ohne Wolken".[2] Die große Lektion, die Joseph dem Pharao erteilt, dass nämlich *Aton*, die „Sonne" *am*, der „Herr des *Aton*", der Gott, hingegen *im* Himmel ist,[3] hatte ich also mit vierzehn oder fünfzehn Jahren bereits hinter mir, und ich möchte noch heute darauf bestehen, dass ich damit klüger geworden war.

Der Fehler war lediglich, dass ich zugleich meinte, damit auch schon den Himmel überhaupt – mitsamt seiner göttlichen Besatzung – losgeworden zu sein. Heute bin ich überzeugt, dass dies wirklich ein Fehler, und zwar ein *gedanklicher* Fehler war, der sich freilich nicht so leicht dartun lässt wie die Existenz von Erde, Sonne, Mond und Sternen. Wenn ich es gleichwohl versuche, wähle ich zur Demonstration auch gleich das heikelste gedankliche Terrain, das sich zur Erörterung dessen, was „über" allem Dasein ist, anbietet.

Das ist Nietzsches *Zarathustra*. Hinter der vorgehaltenen Maske dieses im Stil der Heiligenlegende erfundenen Weisen sucht der Autor die verächtlich „Hinterwelt" genannte Überwelt göttlicher Mächte vergessen zu machen und verlegt sich *expressis verbis* auf den *Sinn der Erde*, um ein für alle Mal von der himmlischen Metaphorik loszukommen. Doch es gelingt ihm nicht. Und das hat Konsequenzen für den gesamten Versuch, den Himmel metaphysisch allein mit Blick auf die Erde zu unterlaufen. Dies will ich zu zeigen versuchen, um anschließend zu fragen, was das für das nachfolgende Denken bedeutet.

3. *Der kosmische Sturz der Erde.* Dass man Nietzsche nicht zu den achselzuckenden Atheisten der zweiten Sophistik rechnen kann, dürfte sich inzwischen herumgesprochen haben. Er ist auch deshalb noch heute im Gespräch, weil er dem Schrecken vor dem Verlust des Glaubens – wie kein anderer – Worte verliehen hat. Das „grosse[...] Gelächter", das den Gott

---

2   „Lieber ein Himmel ohne Götter als ohne Wolken." Arno Schmidt: Gadir oder Erkenne dich selbst. Bargfelder Ausgabe. Zürich 1987, (Ib.1), 59.
3   Thomas Mann: Joseph und seine Brüder IV, Joseph, der Ernährer. In: Gesammelte Werke. Frankfurter Ausgabe. Frankfurt a. M. 1983, 197 ff.

suchenden Narren „am hellen Vormittag[e]" der Aufklärung verhöhnt,[4] scheint nicht Nietzsches eigenes Lachen zu sein. Zu stark ist die gedankliche Identifikation mit dem „tollen Menschen", dem er als erstem die These vom *Tod Gottes* in den Mund legt[5]. Die Szenerie auf dem Marktplatz, die vereinsamte, von niemandem verstandene *Gottsuche*, die nur für ihn leuchtende *Laterne* der Erkenntnis, der *Spott der Menge* und die verzweifelte *Eruption seiner Einsicht*, vor allem aber der sachliche *Gehalt der Diagnose* selbst machen kenntlich, wie sehr sich Nietzsche hier, acht Jahre vor seiner geistigen Umnachtung, selbst als „toller Mensch", als „Narr" portraitiert:

> „Wohin ist Gott? rief er [der „tolle Mensch", V. G.], ich will es euch sagen! Wir haben ihn getödtet, – ihr und ich! Wir Alle sind seine Mörder! Aber wie haben wir diess gemacht? Wie vermochten wir das Meer auszutrinken? Wer gab uns den Schwamm, um den ganzen Horizont wegzuwischen? Was thaten wir, als wir diese Erde von ihrer Sonne losketteten? Wohin bewegt sie sich nun? Wohin bewegen wir uns? Fort von allen Sonnen? Stürzen wir nicht fortwährend? Und rückwärts, seitwärts, vorwärts, nach allen Seiten? Giebt es noch ein Oben und ein Unten? Irren wir nicht wie durch ein unendliches Nichts?"[6]

In dieser Rede des „tollen Menschen" spricht Nietzsche offenkundig selbst. Er trägt erstmals deutlich die Diagnose dessen vor, was er später *Nihilismus* nennt. Und man erkennt, dass der Sprecher *existentiell* vom „Tod Gottes" betroffen ist. Die Generalbedingung des Philosophierens, dass es uns im Denken auf etwas ankommt, ist bei Nietzsche in höchstem Maß erfüllt.

Entsprechend ist auch von jenem Terrain, auf dem sich alles ereignet, was für den Menschen von Bedeutung ist, von der *Erde*, ausdrücklich die Rede. Deren Oberfläche tritt in der Wendung vom ausgetrunkenen Meer anschaulich hervor, denn vom Meer kann man nicht reden, ohne an das Land zu denken. Schließlich ist der *Himmel* durch die gleich zweimal erwähnte Sonne präsent, und wenn wir sie als *Symbol des Himmels* nehmen, dann ist *er* es, der *Himmel*, der die *Erde* hält.

Doch das ist eine gewagte Interpretation. Denn der „tolle Mensch", der hier die Folgen der Ermordung Gottes durch den leichtfertig nur seiner Erkenntnis folgenden Menschen schildert, erweist sich selbst als gelehriger Schüler des Kopernikus, der über die Entwicklung der Kosmologie nach Newton und Kant, Laplace und Herschel informiert ist: Die Sonne hält die Erde in ihrem Gravitationsfeld. Wird der Planet (durch den Vorwitz seiner

---

4   FW 125; KSA 3, 480.
5   Ebd.; KSA 3, 480 f.
6   Ebd.

Bewohner) von seinem Zentralgestirn „losgekettet", stürzt er ins Bodenlose des leeren Alls.

4. *Verlust des Himmels.* Genau besehen ist der Sturz der Erde – neben der durch verschwenderischen Wasserverbrauch eintretenden Austrocknung der Meere – der entscheidende Vorgang nach dem Gottesmord: Die Erde fällt von der Sonne ab – weg in den „leeren Raum", ins „unendliche Nichts" des Alls. Dadurch geht die Orientierung, die des Horizonts bedarf, verloren. Die Unterscheidung zwischen „oben" und „unten" wird unsicher, weil die Erde auch im kosmischen Sturz für ihre winzigen Bewohner immer „unten" bleibt. Aber „oben" gibt es eine ständig wechselnde Szenerie. Das ist für Nietzsche offenbar so entscheidend, dass er die Möglichkeit einer Orientierung unter den Bedingungen des freien kosmischen Falls für insgesamt verloren gibt. Und zum Orientierungsverlust kommt das Schwinden von Wärme und Licht:

> „Haucht uns nicht der leere Raum an? Ist es nicht kälter geworden? [...] Müssen nicht Laternen am Vormittage angezündet werden?"[7]

Was der „tolle Mensch" perhorresziert, kann man im wörtlichen Sinn als den *Verlust des Himmels* beschreiben. Durch den Fall der Erde geht die feste Ordnung des Himmels verloren, und mit ihr schwindet die Möglichkeit der *Orientierung.*

Das ist eigentlich ganz natürlich, wenn wir uns daran erinnern, dass schon der Begriff der Orientierung seinen Sinn von dem Gestirn bezieht, das im Orient, also am Morgenhimmel aufsteigt. Der *eine* Stern aber besagt gar nichts, solange er nicht Teil des Panoramas ist, das sich im Wechsel von Tag und Nacht gleichförmig über unseren Köpfen dreht. Geht es verloren, schwindet auch die Möglichkeit der Orientierung.

5. *Planetarische Katastrophe und menschliche Tragik.* Der von Nietzsche dramatisch vor Augen geführte Orientierungsverlust beim kosmischen Absturz der Erde ist in der Tat so natürlich, dass man sich fragt, was das eigentlich mit *Gott* zu tun hat? Der „tolle Mensch" beschreibt eine planetarische Kastastrophe und stellt sie als theologische Tragödie dar. Liegt da nicht ein Kategorienfehler vor? Nicht unbedingt – wenn wir die *Orientierungsfunktion des Himmels* bedenken und die Unterscheidung zwischen dem *Am* und jenem *Im* des Himmels verschleifen: Durch den kosmischen Sturz der Erde gehen, streng genommen, nur die vertrauten Himmelserscheinungen verloren, durch

---

7   Ebd.; KSA 3, 481.

die sich der Mensch auf der Erde orientiert. Wenn aber *am* Himmel plötzlich alles anders ist, kann man nicht erwarten, dass *im* Himmel noch irgend eine Ordnung herrscht. Also darf aus dem Wegfall des regulären Gangs der Gestirne auf die Abwesenheit Gottes geschlossen werden.

Das ist zwar ein reichlich naiver Schluss, den man einem so raffinierten Autor wie Nietzsche nur ungern unterstellt; aber er hat den Vorzug kindlicher Plausibilität. Vor allem passt er in das Schema schlichter Gläubigkeit, dem ja auch die Konstruktion des Mordfalls gehorcht: Es reicht dem „tollen Menschen" nicht, den Gottesverlust in der Metaphorik der Ablösung von Erde und Himmel darzustellen. Mindestens ebenso wichtig ist ihm, die dafür *Schuldigen* zu benennen: Und das sind die *Menschen*, genauer: die nach Wissen und Wissenschaft strebenden Menschen. *Sie* sind die „Mörder aller Mörder":

> „Gott ist todt! Gott bleibt todt! Und wir haben ihn getödtet! Wie trösten wir uns, die Mörder aller Mörder? Das Heiligste und Mächtigste, was die Welt bisher besass, es ist unter unseren Messern verblutet, – wer wischt diess Blut von uns ab?"[8]

6. *Eine Nummer zu groß.* Der Mensch, der sich in der scheinbar großartigen Verruchtheit eines Gottesmörders präsentiert, bleibt in der Perspektive des armen Sünders: Er ist an allem schuld, so dass ihm auch noch der Verlust des Glaubens nach Art des schwersten überhaupt denkbaren Verbrechens zur Last gelegt wird.

Und damit hat es nach der angeblichen Mordtat keineswegs sein Bewenden. Denn der „tolle Mensch" traut es dem Mörder nicht zu, das Blut des toten Gottes einfach abzuwaschen und zur selbstbestimmten Lebensführung überzugehen. Nein, er stellt vielmehr die suggestive Frage, ob sich die Mörder durch die Mordtat nicht übernommen haben:

> „Ist nicht die Grösse dieser That zu gross für uns? Müssen wir nicht selber zu Göttern werden, um nur ihrer [gemeint ist die Tat, V. G.] würdig zu erscheinen?"[9]

Wer nicht glauben mag, dass Nietzsche sich mit seiner These vom „Tod Gottes" in einer mehr als zweitausendjährigen, bis in die antike Mythologie zurückreichenden, aber primär christlichen Tradition befindet, der erkennt die theologische Erblast seiner nihilistischen These spätestens an der *Schuld- und Sühnefrage* des Narren. Es müsste schon ein *neuer Gott* geboren

---

8   FW 125; KSA 3, 480.
9   Ebd.

werden, um von der alle vorausgehenden Schandtaten überbietenden Sünde erlösen zu können. An die Stelle dieses neugeborenen Gottes rückt der *Übermensch*.

7. *Folgen der Überforderung.* Der Mensch, so scheint es, ist nicht stark genug, um mit den szientifischen Folgen seines Handelns allein fertig zu werden. Zwar finden wir durch Nietzsches ganzes Werk hindurch die *prometheische Selbstermutigung* des allein auf sich gegründeten Menschen. Aber in dem als neues Evangelium angelegten prophetischen Buch, worin die Kunst- und Kultfigur des Zarathustra den nach dem Tode Gottes benötigten Lebensmut als frohe Botschaft verkünden soll, tritt letztlich nur die *Schwäche* des Menschen hervor. Wenn Zarathustra nach Phasen der Entmutigung auch immer wieder tatenlustig, tapfer, redlich, traumhaft-stark und trotzig erscheint oder wenn er seinen Schülern die *Belastbarkeit* des Kamels, die *Willenskraft* des Löwen in Verbindung mit der freudig-naiven *Produktivität* des Kindes empfiehlt – dann hebt das gleichwohl am Ende die schreckliche Zerrissenheit dieses exemplarischen Menschen nicht auf.

Im Gegenteil: Zarathustra ist genötigt, seine zentrale *Lehre vom Willen zur Macht* gegen sich zu kehren. Und dies, weil die Vergangenheit, das heißt: die unabänderliche Last begangener Taten ihn nicht loslässt. Das Wollen, dessen befreiende Wirkung er predigt, richtet sich gegen sich selbst. Das aber ergibt nur dann einen Sinn, wenn wir – mit dem „tollen Menschen" – unterstellen, dass die Schuld am Tod Gottes sich nicht tilgen lässt.

So beginnt Zarathustra seinen ersten Weg zu den Menschen mit der scheinbar befreienden Einsicht, dass Gott tot sei[10]. Am Ende aber kann er sich von der Last der schuldhaften Vergangenheit nicht befreien; das Blut des toten Gottes klebt an seinen Händen. Ihm bleiben nur *Ekel, Ohnmacht* und *Wahn.* Schließlich beruhigt er sich mit dem aus dem Wahnsinn geborenen *Gedanken der ewigen Wiederkunft,* um sich im Finale des vierten Buchs mit einem ironischen Abgesang so gütlich zu tun, wie er es zuvor den „letzten Menschen" vorgehalten hatte. Zarathustra blinzelt. Ein fatales Ende eines Buches, das der Menschheit anstelle der *himmlischen* die *irdische* Erlösung bringen soll.

8. *Der Sinn Gottes* … Dass Nietzsche auch hinter der Maske des Zarathustra so nachhaltig von der *Vergangenheit* eingeholt wird, muss überraschen. Denn der Mensch scheint das wesentlich auf *Zukunft* ausgerichtete Wesen zu sein. Von der zweiten *Unzeitgemäßen Betrachtung* bis zur *Genealogie der*

---

10   Za 1, Vorrede 2; KSA 4, 14.

Moral ist es der konstitutive *Bezug auf das Kommende*, der ihn von den anderen Lebewesen unterscheidet; erst durch ihn wird die Erinnerung nötig.

Auch Gott scheint seine Bedeutung wesentlich in Leistungen für die *Zukunftsbewältigung* des Menschen zu haben. Wenn wir sehen, was dem Menschen nach dem Tod Gottes fehlt, können wir im Umkehrschluss ermitteln, welche positive Funktion ihm Nietzsche unterstellt. Im Unterschied zu der naiven Gleichsetzung der Vorgänge *am* mit denen *im* Himmel wirkt dieses Moment an der dramatischen Schilderung des Narren überaus scharfsinnig und modern: Gott wird nämlich mit einer Leistung in Verbindung gedacht, die erstmals von Kant auf den Begriff der „Orientierung" gebracht worden ist und für die heute weit weniger prägnante Termini wie „Sinnstiftung" oder „Sinngebung" in Umlauf sind. Das kann man in eine knappe Formel fassen: Der *Gott*, dessen Tod der „tolle Mensch" beklagt und dessen Verlust Nietzsches Diagnose des Nihilismus zum Tatbestand zu erheben sucht, ist der *Sinn des menschlichen Daseins*. Genauer, wenn auch in der dem Verhältnis angemessenen Paradoxie: *Der Sinn Gottes ist der Sinn des Menschen*. Die Existenz Gottes erfüllt sich für den Menschen darin, dass er in ihr den Sinn seines Daseins findet.

9. *... für den Sinn des Menschen.* Was der Sinn Gottes für den Sinn des Menschen bedeutet, ist durch die Schilderung des „tollen Menschen" hinreichend illustriert: Das Meer, für Nietzsche nicht nur das Wasserreservoir der Erde, sondern vor allem die Weite, über die wir (wie Kolumbus) die fernsten Fernen suchen, ist „ausgetrunken", also vernutzt, verbraucht und ohne Verheißung; dem tatkräftigen „freien Geist" ist somit die Zukunft genommen. Der Horizont ist „weggewischt"; damit haben wir weder eine Chance, unseren Standort noch die Richtung unseres Weges zu bestimmen. Und die Erde ist von der Sonne „losgekettet"; damit geht alle Sicherheit verloren; wir haben nur noch das nackte Dasein, selbst das natürliche Licht, das unsere Sinne leitet, schwindet; es bleibt allein das künstliche Licht der „Laterne", die schon am Vormittag angezündet werden muss.

Es gibt somit nur noch den selbst geschaffenen Regelkreis der Orientierung zwischen Auge und Hand in der Selbstbewegung des Leibes. Ein Überleben des Menschen scheint möglich, dies aber nur unter den restringierten Bedingungen der reinen Leiblichkeit, so, wie sie sich im Gravitationsfeld der Erde hält. Die *Science-fiction*-Literatur hat diese Schreckensvision des „tollen Menschen" inzwischen unter den euphemistischen Titel vom „Raumschiff Erde" gebracht. Nach Nietzsche befindet es sich auf einer ziellosen Fahrt im freien Fall, ohne Kontakt zu anderen Wesen. Eine Ortbestimmung, wenn sie denn möglich wäre, bliebe sinnlos. Denn sie würde nichts erklären, nichts ausrichten, nichts ändern, und mitteilen ließe sie sich auch nicht. Der Sinn des Menschen wäre ganz und gar bei sich selbst. Mit Gott hat er die *Welt* verloren, und mit der Welt eben das, was ihm bislang einen *Sinn des Lebens* geben konnte.

10. *Die Tradition der Sinnfrage.* Eine Weile lang kursierte die von Odo Marquard in Umlauf gebrachte Behauptung, den „Sinn des Lebens" gebe es erst seit 1883.[11] Damals erschien Wilhelm Diltheys *Einleitung in die Geisteswissenschaften*, in der dieser Begriff eine Rolle spielt. Mit Marquards Datierung ließen sich die kursierenden Sinnfragen des 20. Jahrhunderts als Folge des modernen Subjektivismus diskreditieren und als sensationalistisches Selbstmissverständnis abtun, das in der älteren Philosophie gar nicht erst aufkommen konnte. Damit sollte erwiesen sein, dass die jüngste Moderne weder Hegel noch Aristoteles das Wasser reichen kann.

Darin will ich Marquard nicht widersprechen. Aber seine Datierung ist inzwischen widerlegt: Nietzsche nämlich gebraucht die Formel vom „Sinne des Lebens" bereits 1875,[12] und er schöpft sie aus einer Texttradition, die über Dühring, Feuerbach, Schopenhauer, Fichte und Schleiermacher bis in den Briefwechsel von Schiller und Goethe zurückreicht.[13]

Dabei zeigt sich, dass die Formel vom „*Sinn* des Lebens" mit der etwas älteren Formel vom „*Wert* des Lebens" äquivalent ist, diese Wendung aber nur eine sprachliche Variante der klassischen *Zweck-* und *Ziel-Formeln* sind, die aller Metaphysik zugrunde liegen. So lässt sich zeigen, dass die Sinnfrage zu den Ausgangsbedingungen des Philosophierens gehört. Sie dürfte darüber hinaus ein nicht unwesentliches Moment in der Ausbildung der personalen Individualität gewesen sein, deren Spuren wir bereits in den altorientalischen Reichen am Nil und an Euphrat und Tigris gegen Ende des dritten vorchristlichen Jahrtausends feststellen können.[14]

---

11 Odo Marquard: Wider die allzu laute Klage vom Sinnverlust. Philosophische Bemerkungen und eine Fürsprache für das Unsensationelle. In: FAZ 253, 31. 10. 1983; ders.: Zur Diätetik der Sinnerwartungen. In: Apologie des Zufälligen. Philosophische Studien. Stuttgart 1986, 33–53.

12 N 1875, 3[63]; KSA 8, 32; entsprechend bereits N 1873, 29[54]; KSA 7, 651 und die Wendung vom „Sinn deines Daseins" in UB 2, 9; KSA 1, 319.

13 Vgl. Art. Sinn des Lebens. In: Historisches Wörterbuch der Philosophie. Band 9. Basel/Darmstadt 1995, 815–824.

14 Siehe dazu den von Dietrich Wildung herausgegebenen Katalog: Ägypten 2000 v. Chr. München 2000. Darin vor allem den Beitrag von Günter Burkard: Aufbruch des Individuums, 13–24.

11. *Die Dominanz der Sinnfrage.* Es spricht für Nietzsches philosophisches Gespür, dass er geradewegs auf das Ursprungsproblem der Metaphysik zugeht und schon in der *Geburt der Tragödie* mit der Sinnfrage einsetzt. Das ganze Buch ist eine Frage nach dem *Sinn von Kunst,* und seine Antwort besteht in der Eloge auf die tragische Größe der frühen Griechen, die sich darauf verstanden, den Sinn des Lebens in der Kunst zu finden. So liegt der *Sinn der Kunst* eben darin, dass sie als sich selbst genügender *Sinn des Daseins* gelten kann. So kommt es zu der Formel von der „ästhetischen Rechtfertigung der Welt".

Man kann zeigen, dass Nietzsches philosophische Entwicklung in den siebziger Jahren in der Entfaltung und Verschärfung derartiger *Sinnfragen* besteht, während er sich in den achtziger Jahren um deren *Beantwortung* im Kontext seiner großen Aufbruchsformeln von der *Umwertung der Werte,* dem *Übermenschen,* dem *Willen zur Macht* und der *ewigen Wiederkehr des Gleichen* bemüht.[15] Er exponiert den *Sinn der Geschichte,* der *Wissenschaft* und der *Moral* und hält sich viel darauf zugute, der Erste gewesen zu sein, der nach dem *Sinn von Wahrheit* fragt. Und eine Frage, mit der er alle zu überbieten und einer alles einbeziehenden Antwort zuführen möchte, ist die nach dem *Sinn der Erde.*

12. *Das Salz der Erde.* Die überraschende und nach dem üblichen Sprachgebrauch auch höchst befremdliche Formel vom „Sinn der Erde" ist singulär bei Nietzsche. Sie findet sich nur in *Also sprach Zarathustra* und verbleibt somit im psalmodierenden Sprachmodus, der der Prophetie des wiederbelebten persischen Weisen historische Tiefe und zeitlose Geltung verschaffen soll.[16] Dabei kann kein Zweifel sein, dass Nietzsche mit der Weissagung Christi aus *Matthäus* 5, 13 spielt: „Ihr seid das Salz der Erde."

Das Diktum gehört zur *Bergpredigt,* deren Szenerie von Zarathustra mehrfach kopiert wird. Wer weiß, dass Nietzsches Kunstfigur auf Bergen lebt, von Bergen herabkommt, um zu lehren, und wieder hinan steigt, um im Aufstieg die wichtigsten Einsichten zu haben, dem genügt die Erinnerung daran, unter welchen Bedingungen Jesus seine große Rede hält: „Als er aber das Volk sah, ging er auf einen Berg und setzte sich; und seine Jünger traten zu ihm." (Matth. 5,1). Dann folgt die Seligpreisung der Sanftmütigen, Friedfertigen und Barmherzigen. Sie werden in das „Himmelreich" einge-

---

15 Dazu meine Studie: Friedrich Nietzsche. München 1992.
16 In meiner Einleitung zum Kommentar zu *Also sprach Zarathustra* (Berlin 2000) habe ich die von Nietzsche verfolgte literarische Strategie charakterisiert und kritisch bewertet.

hen. Die Wendung vom „Salz der Erde" gibt dieser *himmlischen* Auszeichnung eine *irdische* Perspektive, indem sie verkündet, wie alle die, die
„reinen Herzens" sind, künftig wirken werden. Und, was für unseren Zusammenhang besonders erhellend ist, sie wird durch eine weitere Wendung
ergänzt: „Ihr seid das Licht der Welt." (15, 14). Die Parallele zwischen *Licht*
und *Sinn* ist ebenfalls nicht von der Hand zu weisen.

13. *Der Sinn der Erde.* Mit Sicherheit spielt die Formel vom „Sinn der Erde"
auch mit der *Semantik des Sinnbegriffs*, der (strenggenommen nur auf
Handlungen bezogen) auf alles ausgedehnt werden kann, was als *Mittel* oder
Zweck von Tätigkeiten vorzustellen ist. So ist der Sinn des Kochens die
Zubereitung der Speise; dadurch erhalten auch Feuer, Herd und Essgeschirr
ihren Sinn. Der wiederum kann auf alle Lebensvorgänge übertragen werden
und wird selbst auf nicht absichtlich erzeugte Dinge und Ereignisse angewandt. So glauben wir nicht nur eine klare Auskunft über den Sinn der
Photosynthese geben zu können, sondern schreiben auch allem, was dazu
beiträgt, einen Sinn zu. Gleichwohl würde es befremdlich wirken, vom „Sinn
der Sonne" zu sprechen. Sollte damit gemeint sein, sie habe diesen Sinn
unabhängig von ihrer Wirkung auf das irdische Leben (das wir mit unseren
eigenen Handlungszielen assoziieren), so wäre der Übergang zu einer
metaphorische Sprache vollzogen. Einen „Sinn der Sonne" gibt es nur in der
Poesie.

Das Gleiche hat für den *Sinn der Erde* zu gelten. Nietzsche scheint das zu
wissen, wenn er *nur* Zarathustra davon reden lässt. Seine fortgesetzte Polemik gegen alles teleologische Denken hat er bestimmt nicht vergessen.
Der *Sinn* ist vom *Zweck* und somit vom *Willen* nicht zu trennen, obgleich
man zu seinen Gunsten die größere Nähe zu den Sinnen und damit zu den
leiblichen Vorgängen herausstellen kann. Mit der systematischen Konsis-
tenz von Kritik und eigener Konstruktion steht es bei Nietzsche nicht zum
Besten.

Doch das ändert nichts an dem programmatischen Rang der Wendung,
die in direktem Zusammenhang mit der nunmehr von Zarathustra aufgenommenen Diagnose vom „Tod Gottes"[17] und der darauf bezogenen the-
rapeutischen Verheißung des „Übermenschen" steht[18]: Die Formel vom
Sinn der Erde dient der Integration aller menschheitlichen Großerwar-
tungen, in die Nietzsches Spätwerk mündet. *Wille zur Macht, Übermensch,
Umwertung der Werte* und *ewige Wiederkehr* sind in *einem* Medium ver-

17 Za 1, Vorrede 2; KSA 4, 14.
18 Za 1, Vorrede 3; KSA 4, 14.

bunden, und wir erkennen zugleich wie sie allesamt mit der Diagnose des *Nihilismus* verknüpft sind.

14. *Geopolitik statt Theologie.* Bedenken wir nur, wie der Narr die Folgen des himmlischen Mordfalls ausmalt, nämlich als *kosmische Verselbstständigung unseres Planeten*, der bestenfalls noch seinen nunmehr ganz im Dunkel verbleibenden Mond behält, dann wird augenblicklich klar, dass die Rede vom *Sinn der Erde* die *Akzeptanz* dieses Geschehens zum Ausdruck bringen soll: Die Erde hat sich von ihrer Sonne gelöst; nun ist sie autonom und hat ihre Bestimmung in sich selbst.

Diese Bestimmung findet sie darin, dass jenes Wesen, durch das sie aus der Position eines heliozentrischen Trabanten befreit worden ist, nunmehr zu ihrem *Ziel*, zum *Sinn* und *Zweck der Erde* wird. Nachdem, wie Nietzsche an einer anderen Stelle sagt, der Mensch seit Kopernikus „auf eine schiefe Ebene geraten" sei, so dass er nunmehr „immer schneller […] aus dem Mittelpunkte weg" rollt[19], ist der *Sinn der Erde* die einzige noch verbliebene kosmologische Auszeichnung des Menschen. Als Schwundstufe einer kosmologisch angeleiteten und theologisch abgeschlossenen *Metaphysik* bleibt nur noch eine *Geopolitik*, deren Großartigkeit auch für die verlorene Zentralstellung unter dem Himmelsgewölbe – direkt unter dem Auge Gottes – entschädigen soll.

15. *Sonnenglück versus Menschenzweck.* Der *Auf*wertung der Erde entspricht eine *Ent*wertung der Sonne – und damit alles dessen, was sich *am* Himmel befindet. Zarathustras erster Satz, mit der die Prophetie beginnt, kündigt in einer atemberaubenden, das Höhlengleichnis Platons umkehrenden Provokation die *Umwertung* an: Auf einem Berge, vor seiner Höhle stehend, tritt der Weise „vor die Sonne hin" und spricht:

> „Du grosses Gestirn! Was wäre dein Glück, wenn du nicht Die hättest, welchen du leuchtest!"[20]

Hier ist der *Mensch* der Sinn der Sonne. Wie vergänglich jedoch auch das Glück der Sonne ist, zeigt sich in Zarathustras erster Ansprache an die Menschen, die er nach seinem Abstieg vom Gebirge in der den Wäldern nächst gelegenen Stadt versammelt findet. Da heißt es dann:

---

19   GM 3, 25; KSA 5, 404.
20   Za 1, Vorrede 1; KSA 4, 11.

„Seht, ich lehre euch den Übermenschen!
Der Übermensch ist der Sinn der Erde. Euer Wille sage: der Übermensch s e i
der Sinn der Erde!"[21]

Die Rede macht deutlich, dass wir mit einer doppelten Ersetzung rechnen
müssen: Es ist nicht nur die *Sonne*, die durch den Menschen ihren Sinn an die
Erde verliert. Hinzu kommt, dass sich der *Mensch* selbst zu überwinden hat.
Er hat sich *von sich selbst* zu lösen, um zum *Übermenschen* zu werden.
Nietzsche, der den kategorischen Imperativ, wo immer er kann, verächtlich
macht, scheut sich nicht, seinen Zarathustra von einem *Sollen* sprechen zu
lassen: „Der Mensch ist Etwas, das überwunden werden soll."[22]

Und in dem, was in der *Selbstüberwindung* des Menschen entsteht, liegt
der „Sinn der Erde". Somit hat der *Mensch* ein Ziel, in dem sich zugleich das
der *Erde* erfüllt. Und die Voraussetzung ist, wie Zarathustra in den nachfolgenden Reden einschärft, dass sich der Mensch vom „himmlische[n]
Nichts"[23] befreit:

„Einen neuen Stolz lehrte mich mein Ich, den lehre ich die Menschen: nicht
mehr den Kopf in den Sand der himmlischen Dinge zu stecken, sondern frei ihn
zu tragen, einen Erden-Kopf, der der Erde Sinn schafft."[24]

Damit freilich haben wir eine verblüffend einfache Auskunft über das, was den
integralen Sinn der Erde möglich macht: Er muss *vom Menschen* geschaffen
werden. Der Erdensinn ist ein Produkt des Menschensinns. Nur sofern der
Mensch der Erde einen Sinn verleiht, ist da etwas, das als deren Sinn verstanden werden kann. Hinter dem Sinn der Erde steht also die *selbstbestimmte
Zwecksetzung* durch den Menschen.[25] Und darin hat er auch seine Tugend:

„Führt, gleich mir, die verflogene Tugend zur Erde zurück – ja, zurück zu Leib
und Leben: dass sie der Erde ihren Sinn gebe, einen Menschen-Sinn!"[26]

16. *Nicht Innovation* ... Wenn der Sinn der Erde allererst durch den Menschen geschaffen werden soll: Was ist dann neu an Nietzsches Formel? Wird
hier nicht etwas wiederholt, das sich streng genommen schon bei Sokrates

---

21 Za 1, Vorrede 3; KSA 4, 14.
22 Ebd.
23 Za 1, Von den Hinterweltlern; KSA 4, 36.
24 Ebd.; KSA 4, 36 f.
25 „Werthe legte erst der Mensch in die Dinge, sich zu erhalten, – er schuf erst den
    Dingen Sinn, einen Menschen-Sinn! Darum nennt er sich ‚Mensch', das ist: der
    Schätzende." (Za 1, Von tausend und Einem Ziele; KSA 4, 75.)
26 Za 1, Von der schenkenden Tugend 2; KSA 4, 100.

findet und spätestens seit der Renaissance mit zunehmender Deutlichkeit zu seiner selbstbewussten Form gefunden hat? Wo liegt die philosophische Innovation im Vergleich mit Montaigne oder Voltaire, mit Kant oder Fichte, Feuerbach oder Stirner?

Das sind keine rhetorischen Fragen, die sich am Ende durch den Aufweis von Nietzsches genialischer Einzigartigkeit überblenden ließen. Ich bin im Gegenteil davon überzeugt, dass Nietzsche mit seiner radikalen Verwerfung der philosophischen Tradition nur seine epigonale Stellung zu den Großen der Philosophie, vor allem im Verhältnis zu Sokrates, Platon und Kant verdeckt.[27] Ihnen gegenüber gelangt er lediglich zu einer *existenziellen Vertiefung* seines Ausgangspunkts, die ihn vieles schärfer, hoch dramatisch, zuweilen sensationalistisch, mitunter aber auch illusionsloser sehen lässt und ihn letztlich dazu führt, dass ihm sein eigener Ansatz nicht genügt.

17. *... sondern Wiederkunft.* So kommt es zu der im zweiten und dritten Buch des *Zarathustra* protokollierten Revolte gegen das Prinzip des eigenen Wollens, die ihn schier um den Verstand bringt, ihn mit einem apriorischen Widerwillen gegen alles erfüllt, vor allem aber gegen das „Es war"[28], ihn „Ekel, Ekel, Ekel" schreien und schließlich in eine siebentägige Ohnmacht fallen lässt.[29] Als er daraus erwacht, tragen ihm seine Tiere zum Trost die Lehre von der *ewigen Wiederkunft* vor. Und nach allem, was vorausging, ist auch klar, was sie bedeutet: Sie ist der *ausgehaltene Widerspruch der eigenen Existenz.*

Die ewige Wiederkehr ist ein anregender Gedanke, der sich auf zahlreiche natürliche und kulturelle Phänomene sinnfällig mit kritischen und vertiefenden Effekten anwenden lässt. Nehmen wir ihn jedoch in dem ganzen metaphysischen Schwergewicht, mit dem er Zarathustra trifft, ist er nicht mehr und nicht weniger als die aufs Ganze ausgedehnte Absurdität, die man besser erträgt, wenn man einen Begriff für sie hat, der jeden und jedes, alle und alles dem gleichen Geschick unterstellt. Dann bringt man in guten Augenblicken auch die Tapferkeit auf, trotz allem *amor fati* zu sagen.

18. *Leib und Erde im Zusammenhang.* Dem *Sinn der Erde* aber sind wir damit noch nicht gerecht geworden. Denn so sehr sie auch dem klassischen Pathos der Selbstständigkeit und Selbstbestimmung des Menschen entspringt, so sucht sie doch wenigstens die *Nähe zu den irdischen* und *leiblichen*

---

27 Siehe auch meinen Beitrag: Sensation und Existenz, in diesem Band, 130–168.
28 Za 2, Von der Erlösung; KSA 4, 180.
29 Za 3, Der Genesende 1 u. 2; KSA 4, 271.

Bedingungen, aus denen dieses Ethos stammt. Noch bevor Zarathustra die unausdenkbare Formel von der „großen Vernunft des Leibes" gebraucht,[30] empfiehlt er dem Menschen, den Konditionen zu vertrauen, unter denen er lebt:

> „Ich beschwöre euch, meine Brüder, bleibt der Erde treu und glaubt Denen nicht, welche euch von überirdischen Hoffnungen reden!"[31]

Und wenig später setzt er hinzu:

> „Einst war der Frevel an Gott der grösste Frevel, aber Gott starb, und damit starben auch diese Frevelhaften. An der Erde zu freveln ist jetzt das Furchtbarste und die Eingeweide des Unerforschlichen höher zu achten, als den Sinn der Erde!"[32]

Sehen wir einmal von der zwanghaften Alternative zum Himmel ab, mit der Zarathustra seine Akzentuierung der Erde rhetorisch verstärkt; fragen wir auch nicht, wie denn die Treue zur Erde mit dem Aufruf zur Selbstüberwindung zusammenstimmt; unterdrücken wir die Bemerkung, dass die Frevler den größten Vorteil beim Tod Gottes haben; und lassen wir uns vor allem nicht durch den destruktiven Selbsthass irritieren, der nicht nur die Lehre von der Wiederkunft erzwingt, sondern auch noch das Bekenntnis zur Erde würzt:[33] Unabhängig von diesen weitgehend biographisch bedingten Verzerrungen müssen wir Nietzsches Emphase auf *Erde* und *Leib* als eine ernste Empfehlung lesen, den *Lebensbedingungen des Geistes* systematisch nachzugehen.[34]

Dabei kann uns sein phänomenologisches Genie manches lehren, was wir so weder bei Platon und Aristoteles noch bei Kant und Hegel finden. Ich erwähne nur die stupende Einsicht, dass unser Bewusstsein nicht in der Tiefe unserer Subjektivität verschlossen ist, sondern zunächst und vor allem als

---

30   Zur Deutung verweise ich auf meinen Beitrag: Die „grosse Vernunft" der Leibes. Ein Versuch über Zarathustras vierte Rede, in diesem Band, 50–86.

31   Za 1, Vorrede 3; KSA 4, 15.

32   Ebd.

33   „Wahrlich, ein schmutziger Strom ist der Mensch. Man muss schon ein Meer sein, um einen schmutzigen Strom aufnehmen zu können, ohne unrein zu werden." (ebd.) Als dieses Meer figuriert der *Übermensch*. Worin aber sollte er, wenn er alle Widersprüche des Menschen in sich vereinigt und durch seine schiere Größe klärt, überhaupt noch seine Bestimmtheit haben?

34   Siehe dazu den Überblick von Christof Kalb: Desintegration. Studien zu Friedrich Nietzsches Leib- und Sprachphilosophie. Frankfurt a. M. 2000.

„Oberfläche" eines auf Mitteilung angelegten „socialen Thiers" verstanden werden muss.[35]

Mit der Betonung von Leib und Erde hat Nietzsche, ohne es zu wissen, die beiden disziplinären Innovationen Kants, nämlich die *Anthropologie* und die *Physische Geographie* zusammengespannt. Im 20. Jahrhundert hat es nur wenige Versuche gegeben, beiden im Zusammenhang nachzugehen.[36] Durch die fortgeschrittenen Einsichten der Biologie, der Ethologie und der Ökologie haben wir heute günstigere Voraussetzungen als je zuvor, hier auch philosophisch weiter zu kommen. – Doch das ist ein weites Feld. Ich komme zum Schluss:

19. *Kosmologische Demontage Gottes.* Mit der Verselbstständigung der Erde scheint der Himmel vergessen. Nietzsche hat für alles, was mit der Ordnung *im* Himmel verbunden ist, nur Spott bereit. Selbst die Geschmacklosigkeit des Vergleichs mit den „Eingeweide[n]"[37] bleibt uns nicht erspart. Er möchte die kopernikanische Wendung eben bis in die Physiologie hinein vollziehen. Und so entspringt das „Unerforschliche" nur jener kleinmütigen Angst, die ihren Sitz „im Bauch" hat.

So redet man im Intellektuellenmilieu bis heute. Für die zahlreichen Bauchredner unter den Nietzsche-Interpreten sei hier lediglich vermerkt, dass Nietzsche in Glaubensfragen die Partei des Kopfes ergreift. Allerdings, so scheint mir, geschieht dies nicht konsequent.

Auch Nietzsches Religionskritik ist epigonal. Ihre Schärfe hat sie durch den Widerspruch zwischen einer beschränkten Pfarrhaus-Perspektive und dem romantischen Anspruch auf genialische Selbstverwirklichung; ihren Wert hat sie durch das noch im Ressentiment gegen das Christentum

---

35 „Man muss die ganze Oberfläche des Bewusstseins – Bewusstsein ist eine Oberfläche – rein erhalten von irgend einem der grossen Imperative." (EH, Warum ich so klug bin 9; KSA 6, 294.) Ähnlich N 1885/1886 1[61]; KSA 12, 26. Meines Wissens hat bislang nur Arnold Gehlen mit dieser Einsicht zu arbeiten versucht (vgl. Der Mensch. Seine Natur und seine Stellung in der Welt. Frankfurt 1966 (8. Auflage). In jüngster Zeit hat sich allerdings die linguistische Nietzsche-Interpretation der Formel angenommen, ohne freilich auf das anthropologische Moment der Einsicht zu achten. Vgl. dazu: Josef Simon: Moral bei Kant und Nietzsche. In: Nietzsche-Studien 29 (2000), 178–198; Werner Stegmaier: Nietzsches Zeichen. In: Nietzsche-Studien 29 (2000), 41–69.
36 Von den älteren Autoren wären Jakob von Uexküll, Willi Hellpach zu nennen. Bei den Jüngeren wäre an Wolfgang Harich oder an Rudolf Bahro zu denken. Der mit Abstand misslungenste Versuch ist Heideggers Adaptation des *Sinns der Erde* in: Bauen Wohnen Denken. In: Vorträge und Aufsätze. Pfullingen 1954, 139–156.
37 Za 1, Vorrede 3; KSA 4, 15.

durchscheinende Verständnis für Glauben und Liebe. Es geht so weit, dass es wohlmeinenden Interpreten heute möglich ist, ausgerechnet im *Anti-Christ* Ansätze für ein neues Urchristentum, für die hochindividualisierte Nachfolge Jesu aufzuspüren.[38]

Doch wie dem auch sei: Die These vom *Tod Gottes* stützt sich weitgehend auf den Zugewinn an Erkenntnissen bei der naturwissenschaftlichen Erschließung der Welt. Deshalb kann der „tolle Mensch" seine Botschaft auch durchweg kosmologisch illustrieren. Er variiert im Grunde nur die Einsicht, dass unser Weltall grenzenlos ist, keinen Mittelpunkt hat, aus Materie besteht, die sich gleichsam punktuell in unterschiedlicher Dichte im leeren Raum verteilt, und dass man in diesem All suchen und forschen kann, wo immer man will, ohne je auf eine Sache zu stoßen, die „Gott" genannt werden kann.

Aber das wusste schon Aristoteles, als er den unbewegten Beweger nicht nach der Wirkungsweise einer kausalen (und somit selbstbewegten) physischen Ursache, sondern nach der *Form eines Zwecks* konstruierte.[39] Demnach kann man das Göttliche nicht nach der Art eines Zentralgestirns oder einer äußersten Lichtschale auffinden. Gott zeigt sich nur im Medium von *Zielen* und *Zwecken*; sein spezifisches Gewicht liegt im *Sinn*, für den nur empfänglich ist, wer selbst über *Sinn* verfügt. Nietzsches Gotteskritik könnte nur dann wenigstens formalen Ansprüchen genügen, wenn er durchgängig auf jedes *telos* verzichtet hätte und weder dem Menschen noch der Erde einen Sinn zugesprochen hätte.

20. *Gott im Sinn.* Es ist es ein Leichtes, zwar dem Menschen Zwecke und Ziele zuzugestehen, der Welt als Ganzer aber jeden Sinn zu bestreiten. So könnte man sagen, dass die Welt schwerlich selbst nach Art eines handelnden Wesens vorgestellt werden kann und schon deshalb über keinen Sinn verfügt. Deshalb ist die These über die Absurdität der Welt so leicht zu haben; man muss nur hinzufügen, dass diese These selber sinnlos ist.[40] Wer aber so weit geht, der *Erde einen Sinn* zu geben, sollte hier lieber stille sein, auch wenn er auf die Bedingung der originären Sinnproduktion des Menschen verweist.

---

38   Vortrag von Massimo Cacciari: Il Gesù di Nietzsche. 13. Nov. 2000 auf der Konferenz: *Nietzsche. Illuminismo. Modernità* in Bologna.
39   Aristoteles: Metaphysik. XII. Buch, 1072a19–1072b5.
40   Das folgt aus Kants Antinomienlehre. Für das moderne analytische Gemüt hat dies Thomas Nagel: The Absurd. In: Mortal Questions, Cambridge 1979, 11–23 auf anschauliche Weise dargetan.

Weiter als das, was der menschliche Sinn erfasst, reicht auch die metaphysische Erkenntnis Gottes nicht; weiter braucht sie auch nicht zu reichen. Denn es geht nicht darum, zu begreifen, wie wohl ein Gott sich selbst begreift, sondern nur um die Frage, wie der Mensch seinen Gott versteht. Genauer: Wie er sich in seinem (menschlichen) Sinn versteht, wann immer es nötig ist, an dessen Realisierung in der Welt zu glauben. Wenn etwas nach unserem Willen geschehen soll, das, trotz bester Gründe, nicht allein in unsere eigene Macht gegeben ist, dann hat unsere Erwartung die Struktur des Gottvertrauens.

Dies war schon *vor* Aristoteles bekannt. Spätestens Platon hat daraus die Konsequenz gezogen, indem er Gott als eine (nicht zur Sphäre der Erscheinungen gehörende) *innere Kraft* des Menschen konzipierte. Gott ist das anfänglich Herrschende (*archē*), also das durch *Willen* und *Zweck* Bestimmende. Die Seele gilt deshalb als göttlich, weil sie über etwas auf nichtphysische Weise verfügt. In den *Nomoi* lässt Platon den Athener sagen, die Seele sei göttlich, weil sie der „allereigenste Besitz" (*oikeiotaton on*) sei[41]. In diesem Göttlichen sind wir uns somit am nächsten – freilich nur, sofern wir uns selbst um Gründe bemühen. Deshalb soll man auch nur beten, wenn man bereits alles getan hat, was in den eigenen Kräften steht[42]. Ja, es wird sogar für „gefährlich" (*sphaleron*) erachtet, „ein Gebet zu sprechen, wenn man keine Vernunft besitzt"[43].

Dieser, den begründeten Sinn des handelnden Menschen verstärkende Gottesbegriff hat durch Kants Postulatenlehre eine im 19. Jahrhundert geradezu populäre Fassung erhalten. Doch Nietzsche tut so, als sei dieser Begriff durch seine Kritik an der Moralität bereits erledigt. Er vergisst offenbar, dass er seinen Zarathustra eine eigene *Tugendlehre* – mit einer Wiederkehr von *Tapferkeit*, *Redlichkeit*, *Wahrhaftigkeit* und *Gerechtigkeit* – fordern lässt. Und er denkt nicht daran, dass die geforderten Tugenden, seinem eigenem Anspruch zufolge, nach einer *inneren Kraft* verlangen, die sich physikalisch nicht fassen lässt. Und so behilft er sich mit dem (überdies aus göttlichen Versatzstücken wie dem *Heros*, dem *Halbgott*, dem *hyperanthrōpos* oder dem parakleteischen *Charismatiker* zusammengesetzten) Begriff des *Übermenschen*, um nur den lieben Gott einen toten Mann sein zu lassen.

---

41   Nomoi V, 726a.
42   Nomoi III, 687e–688b.
43   Nomoi III, 688b.

21. *Wille zur Macht.* Man kann mit Nietzsches Religionskritik nur ironisch umgehen, weil ihre Naivität anders schwer erträglich ist. Einem Physikalisten oder strikten Materialisten wird man es nachsehen, wenn er sich Gott, wie alles andere auch, als *Sache* oder *messbare Kraft* zurechtlegt, um dann mit wissenschaftlichem Aufwand zu demonstrieren, dass Gott nirgendwo zu finden ist. Wer an nichts glaubt als an die Wissenschaft, für den wird jeder andere Glaube *a priori* gegenstandslos.

Aber Nietzsche unternimmt einen mit größtem Aufwand immer wieder vorgetragenen Versuch, den allein auf äußere Naturbedingungen bezogenen *Kraftbegriff* der Physik zu ergänzen. Der Kraftbegriff der positiven Wissenschaften sei so lange unvollständig, wie man ihm nicht auch ein „inneres" Moment hinzufügen und so zu einer ganzheitlichen Konzeption der bewegenden Kräfte gelangen könnte. Jede Kraft, so meint Nietzsche, habe eine „innere Welt", die nach Analogie der Produktivität des (genialischen) Menschen zu denken ist.

Diese von innen treibende und stets auch außen wirkende Kraft ist der *Wille zur Macht.* Nach Goethes Farbenlehre gibt es kein ehrgeizigeres Projekt zur Korrektur der Newtonischen Physik als Nietzsches *Lehre* vom Willen zur Macht. Sie basiert auf einer Analogisierung selbst noch des geringsten physikalischen Vorgangs mit der menschlichen Selbstbestimmung.[44]

Das klingt abwegig, muss aber weder in purer Behauptung noch in Mystik enden, wenn wir darin eine epistemologische These über die ursprüngliche *Analogie von Mensch und Natur* entdecken. Dann ist alle ursprünglich erfahrene Kraft ein „Wille zur Macht", und es bedeutet demgegenüber einen Zugewinn an Nüchternheit, wenn man, wie dies in der neuzeitlichen Wissenschaft geschieht, aus methodologischen Gründen von der „inneren Welt" einer Kraft auch *absehen* kann.

Doch wie dem auch immer sei: Wer wirklich glaubt, die Welt mit allen ihren Vorgängen als *Wille zur Macht* deuten zu können, der kann zum besseren Verständnis auch gleich beim Gottesbegriff bleiben. Wer auf die Einheit seiner inneren und äußeren Kräfte setzt und dabei darauf vertraut, letztlich in Übereinstimmung mit der Einheit zu sein, die er als Welt versteht, der mag dieses ihn auch mit seinesgleichen verbindende Selbst- und Weltvertrauen nennen, wie er mag: Es ist eben das, was die gründlicheren Denker als „Gott" bezeichnen. Und dieser so verstandene Gott ist so lange nicht tot, wie noch irgendwo irgendein Mensch an ihn glaubt.

---

44 Dazu Volker Gerhardt: Vom Willen zur Macht. Berlin/New York 1996; sowie: Nietzsche, Goethe und die Humanität, in diesem Band, 305–319.

Ergo: Wer im Begriff des *Willens zur Macht* einen Sinn erkennt, wer dem *Übermenschen* eine Bedeutung für den Menschen zuerkennt und wer es für nötig hält, dass der Mensch sich an den selbstgeschaffenen *Sinn der Erde* hält, der nimmt eben das in Anspruch, was in einer besseren philosophischen Tradition unter dem Begriff eines Gottes gedacht zu werden pflegt. Zu Nietzsches Gunsten spricht, dass er dies gelegentlich geahnt hat. Deshalb sollten wir seine Todeserklärung zum Anlass nehmen, den durch die Wissenschaften gar nicht tangierten Gott philosophisch neu zu denken.

Nachweise der Texte

Monadologie des Leibes. Leib, Selbst und Ich in Nietzsches Zarathustra. Unveröffentlichter Originalbeitrag.

Die „grosse Vernunft" des Leibes. Ein Versuch über Zarathustras vierte Rede. In: Volker Gerhardt (Hg.): Friedrich Nietzsche. Also sprach Zarathustra (=Klassiker Auslegen Band 14). Berlin: Akademie Verlag 2000, 123–163.

Leben bei Kant und Nietzsche. In: Beatrix Himmelmann (Hg.): Kant und Nietzsche im Widerstreit. Berlin/New York: de Gruyter 2005, 295–311.

Die Perspektive des Perspektivismus. In: Nietzsche-Studien 18 (1989), 260–281.

Sensation und Existenz. Nietzsche nach hundert Jahren. In: Nietzsche-Studien 29 (2000), 102–135.

Selbstbegründung. Nietzsches Moral der Individualität. In: Nietzsche-Studien 21 (1992), 28–49.

Die Moral des Immoralismus. In: Günter Abel/Jörg Salaquarda (Hgg.): Krisis der Metaphysik. Festschrift für Wolfgang Müller-Lauter. Berlin/New York: de Gruyter 1989, 417–447.

Die Tugend des freien Geistes. Nietzsche auf dem Weg zum individuellen Gesetz der Moral. Gekürzt in: Simone Dietz/Heiner Hastedt/Geert Keil/Anke Thyen (Hgg.): Sich im Denken orientieren. Festschrift für Herbert Schnädelbach. Frankfurt: Suhrkamp 1996, 198–213.

„Das Thier, das versprechen darf". Mensch, Gesellschaft und Politik bei Friedrich Nietzsche. In: Otfried Höffe (Hg.): Der Mensch – ein politisches Tier? Essays zur politischen Anthropologie. Stuttgart: Reclam 1992, 134–156.

Das Denken eines Individuums. Über Nietzsches zweite „Unzeitgemäße Betrachtung". In: Études Germaniques 55 (2000), 249–267.

Nietzsches Alter-Ego. Über die Wiederkehr des Sokrates. In: Renate Reschke/Volker Gerhardt (Hgg.): Jahrbuch der Nietzscheforschung, Band 8. Berlin: Akademie Verlag 2001, 315–332.

Nietzsche, Goethe und die Humanität. In: Renate Reschke (Hg.): Zeitenwende – Wertewende. Protokollband zum Internationalen Kongress der Nietzsche-Gesellschaft zum 100. Todestag Friedrich Nietzsches vom 24.–27. August 2000 in Naumburg. Berlin: Akademie Verlag 2001, 19–30.

Ressentiment und Apokalypse. Nietzsches Kritik endzeitlicher Visionen. In: Edmund Braun (Hg.): Die Zukunft der Vernunft aus der Perspektive einer nichtmetaphysischen Philosophie. Würzburg: Königshausen & Neumann 1993, 277–300.

Der Sinn der Erde. Zur Kritik von Nietzsches Religionskritik (Vortrag in der Reihe „Himmel und Erde" am 29. Januar 2001 in der Göttinger Akademie der Wissenschaften). Erstveröffentlichung.

Personenregister

Abel, G.   110f.
Anaximander   57
Andreas-Salomé, L.   225
Archilochos   100
Aristoteles   26, 68f., 177, 182, 191,
    194, 210, 231, 240, 348, 354, 356f.
Assmann, J.   313
Augustinus   104, 140, 240

Bach, J.S.   309
Bahro, R.   355
Baur, F.   323
Bayertz, K.   232
Beck, S.   34
Blumenberg, H.   28
Brandes, G.   143
Brown, W.   141
Buffon, G.   88
Burkard, G.   348
Butler, J.   141

Carlyle, T.   138
Cassirer, E.   90
Chamfort, N.   137
Cicero   139
Cohen, H.   90
Colli, G.   106f., 156

Darwin, C.   98, 104
Deleuze, G.   111
Derrida, J.   111, 176, 311
Descartes, R.   7, 13, 29, 31, 74, 213,
    226f., 239, 242, 270
Diderot, D.   138
Dilthey, W.   137, 244, 278, 348
Diogenes Laertius   131
Djuric, M.   111, 128
du Bois-Reymond, E.   137
Dühring, K.   137, 348

Eckermann, J.P.   272, 305, 307f.
Emerson, R.   137f.
Epiktet   139
Euripides   100, 282, 293

Feuerbach, L.   48, 133, 137, 341, 348,
    353
Fichte, J.G.   52, 90, 94, 133f., 136, 138,
    170, 211, 348, 353
Foucault, M.   111, 311
Freud, S.   15f., 81f., 108, 141, 327, 342

Galiani, F.   137
Gasser, R.   81
Gehlen, A.   28, 210, 355
Gessmann, M.   15
Girndt, H.   170, 211
Goethe, J.W.   63, 90, 104, 137f., 224,
    258, 264f., 272, 279f., 305–310,
    315, 319, 348, 358
Gracian, B.   210f.
Guyau, J.   137

Habermas, J.   111
Hamacher, W.   111
Harich, W.   355
Harvey, W.   88
Hastedt, H.   67
Heftrich, E.   310
Hegel, G.W.F.   7, 14, 21, 47, 71, 75, 90,
    94, 103f., 133f., 136, 138, 140, 157,
    170, 210f., 213, 224, 233, 277,
    282f., 304, 348, 354
Heidegger, M.   58, 149f., 224, 311,
    355
Hellpach, W.   355
Helmholtz, H.   137
Hennis, W.   210, 244
Henrich, D.   111, 222, 234
Heraklit   58, 284, 308